知识产权信息服务：
理论、方法与实践

Intellectual Property Information Service:
Theory, Method and Practice

赵乃瑄　鲍志彦　孙俐丽　等著

东南大学出版社
SOUTHEAST UNIVERSITY PRESS
·南京·

内容简介

知识产权信息服务可以保障社会公众和各类企业及时获取知识产权信息，进行知识创造和运用，积极参与建设创新型国家。知识经济的迅猛发展导致对知识产权信息服务水平的要求越来越高，我国知识产权信息服务正处于不断创新发展的阶段。本书从面向科技创新和基于大数据的知识产权信息服务两个视角，从理论和实践两个方面入手，对知识产权信息服务展开研究。在大数据视角下，构建符合中国科技创新需求的知识产权信息服务体系，系统分析了知识产权信息服务中的科技大数据内涵、科技大数据获取、规范加工、数据分析方法与可视化技术。在此基础上，以面向不同科技创新主体的需求为导向，详细分析不同层次、不同类型的知识产权信息服务实践。本书适用于图书情报、信息资源管理、知识产权等相关专业的师生，也可供知识产权管理与服务部门、图书馆、知识产权信息服务机构等的相关工作人员阅读参考。

图书在版编目(CIP)数据

知识产权信息服务：理论、方法与实践 / 赵乃瑄等著. — 南京：东南大学出版社，2024.9
 ISBN 978-7-5766-1419-0

Ⅰ.①知… Ⅱ.①赵… Ⅲ.①知识产权-信息管理-研究-中国 Ⅳ.①D923.404

中国国家版本馆 CIP 数据核字(2024)第 098964 号

责任编辑：魏晓平　　责任校对：子雪莲　　封面设计：毕　真　　责任印制：周荣虎

知识产权信息服务：理论、方法与实践

Zhishi Chanquan Xinxi Fuwu: Lilun、Fangfa Yu Shijian

著　　者	赵乃瑄　鲍志彦　孙俐丽　等
出版发行	东南大学出版社
社　　址	南京市四牌楼 2 号(邮编：210096)
出 版 人	白云飞
网　　址	http://www.seupress.com
电子邮箱	press@seupress.com
经　　销	全国各地新华书店
印　　刷	广东虎彩云印刷有限公司
开　　本	787 mm×1 092 mm　1/16
印　　张	25.75
字　　数	624 千字
版　　次	2024 年 9 月第 1 版
印　　次	2024 年 9 月第 1 次印刷
书　　号	ISBN 978-7-5766-1419-0
定　　价	136.00 元

本社图书若有印装质量问题，请直接与营销部联系，电话：025-83791830。

前言

知识产权信息服务可以保障社会公众和各类企业及时获取知识产权信息,进行知识创造和运用,积极参与建设创新型国家。知识产权信息服务研究是信息服务在全球科技创新时代背景下新的理论与实践探索。全面提升知识产权信息服务水平是实施国家知识产权战略的需要,也是支撑科技创新、实现建设创新型国家目标的基础保障。知识经济的迅猛发展导致对知识产权信息服务水平的要求越来越高,我国知识产权信息服务还需要在新时代背景下不断创新发展。在实践的驱动下,相关知识产权信息服务研究已经引起学界同仁的关注,积累了较为丰富的研究成果,研究论文主要集中在专利信息服务的现状、内容、模式、策略、制度保障等方面,在专著方面,主要围绕专利分析展开相关研究。总体而言,当前知识产权信息服务研究方兴未艾,相关理论与实践尚缺乏系统性的论述与研究。

基于此,本书从面向科技创新和基于大数据的知识产权信息服务两个视角,从理论和实践两个方面入手,对知识产权信息服务展开研究。本书的特色和创新点主要体现在以下几个方面:

(1) 构建了具有中国特色的知识产权信息服务体系。立足中国科技创新背景,在剖析当前国内知识产权信息服务体系现状的基础上,构建了"五位一体"的知识产权信息服务体系的总体框架。

(2) 系统论述了知识产权信息服务的数据基础。在大数据视角下,系统论述了科技大数据管理和利用的关键环节,尤其是补充了现有文献较少涉及的商标数据等资源的获取、加工与利用。

(3) 探索并系统梳理了知识产权信息服务的科学方法。其操作性、参考性和知识性较强,弥补了现有文献在知识产权信息服务方法体系上的欠缺。

(4) 基于科技创新主体的用户画像阐述不同层次不同类型的知识产权信息服务实践。为后续研究与服务实践提供有益参考。

本书由赵乃瑄、鲍志彦及孙俐丽提出了详细的撰著大纲,并和其他10位撰稿人分头撰写初稿,并对初稿进行增删、修改或补充,最终由鲍志彦、孙俐丽完成统稿工作,赵乃瑄审稿确认。10位撰稿人分别为:第1章刘佳静;第2章章惠娟、严昕;第3章王雪;第4章王凯;第5章李杉杉;第6章张俊;第7章程琳、许思娴;第8章沈玲玲。

在本书的创作与撰写过程中,得到了来自政府部门、图书情报领域、创新企业的多位领导和专家的指导和帮助,在此表示衷心的感谢。当然,我国知识产权信息服务正处于快速发展阶段,同时限于作者自身能力及水平,本书难免有疏漏和不当之处,敬请专家学者及广大读者批评指正,以便不断拓展知识产权信息服务研究领域的广度和深度。

目录

1 知识产权信息服务：科技创新的助推器

1.1 科技创新——科技强国的必由之路 …………………… 002

1.2 知识产权战略——科技创新的有力保障 ………………… 005

1.3 知识产权信息服务 ……………………………………… 007

    1.3.1 知识产权信息服务的概念内涵 ………………… 007

    1.3.2 知识产权信息服务的研究现状 ………………… 010

1.4 知识产权信息服务体系 ………………………………… 014

    1.4.1 知识产权信息服务体系现状透视 ……………… 014

    1.4.2 知识产权信息服务体系建设框架 ……………… 019

1.5 本章小结 ………………………………………………… 023

2 知识产权信息服务的基石：科技大数据

2.1 概念界定：科技大数据 ………………………………… 026

    2.1.1 科技大数据的概念 ……………………………… 026

    2.1.2 科技大数据的特征 ……………………………… 027

    2.1.3 科技大数据的类型 ……………………………… 028

2.2 知识产权信息服务中的科技大数据 …………………… 030

    2.2.1 科技大数据的基础作用 ………………………… 030

    2.2.2 常用科技大数据 ………………………………… 031

    2.2.3 数据管理环节 …………………………………… 036

2.3 重点阐述：专利数据 …………………………………… 040

    2.3.2 专利数据获取 …………………………………… 048

    2.3.3 专利数据规范与加工 …………………………… 054

    2.3.4 专利数据分析与展示 …………………………… 058

2.4 重点阐述：商标数据 …………………………………… 058

2.4.1　商标数据来源 ·· 058
　　　2.4.2　商标数据获取 ·· 063
　　　2.4.3　商标数据规范与加工 ·· 067
　　　2.4.4　商标数据分析与展示 ·· 068
　2.5　本章小结 ·· 069

3　知识产权信息服务的利器：信息分析

　3.1　知识产权信息分析概述 ··· 072
　　　3.1.1　知识产权信息分析的内涵 ································ 072
　　　3.1.2　知识产权信息分析的主要类型 ·························· 073
　　　3.1.3　知识产权信息分析的作用 ································ 073
　　　3.1.4　知识产权信息分析的流程 ································ 074
　3.2　知识产权信息分析方法之一：定性分析方法 ············· 076
　　　3.2.1　技术功效矩阵分析 ··· 076
　　　3.2.2　技术路线图分析 ·· 079
　　　3.2.3　鱼骨图分析 ·· 080
　3.3　知识产权信息分析方法之二：定量分析方法 ············· 082
　　　3.3.1　趋势分析 ·· 083
　　　3.3.2　统计频次排序分析 ··· 084
　　　3.3.3　时间序列分析 ·· 085
　　　3.3.4　技术生命周期分析 ··· 086
　　　3.3.5　文献计量分析 ·· 090
　　　3.3.6　专利组合分析 ·· 091
　3.4　知识产权信息分析方法之三：拟定量分析方法 ········· 093
　　　3.4.1　德尔菲法 ·· 093
　　　3.4.2　层次分析法 ·· 095
　　　3.4.3　内容分析法 ·· 097
　　　3.4.4　引文分析法 ·· 098
　　　3.4.5　共现分析法 ·· 100
　　　3.4.6　社会网络分析法 ·· 102
　　　3.4.7　数据挖掘技术分析 ··· 104
　3.5　本章小结 ·· 109

4 知识产权信息服务的桥梁:数据可视化

4.1 数据可视化概述 ················ 112
- 4.1.1 数据可视化的概念 ············ 112
- 4.1.2 数据可视化的发展 ············ 113
- 4.1.3 数据可视化的应用 ············ 114

4.2 知识产权信息数据可视化基础 ········ 116
- 4.2.1 可视化设计原则 ············· 116
- 4.2.2 可视化基本流程 ············· 120
- 4.2.3 可视化图表选择 ············· 122

4.3 知识产权信息数据可视化应用 ········ 130
- 4.3.1 定量分析图表 ·············· 130
- 4.3.2 定性分析图表 ·············· 144
- 4.3.3 拟定量分析图表 ············· 152

4.4 知识产权信息数据可视化工具 ········ 156
- 4.3.1 Power BI ················ 156
- 4.3.2 incoPat ················· 161
- 4.3.3 Innography ··············· 165

4.5 本章小结 ···················· 168

5 知识产权信息服务与技术创新

5.1 技术创新中的知识产权信息服务需求 ···· 173
- 5.1.1 技术创新的概念与流程 ········· 173
- 5.1.2 创新主体的知识产权信息服务需求调研 ···· 174
- 5.1.3 技术创新中的知识产权信息服务需求分析 ···· 178

5.2 知识产权信息分析:追踪技术创新态势 ···· 180
- 5.2.1 技术发展态势追踪 ············ 181
- 5.2.2 技术发展方向预测 ············ 188
- 5.2.3 技术创新机会识别 ············ 193
- 5.2.4 核心专利技术的挖掘 ··········· 199
- 5.2.5 市场竞合关系分析 ············ 206

5.3 知识产权风险预警:抵御技术创新风险 ···· 210

      5.3.1 避免研发重复的专利预警 ·················· 210
      5.3.2 监控竞争对手的专利预警 ·················· 212
      5.3.3 产品市场化运营的专利预警 ················ 217
  5.4 知识产权战略布局：构建技术创新堡垒 ················ 219
      5.4.1 技术发展型专利布局 ······················ 220
      5.4.2 技术防御型专利布局 ······················ 222
      5.4.3 技术进攻型专利布局 ······················ 223
  5.5 本章小结 ·· 225

6 知识产权信息服务与创新能力评价

  6.1 创新能力评价 ··· 228
      6.1.1 创新和创新能力 ·························· 228
      6.1.2 创新能力评价维度与指标体系 ·············· 230
  6.2 基于知识产权信息的创新能力评价 ···················· 234
      6.2.1 基于知识产权信息的创新能力评价指标 ······ 234
      6.2.2 基于知识产权信息的创新能力评价体系 ······ 239
  6.3 区域创新能力评价实证 ······························· 245
      6.3.1 评价对象 ································ 246
      6.3.2 数据来源 ································ 246
      6.3.3 评价指标体系 ···························· 246
      6.3.4 2020年度国家创新指数评价 ··············· 248
  6.4 机构创新能力评价实证 ······························· 258
      6.4.1 评价对象 ································ 258
      6.4.2 数据来源 ································ 258
      6.4.3 评价指标体系 ···························· 258
      6.4.4 评价结果 ································ 259
  6.5 本章小结 ·· 267

7 科技创新中的知识产权信息服务平台

  7.1 知识产权信息平台：从单边服务到多边融合 ············ 270
      7.1.1 知识产权信息服务平台为科技创新赋能 ······ 270
      7.1.2 以用户需求为导向的知识产权信息服务平台
            ··· 273

7.2 知识产权信息服务平台设计:让价值最大化 ……………… 275
　7.2.1 知识产权信息服务平台的设计背景 ……………… 275
　7.2.2 知识产权信息服务平台的设计要点和原则 …… 277
　7.2.3 知识产权信息服务平台的设计方案 ……………… 280

7.3 专利导航平台:先进产业的领航图 …………………… 285
　7.3.1 专利导航平台的架构与功能设计 ……………… 285
　7.3.2 案例:江苏省产业技术研究院医疗器械专利导航库
　　　　 ……………………………………………………… 289

7.4 创新管理平台:给决策者的白皮书 …………………… 294
　7.4.1 创新管理平台的架构与功能设计 ……………… 294
　7.4.2 案例:高校专利竞争力分析平台 ……………… 297

7.5 综合服务平台:创新萌芽的培养基 …………………… 308
　7.5.1 综合服务平台的架构与功能设计 ……………… 308
　7.5.2 案例:国家知识产权公共服务网 ……………… 311

7.6 交易运营平台:资本市场的试金石 …………………… 315
　7.6.1 交易运营平台的架构与功能设计 ……………… 316
　7.6.2 案例:华发七弦琴国家知识产权运营公共服务平台
　　　　 ……………………………………………………… 319

7.7 本章小结 ……………………………………………… 321

8 知识产权信息传播

8.1 知识产权信息传播的概念和相关理论 ………………… 324
　8.1.1 信息传播的概念和理论 ……………………… 324
　8.1.2 知识产权信息传播的概念和原则 ……………… 325

8.2 知识产权信息传播模型构建 …………………………… 328
　8.2.1 知识产权信息传播模型及传播机制 …………… 328
　8.2.2 知识产权信息传播的主体建设 ………………… 331
　8.2.3 知识产权信息传播的客体运用 ………………… 332

8.3 主体建设之一:知识产权信息公共服务体系 ………… 333
　8.3.1 知识产权信息公共服务体系 ………………… 334
　8.3.2 知识产权信息公共服务内容 ………………… 336

8.4 主体建设之二:各类知识产权联盟 …………………… 341

V

    8.4.1 知识产权联盟概述 …………………………………… 341
    8.4.2 高校知识产权信息服务中心联盟 …………………… 342
    8.4.3 产业知识产权联盟 …………………………………… 347
  8.5 客体运用之一：知识产权信息素养教育 ………………………… 353
    8.5.1 知识产权信息素养教育概念及形式 ………………… 353
    8.5.2 知识产权信息素养通识教育 ………………………… 354
    8.5.3 知识产权信息专题培训 ……………………………… 359
  8.6 客体运用之二：知识产权主题活动 ……………………………… 368
    8.6.1 知识产权主题活动形式 ……………………………… 368
    8.6.2 高校知识产权主题活动 ……………………………… 370
    8.6.3 创客嘉年华主题活动 ………………………………… 377
  8.7 本章小结 …………………………………………………………… 379

参考文献 ……………………………………………………………………… 381

1 知识产权信息服务：科技创新的助推器

随着全球化进程的不断加速，知识产权逐渐成为各国竞相争夺的战略性资源，知识产权创造、运用、保护、管理及服务在推动国家科技创新能力发展中的作用愈发凸显。目前，我国正处于经济转型的关键时期，科技作为第一生产力的地位和作用日益突出，国家把推动科技进步和创新作为国家战略，旨在为经济社会发展提供持久动力，在国际经济、科技竞争中争取主动权。高质量的知识产权信息服务对提升国家创新能力具有重要作用，优化知识产权信息服务体系，提升知识产权信息服务的能力与水平，从而有力助推科技创新是我国建设知识产权强国和科技强国的重要内容。

本章内容主要围绕知识产权信息服务与科技创新的关系展开，首先介绍开展知识产权信息服务的背景与意义，阐述知识产权信息服务的概念内涵与研究现状；其次，分析我国知识产权信息服务体系的发展现状，并基于科技创新与大数据视角，构建了"五位一体"的知识产权信息服务体系框架。

1.1 科技创新——科技强国的必由之路

科技创新是引领发展的首要动力,也是建设现代化经济体系的战略支撑。加强国家创新体系的建设,强化战略科技力量,是科技强国建设的应有之义。科技创新(Science & Technology Innovation)被广泛理解为原创性科学研究和技术创新的总称,具体指从新知识体系的产生、新生产要素的研发改进、新生产要素的形成再到新产品或服务的市场应用的一系列动态过程,是科学创新和技术创新的统一和优化①。

近现代世界历史表明,科技创新是推动国家进步和发展的重要因素。一方面,重大原始性科技创新及其引发的技术革命是产业革命的源头;另一方面,科技创新能力强盛的国家在世界经济的发展中发挥着主导作用。随着知识经济时代的到来和经济全球化的加速,国际竞争愈发激烈,为了在竞争中赢得主动权,依靠科技创新提升国家的综合国力和核心竞争力,建立国家创新体系,走创新型国家发展道路,已经成为世界许多国家政府的共同选择。国际上一般认为,全球创新指数(Global Innovation Index,GII)排名前15位的国家属于创新型国家,而创新型国家一般有以下共同特征:一是以科技创新作为促进国家发展的主导战略;二是科技进步贡献率超过70%;三是对外技术依存度均低于30%;四是研究和发展(Research and Development,R&D)经费占GDP总量超过2%②。现如今,中国在建设创新型国家的道路上不断前进,并取得了一定成绩。2020年,全球专利申请量为327.67万件,仅中国国家知识产权局专利申请量就高达150万件,位居世界第一,其次是美国专利商标局(United States Patent and Trademark Office,USPTO)(59.72万件)、日本专利局(Japan Patent Office,JPO)(28.85万件)、韩国知识产权局(Korean Intellectual Property Office,KIPO)(22.68万件)及欧洲专利局(Europen Patent Office,EPO)(18.03万件),这五大主管局受理的专利申请量共占世界总量的85.1%③。这些国家和地区对科技创新的重视与成功实践表明,科技创新能力是国家核心竞争力的关键,没有强大的科技影响力,就没有进入世界科技强国的通行证。

1949年以来,科技创新在发展全局中的战略地位不断提升。在国家建设和发展的每一个关键阶段,党中央都围绕科技创新做出了重大的决策部署。1956年1月,党中央向全党全国发出"向科学进军"的号召,并制定了中国第一个发展科学技术的长远规划《1956—1967年科学技术发展远景规划》,描绘了新中国科技发展蓝图。在此规划期内,通过多方的不懈努力,我国在科学研究、工业技术、国防科技、地方科技等领域建立起了完备的学科体系,取得了一批以"两弹一星"为标志的重大科技成果。1985年,《中共中央关于科学技术体制改

---

① 江涛涛,马剑锋,赵明明. 科技创新与区域经济发展[M]. 北京:经济管理出版社,2019.
② 吴汉东. 科学发展与知识产权战略实施[M]. 北京:北京大学出版社,2012.
③ 赛迪研究院.《2021年世界知识产权指标》摘译[EB/OL]. (2022-03-09)[2024-01-20]. https://baijiahao.baidu.com/s?id=1728596194523949485&wfr=spider&for=pc.

革的决定》,制定了"经济建设必须依靠科学技术、科学技术工作必须面向经济建设的战略方针",拉开了科技体制改革的序幕。1995年5月,《中共中央国务院关于加速科学技术进步的决定》,提出实施科教兴国战略,这是全面落实科学技术是第一生产力思想的重大决策,对我国科学技术的发展产生了深远影响。2006年,《国家中长期科学和技术发展规划纲要(2006—2020年)》《中共中央国务院关于实施科技规划纲要增强自主创新能力的决定》等政策文件相继发布,强调了科技进步和创新是增强国家综合实力的主要途径。2012年,党的十八大提出,"科技创新是提高社会生产力和综合国力的战略支撑,必须摆在国家发展全局的核心位置",要坚持走中国特色自主创新道路、实施创新驱动发展战略。2016年,中共中央、国务院出台了《国家创新驱动发展战略纲要》,提出"三步走"战略,计划在2050年将我国建设成为世界科技创新强国,成为世界主要科学中心和创新高地。

经过各方多年的共同努力,我国创新驱动发展已具备发力加速的基础。国家在完善政策支持体系的同时强化财力支撑,为助推科技创新不断加大财政科技投入力度。根据国家统计局发布的《中华人民共和国2021年国民经济和社会发展统计公报》显示,2021年我国研究与发展(R&D)经费合计支出27 864亿元,同比上年增长14.2%(图1.1),与国内生产总值之比为2.44%,其中基础研究经费1 696亿元;国家自然科学基金资助项目共计4.87万个;截至2021年年底,正在运行的国家重点实验室533个,纳入新序列管理的国家工程研究中心191个,国家企业技术中心1 636家;国家级科技企业孵化器1 287家,国家备案众创空间2 551家①。研发经费投入的持续快速增长,标志着我国正在从科技大国向科技强国的目标迈进。

图1.1 2017—2021年我国研究与发展(R&D)经费支出及其增长速度

此外,我国已经成为知识产权产出大国。如表1.1所示,2020年全年授予专利权3 639 268件,其中国内发明专利440 691件,国外发明专利89 436件;截至2020年末,国内外有效专利合计12 192 897件,其中国内发明专利的有效量为2 279 123件,国外发明专利有效量为778 721件。全年商标注册576.1万件。全年共签订技术合同55万项,技术合同成交金额28 252亿元,同比增长26.1%②。近年来,我国政府高度重视科技成果的质量和转

---

① 国家统计局. 中华人民共和国2021年国民经济和社会发展统计公报[EB/OL]. (2022-02-28)[2022-04-24]. http://www.gov.cn/xinwen/2022-02/28/content_5676015.htm.
② 国家知识产权局. 2020年知识产权统计年报[EB/OL]. [2024-01-20]. https://www.cnipa.gov.cn/tjxx/jianbao/year2020/indexy.html.

化工作,将"数量布局、质量取胜"作为开展知识产权工作的重要导向和原则。国家知识产权局于 2021 年 4 月 28 日发布的《2020 年中国专利调查报告》显示,2020 年我国有效发明专利产业化率为 34.7%,其中企业有效发明专利产业化率为 44.9%。"十三五"期间,我国有效发明专利的产业化率稳定保持在 30% 以上,企业有效发明专利产业化率均在 40% 以上①。专利产业化率稳步提升,意味着以往我国专利"重数量,轻质量"的情况正在向"数量与质量并重"转变。

表 1.1　2020 年专利授权和专利有效情况

	发明/件	实用新型/件	外观设计/件	三种专利合计/件
国内专利授权	440 691	2 368 651	711 559	3 520 901
国外专利授权	89 436	8 572	20 359	118 367
国内外专利授权合计	530 127	2 377 223	731 918	3 639 268
国内专利有效	2 279 123	6 895 886	2 061 859	11 236 868
国外专利有效	778 721	51 811	125 497	956 029
国内外专利有效合计	3 057 844	6 947 697	2 187 356	12 192 897

备注:数据来源于国家知识产权局《2020 年知识产权统计年报》;专利有效量指处于专利权维持状态的专利数量。

近年来,我国的技术密集型行业正在迅速崛起,科技发展之迅速全世界有目共睹,在多个重点技术领域的不断突破,切实提升了我国的国家竞争力,同时为科技强国建设夯实了基础。瑞士洛桑国际管理发展学院(International Institute for Managment Development,IMD)公布的《2021 年世界竞争力报告》显示,中国的国家竞争力在全球 63 个经济体中位列第 16 位,相比去年攀升了 4 个名次,可见中国较好地应对了 2020 年新冠肺炎疫情和随之而来的经济危机这两个挑战②。同时,在世界知识产权组织(World Intellectual Property Organization,WIPO)发布的《2021 年全球创新指数报告》中,中国全球创新指数排名第 12 位,位居中等收入经济体首位,中国自 2013 年起全球创新指数排名连续 9 年移步提升③。

与建设世界科技强国的目标相比,我国科技发展在诸多研究领域取得进步的同时,仍然面临挑战与瓶颈,关键领域核心技术受制于人的局面仍未扭转,科学技术基础仍旧薄弱,科技创新能力尤其是原创能力与发达国家相去悬殊。科技创新是建设科技强国的必由之路,面对各种风险与挑战,中国只有将科技创新坚定不移地摆在国家发展全局的核心位置,贯彻落实创新驱动发展战略,不断增强科技创新实力,才能在国际竞争中占领先机、赢得优势,全面推进创新型国家与科技强国的建设目标,为实现中华民族伟大复兴的中国梦,迈出实实在在的步伐。

---

① 国家知识产权局. 2020 年中国专利调查报告[EB/OL]. (2021-04-28)[2024-01-24]. https://www.cnipa.gov.cn/module/download/downfile.jsp? classid=0&showname=2020%E5%B9%B4%E4%B8%AD%E5%9B%BD%E4%B8%93%E5%88%A9%E8%B0%83%E6%9F%A5%E6%8A%A5%E5%91%8A. pdf&filename=b0aac19038db44ec9c617f767c326ae6. pdf

② 中华人民共和国商务部. IMD 公布 2021 世界竞争力报告[EB/OL]. (2021-07-02)[2022-04-24]. http://tradeinservices.mofcom.gov.cn/article/yanjiu/pinglun/202108/118731.html.

③ 《2021 年全球创新指数报告》发布[EB/OL]. (2021-09-22)[2022-04-24]. https://m.gmw.cn/baijia/2021-09/22/1302592705.html.

1.2 知识产权战略——科技创新的有力保障

科技创新对社会发展具有举足轻重的作用,科技创新的最终成果在法律上更多地表现为知识产权[①]。随着全球经济一体化进程的不断加快,市场竞争日益激烈,知识产权已成为引导产品的研究开发、开拓,并占领市场的重要工具。知识产权战略是对知识产权的创造、管理、实施和保护等所做的总体安排和统一谋划。根据权利主体不同,知识产权战略可以划分为国家知识产权战略、行业/产业知识产权战略、企业/事业单位知识产权战略三种类型[②]。随着当代科学技术的日新月异,高新技术及其产业的迅猛发展以及世界范围内经济竞争呈现信息化、知识化和全球化趋势,知识产权战略在国家经济、社会发展和科技进步中的地位进一步增强,成为国家技术创新体系的重要组成部分,发挥着激励创新、规范竞争、调整利益的重要作用。

知识产权战略是科技创新的重要保障,二者之间的联系十分紧密。第一,知识产权战略始终以科技创新为核心,知识产权的创造、管理、实施和保护都依赖于科技创新;第二,科技创新主要由知识创新、技术创新和现代科技引领的管理创新等要素构成,其中知识创新是科技创新的基础和保障,知识创新以知识产权信息的形式为科技创新提供了信息来源和知识基础,为促进科技创新的发展提供了动力和源泉;第三,加强知识产权保护和管理,是促进科研机构和高新技术企业进行体制创新和技术创新的主要途径和重要保证;第四,在科技创新的发展过程中,优先推动知识产权发展,并逐步完善知识产权服务体系,将对社会生产转型升级、社会生活方式改善以及经济发展起到促进作用;第五,科技创新与知识产权战略相互依存,科技创新为知识产权战略创造了发展环境,知识产权战略为科技创新提供了重要保障。面对激烈的国际竞争环境,中国作为最大的发展中国家应该抓住机遇,积极制定与采取适应中国国情的知识产权战略,切实加强知识产权工作,增强我国企业市场竞争力,同时以实施国家知识产权战略来保障科技创新,增强我国自主创新能力,提高国家核心竞争力。

21世纪以来,党中央和国务院十分重视知识产权工作,习近平总书记更是多次强调加强知识产权的运用与保护。为了深入贯彻落实科学发展观、建设创新型国家,2008年,国务院印发《国家知识产权战略纲要》(下文简称为《纲要》),提出"激励创造、有效运用、依法保护、科学管理"方针,将知识产权上升为国家战略。《纲要》作为我国知识产权战略的顶层设计纲领,为我国不断健全知识产权相关制度建设勾勒了蓝图,也指明了方向。为了进一步贯彻落实《纲要》,全面提升知识产权综合能力,实现创新驱动发展,2015年,知识产权局、中央宣传部等28个单位联合发布《深入实施国家知识产权战略行动计划(2014—2020年)》,提出

---

① 曾莉,戚功琼. 众创空间知识产权服务体系发展现状与对策研究:以中关村国家自主创新示范区为例[J]. 中国发明与专利,2017,14(4):13-17.
② 陈昌柏. 知识产权战略:知识产权资源在经济增长中的优化配置[M]. 2版. 北京:科学出版社,2009.

到 2020 年实现知识产权创造水平显著提高、运用效果显著增强、保护状况显著改善、管理能力显著增强、基础能力全面提升等主要目标①。"十三五"时期是我国由知识产权大国向知识产权强国迈进的战略机遇期。2016 年,国务院依据《中华人民共和国国民经济和社会发展第十三个五年规划纲要》制定并印发了《"十三五"国家知识产权保护和运用规划》,提出到 2020 年如期完成知识产权战略行动计划目标②。2017 年,国务院印发《"十三五"国家知识产权保护和运用规划重点任务分工方案》,根据各相关部门职责对各项重点任务进行了分工③。2018 年,国家主席习近平在题为"开放共创繁荣 创新引领未来"的主旨演讲中也提到,要加强知识产权保护,重新组建国家知识产权局,完善执法力量,加大执法力度;要保护在华外资企业合法知识产权,同时也希望外国政府加强对中国知识产权的保护④。

在党中央、国务院的坚强领导下,我国不断加大科技创新和知识产权保护力度,已经成为名副其实的知识产权大国和世界创新版图重要的一极。2018 年,我国知识产权使用费进出口总额超过 350 亿美元,其中使用费出口额提前完成了《"十三五"国家知识产权保护和运用规划》确定的 5 年累计超过 100 亿美元的目标⑤。2019 年,我国受理的发明专利申请量连续 9 年位居世界第一,并且相继实现了年发明专利申请量和发明专利拥有量"两个一百万件"的重大突破,成为世界上第一个年发明专利申请量突破 100 万件的国家,成为继美国、日本之后第三个国内有效发明拥有量突破 100 万件的国家。随着知识产权战略的深入实施,《纲要》所提出的"2020 年把我国建设成为知识产权创造、运用、保护和管理水平较高的国家"这一目标已基本实现。截至 2020 年年底,我国发明专利有效量为 305.8 万件,每万人口发明专利拥有量达到 15.8 件,实用新型专利有效量为 694.8 万件,外观设计专利有效量为 218.7 万件,有效注册商标量 3 017.3 万件,累计批准地理标志产品 2 391 个,累计注册地理标志商标 6 085 件⑥。与过去相比,我国知识产权事业发展迅速,各类市场主体对知识产权申请或保护的意识和观念都有了大幅提升和改变,世界知识产权组织发布的年度报告也指出,中国已经成为世界知识产权发展的主要推动力。2021 年,为形成与《纲要》接续推进、压茬进行的战略布局,中共中央、国务院相继印发《知识产权强国建设纲要(2021—2035 年)》⑦

---

① 国务院办公厅关于转发知识产权局等单位深入实施国家知识产权战略行动计划(2014—2020 年)的通知[EB/OL].(2014 - 12 - 10)[2019 - 11 - 05]. http://www.gov.cn/gongbao/content/2015/content_2806004.htm.

② 国务院关于印发"十三五"国家知识产权保护和运用规划的通知[EB/OL].(2017 - 01 - 13)[2019 - 11 - 05]. http://www.gov.cn/zhengce/content/2017 - 01/13/content_5159483.htm.

③ 国务院知识产权战略实施工作部际联席会议办公室关于印发《"十三五"国家知识产权保护和运用规划重点任务分工方案》的通知[EB/OL].(2017 - 08 - 24)[2019 - 11 - 05]. http://www.gov.cn/xinwen/2017 - 08/24/content_5220034.htm.

④ 习近平. 开放共创繁荣 创新引领未来:在博鳌亚洲论坛 2018 年年会开幕式上的主旨演讲[N].解放军报,2018 - 04 - 11(3).

⑤ 卞疆,赵远乔.知识产权与中国创造[J].商业文化,2020(1):49 - 58.

⑥ 国家知识产权局.2020 年度知识产权主要统计数据(知识产权统计简报 2021 年第 1 期总第 49 期)[EB/OL].(2023 - 03 - 24)[2024 - 01 - 20]. https://www.doc88.com/p-09116842666477.html.

⑦ 中共中央 国务院印发《知识产权强国建设纲要(2021—2035 年)》[EB/OL].(2021 - 09 - 22)[2022 - 04 - 24]. http://www.gov.cn/zhengce/2021 - 09/22/content_5638714.htm.

和《"十四五"国家知识产权保护和运用规划》①,提出知识产权保护迈上新台阶、知识产权运用取得新成效、知识产权服务达到新水平、知识产权国际合作取得新突破等新时期的发展目标,同时提出到2025年,专利密集型产业增加值占GDP比重达到13%,版权产业增加值占GDP比重达到7.5%,知识产权使用费年进出口总额达到3 500亿元,每万人口高价值发明专利拥有量达到12件等预期性指标。

  总体来看,我国已经初步建立了具有中国特色的知识产权保护体系,但要成为知识产权强国还有很长的路要走。从知识产权的发展现状来看,关键核心技术领域高质量知识产权创造不足、知识产权侵权易发多发、知识产权转移转化成效有待提高、知识产权服务供给不够充分等问题依然存在②,与国际交流合作的深度与广度也有待进一步拓展。从知识产权战略的实施过程来看,缺乏细化政策、政府扶持力度不足、知识产权服务人员的数量不足、专业素养有待提高、知识产权价值评估机制不够健全等问题较为突出③。

  加大知识产权保护力度,深入实施知识产权战略,是营造适应科技革命和国际经济技术交流良好营商环境的不变准则,也是激励创新源源不断涌现、推动创新广泛应用传播的永恒公理。因此,中国必须以前所未有的积极态度,推动落实国家知识产权战略,以知识产权战略保障我国科技创新的可持续发展,努力提升知识产权的创造、运用、保护与管理能力,有效提升知识产权对国家经济社会发展的贡献度,加快知识产权大国向知识产权强国的转变,为决胜进入创新型国家的行列贡献力量。

1.3 知识产权信息服务

1.3.1 知识产权信息服务的概念内涵

(1) 知识产权信息服务的概念

  知识产权信息服务(Intellectual Property Information Service)本质上是指关于知识产权的信息服务,也可以理解为以知识产权信息为内容的服务业务。要对知识产权信息服务进行定义,需要先厘清知识产权的概念、知识产权信息的具体内容以及信息服务的内涵。

  ①根据我国《质量管理体系 基础和术语》(GB/T 19000—2016)的界定,知识产权是指自然人或法人对其智力活动创造的成果依法享有的权利。广义的知识产权是指一切人类智力创造成果上的权利,狭义的知识产权是指版权和工业产权。版权在我国亦称著作权,是指创

---

① 国务院关于印发"十四五"国家知识产权保护和运用规划的通知[EB/OL]. (2021-10-09)[2022-04-24]. http://www.gov.cn/gongbao/content/2021/content_5651725.htm.
② 国务院关于印发"十四五"国家知识产权保护和运用规划的通知[EB/OL]. (2021-10-09)[2022-04-24]. http://www.gov.cn/gongbao/content/2021/content_5651725.htm.
③ 冯晓青. 基于技术创新与知识产权战略实施的知识产权服务体系构建研究[J]. 科技进步与对策,2013,30(2):112-114.

作文学、艺术和科学作品的作者及其他著作权人依法对其作品所享有的人身权利和财产权利的总称;工业产权是指包括专利权、商标权、集成电路布图设计权、地理标志权、植物新品种权、未披露的信息专有权以及反不正当竞争权等在内的权利人享有的独占性权利①。

②知识产权信息可以从广义和狭义两个层次进行探讨。广义的知识产权信息是指表现知识产权存在状态的信息,比如知识产权制度演化和知识产权法律运行等方面的信息;狭义的知识产权信息则是指表征知识产权权利属性的信息,既包括知识产权保护的客体(智力成果)的内含信息,比如著作权信息、专利信息、商标信息、域名信息以及其他知识产权信息等,也包括与知识产权权利相关的信息,比如伴随知识产权权利的产生、发展、变更而发生的信息,以及关于知识产权权利的保护与运用等方面的信息②。另外,从知识产权信息的产生、发展、保护、运用和管理的过程来看,知识产权信息还可以被分为:知识产权权利信息、知识产权技术信息、知识产权保护信息、知识产权运用信息以及知识产权法制信息等类型③。

③信息服务是伴随信息社会的发展而产生的一种以信息为内容的服务业务,它是发生在信息用户与服务人员、信息资源、信息服务系统之间的,可以满足用户信息需求的一种或一系列行为④,简言之,信息服务是指服务者以独特的策略和内容帮助信息用户解决问题的社会行为⑤。知识产权信息服务属于信息服务,可以将其理解为发生在用户与服务人员、知识产权信息、知识产权信息服务系统之间的,可以满足用户知识产权信息需求的一种或一系列行为。

基于上述分析,本书认为,知识产权信息服务具体是指,服务人员根据用户特定的知识产权信息需求,利用各种信息分析方法,为用户提供关于著作权、专利、商标、地理标志、集成电路布图设计等各类知识产权信息的公布、检索、分析,以及数据库建设、信息系统开发等不同层次的服务。根据用户的不同需求,知识产权信息服务可以划分为基础服务(如检索、咨询等)和高级服务(如专利预警、知识产权布局服务等)⑥。在服务过程中,服务人员应该以知识创新为中心,以最大限度地实现知识产权信息资源的增值为理念,以用户为核心,以需求为导向,以满足用户个性化需求和引导用户解决问题的需求为目标,致力于提供具体问题的解决方案和专业化的知识产权信息服务。

当前,我国正处于由"中国制造"向"中国创造"转变的战略转型期。在国家政策支持下,我国的创新环境不断改善,国民的创新意识不断增强,创新领域竞争的激烈程度也不断加大,这意味着仅依靠创新主体自身力量去开展创新活动的难度系数将不断增大。在这样的背景下,为创新主体及创新活动提供一系列专业高效的知识产权信息服务,不仅能提高知识产权信息的利用效率,还能科学、高效地满足创新主体的特定知识产权信息需求,降低创新主体开展创新活动的难度系数,进而增强科技人才的创造活力,营造良好的科技创新氛围,

---

① 郑成思,朱谢群.信息与知识产权[J].西南科技大学学报(哲学社会科学版),2006,23(1):1-14,20.
② 马海群.网络时代的知识产权信息理论研究[J].图书情报知识,2003(1):7-10.
③ 李喜蕊.我国知识产权信息服务体系建设研究[M].北京:中国政法大学出版社,2016.
④ 李桂华.信息服务设计与管理[M].北京:清华大学出版社,2009.
⑤ 陈建龙,申静.信息服务学导论[M].北京:北京大学出版社,2017.
⑥ 周迪,李鹏云,宋登汉.知识产权信息服务中心的实践与发展[J].中国高校科技,2020(S1):47-50.

最终助推科技创新的蓬勃发展。

（2）知识产权信息服务的特点

知识产权信息的诸多特性决定了知识产权信息服务的特点。

①多样性。知识产权信息的丰富性决定了知识产权信息服务的多样性。就知识产权所保护的客体的内含信息来说，相应的知识产权信息服务包括关于专利、商标、版权、域名以及特定领域知识产权等方面的信息服务；就与知识产权权利相关的信息来说，相应的知识产权信息服务是指提供包括伴随知识产权权利的产生、发展、变更而发生的各种信息的服务。知识产权信息的丰富性，决定了知识产权信息服务既不是针对某一种知识产权客体，提供其客体内含信息和权利相关信息的服务，也不是针对所有知识产权客体，仅提供其客体内含信息的服务。知识产权信息服务是一种综合性的全面广泛的信息服务，旨在提供各种类型知识产权客体的内含信息和权利相关信息的服务。此外，随着人类认知水平的逐渐提升，知识产权的保护范围将逐渐扩大，所保护的客体类型将逐渐增多，伴随知识产权权利发生的信息也将逐渐细化，从业人员提供的知识产权信息服务势必朝多样化发展。

②高附加值。知识产权信息的前沿性决定了知识产权信息服务具有高附加值。知识产权保护的客体的内含信息是一种关于技术、工商业经营商誉以及文化的创新性信息[①]，是人类智力劳动产生的成果，是人类社会最前沿的发展信息，因此，知识产权信息服务也属于一种知识密集型的专业信息服务。知识产权信息服务能够加速人类先进文化与科学技术的传播，同时有助于提高知识资源的利用效率，引领国家产业的发展方向，以及促进知识经济的快速发展。另外，知识产权信息服务的从业人员除了要熟悉最新的科技文化前沿，还要具备熟练使用各种专业信息分析方法以及数据挖掘等大数据技术的能力，这就注定了知识产权信息服务具有高附加值、高创新度的特点，属于高新技术服务的一种。

③公共性与商业性共存。知识产权信息的共享性与独占性，决定了知识产权信息服务存在公共性与商业性共存的现象。信息经济学认为，信息、知识、知识产权信息都具有共享性和公共属性。如果仅具有共享性和公共性的特点，那么即使权利人正占有并使用其智力劳动成果，任何其他人也可以同时占有和使用。为了激励知识的创新和传播，保护权利人的智力劳动成果所有权，知识产权制度应运而生，知识产权制度赋予了权利人在一定期限内享有的独占权利。因此，知识产权是一种私权，知识产权信息具有独占性，这也决定了知识产权信息服务的有偿性和商业性。近年来，受数字化、网络化的影响，各种类型的知识产权信息服务平台（知识产权信息数据库）逐步建立起来，也逐渐得到了知识产权制度的认可，在法律保障与技术进步的共同作用下，知识产权信息服务的深度加工和商业开发得到了广泛关注。

（3）知识产权信息服务的分类

根据不同的分类标准，知识产权信息服务可以分为不同类型。

①根据信息源性质不同，知识产权信息服务可以分为中央和地方政府管理部门依职能开展的公益性知识产权信息服务、社会企业和服务机构开展的商业性知识产权信息服务、高

---

① 李喜蕊.我国知识产权信息服务体系建设研究[M].北京：中国政法大学出版社，2016.

校和研究机构以及相关协会面向特定人群开展的支持性服务①。②根据加工流程不同,可以分为知识产权信息公布服务、信息整合服务、信息检索服务、信息标引服务、信息分析服务、信息可视化服务以及信息平台建设服务等。③根据表现形式不同,可以分为专利信息服务、商标信息服务、版权信息服务、域名信息服务以及其他知识产权信息服务等。④根据技术含量与服务对象的不同,可以分为知识产权信息咨询等基础性服务、知识产权信息分析等技术性服务、专利布局等专项定制性服务以及知识产权知识技能培训等教育培训服务。⑤根据知识产权成果生命周期的不同阶段,可以分为在重大科研成果开发立项前的先行技术调查与重点学科技术跟踪服务、在专利申请与维护阶段的专利审查咨询与代理申请服务、在专利转化与运营阶段的专利竞争情报和知识产权资产管理服务等。

1.3.2 知识产权信息服务的研究现状

自《纲要》发布以来,知识产权信息服务在受到国家重视的同时,也引起了学界的广泛关注。本章以"知识产权 and 信息服务"作为主题检索词,对2012—2021年中文核心期刊数据库与中文社会科学引文索引(CSSCI)数据库所收录的相关文献进行检索,检索时间为2022年2月13日,共检索出325篇相关主题的学术文献。本章通过对知识产权信息服务研究文献的时间分布、主要期刊、学科分布、主要作者和主要机构等进行数据统计分析,对高频关键词进行可视化分析,探索知识产权信息服务的研究现状,寻找该领域的研究热点与主题变迁规律。

科学文献的数量能够反映科学知识量的变化情况,是衡量科学知识量的重要指标。利用 Excel 软件对样本数据进行处理,统计2012—2021年知识产权信息服务研究的年发文数,结果如图1.2所示。2012—2021年间,知识产权信息服务主题文献年发文数的波动区间为18—56篇,其中2020年的年发文数达到峰值56篇。总体来看,知识产权信息服务相关研究的文献数量较少,尚未形成一定的研究规模。

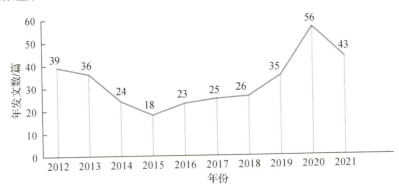

图 1.2 2012—2021年知识产权信息服务研究的年发文数

通过阅读这325篇相关文献的摘要,可以发现:2012—2013年,学者们主要关注专利信息服务的发展现状和知识产权相关法律问题;2014—2015年,专利信息服务平台与专利数

---

① 张永建.浅谈创新驱动发展背景下知识产权信息及知识产权信息服务[J].中国发明与专利,2019,16(8):31-35.

据库建设是学者们的研究重点;2016—2017 年,学者们聚焦专利信息服务模式和知识产权服务体系的建设问题;2018 年后,随着《国家教育事业发展"十三五"规划》的发布以及各高校自主建立知识产权信息服务中心,国内外高校图书馆在知识产权信息服务方面的实践与应用成为学者们的研究热点。

文献的来源期刊和学科分布情况,在一定程度上能够反映某一研究主题的应用范围以及所涉及的研究内容。本章以发文数量达到 5 篇及以上的期刊作为知识产权信息服务研究的主要期刊,统计结果如图 1.3 所示。发文数量最多的是《图书情报工作》(43 篇),其次是《图书馆学研究》(35 篇)、《图书馆建设》(13 篇)、《情报杂志》(10 篇)、《情报科学》(9 篇)、《大学图书馆学报》(9 篇)、《图书馆论坛》(9 篇)、《情报理论与实践》(6 篇)、《图书馆杂志》(5 篇)。

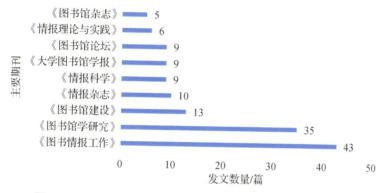

图 1.3 2012—2021 年知识产权信息服务研究的主要来源期刊

在知识产权信息服务研究的主要来源期刊中,《图书情报工作》《图书馆学研究》《图书馆建设》《大学图书馆学报》《图书馆论坛》《图书馆杂志》属于图书馆学领域;《情报杂志》《情报科学》《情报理论与实践》属于情报学领域。因此,图书馆学和情报学是我国知识产权信息服务研究的主要阵地。

对知识产权信息服务研究的主要作者和主要机构进行分析,有助于掌握该领域科研力量的分布情况。本章以发表 5 篇文献作为衡量主要作者的指标,以发表 7 篇文献作为衡量主要机构的指标,具体结果如表 1.2 所示。

表 1.2 2012—2021 年知识产权信息服务研究的主要作者和主要机构

序号	主要作者	发文数量	作者单位	序号	主要机构	发文数量
1	晁蓉	10	湖南大学图书馆	1	南京工业大学	11
2	黄筱玲	8	湖南大学图书馆	2	湖南大学	11
3	张立彬	7	南开大学图书馆	3	武汉大学	10
4	张善杰	7	上海海事大学图书馆	4	南开大学	8
5	陈伟炯	6	上海海事大学图书馆	5	中国科学院大学	7
6	王根	5	东莞理工学院图书馆	6	上海海事大学	7
7	鲍志彦	5	南京工业大学图书馆	7	华南理工大学	7

从主要作者来看,湖南大学图书馆的晁蓉和黄筱玲的发文数量最多,发表相关主题文献共计 18 篇,其次是南开大学图书馆的张立彬(7 篇)、上海海事大学图书馆的张善杰(7 篇)和陈伟炯(6 篇)、东莞理工学院图书馆的王根(5 篇)以及南京工业大学图书馆的鲍志彦(5 篇)。从主要作者的单位来看,高校图书馆是研究知识产权信息服务的重要阵地。

从主要机构来看,发文数量最多的机构是南京工业大学(11 篇)和湖南大学(11 篇),其次是武汉大学(10 篇)、南开大学(8 篇)、中国科学院大学(7 篇)、上海海事大学(7 篇)以及华南理工大学(7 篇)。从主要机构的地理位置分布来看,我国知识产权信息服务的研究机构主要分布在华中、华东、华北和华南地区,以上数据从一定程度反映了这些地区的省市在创新知识产权信息服务模式等方面具有较为丰富的研究经验。

高频关键词共现图谱有利于厘清文献研究内容之间的知识网络关系,挖掘知识产权信息服务领域的研究热点和知识结构。本章利用 VOSviewer 软件提供的计量可视化分析功能,以出现 3 次作为衡量高频关键词的指标,对 325 篇知识产权信息服务相关学术文献的关键词进行过滤,得到 59 个满足条件的关键词,最终绘制的可视化标签视图如图 1.4 所示。在图 1.4 中,节点的颜色越深(蓝),表示关键词出现的时间越早,节点的颜色越浅(黄),表示关键词出现的时间越晚。

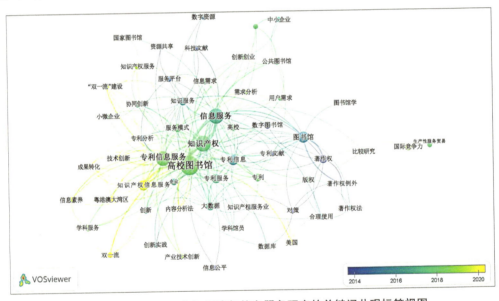

图 1.4　2012—2020 年知识产权信息服务研究的关键词共现标签视图

根据图 1.4 可知,"高校图书馆"节点最大,其次是"知识产权""信息服务""专利信息服务""图书馆""知识产权信息服务""专利服务""服务模式""专利信息""大数据"等,这些关键词可以看作知识产权信息服务研究网络中的重要节点。此外,"高校图书馆""信息服务""专利信息服务""专利信息""专利服务""大数据""服务平台"等节点之间的连线十分密集,说明这些关键词的共现频率很高。从关键词出现的年份来看,"著作权""数字图书馆""专利文献""资源共享""信息公平"等于 2014 年左右便得到了讨论,"信息服务""知识服务"等在 2016 年左右引起了关注,"高校图书馆""专利信息服务""专利服务""服务模式"等出现于 2018 年左右,"知识产权信息服务""技术创新""成果转化""双一流"等是 2020 年左右出现的重要关键词。

为了能够更准确地找到知识产权信息服务领域的研究热点,可以借助计量可视化分析中的聚类功能进行分析,结果发现专利信息服务是近年来我国学界关于知识产权信息服务研究的重中之重,大量研究工作围绕专利信息服务展开。例如,伍亚萍构建了基于知识供应链的专利信息服务框架模型,提出专利信息服务的内容包括基础服务(专利信息检索和查新)和专利情报服务(专利信息分析)[1];张立昆等人提出了包含挖掘研究对象、分析服务需求以及推送决策建议的"三层级"嵌入式专利服务模式,并通过实证研究对该服务模式的有效性进行了证明[2]。再如,杨小凤通过网站抽样调查的方法,分析了我国专利信息服务的发展现状与存在问题,并提出政府应加快专利信息资源共享服务平台建设,进一步实现专利申请、审查与授权等工作的线上办事功能;积极鼓励社会上的公益法人和民间营利机构参与专利信息服务等促进专利信息服务体系建设的建议[3]。邱晨等人调查分析了我国专利信息的应用情况,指出建设专利信息资源与专利信息服务体系对于企业发展的重要作用,并从专利信息资源系统、服务内容、服务宣传、专利应用培训、奖励制度等多个方面提出推进我国专利信息服务体系建设工作的建议[4]。

结合知识产权信息服务研究领域的主要作者与高频关键词,可以发现,高校图书馆馆员从工作实践出发,为我国知识产权信息服务研究贡献了主要力量。例如南京工业大学图书馆的冯君,通过分析高校知识产权管理过程中的用户潜在信息需求,构建了面向高校知识产权管理的信息服务体系,该体系由服务支撑层、系统层、服务层组成[5]。上海海事大学图书馆的张善杰等人利用供需平衡思想,构建了产业技术创新对高校图书馆专利信息服务的需求体系框架,该体系包括创新主体类型、技术创新流程、专利信息服务需求三个维度[6]。

关于如何促进高校知识产权信息服务的快速发展,高校图书馆馆员同样结合实践经验,提出了良多建议。例如同济大学图书馆慎金花等人认为,高校图书馆想更好地开展专利信息服务,应从培养专业的馆员服务队伍、形成统一的业务规范和服务标准、争取国家政策支持和资质认证等方面做出努力[7];华南农业大学科技处的刘长威,与该校图书馆馆员合作开展研究,提出专利信息分析方法可以解决专利工作中存在的针对性不强、专利质量不高、实施转化率低等问题[8];厦门大学图书馆的林静等人以厦门大学知识产权信息服务中心的创新实践为例,提出明确定位(以资源与需求为导向,构建发展路径)、拓展空间(以项目带动团队

---

[1] 伍亚萍.基于知识供应链的高校图书馆专利信息服务模式研究[J].图书馆建设,2017(9):50—02.
[2] 张立昆,季叶克.面向科研团队的高校图书馆嵌入式专利服务实践与探索[J].图书馆工作与研究,2018(11):88-93.
[3] 杨小凤.国内专利信息服务体系建设现状分析[J].图书馆工作与研究,2013(3):26-29.
[4] 邱晨,刘元刚.专利信息服务体系建设研究[J].中国发明与专利,2018,15(12):72-75.
[5] 冯君.基于"高校知识产权管理规范"的图书馆知识产权信息服务体系构建[J].现代情报,2016,36(1):125-130.
[6] 张善杰,陈伟炯,陆亦恺,等.产业技术创新需求下高校图书馆专利信息服务策略[J].图书情报工作,2017,61(21):64-70.
[7] 慎金花,张更平.高校图书馆专利信息服务的趋势与思考[J].大学图书馆学报,2016,34(6):51-55.
[8] 刘长威,刘熙东,刘洋.专利信息分析在高校专利工作中的应用探讨:以华南农业大学为例[J].科技管理研究,2017,37(13):111-115.

提升,实现良性循环)、建立标准(以模块化服务为目标,提高知识产品质量)等切实可行的发展策略[①];上海海事大学图书馆的张善杰等人通过问卷调查,发现受访的208所高校图书馆中仅有101所开展了专利信息服务,其从实证视角提出强化服务企业意识、构建立体宣传机制、建立服务保障制度、建立长效合作机制、建立业务规范等促进高校图书馆专利信息服务"走出去"的建议[②]。

通过梳理2012—2021年的知识产权信息服务研究文献,可以发现:第一,该领域的研究规模相对较小,文献数量较少;第二,所涉及的学科主要分布在图书馆学、情报学领域;第三,高校是主要发文机构,高校图书馆馆员是研究主力,并且华中、华东、华北和华南地区部分高校的研究经验最为丰富;第四,知识产权信息服务的研究主题较为单一,专利信息服务是一直以来的研究热点,根据定义,知识产权信息服务包括专利、商标、著作权、商业秘密、域名、地理标志、植物新品种和集成电路布图设计等各类知识产权的信息服务,但目前来说,学界探讨最多的仍是专利信息服务,其次是与著作权相关的信息服务,有关商标、商业秘密、域名等其他类型知识产权信息服务的研究较少;第五,相关学术文献以实践探索为主,针对知识产权信息服务的理论研究较少,研究方法与技术工具仍有待进一步开发。

鉴于知识产权信息服务在我国仍处于初期发展阶段,为促进其全面快速、健康协调发展,本书聚焦知识产权信息服务理论、方法与实践,从分析科技创新、知识产权战略以及知识产权信息服务的概念内涵、研究现状入手,结合科技创新与知识产权信息服务的特点,探寻科技创新战略下的知识产权信息服务理论、方法与实践,具体包括知识产权信息来源与获取、知识产权信息分析理论与方法、知识产权信息可视化方法与应用、知识产权信息服务在技术创新和创新能力评价中的应用、科技创新中的知识产权信息服务平台建设与案例以及科技创新中的知识产权信息传播理论与案例等方面的内容。需要注意的是,因为著作权涉及文学和艺术创作,例如书籍、音乐、绘画和雕塑、电影及计算机程序和电子数据库等技术性作品,内容丰富,体系庞大,并且与工业产权的权利生产方式、权利内容、权利保护期限、保护条件和要求、保护对象以及受理机关都不相同,所以与著作权相关的知识产权信息服务不属于本书的研究范畴。

1.4 知识产权信息服务体系

1.4.1 知识产权信息服务体系现状透视

一般认为,知识产权信息服务体系是以满足各阶层对知识产权信息需求为目标,由各类

---

① 林静,李剑.基于区域发展的知识产权信息服务创新:以厦门大学为例[J].图书馆学研究,2019(18):75-81.
② 张善杰,李军华,梁伟波,等.面向企业技术创新的高校图书馆专利信息服务障碍与对策[J].图书馆建设,2020(1):126-131.

知识产权信息服务机构组成的,以知识产权信息的公布、整合、分析、检索、翻译、数据库建设、信息系统开发等为主要内容,由相关政策法规制度保障顺利开展的整体系统①。发展知识产权信息服务体系,解决体系建设中面临的各种问题,是提高国家知识产权发展水平的重要举措,也是积极参与创新型国家建设、科技强国建设的迫切需要。《纲要》明确提出要构建国家基础知识产权信息公共服务平台,以促进知识产权系统集成、资源整合和信息共享;要培育和发展市场化知识产权信息服务,以满足不同层次知识产权信息需求;要保障公众在文化、教育、科研、卫生等活动中,依法合理使用创新成果和信息的权利,以促进创新成果合理分享②。由此可知,我国知识产权信息服务体系建设应该遵循以公共服务为基础、以商业服务为导向、以法律制度为保障的基本原则。

(1) 知识产权信息服务体系建设的政策环境

相关政策的制定与实施为知识产权信息服务体系建设提供了基本保障,同时也促进了知识产权信息服务的标准化和规范化发展。2016年12月,中央全面深化改革领导小组第三十次会议提出了"打通知识产权创造、运用、保护、管理、服务全链条"和"构建便民利民的知识产权信息公共服务体系"的要求。2017年1月,《"十三五"国家知识产权保护和运用规划》明确提出要增加知识产权信息服务网点,加强公共图书馆、高校图书馆、科技信息服务机构、行业组织等的知识产权信息服务能力建设③。为完善知识产权信息服务网络,《国家教育事业发展"十三五"规划》提出支持高校图书馆建设知识产权信息服务中心。2017年12月,为积极响应国务院号召,提升高校的创新能力,支撑高校的"双一流"建设,国家知识产权局联合教育部共同制定了《高校知识产权信息服务中心建设实施办法》。高校知识产权信息服务中心是由高校设立并开展知识产权信息服务和人才培养等工作的机构,能够为高校知识产权提供全流程服务,支撑高校协同创新和优势学科建设,促进高校科技成果转化④,支撑国家创新驱动发展战略和知识产权强国建设。

2019年3月,经自主申报、初步筛选、专家初评、现场答辩、名单公示等环节,国家知识产权局、教育部公布了北京大学等首批23家高校国家知识产权信息服务中心的名单⑤。2019年8月,《关于新形势下加快建设知识产权信息公共服务体系的若干意见》强调,要对遴选认定的高校知识产权信息服务中心和国家知识产权信息公共服务网点给予重点支持⑥。2020

---

① 李喜蕊. 我国市场化知识产权信息服务体系的构建与完善[J]. 武陵学刊,2014,39(2):56-62.
② 国家知识产权战略纲要[N]. 中国知识产权报,2008-06-11(2).
③ 国务院关于印发"十三五"国家知识产权保护和运用规划的通知[EB/OL]. (2017-01-13)[2019-11-05]. http://www.gov.cn/zhengce/content/2017-01/13/content_5159483.htm.
④ 杜娟娟,张柏秋. 我国高校知识产权信息服务现状、困境及对策[J]. 图书情报工作,2019,63(23):44-51.
⑤ 国家知识产权局办公室 教育部办公厅关于公布首批高校国家知识产权信息服务中心名单的通知[EB/OL]. (2019-03-07)[2019-11-05]. https://www.cnipa.gov.cn/art/2019/3/7/art_562_146586.html.
⑥ 国家知识产权局印发《关于新形势下加快建设知识产权信息公共服务体系的若干意见》的通知[EB/OL]. (2019-08-30)[2019-11-05]. https://www.cnipa.gov.cn/art/2019/8/30/art_562_146051.html.

年,国家知识产权局、教育部联合开展了第二批高校国家知识产权信息服务中心遴选工作,并于同年7月公布了北京工业大学等第二批37家高校国家知识产权信息服务中心的名单,同时强调相关省(区、市)知识产权局、教育行政部门要结合本地区实际,对高校国家知识产权信息服务中心在业务工作开展、信息资源建设、相关人才培养、服务地方经济产业等方面加强指导和支持①。2021年,国家知识产权局、教育部为贯彻《关于强化知识产权保护的意见》,落实《教育部、国家知识产权局、科技部关于提升高等学校专利质量促进转化运用的若干意见》《关于新形势下加快建设知识产权信息公共服务体系的若干意见》的工作部署,增强高校在知识产权创造、保护、运用、管理和服务全链条的信息公共服务能力,根据《高校知识产权信息服务中心建设实施办法(修订)》,联合开展了第三批高校国家知识产权信息服务中心遴选工作,并于同年8月公布了安徽工业大学等第三批20家高校国家知识产权信息服务中心的名单②。

近年来,知识产权信息服务已成为高校图书馆业务的重要组成部分,大多具备教育部科技查新站资质的图书馆开展了专利素养教育、专利咨询服务、专利检索服务等基础性知识产权信息服务,部分高校图书馆还开展了嵌入科研服务、决策支持服务、专利资源导航等深层次知识产权信息服务③。高校图书馆拥有大量丰富的知识产权信息服务实践经验,因此,高校知识产权信息服务中心一般都挂牌设立在高校图书馆。

(2) 知识产权信息服务体系建设存在的问题

知识产权信息服务体系能够促进我国知识产权信息资源的有效整合和充分利用,从而为科技创新提供良好的信息资源保障。我国已初步建立起了知识产权信息服务体系,为企业和科学技术创新提供了丰富的知识产权信息服务。但从具体实践来看,当前的知识产权信息服务体系还不够完善,主要存在以下四个问题:

一是知识产权信息服务体系的发展不平衡不充分。近年来,我国积极构建知识产权信息公共服务体系,并已取得一定成效。但是,知识产权信息服务体系中的服务主体,不仅包括公共服务主体,还包括商业服务主体。建立全面的知识产权信息服务体系,必须坚持"两条腿"走路,公共服务和商业服务两手抓,两手都要硬。当前,知识产权信息服务体系的发展不平衡、不充分与认识上的不全面紧密相关。因此,建立完善的知识产权信息服务体系,整合公共和商业服务主体,厘清体系的组成要素,构建体系的整体框架,迫在眉睫。

二是缺乏能够高效运转的知识产权信息服务平台。从整体来看,我国知识产权信息服务机构的数量增加迅速,但是不同区域之间的差距较大——西部的知识产权信息服务体系建设显著落后于东部。知识产权信息服务平台能够有效实现知识产权信息资源的集成与共

---

① 国家知识产权局办公室 教育部办公厅关于公布第二批高校国家知识产权信息服务中心名单的通知[EB/OL].(2020-07-10)[2020-07-20]. https://www.cnipa.gov.cn/art/2020/7/10/art_562_150297.html.

② 国家知识产权局公共服务司,教育部科学技术与信息化司.第三批高校国家知识产权信息服务中心遴选名单公示[EB/OL].(2021-08-30)[2021-10-16]. https://www.cnipa.gov.cn/art/2021/8/30/art_75_169695.html.

③ 徐春,张静,卞祖薇."双一流"建设背景下高校图书馆专利信息服务现状及发展对策研究[J].图书馆学研究,2019(23):57-64.

享,有助于解决知识产权信息服务发展不平衡的问题,但目前来说,我国尚缺乏能够高效运转的知识产权信息服务平台,尤其是区域性平台。

三是知识产权信息服务机构与企业之间缺乏有效的沟通机制。在知识产权信息服务体系的运转中,经常出现信息不对称现象。一方面,有知识产权信息服务需求的企业,难以在短时间内寻找到适合的、匹配的知识产权信息服务机构;另一方面,客户(用户)需求不足也会反过来制约知识产权信息服务机构的可持续发展。因此,积极探索和建立有效沟通机制,促进知识产权信息服务机构与企业的互通互联,同样是在推动体系建设的过程中不容忽视的环节。

四是知识产权信息服务相关政策与制度不够完善。相关政策和制度的支持与保障,是不断优化和完善知识产权信息服务体系、提高服务水平和客户(用户)满意度的前提与基础。现行相关政策有助于促进知识产权信息服务的发展、推动科技成果的转化,但是不够全面,我国仍然缺乏完备的知识产权信息服务体系建设制度规范,以及系统的、细化的扶持政策。

实践与理论相辅相成,实践是理论的基础,而理论成果对实践又具有积极的指导作用。厘清知识产权信息服务在实践层面存在的问题,进而从理论层面探索解决路径,有助于体系的优化与完善。当前,我国知识产权信息服务体系在发展不平衡不充分、缺乏能够高效运转的服务平台、服务机构与企业之间缺乏有效的沟通机制、相关政策与制度不够完善等方面的问题比较突出,为解决这些问题,可以从知识产权信息服务体系的组成要素入手,厘清体系框架和运行机制,并针对不同环节进行具体优化,最终建成以公共服务为基础、以商业服务为导向、以法律制度为保障、面向各层级用户的知识产权信息服务体系。

(3)国内外知识产权信息服务体系理论探索

完善的知识产权信息服务体系是保障服务可持续发展的重要前提。美国、欧洲、日本等国家和地区开展知识产权信息服务的时间较早,相关研究也较为成熟。Jenda指出,专利商标资源中心(Patent and Trademark Resource Center,PTRC)形成了遍及全国的专利服务网络,是美国知识产权信息服务体系的重要组成部分[1];Sternitzke等人指出欧洲的知识产权信息服务体系中最具代表性的是欧洲专利局(EPO)与各成员国专利局联合的"专利信息中心"项目(PatLib)[2],目前该项目已经形成了辐射整个欧洲的PatLib网络,遍及37个欧盟国家,共建立了331个专利信息中心[3];日本的知识产权信息服务体系由政府、企业、专业信息服务商、高校科研院所与行业协会5部分构成,《京都大学产学官联合政策》强调:日本大学在国家知识产权服务体系与产学研协同创新模式中承担着重要的指挥塔功能[4]。

---

[1] JENDA C A. Patent and trademark depository libraries and the United States patent and trademark office[J]. Resource Sharing & Information Networks,2005,18(1/2):183-201.

[2] STERNITZKE C,BARTKOWSKI A,SCHRAMM R. Regional PATLIB centres as integrated one-stop service providers for intellectual property services[J]. World Patent Information,2007,29(3):241-245.

[3] 严哲.欧洲PATLIB中心项目对我国高校图书馆专利信息服务的启示[J].图书情报工作,2019,63(22):141-149.

[4] 京都大学产学官连携ポリシー[EB/OL].(2018-07-06)[2020-07-20]. https://www.saci.kyoto-u.ac.jp/wp-content/uploads/2007/06/sankangaku policy070329.pdf.

自我国开展知识产权信息服务体系建设以来,学界已围绕实践中出现的各类问题以及未来可能面对的各种挑战进行了大量学术探讨,研究主要可分为两个主题:我国知识产权信息服务体系的理论构建研究和知识产权信息服务体系的发展问题研究。如杨小凤指出,我国多层次的知识产权信息服务体系由政府、社会组织和公共信息部门共同组成,同时提供公益性和商业性专利信息服务,在促进经济与社会发展方面发挥了重要作用[①];冯君通过梳理高校知识产权管理过程,挖掘潜在信息需求,对高校科研管理人员进行调查研究,给予系统化设计方法,构建了由支撑层、系统层与服务层构成的高校知识产权信息服务体系[②];桂国庆等人认为,目前多学科交叉背景的复合型知识产权专业人才十分匮乏,这一定程度上制约了我国知识产权信息服务体系的发展[③]。

现有研究中,对知识产权信息服务体系具体构成要素的分析主要借鉴信息服务中的相关概念。如陈建龙等在其著作《信息服务学导论》中提出:基于信息服务的自身结构,任何信息服务都可抽象为四个要素,即服务者、服务对象、服务内容与服务策略[④]。其中,服务者是指具备一定专业信息素养、提供信息服务的个人或组织;服务对象即信息用户,具体包括用户需要解决的问题、用户信息需要、用户信息行为等同一连续体上的众多环节;服务内容是指服务者对服务用户提供的特定服务与产品;服务策略是指服务者向服务用户提供服务的过程中,所使用的方式与手段。

知识产权信息服务属于信息服务,因此在体系结构上也具备信息服务的四要素,即知识产权信息服务的服务者、服务对象、服务内容与服务策略。结合知识产权信息的特点,李喜蕊将知识产权信息服务体系的组成要素进一步划分为服务主体、服务对象、服务内容以及服务保障四个部分[⑤]。其中,服务主体即提供各类知识产权信息服务的机构与组织,具体包括知识产权管理机构、专业服务机构、文献情报机构,以及相关法律、金融等服务机构;服务对象指知识产权信息需求者,具体包括技术研发人员、科技管理评价人员与普通大众;服务内容是指服务主体为服务对象提供的一系列特定服务,如专利信息服务、商标信息服务、版权信息服务、域名信息服务等;服务保障是指有关知识产权信息服务的相关法律法规与政策,用以界定服务内容、保障服务体系的有效运转以及实现规范化服务。

回顾我国知识产权信息服务体系的相关研究,可以发现,国内学者就知识产权信息服务体系的理论构建、发展困境以及前景战略等问题进行了深入分析,并且提出了知识产权信息服务体系的四个构成要素。但在当前大数据与科技创新的背景下,现有的知识产权信息服务体系仍需进一步优化与完善,才能满足知识产权信息服务助推科技创新的现实需求。

---

① 杨小凤.国内专利信息服务体系建设现状分析[J].图书馆工作与研究,2013(3):26-29.
② 冯君.基于"高校知识产权管理规范"的图书馆知识产权信息服务体系构建[J].现代情报,2016,36(1):125-130.
③ 桂国庆,周松,林俊岳,等.基于云计算的知识产权基础信息公共服务平台建设研究[J].井冈山大学学报(自然科学版),2018,39(1):48-53.
④ 陈建龙,申静.信息服务学导论[M].北京:北京大学出版社,2017.
⑤ 李喜蕊.我国知识产权信息服务体系建设研究[M].北京:中国政法大学出版社,2016.

1.4.2 知识产权信息服务体系建设框架

（1）知识产权信息服务体系建设的原则

建设知识产权信息服务体系是一项系统工程，应当结合国家知识产权战略体系统筹规划实施，以达到提升知识产权信息服务水平，满足社会各级知识产权信息服务需求，建设知识产权强国和创新型国家的目标。基于知识产权信息服务的特征，本书认为，建设知识产权信息服务体系应该遵循以下两个原则：

①"以人为本的需求导向"原则

为了知识产权信息服务的长远发展，需要切实推进"以人为本的需求导向"原则，建设知识产权信息服务体系。知识产权信息服务的服务对象是社会大众，坚持以人为本，就是要将大众利益放在首要位置，向广大人民提供多层次、差异化、高质量、高效率的便捷服务。知识产权信息服务体系建设的基本目标是满足社会各级人员在创新活动中产生的从知识产权信息获取到利用的各种需求。因此，在体系建设过程中，需要始终坚持"以人为本的需求导向"原则，建设符合不同类型用户需求的服务体系，同时将工作中的每一个细节执行到位。随着信息技术的发展和人们对信息技术应用的深入，目标用户对知识产权信息服务的需求会发生相应变化。这就说明知识产权信息服务体系并不是一成不变的，而是会随着用户需求的变化而不断变化的，因此更加需要坚持"以人为本的需求导向"原则，始终紧密围绕目标用户需求来展开服务内容，并且不断创新和完善服务体系。

②"服务至上的创新发展"原则

知识产权信息服务体系的建设过程还需要坚持"服务至上的创新发展"原则。知识产权信息服务是知识产权服务业的主要内容之一，服务至上既然是服务业的题中应有之义，那么也理应成为知识产权信息服务体系建设最根本的出发点和落脚点。服务至上不能"空喊口号"，需要努力创新服务模式，以专业内容为依托进行业务分类和细化，促进知识产权信息服务体系的创新发展。例如，将投资和运营分开进行，使得提供的知识产权信息服务更加专业化；探索服务外包的体制机制，选择能够提升服务效率的项目实施外包；定期更新和补充新资源，并邀请专家提供技术方法指导，进行技术性创新等。这些举措可以保证知识产权信息服务体系建设的合理有序推进，最终实现体系创新发展和整体优化的目标。

（2）知识产权信息服务体系的组成要素

借鉴前人"要素说"的研究思想——研究事物可以从要素着手加以分别认识，最终构建事物整体[①]，本书设计了包括服务主体、服务对象、服务资源、服务方法以及服务内容共五个要素的知识产权信息服务体系框架，这五个要素互相作用、互相影响，确保知识产权信息服务体系具有高质高效的运行状态。

---

① 吴稌年.关于"要素说"的哲学思考[J].图书馆理论与实践，2006(6)：9-10,35.

①服务主体

知识产权信息服务主体主要由知识产权行政管理机构、专业服务机构、文献情报机构、高校,以及法律、金融服务机构等组成。具体来说,知识产权行政管理机构是知识产权信息服务的主导者,一般为国家和地方知识产权主管部门、教育主管部门以及科技产业主管部门,主要负责制定知识产权相关政策,开展专利、商标、地理标志、集成电路布图设计等知识产权的申请、审查、评估、注册、检索等基础性知识产权信息服务。高校是知识产权信息服务的支持者,面向校内外用户开展专业化、个性化的知识产权信息服务,并为知识产权行政管理机构、法律/金融服务机构等其他主体提供知识产权人才与技术支持。知识产权专业服务机构、文献情报机构以及法律/金融服务机构是知识产权信息服务的提供者与支持者,肩负集聚产业创新资源、布局研发力量、提升技术创新能力等重要职能,同时也为高校等其他服务主体提供专家资源、资金资源、产业资源、项目资源及法律诉讼咨询等各类资源与服务支持。我国知识产权信息服务体系中各主体部分职责清晰、分工明确,产学研政相互支持、相互影响。服务主体根据服务对象的不同需求结合相应的服务资源与技术方法,开展基础性、商业性的知识产权信息服务,能够有效促进我国知识产权信息服务市场的良性发展。

②服务对象

知识产权信息服务对象是指有知识产权信息服务需求的社会各级人员,具体可以划分为技术研发人员、科技管理人员以及普通大众3种类型。其中,技术研发人员主要是指高校、科研院所以及企业中的技术创新主体,这类用户的知识产权信息服务需求主要为:为技术创新提供规划布局的知识产权信息分析服务,帮助用户防范侵权风险、制定侵权危机应对策略的知识产权风险预警服务,有助于提升专利价值与市场竞争力的知识产权战略布局服务。科技管理人员即在科学技术产业中担任科技管理工作,以实现组织发展目标为职责的复合型专业人才,包括政府、高校、企业等组织科技管理部门中的工作人员。除此之外,普通大众也是知识产权信息服务的重要对象,其服务需求涵盖:知识产权信息的公布、检索、咨询、宣传推广、法律状态查询与知识产权信息素养教育等基础服务;知识产权布局、战略规划研究、专利风险预警、技术态势分析、侵权诉讼等专业服务;知识产权信息翻译、相关数据库建设等信息加工服务;知识产权的申请、注册、委托管理等代理服务;知识产权的价值评估、运营转化、投资融资、交易等其他服务。与知识产权信息服务主体相同,知识产权信息服务对象也具有多元化的特点,不同服务对象的需求也不尽相同,要求服务主体不断提高需求挖掘能力,更新服务手段,拓展服务资源,丰富服务内容,进一步提高知识产权信息服务能力与水平。

③服务资源

知识产权信息服务资源主要包括信息资源、人才资源、经费资源、政策资源。开展知识产权信息服务,离不开知识产权相关的信息资源。当前,各高校国家知识产权信息服务中心提供的信息资源可以分为免费资源和付费资源两种类型。免费资源主要包括世界知识产权组织(WIPO)网站、各主要国家及地区的知识产权局网站、中国商标网、SooPAT专利检索平台、知识产权出版社专利信息服务平台等免费的知识产权检索站点,以及东方灵盾、佰腾网

(Baiten)等商业平台提供的基础信息检索系统;付费资源主要是指各高校自主引进采购的文献数据库,如 Innography、Innojoy、IncoPat、德温特创新索引(Derwent Innovations Index,DII)、LexisNexis TotalPatent、中国专利全文数据库、万方中外专利数据库(Wangfan Patent Databse,WFPD)、智慧芽(PatSnap)、SciFinder、Scopus 等专业类文献数据库,以及 Westlaw(法律全文数据库)、北大法宝、北大法意等法律类文献数据库[1]+[2]。除信息资源外,人才资源、经费资源和政策资源也是开展知识产权信息服务的关键。专业的人才队伍是知识产权信息服务的质量保障[3],经费资源能够为知识产权信息服务体系建设提供稳定的资金投入,政策资源能够起到引领知识产权信息服务发展方向的作用。综上,服务资源作为整个体系的基础要素之一,为知识产权信息服务提供了信息、人才、经费、政策等多方面的资源保障。

④服务方法

知识产权信息服务方法主要包括知识产权信息分析方法和大数据技术。常用的知识产权信息分析方法主要包括定性分析方法、定量分析方法以及拟定量分析方法。一般来说,知识产权信息服务的流程大致可以分为用户沟通与需求梳理、知识产权信息检索与数据采集、数据清洗与分析、报告撰写与结果展示 4 个阶段。在知识产权信息检索与数据采集阶段,涉及的大数据技术包括数据采集技术、数据存储技术、知识产权信息检索技术;在数据清洗与分析阶段,涉及的大数据技术包括数据导航技术、数据管理技术、数据关联技术、语义技术、可视化技术、引文分析技术以及聚类分析技术等。大数据存储、采集、管理、分析技术在概率统计和趋势预测等方面有着出色的应用,将其运用到知识产权信息服务中,能够使服务更加高效和智能。以专利信息服务为例,大数据技术的具体应用如下:在专利信息检索与数据采集阶段,服务人员通过确定技术边界和制定检索策略,对国内外的相关专利数据进行检索、采集和存储[4];在专利数据清洗与分析阶段,服务人员对专利数据进行清洗、分类、标引、加工、导航和统计,绘制技术路线图和功效图,挖掘核心专利,评价和预测专利技术,进行产业和市场数据关联分析、专利布局和运营分析、竞争力分析、预警分析、侵权分析、价值评估等。方法要素在知识产权信息服务体系中发挥着重要作用,通过对方法的合理运用,服务人员才能够将知识产权信息加工成满足用户需求的知识产权信息服务。

⑤服务内容

知识产权生命周期包括知识产权创造、运用、保护和管理 4 个阶段(图 1.5),根据不同阶段服务对象的具体需求,服务主体依托自身优势为其提供全流程的知识产权信息服务。例

---

[1] 刘敏,喻萍萍.我国高校图书馆知识产权信息服务现状及优化策略[J].图书馆学研究,2021(12):51-59.

[2] 周迪,李鹏云,宋登汉.知识产权信息服务中心的实践与发展[J].中国高校科技,2020(S1):47-50.

[3] 周静,张立彬,谷文浩.我国高校图书馆知识产权信息服务的现状与思考[J].图书情报工作,2019,63(21):35-46.

[4] 鲍志彦,赵乃瑄.大数据视阈下的高校专利信息服务模式构建与应用研究[J].情报理论与实践,2020,43(3):111-115.

如,在科研项目立项、设计方案确定以及技术发明申请等知识产权创造阶段,面向研发设计主体提供知识产权检索、知识产权咨询、知识产权分析等服务。在技术成果实施与技术成果作价投资等知识产权运用阶段,面向产业协会、社会大众等服务对象开展知识产权价值评估、领域跟踪与分析等服务。在法律状态预警、知识产权侵权诉讼等知识产权保护阶段,面向研发机构、专利权人等服务对象开展专利预警、知识产权资源导航、诉讼咨询等服务。在专利管理、战略制定等知识产权管理阶段,面向政府、科研机构等服务对象开展知识产权信息决策支持、知识产权信息系统开发维护、人才培训等服务。此外,知识产权信息检索、知识产权信息咨询以及知识产权信息素养教育等基础性服务,具有一定的导向作用,贯穿了知识产权创造的整个生命周期。

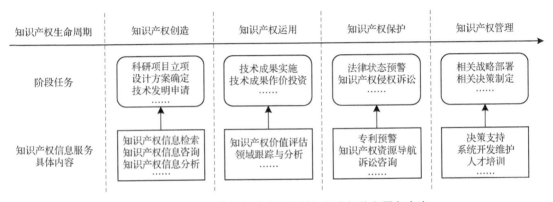

图 1.5 基于知识产权创造全流程的知识产权信息服务内容

(3)知识产权信息服务体系的总体框架

随着知识经济时代的到来,知识产权信息服务的重要性日益凸显,厘清服务体系、强化服务要素是当务之急。为促进知识产权信息服务的发展,本书在遵循"以人为本的需求导向"和"服务至上的创新发展"原则的基础上,构建了五位一体的知识产权信息服务体系的整体框架(图 1.6)。

本书认为知识产权信息服务体系是由各种类型的知识产权信息服务机构,以满足不同用户对知识产权信息的需求为目的,运用专业方法,整合和利用相关资源,提供知识产权信息的公布、检索、标引、分析、可视化和数据库建设等服务活动的整体系统。具体而言,知识产权信息服务体系是由知识产权信息服务主体、服务对象、服务资源、服务方法、服务内容 5 个要素组成的统一整体或系统。构成该体系的 5 个要素相互联系,相互作用,共同促进知识产权信息服务体系的有效运转。其中,服务资源要素起到基础保障的作用,为知识产权信息服务提供丰富的信息资源、充足的经费资源、权威的政策资源以及高质量的人才资源。服务方法要素发挥技术支撑的作用,在知识产权信息服务的不同流程和阶段,提供多种多样的技术方法以保证服务的高质量。服务主体要素充当协同管理的角色,服务对象要素则为知识产权信息服务提供导向。技术研发人员、科研管理人员以及普通大众等服务对象的需求各不相同,因此,服务主体需要根据不同的客户(用户)需求,制定不同的服务策略,配置不同的服务资源,选择不同的服务方法,以提供满足用户需求、高质量、精细化、个性化的服务内容,实现知识产权信息资源的最大化利用。由此也可以看出,服务内容要素即具体的知识产权信息服务,需要其他 4 个要素共同作用才能产生,是整个体系中最核心、也最具价值的部分。

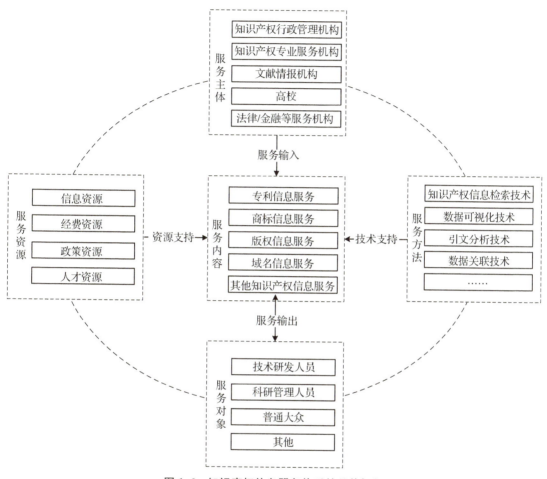

图 1.6 知识产权信息服务体系的总体框架

1.5 本章小结

科技创新是推动经济社会发展的主导力量,是建设科技强国的必由之路,加强知识产权战略有利于促进科技创新,增强科技持续创新能力。本章首先梳理了我国科技创新的发展历程,分析了我国知识产权的发展现状。虽然知识产权大国地位日益稳固,但是知识产权大而不强、多而不优、区域发展不平衡等众多问题依然存在。其次,厘清了相关概念,分析了我国知识产权信息服务的研究现状。当前,知识产权信息服务的研究规模较小,研究主题较为单一,专利信息服务是一直以来的研究热点;相关文献以实证研究为主,针对知识产权信息服务的理论研究较少,研究方法与技术工具仍有待进一步开发。再次,分析了知识产权信息服务体系的发展现状,发现我国已初步建立起了知识产权信息服务体系,但是从促进知识产权战略实施的角度来看,我国知识产权信息服务体系仍然存在一定问题。第一,知识产权信息服务体系的发展不平衡不充分;第二,缺乏能够高效运转的知识产权信息服务平台;第三,知识产权信息服务机构与企业之间缺乏有效的沟通机制;第四,有关知识产权信息服务的政策与制度仍不够完善。最后,从"以人为本的需求导向"和"服务至上的创新发展"原则出发,提出了服务主体、服务对象、服务资源、服务方法、服务内容这五位一体的知识产权信息服务体系建设框架。

知识产权信息服务的基石：科技大数据

　　知识产权信息服务助推科技创新发展，科技大数据为知识产权信息服务提供数据基础。本章将围绕什么是科技大数据，科技大数据对知识产权信息服务的基础作用，科技大数据的常见类型以及科技大数据管理的重要环节展开探讨。首先将对科技大数据的定义、特征及类型进行了阐述，从数据基础、技术保障、管理重点这三个方面解释了科技大数据对知识产权信息服务的基础作用。重点介绍知识产权信息服务中常用的科技大数据，如专利数据、商标数据、地理标志数据等。并在此基础上，梳理科技大数据管理流程中的重要环节。考虑到知识产权信息服务中数据应用的特点，本章将重点选取专利数据、商标数据作为研究对象，依据科技大数据在知识产权信息服务中的重要环节，从数据来源、数据获取、数据规范与加工、数据分析与展示等阶段进行详细阐述，以期为后续的知识产权信息服务奠定高质量的数据基础。

2.1 概念界定：科技大数据

2.1.1 科技大数据的概念

科技大数据是支撑科学技术发展、产业经济创新的重要战略资源。何谓"科技大数据"？从语词结构上看，科技大数据是由"科技"和"大数据"两个词组成的复合词。根据辞海释文，科学技术，简称为"科技"，通常指由自然科学、技术科学和工程科学技术融合而成的整体，包含科技理论和技术实践的发展及其成果的应用等[①]。"大数据"一词的首次出现是在20世纪80年代，由美国学者阿尔文·托夫勒在其著作《第三次浪潮》[②]中提出。2011年，麦肯锡在一篇题名为《大数据的下一个前沿：创新、竞争和生产力》的研究文献中对大数据进行了定义，"数据量远大于一般意义上的数据库软件所能够处理的数据容量"[③]。2012年，高德纳咨询发布《2011年度新兴技术成熟度曲线》报告，表示"大数据是容量大、速度快、变化多的一种资产，其有必要以创新的管理模式来形成更为有效的处理、预测、判断"[④]。2013年，维克托·迈尔-舍恩伯格和肯尼恩·库克耶的极具影响力的著作《大数据时代：生活、工作与思维的大变革》出版，其中对大数据一词的释义是，"大数据是人们在大规模数据的基础上可以做到的事情，而这些事情在小规模数据的基础上是无法完成的"[⑤]。2015年，国务院发布的《促进大数据发展行动纲要》中，对大数据的定义是："大数据是以容量大、类型多、存取速度快、应用价值高为主要特征的数据集合"[⑥]。显然，"科技大数据"属于大数据范畴，是科技创新发展的各环节中产生的所有大数据。钱力等人提出，科技大数据区别于传统论文及一般的网络及行业大数据，其内容主要包括科技成果数据、科技活动数据以及互联网自媒体科技资讯数据[⑦]。曾文等人指出，科技大数据是一种特殊类型的大数据，是与科技信息相关的数据，涵盖了科技创新全过程中长期积累而形成的科技信息，最常见的一种科技大数据就是科技文

[①] 科学技术[EB/OL].[2021-04-06]. https://www.cihai.com.cn/detail？q=%E7%A7%91%E5%AD%A6%E6%8A%80%E6%9C%AF&docId=5425178&docLibId=72.
[②] 托夫勒. 第三次浪潮[M]. 黄明坚, 译. 北京：中信出版社, 2006.
[③] 大数据的下一个前沿：创新、竞争和生产力[EB/OL].(2014-08-27)[2022-04-14]. http://intl.ce.cn/specials/zxgjzh/201408/27/t20140827_3436534.shtml.
[④] 张良. 看 Gartner 的2011年技术成熟度曲线报告[J]. 中国信息界－e制造, 2011(10): 12.
[⑤] 迈尔-舍恩伯格, 库克耶. 大数据时代：生活、工作与思维的大变革[M]. 盛杨燕, 周涛, 译. 杭州：浙江人民出版社, 2013.
[⑥] 国务院关于印发促进大数据发展行动纲要的通知[EB/OL].(2015-09-05)[2020-04-28]. http://www.gov.cn/zhengce/content/2015-09/05/content_10137.htm.
[⑦] 钱力, 谢靖, 常志军, 等. 基于科技大数据的智能知识服务体系研究设计[J]. 数据分析与知识发现, 2019, 3(1): 4-14.

献数据[①]。戴国强等人提出,把与科技相关的大数据统称为科技大数据[②]。相关概念定义中,《科学数据管理办法》第二条将科学数据定义为"主要包括在自然科学、工程技术科学等领域,通过基础研究、应用研究、试验开发等产生的数据,以及通过观测监测、考察调查、检验检测等方式取得并用于科学研究活动的原始数据及其衍生数据"。孙建军等人对科学大数据进行了界定,即科学研究中的海量数据[③]。

综上所述,目前国内外并未给科技大数据一个统一、准确的定义。依据上述相关定义,可以看出,科技大数据内容广泛、载体形式多样、数据类型丰富。科技大数据,通常是指在科技创新活动中产生的所有相关数据,常见的科技文献数据属于重要的科技大数据。本章重点阐述的是知识产权信息服务中的科技大数据,主要包括服务人员在提供如检索、分析、预警等各类知识产权信息服务过程中,可能运用到的专利数据、商标数据、地理标志数据等。

2.1.2 科技大数据的特征

(1) 4V 特征

科技大数据,属于大数据的范畴,所以同样具有区别于传统小数据的大数据 4V 特征。第一,Volume(数据量大)。仅以相关机构的统计数据看,科技数据累积量就已经十分庞大,并且数据量仍然在持续飞速增长中。根据国家知识产权局发布的 2021 年统计数据显示[④],截至 2021 年年底,全国累计发明专利 359.7 万件、商标注册 3 723.95 万件、地理标志 2 490 个、集成电路布图设计累计发证 51 956 件,且这些数据呈现了逐年增长的趋势。第二,Velocity(数据处理速度快)。科技大数据伴随着科技创新发展活动随时产生。特别在当前互联网背景环境下,数据获取和处理的速度,决定了数据利用的优劣势,而且这个差距会随着时间逐渐扩大。对数据的反应时间越长,数据的意义和价值受到的负面影响越大。第三,Variety(数据类型丰富)。从数据结构看,科技大数据有记录在专利、商标等数据库中格式较为规范的结构化科技数据,也有零散在网络中的如科技政策、科技新闻等半结构化和非结构化科技数据;从载体形式看,科技大数据包含数值型数据、文本型数据、图形数据等。不同的科技大数据在存储、处理和利用方法上不尽相同,需要具体分析。第四,Value(数据价值密度低)。经过一定处理的、内容价值相对较为集中的、存储于数据库中的结构化科技数据,仅仅是科技大数据中的一小部分。更多的科技大数据是比如自媒体网络中的零散数据、业务活动中的行为数据等半结构化和非结构化的科技数据,这造成了科技大数据价值密度低的现实问题。

---

① 曾文,车尧,张运良,等.服务于科技大数据情报分析的方法及工具研究[J].情报科学,2019,37(4):92-96.
② 戴国强,赵志耘.科技大数据:因你而改变[M].北京:科学技术文献出版社,2018.
③ 孙建军,李阳.科学大数据:范式重塑与价值实现[J].图书与情报,2017(5):20-26.
④ 国家知识产权局.国家知识产权局审查注册登记月度报告(2021年12月)[EB/OL].(2022-01-28)[2022-01-29]. https://www.cnipa.gov.cn/module/download/down.jsp?i_ID=172796&colID=2535.

(2) 全生命周期特征

科技活动是以科技大数据为基础,以科技大数据管理为手段,以科技大数据挖掘为核心,以科技大数据服务为目标的数据价值创造的全生命周期过程。而科技大数据,存在于科技活动的各个环节,包括科技活动的规划、活动的进程,以及科技成果的转化等各项环节。这些科技活动的进程中会产生很多科技数据,这些数据不是一成不变的,在不同的数据管理环节中,数据属性、数据状态等会不断发生变化,这种数据变化表现出了生命周期特征。具体表现在科技大数据经历了"数据产生与获取—数据规范与加工—数据分析与展示—数据利用与评价"这几个数据管理重要环节,实现了从数据产生到数据创新/消亡的生命周期。科技大数据全生命周期特征,体现了突出的"迭代优化"脉络,即利用强有力的策略方法、技术手段及创新活动对科技数据进行动态更新,并不断挖掘数据的潜在价值。

(3) 数据资产价值特征

科技大数据是支撑国家科技创新的重要战略资源。科技大数据应该作为重要的资产被政府、科研机构、企业高度重视。科技大数据的资产价值特征体现在两个方面:其一是科技大数据的经济属性,即在充分利用科技大数据的基础上所能带来的经济利益,这也是资产的本质所在。科技大数据具有高度专业的技术价值及学术价值,记录了科技发展的最前沿的信息内容,其价值属性极有可能在数据反复加工处理、分析利用的过程得到进一步提升。而部分科技成果的转化,更是会直接带来经济效益、社会价值。其二是科技大数据的法律属性,即数据资产的所有权问题。所谓数据资产的所有权,就是科技创新主体在科技大数据活动过程中,所拥有的数据资产管理权和数据资产分配权等权力。科技大数据蕴含着先进的科技知识,是宝贵的数据资产,甚至在一定背景条件下与国家安全和利益有所关联,所以在相关数据活动中需要进一步厘清科技大数据资产的所有权归属,保护好数据资产。鉴于上述两点,科技大数据可视为一种特殊的数据资产,通过数据服务、数据出版、产品开发等方式,实现科技大数据价值变现。科技大数据作为重要的资产,除了考虑其经济价值的创造,更要从资产保护的角度,关注到科技大数据的安全性问题。

2.1.3 科技大数据的类型

通过数据分类研究,可以更为清楚地认识、掌握和利用数据。现有的科技大数据分类研究主要是从科技大数据内容进行分类。比如,钱力等[1]将其分为记录各学科相关知识的科技成果数据、涉及科技实体数据和知识关系数据的科技活动数据、互联网自媒体科技咨询数据三类。曾文等[2]将科技大数据分为两类:一类是客观的科研产出和技术产出数据;另一类是相关的互联网信息,如机构网页信息、微博、论坛动态等。为了更全面地掌握数据特征,便于更好地管理和利用科技大数据,除了按照数据内容本身分类,还可以按照数据的结构、格式、

---

[1] 钱力,谢靖,常志军,等. 基于科技大数据的智能知识服务体系研究设计[J]. 数据分析与知识发现, 2019,3(1):4-14.

[2] 曾文,车尧,张运良,等. 服务于科技大数据情报分析的方法及工具研究[J]. 情报科学,2019,37(4):92-96.

加工程度等多角度进行分类：

（1）从数据结构角度分类

从数据结构角度分类，科技大数据可以分为结构化、半结构化以及非结构化数据。①结构化数据，如存储在关系型数据库（Relational Database Management System，RDBMS）中的数据，其各项之间存在标准化的、明确的对应关系和准确的名称。结构化科技大数据的特点是组织性较强、准确度较高、数据处理容易。②半结构化数据大多是网页、文档等本身存在一定结构，但是需要进一步提取和整理的数据，比如科技报告、网络学术交流等。这类科技大数据的特点是种类繁多，缺少统一标准的格式，需要进行分类处理。③非结构化数据则是由异构数据混合组成，这类数据的特点是数据来源可信度较低，处理难度最大，数据价值密度最低，比如散落的、未经整理的甚至是错误的科技实验数据等。

（2）从数据格式角度分类

从数据格式角度分类，科技大数据可以分为数值型数据、文本型数据、图形数据、音视频数据等。①数值型数据，是按数字尺度测量的观察值，其结果表现为具体的数值[①]。数值型数据多由阿拉伯数字、小数点、正负号等组成，可以通过算数运算或者其他特殊方式进行汇总、统计和分析，如数量、日期、时间等。②文本型数据，是字符文本逐字录入的文字信息数据。文本型数据是由汉字、英文字母等组成的书面语言表达，如由政府组织发布的科技政策、技术标准等，由科研机构及个人发表的科技文献、科技报告等都是常见的文本型科技大数据。③图形数据，是由图形为主构成的数据。所谓图形，就是在二维空间中由点、线、面、色彩所构成不具备延展性的形状和颜色，比如工程图纸、商标、地理标志等所包含的图形，集成电路布图等都是科技大数据中常见的图形数据。④音视频数据，其中，音频数据是数字化的声音数据，而视频数据就是指连续的图像序列。所以，音视频数据就是声音和图像序列的数据组合，如科技宣传片、学术视频等。

（3）从数据加工程度角度分类

从数据加工程度角度分类，科技大数据可以分两类：一类是原始数据，即科技原生数据；另一类是非原生的数据，即科技衍生数据。①科技原生数据，是在科技活动中产生的未经分析加工的原始数据。比如，人类科技活动的实践数据记录，科技主体的行为数据，像实验日志，甚至是失败的实验过程数据。又如，广泛分散在网络中的数据资料，以及微信、微博、学术论坛中个人学者或组织发布的原始记录等。虽然网络中的科技数据内容十分繁杂，难以直接被利用，数据价值密度也比较低，但其更新速度快、易于获取，具有极大的潜在研究价值。②科技衍生数据，是指在科技原生数据的基础上，依托大数据处理技术对原始数据的属性、结构、功能、关联性等进行分析和加工，进而催生出新的数据。大多数的科技衍生数据是存储在数据库中的数据。这类科技大数据已经具有了对应存储平台标准化的数据格式，并且内容也已经经过筛选和加工，所以具有较高的专业性、价值性、技术性、创新性，对促进科技创新发展具有重要价值。科技衍生数据是在科技原生数据的基础上演化形成的，而在理想的科技大数据活动中，科技原生数据和科技衍生数据构成了一个循环的价值链，不断生成新的数据。

---

① 贾俊平,何晓群,金勇进.统计学[M].4版.北京:中国人民大学出版社,2009.

2.2 知识产权信息服务中的科技大数据

2.2.1 科技大数据的基础作用

科技大数据为知识产权信息服务开展提供必需的原始数据,数据技术发展为信息服务提供技术保障,数据也是信息服务过程中的重要管理对象之一。所以,科技大数据,是知识产权信息服务内容的基础,是服务质量的关键。

(1) 知识产权信息服务的数据基础

每一项科技活动,都可能产生大量的结构性和非结构性数据,分散在数据库中或者是网络体系内,这就是科技大数据兴起的根源。而科技大数据为知识产权信息服务提供了最为基础性的要素——数据。以专利信息服务为例,当今世界 90% 以上的创新发明都可以在专利文献中找到,而专利信息一般比技术刊物提供的信息早 5—6 年。专利数据的涌现,推动了专利信息服务的产生与发展。

凝聚着人类科技活动结晶的科技大数据已然成为当代重要的战略资源,是知识产权信息服务的基石。第一,科技大数据是信息服务开展的前提。在开展知识产权信息服务的过程中,数据的获取奠定了服务的基础,如果数据输入不可靠,输出结果必然受影响。第二,科技大数据带来了服务模式的转变。在数字化转型背景下,数据的增长带来了服务需求的转变,技术的发展带来了智慧化服务的要求,现在的服务更加注重综合性的主动服务方式。信息服务已经不再是简单的数据传递工作,更多的是需要将有价值的数据转换为可利用的数据价值,进而服务于不同层次的用户,如针对政府部门的决策支持、研究机构的科研服务等。

(2) 知识产权信息服务的技术保障

随着大数据时代的到来,大数据存储、采集、管理及分析技术在概率统计、趋势预测等方面均有着出色的应用,它为知识产权信息服务研究提供了新的技术手段和分析方法。大数据技术,就是提取大数据价值的技术,它根据特定目标,通过数据收集与存储、数据筛选、算法分析与预测、数据分析结果展示等,为用户做出正确决策提供参考依据[①]。

① 数据采集技术

数据采集技术,就是将分布的、异构数据源中的数据,如关系型数据、非关系型数据文件等,抽取到临时中间层进行清洗、转换、集成后加载到数据仓库或进行数据集中。它是一种联机分析处理、数据挖掘的数据技术。通过数据采集,获得的各种类型的结构化、半结构化及非结构化的海量数据,是科技大数据信息分析和知识服务模型的基础。科技大数据采集技术重点要实现高质量的数据采集、数据全映像,实现数据解析、转换与装载的大数据整合,

---

① 鲍志彦,赵乃瑄.大数据视阈下的高校专利信息服务模式构建与应用研究[J].情报理论与实践,2020,43(3):111-115.

并设计数据质量评估模型,开发数据质量测试技术。以专利数据采集为例,运用数据采集技术(如专利检索系统元数据大批量下载、网页信息爬虫技术等)和专利信息检索技术,可以构建专利数据采集系统,从而替代人工检索、下载与逐条清洗专利数据的繁杂流程。

②数据预处理技术

数据预处理技术主要是完成对已接收到的数据进行辨析、抽取、清洗等操作。该技术首先需要对已接收数据的数据源进行初步的整理和取舍,初步辨别和分析出与研究或需求相关的数据。通过数据抽取的过程,可以将获取的多种类型的数据转化为便于处理的数据形式。其次,需要进一步对数据进行过滤、去噪,从而提取出有效数据[①]。以专利信息服务为例,专利信息服务人员只需将数据统计分类的规则、停词表、技术功效标引词表等嵌入该系统,便可完成专利数据的处理工作,相对于原有人工逐条加工、标引大批量专利数据的模式更为便捷、高效[②]。

③数据分析技术

最易理解和常用的数据分析方法有统计分析和数据挖掘。统计分析是指运用统计方法及与分析对象有关的知识,从定量与定性的结合上进行研究的分析活动。数据挖掘是从大量的、不完全的、有噪声的、模糊的、随机的实际应用数据中,提取隐含在其中不为人们所知,但又具有潜在价值的信息和知识的过程。科技大数据,由于其数据内容具有学术性强、技术性强的特点,在其应用中更侧重于科学技术的跟踪、预测和分析。以专利信息服务为例,该类技术可以用于专利预警、专利布局分析等预测未来发展趋势的方面。

④数据展示技术

数据展示技术,目前主要是指数据可视化技术,即将复杂的数据及数据关系用清晰的图形图像呈现和表达的技术。通过可视化技术,可以用图形属性,如形状、颜色、大小等对数据进行编码,从而通过视觉传达数据值。在知识产权信息服务中,可以简单地用图表直观展示基础数据的统计结果,也有深层次的根据用户需求有选择地通过如功效图、热点图等来展示数据的分析结果。

(3) 知识产权信息服务的管理重点

知识产权信息服务的开展基于科技大数据,所以对数据的管理也尤为重要。从系统论的角度看,知识产权信息服务过程具有整体性特征,是一个囊括了需求分析调研、管理计划制定、数据处理规范、技术平台支撑、人才队伍保障的有机整体。在服务的开展过程中,需要对包括业务数据、行为数据等涵盖各种内容的数据进行有效管理。在众多数据当中,科技大数据是数据管理的核心,将直接决定业务的开展、服务的结果。具体的科技大数据管理,将在2.2.3数据管理环节中详细阐述。

2.2.2 常用科技大数据

知识产权信息服务是以知识产权信息为内容的服务业务。而科技大数据是知识产权信息服务的基石,数据数量的多少、质量的优劣,对知识产权信息服务质量产生直接影响。本

---

① 曾文.基于科技大数据的情报分析方法与技术研究[M].北京:科学技术文献出版社,2018.
② 曾文.基于科技大数据的情报分析方法与技术研究[M].北京:科学技术文献出版社,2018.

节将重点介绍在知识产权信息服务中应用最广泛的专利数据、商标数据、地理标志数据。

(1) 专利数据

"patent（专利）"最初是根据拉丁语中的"Litterae patentes"词组转变而来的，其含义是指公开的文件、信件等，代表了当时的君主所颁发的某些特权证明。《辞海》（网络版）中定义，"自有专利法之后，'patent'一词开始具有法律意义：指国家主管机关颁发的授予专利权的证明文件，即专利证书；又指专利权，即国家授予发明创造者独占实施其发明创造的权利"[1]。《中华人民共和国专利法》将专利分为三种类型，即发明、实用新型和外观设计。通过对专利相关概念的理解，可以概括出三方面含义：第一，从法律层面看，专利就是专利权，是专利权人依法享有的独占使用其发明的权利；第二，从技术层面看，专利是受到专利法保护的发明创造；第三，从信息角度看，专利是指专利说明书等专利文献。本书讨论的专利数据是专利文献所包含的相关数据及其衍生数据。

专利文献，是包含已经申请或被确认为发现、发明、实用新型和工业品外观设计的研究、设计、开发和实验结果的所有资料，以及保护发明人、专利所有人及工业品外观设计和实用新型注册证书持有人权利的有关资料的已出版或未出版的文件（或其摘要）的总称[2]。所以，专利文献就是记载专利申请、审查、批准过程中所产生的各种相关文件资料。专利文献具体包括专利请求书、说明书、权利要求书、摘要在内的专利申请说明书和已经批准的专利说明书等文件资料，也包括了专利相关的公报、文摘等，以及各种索引与供检索用的工具书等文件资料。基于对上述专利文献的认识，本书所指的专利数据，主要就是这些专利文献中所记载的数据内容，以及经过收集存储、规范加工、统计分析、整合转化等环节，形成的与专利有关的各种数据。目前，我们常用的专利数据，已经经过一定的加工整理，并存储于各类数据库中，有关专利数据源的介绍，详见本书2.3.1。

根据上述对专利数据的认识，可以将其特点归纳为以下4点：①数据量大、数据内容丰富。从专利涉及行业领域看，专利覆盖了绝大多数技术领域，几乎涉及人类生活的方方面面。从数量上看，从1985年截至2021年年底，全球共计授权专利超过2 600万件，其中仅2021年全国累计发明专利359.7万件，可见专利数据量巨大。从内容上看，专利数据包含专利申请书、专利说明书的所有著录项数据，专利局定期公布的专利公报数据等丰富的数据内容。②数据内容新颖。专利的新颖性，可以参考《中华人民共和国专利法》中的解释。《中华人民共和国专利法》第二十二条指出"新颖性，是指该发明或者实用新型不属于现有技术；也没有任何单位或者个人就同样的发明或者实用新型在申请日以前向国务院专利行政部门提出过申请，并记载在申请日以后公布的专利申请文件或者公告的专利文件中"[3]。除了概念解释，相关数据也充分说明了专利数据内容的新颖性：专利中存储了高达95%的各类型发明

---

[1] 专利[EB/OL]. [2021-02-06]. https://www.cihai.com.cn/detail?q=%E4%B8%93%E5%88%A9&docId=5653315&docLibId=72.

[2] 国家知识产权局. 专利文献[EB/OL]. (2009-09-01)[2023-12-07]. http://www.cnipa.gov.cn/art/2009/9/1/art_2147_152046.html.

[3] 国家知识产权局. 中华人民共和国专利法（2020年修正）[EB/OL]. (2020-11-23)[2021-10-05]. https://www.cnipa.gov.cn/art/2020/11/23/art_97_155167.html.

创造,不仅如此,80%的发明创造只有在专利中才得以查找到[①];世界知识产权组织(WIPO)的报告也指出,专利包含了 R&D 产出的 90% 以上,剩下的大多表现在科学文献中[②]。③数据时效性强。出于对知识产权的保护,发明专利申请人会在最短的时间内完成专利申请。根据德国科研机构的研究,95%以上的申请人会在完成发明创造的 2 年以内提出专利申请,2/3 的申请人会在第一年内尽快申请,其余申请人也会在第二年内完成该项工作。④数据标准化。专利数据是按照一定的规范标准进行著录的。比如,专利文献一般采用的是国际统一的专利文献著录项目识别代码(INID 码);专利说明书依据严格的文体结构,每项内容都有具体的撰写要求和固定的顺序。WIPO 工业产权信息常设委员会(PCIPI)也根据相应要求设计了一些参考标准,以期让专利文献标准化,并实现全球统一发布相关信息。

(2) 商标数据

"商标"一词,在《辞海》(网络版)中的解释是:"企业、事业单位和个体工商业者对其生产、制造、加工、拣选或经销的商品所使用的标志。一般用文字、图形或其组合,注明在商品、商品包装、招牌、广告上面"[③]。目前,《中华人民共和国商标法》(第一章总则第八条)规定:任何能够将自然人、法人或者其他组织的商品与他人的商品区别开的标志,均可作为商标申请注册[④]。

按照《中华人民共和国商标法》的相关要求,可以将商标分为文字商标、图形商标和组合商标。文字商标,就是指仅由中文、外文或数字等符号、字符所组成的商标,比如"IBM""JEEP"等(如图 2.1 所示);图形商标就是仅以图像这一种形式所组成的商标,比如大众、微信等(如图 2.2 所示);组合商标,是由文字和图形多元素组成的商标,比如华为、李宁等(如图 2.3 所示)。

图 2.1 文字商标示例图

图 2.2 图形商标示例图　　　图 2.3 组合商标示例图

根据上述商标的定义和类型,可以看出:其一,从表现形式看,商标是文字、图形或其组合;其二,从内容看,商标是商品生产者或经营者为区别自身商品(或产品)而使用的一种记号。因此,从狭义上看,商标数据就是组成商标的各项元素,包括文字、图形及图文组合等,这些元素使得该商标区别于其他商标。从广义上看,商标数据除了各元素设计本身,还应包

---

① 鲍志彦,赵乃瑄. 大数据视阈下的高校专利信息服务模式构建与应用研究[J]. 情报理论与实践,2020, 43(3):111-115.
② 李建蓉. 专利文献与信息[M]. 北京:知识产权出版社,2002.
③ 商标[EB/OL]. [2022-02-06]. https://www.cihai.com.cn/detail?q=%E5%95%86%E6%A0%87&docId=5501202&docLibId=72
④ 中华人民共和国商标法[EB/OL]. (2013-08-30)[2022-02-06]. http://www.gov.cn/jrzg/2013-08/30/content_2478110.htm.

含商标申请人数据(包括名称、地址等)、核定使用的商品类别数据、使用该商标的商品名称数据、该商标权的许可使用数据、有关该商标的行政管理数据等。本书所指的商标数据,是广义上的商标数据。

根据商标数据的核心内容,可以将商标数据特点归纳为两点:①数据量大、数据丰富。仅从商标申请数量看,国家知识产权局发布的《2020知识产权统计年报》统计数据表明,在1979—2020年,全球商标申请总量接近5 240万件,其中,我国的商标申请量超过4 947万件;全球商标注册总量超过3 447万件,其中,我国的商标注册数量超过3 219万件[①]。仅2021年,我国累计注册商标7 738 947件[②]。②数据内容具有独有性。依据商标法的要求,商标的设计、各元素的组合都是独一无二的存在。商标在某种程度上,也是衡量企业创新成果和能力的潜在指标和重要载体[③],受知识产权保护。

(3) 地理标志数据

2001年修订后的《中华人民共和国商标法》增设了地理标志的概念表述,其第十六条定义"地理标志"为"标示某商品来源于某地区,该商品的特定质量、信誉或者其他特征,主要由该地区的自然因素或者人文因素所决定的标志"[④]。《与贸易有关的知识产权协定》第二十二条第1款对地理标志进行阐述,指出:"地理标志,标志出某商品来源于某成员地域内,或来源于该地域中的地区或某地方,该商品的特定质量、信誉或其他特征主要与该地理来源有关。"[⑤]地理标志一般有两种常见的形式:①由产地和产品名称结合构成,比如"烟台苹果";②直接将产地名称作为该产品的标志,比如"香槟(champagne)",既是法国的一个地区的名称,又是一种白葡萄酒的品牌。本节所指的地理标志数据,就是地理标志中所记载的所有相关数据内容,包含了产品的产地数据、产品的特征数据等。

根据地理标志的定义和表现形式,可以概括出地理标志数据具有以下三个特征:①地域性。地理标志数据中最常见的构成要素是地源名称,比如"景德镇陶瓷""六安瓜片""库尔勒香梨"等。②独特性。地理标志与该标志所处地区的自然环境、人文背景等要素息息相关,需要突出其独有性,比如有受环境因素影响的"太平猴魁""黄山毛峰""西湖龙井"等,也有受工艺影响的"扬州漆器""苏绣""湘绣"等。③公开可用性。我国地理标志虽是通过注册而受到保护,但是其属于特定要素下的集体,并不属于个体独享,一般而言,申请产品达到对应产品标志所规定的相关标准后,申请人可以向标志注册人申请使用该标志。在条件满足的前提下,注册人不得拒绝他人使用[⑥]。

地理标志数据虽不及专利数据、商标数据获取来源丰富、使用广泛,但也是知识产权信

---

① 国家知识产权局. 2020知识产权统计年报[EB/OL]. (2021-08-10)[2021-10-05]. https://www.cnipa.gov.cn/tjxx/jianbao/year2020/h/h1.html.

② 国家知识产权局. 分国内外商标注册及有效注册状况:2021年12月[EB/OL]. (2022-01-10)[2022-02-08]. https://www.cnipa.gov.cn/col/col61/index.html.

③ 邵同尧,潘彦. 风险投资、研发投入与区域创新:基于商标的省级面板研究[J]. 科学学研究,2011,29(5):793-800.

④ 中华人民共和国商标法[EB/OL]. (2020-12-24)[2021-02-10]. http://www.gov.cn/jrzg/2013-08/30/content_2478110.htm.

⑤ 王笑冰. 论地理标志的法律保护[M]. 北京:中国人民大学出版社,2006.

⑥ 陈有辉. 地理标志与普通地理商标冲突研究[D]. 兰州:兰州大学,2020.

息服务中的重要数据之一。本节将简要介绍2个权威的地理标志查询检索平台。

①国家知识产权局政务服务平台—地理标志

国家知识产权局网站提供了地理标志查询服务，包括地理标志产品检索、专用标志使用企业检索、以集体商标、证明商标注册的地理标志检索，以及地理标志专用标志下载4项基础检索服务，如图2.4所示，并建有地理标志保护数据管理系统，供不同权限级别的用户注册使用。

图2.4　国家知识产权局政务服务平台地理标志查询服务检索界面①

②欧盟地理标志数据库

欧盟地理标志数据库（GIview）由欧盟知识产权局推出，在2020年11月25日正式启动。该数据库涵盖了通过多双边协定在欧盟受到保护的外国地理标志信息以及欧盟在海外受保护的地理标志信息②。该数据库提供了统一的检索入口，如图2.5所示。

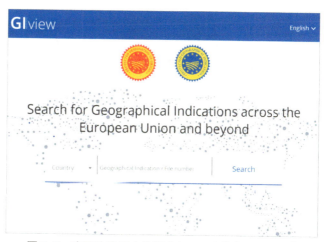

图2.5　欧盟地理标志数据库（GIview）检索系统界面③

---

① 国家知识产权局政务服务平台：地理标志查询服务检索界面[EB/OL].[2022-05-22]. https://www.cnipa.gov.cn/col/col116/index.html.
② 域外动态‖欧盟推出地理标志数据库 GIview[EB/OL].(2020-11-30)[2022-05-22]. https://www.sohu.com/a/435388160_120057883.
③ 欧盟地理标志数据库（GIview）检索系统[EB/OL].[2022-05-22]. https://tmdn.org/giview.

2.2.3 数据管理环节

数据管理,是以数据为基础,以计算机技术为手段,以数据有效利用为最终目标,中间各环节有序进行的过程。本节主要针对知识产权信息服务中的科技大数据的数据管理重要环节进行论述,具体包括了以下4个重要环节:科技大数据来源与获取、科技大数据规范与加工、科技大数据分析与展示、科技大数据利用与评价(如图2.6所示)。

数据管理,是一个进一步实现"再生数据"被重用,数据价值不断被挖掘的动态过程[①]。科技大数据来源与获取中的数据来源是指在数据源选择时,需要对项目的核心问题及需求进行充分研究,以准确判断、选取合适的数据源;而数据获取则是指由于数据变化而进行的数据采集过程,这里的数据变化包括新数据的产生和现有数据的更新。科技大数据规范与加工,是指针对已获取的数据进行一系列的加工处理,使之成为准确、规范的数据,以便于后续的分析、利用。科技大数据分析与展示,是指实现数据分析结果的输出。科技大数据利用与评价中的数据利用就是利用前序环节所处理、分析好的数据提供信息服务、决策支持等;而数据评价一方面是对数据质量进行评判,保留利用高质量数据,相应地加工处理低质量数据,另一方面是对数据利用结果、服务效果进行评价反馈,对反馈数据问题进行二次分析,进一步满足用户需求。在科技大数据管理各环节中,既有数据消亡,也有数据再生。

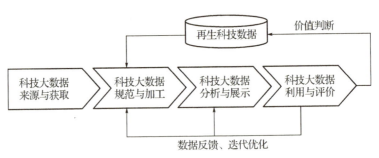

图2.6 科技大数据管理重要环节

科技大数据的类型非常丰富,不同类型的科技数据资源的数据管理环节的具体内容也不尽相同。图2.6给出的数据管理环节只反映了一般的管理环节,在实际操作中,需要根据具体情况对具体环节进行增减。

(1) 科技大数据来源与获取

数据来源的选择、数据获取的策略,对后续数据服务的质量和效率有极大的影响。所以,必须从科学性、可行性的角度选取合适的数据来源,并根据数据特点采取与之匹配的方式获取数据。

科技大数据的选择强调数据质量和工作效率两方面,一般会从数据源的权威性、数据源的数据质量、数据源数据获取的难易程度等角度对数据来源进行评判。①数据源的权威性。数据源的可信度直接决定了数据是否可靠。在选择科技大数据来源时,应优先考虑权威的

---

① 佟泽华,韩春花,孙杰,等.科研大数据再生的内涵解析[J].情报理论与实践,2020,43(9):39-46,78.

标准化数据库、官方网站提供的数据等。考虑到数据的全面性,除了上述官方数据外,还需要在充分鉴别数据可靠性的基础上,辅以其他数据源。②数据源的数据质量。科技大数据的质量参差不齐,专业数据库中的数据质量较高,散落的数据则需要筛选。所以,在考察数据源质量时,可以构建数据源的多质量维度,主要从统一性、完整性、准确性、时效性等进行综合判断[①]。③数据源数据获取的难易程度。数据的唯一性是无法保证的,不可避免会造成重复检索的情况。而每个数据源的返回结果之间可能存在大量的冗余,甚至是存在数据差异。检索的数据源越多,冗余度和错误率会随之加大。所以,在数据质量相当的情况下,要把数据获取的难易程度、反馈数据的准确度等作为选择数据源的评判标准。综合上述三点数据来源选择的判断标准,在开展信息服务的过程中,我们所选取的科技数据源大多是权威的官方平台,比如对于专利数据,多选择官方的专利数据库平台,如各国专利管理机构提供的专利检索系统和数据库,以及权威信息服务公司提供的商业性专利数据库为主。

科技大数据的获取,就是指通过人工获取或者机器自动收割的方式获取所需的各类科技大数据的过程。这里获取的数据,从数据结构看包含了结构化、半结构化和非结构化的科技大数据。针对不同结构的数据,获取方式有所不同:①结构化数据的获取。在数据获取中,最容易实现的就是对结构化数据的采集,因为这些数据往往在各数据项之间存在明确的关系名称和对应关系,很容易实现资源描述框架(Resource Description Framework,RDF)或其他形式的转换。用户可以通过制定科学合理的检索策略,编写恰当准确的检索式,选择合适的数据库进行检索。②半结构化数据的获取。目前,对于半结构化数据,比如 XML、HTML 等格式的数据,较为常用的手段就是通过爬虫和识别的方式,对大量相似网页中的数据进行数据收割。③非结构化数据的获取。所谓非结构化数据,主要就是指数据结构不规则或不完整的数据、不方便用数据库二维逻辑表来呈现的数据等。针对此类型的数据,一般需要先拟定合适的规则对非结构化数据进行重新组织,然后在数据重组的基础上展开后续的数据获取工作。上述内容,仅从数据结构角度展开了数据获取技术方法的简单描述,在实际操作过程中,需要针对目标数据,采用相适应的数据获取方法。

不同的科技大数据,在获取方式及策略上存在较大差异,关于常见的科技大数据如专利数据、商标数据的具体的数据源选取和数据获取方式,将在本章 2.3.2 和 2.4.2 中详细介绍。

(2) 科技大数据规范与加工

由于科技大数据来源不同,不可避免地会存在如数据内容不完整、格式不统一、著录不规范、含义不明晰等多种的现实问题。所以,需要对科技大数据进行规范和加工,其中最有效的手段就是进行数据清洗和数据标引。通过数据清洗对问题数据进行查漏补缺、修正错误,通过数据标引对数据进行组织加工。这一环节对后期数据分析效率和效果起到至关重要的作用。当然,数据规范和加工环节并不是固定的,需要根据服务的目的、数据的类型及分析的策略等内容进行动态调整。

---

① REKATSINAS T,DONG X L,SRIVASTAVA D. Characterizing and selecting fresh data sources[C]//Proceedings of the 2014 ACM SIGMOD International Conference on Management of Data. June 22-27, 2014,Snowbird,Utah,USA. ACM,2014:919-930.

在对数据进行规范化处理过程中,最常用的就是数据清洗。所谓数据清洗,就是利用各种处理手段、校验方式,对数据进行查漏补缺、纠正错误、识别矛盾的过程。通过数据清洗,可以将"脏"数据剔除,以保证清洗后的数据能够尽可能完整、准确,并且可以直接使用。数据清洗主要针对4类问题数据进行处理:①缺损数据的处理。缺损数据是指一些信息缺失损坏的数据。面对这类数据,一般先进行数据结构化处理,从而锁定缺损字段。针对缺损字段,一种是直接删除确认无效的信息。此步骤建议对原始文件进行保存,以防在删除过程中出现意外;另一种是填充缺失内容,即运用科学的技术手段通过其他途径获取缺失值,从而保证数据的完整性。②错误数据的处理。一般情况下会出现以下两种错误数据:一种是数据库数据原本就存在的错误,而数据来源权威性的差异性是造成这种错误的重要因素之一。针对这种数据问题,需将明显有差异的数据按类别汇总[①],通过多重比较分析来判断数据的对错。这一类错误的数据不可以直接删除,而是跟客户进行确认。另一种数据错误的产生主要是因为在对数据内容的预判上出现了偏差,或者是数据清洗算法的不准确。发现这一类的错误数据,需要回归最初的清洗算法,重新进行数据清洗。③重复数据的处理。在多个数据库汇总中经常会出现数据内容的重复。针对这类数据,需要将重复数据的详细内容整体导出,并记录在报告中。进而根据报告进行重复数据的辨别、确认和整理。④歧义数据的处理。在科技大数据文本中,这种问题数据主要出现在作者名称、机构名称、期刊名称等实体数据中。歧义主要分为两种:同实体不同名(synonyms)和同名不同实体(homonyms)[②]。面对歧义数据,需要进行科学查证以确定准确、统一的词语表述。数据清洗工作并非局限于上述4种问题数据的清洗,而且该工作很难在短期内完成,需要伴随着数据的变化不断重复。同时,对数据清洗算法,也需要反复验证,防止过滤掉有用的数据。

对数据进行组织加工,经常采取数据标引的方式。所谓数据标引,是指根据不同的分析内容和所要呈现的分析结果,对检索数据记录添加若干数据标签。通过对数据的标引,有利于在后续数据分析环节中提高工作效率。数据标引,按照标引主体的不同,通常划分为自动标引和人工标引两类。其中,自动标引就是通过可靠的技术手段,实现自动化处理的标引模式;而人工标引则如字面意思,需要人工逐篇阅读,由标引人员手工进行标引工作。以专利数据为例,常规标引字段的标引多为自动标引模式,自定义字段的标引多为人工标引模式。①常规标引字段主要由数据本身的属性决定,包括年份数据、申请人相关数据、申请来源国数据、分类号数据,以及专利的法律状态数据等。此类常规标引字段的标引内容较为固定,分析人员在进行具体信息服务项目实施时,可以根据分析项目的需求,选择合适的标引信息。②自定义字段的标引相较于常规标引字段来说,需要花费分析人员更多的精力,因为它需要信息分析人员从技术角度对每篇文献逐一阅读,并进行标签分配。数据标引针对不同的数据类型具有不同的标引方式,但最终目标都是服务于后续的数据分析工作。

通过科技大数据的规范与加工可以进一步提高数据质量,具体体现在:① 提高数据的

---

① 耿昭阳. 大数据清洗算法研究与系统平台搭建[D]. 长春:吉林大学,2019.
② HUSSAIN I, ASGHAR S. A survey of author name disambiguation techniques[J]. Knowledge Engineering Review,2017,32(22):2010-2016.

完整性。数据存储、传输过程中难免存在一些人为因素、设备问题而造成数据的缺失、损坏，抑或是校验不准确的情况，这些情况均有可能导致数据的不完整。而通过数据的规范与加工，可以解决上述问题，提高数据的完整性。②增强数据的准确性。不同来源的科技大数据，其权威级别有所差异，导致数据质量参差不齐。而通过数据规范与加工，可以找到错误数据并进行修正，进而提高数据的准确性。③提升数据的标准化程度。科技大数据大多来源于不同的数据库，即便是结构化数据，数据格式标准也各有不同。而涉及的半结构化数据和非结构化数据，更无法直接实现资源整合和共享。复杂的、多样的数据格式难以满足数据处理的基本要求。而通过对数据的规范与加工，可以将这些有用数据转化为统一的格式标准，为后续工作提供较为规整的数据。

经过数据规范和加工后的数据，实现了从无序到有序，其准确性、规范性都有了极大的提升，直接对后续数据工作的效率和效果起到正向作用。在进行科技大数据的规范与加工时，需要根据现实情况采用相应的技术方法，关于常见的科技大数据如专利数据、商标数据具体的数据规范与加工方式，将在本章2.3.3和2.4.3中详细介绍。

（3）科技大数据分析与展示

科技大数据分析与展示，是科技大数据管理的核心环节之一，是在对数据进行充分研究和总结的基础上，最大化开发数据价值、发挥数据作用、呈现数据分析结果的过程。其中，数据分析更偏向于从技术和方法的角度得到数据分析结果，而数据展示则是以图形、图表等数据可视化手段更加清晰、直观地呈现数据分析的结果。

科技大数据分析包含了对数值型数据进行的传统意义上的数理统计分析，也包括了对文本型数据、图形数据、音视频数据中有效信息的分析。数据分析要求以目标为导向，对隐藏在科技大数据中的信息加以分析，从而找出所分析对象的内在规律。针对数值型数据，常见的数据分析方法有聚类分析、因子分析、相关分析、对应分析、回归分析、方差分析等统计分析方法。而针对更为丰富的其他类型数据，定量分析已经远远无法支撑。在对非数值型数据分析时，还需要进一步运用定性分析，或定量分析与定性分析二者相结合的分析方法，这些在本书的第3章将详细介绍。这种分析方法，能够在传统的数据统计分析基础上，更为强调信息内容的价值挖掘。随着服务对象、服务内容的变化，科技大数据分析技术也在不断发展。目前，常见的分析技术主要涉及一些计算机算法，包括数据网络挖掘、特异群组挖掘、图挖掘等新型的数据挖掘技术，或是网络行为分析、情感语义分析等数据分析技术。科技大数据经过数据分析这一关键环节，其价值意义得到了极大提升，实现了从数据本身到可以展现特征和规律、验证假设、预测发展趋势等的转变。以专利分析为例，通过定量统计分析、专利技术内容定性分析等技术手段，可以实现专利威胁度（价值）评估、侵权对比与风险评估对比等。

数据展示，是呈现数据分析结果的重要手段，数据展示的目的是能够精准地呈现数据特征，不出现冗余结果，图像规范且美观，并在此基础上进一步揭示数据规律。使用恰当的数据展示方式，能够帮助用户快速浏览数据、充分理解数据。目前，常用的数据展示方式就是数据可视化。所谓数据可视化，就是将数据分析的结果通过可视化图表的形式展现出来，其展示的结果主要用于有针对性地突出用户需求的重点以及数据发展的趋势。与过去传统的图表相比,可视化的数据图表更具表现力,能够组合更多维度的数据,使得数据意图更为准确、明了。想要实现数据可视化,需要运用涉及计算机视觉、图像处理、计算机辅助设计、计算机图形学等多个领域的相关技术[①]。通过数据可视化技术的利用,可以删繁就简,清晰、直观地展现科技大数据的分析结果,传递数据内涵,实现以简明方式与用户进行交互,提供决策支持。科技大数据可视化的具体内容参见本书第4章。

(4) 科技大数据利用与评价

科技大数据的有效利用,是整个科技大数据管理的目标所在。在追踪创新发展时,利用科技大数据对市场信息、新型技术等进行分析,通过预测市场需求,从而发掘创新发展机遇;在进行风险预警时,利用科技大数据对宏观背景、竞争格局等进行分析,通过跟踪主体发展,从而抵御潜在威胁等。同时,科技大数据还为信息服务平台的搭建提供了底层数据。

科技大数据评价,贯穿于科技大数据管理的各个环节中。通过数据评价,不仅仅可以提高数据的可信度,更是要从信息服务角度出发,优化整个数据管理和信息服务过程,达到用户满意的服务效果。据此,科技大数据评价主要包括了两方面内容:其一是数据质量的评价,其二是信息服务的评价。①数据质量评价,包括对数据质量进行评估的方法和过程。关于数据质量评价的标准,全国信息技术标准化技术委员会提出了权威的《信息技术 数据质量评价指标》(GB/T 36344—2018),其包含"规范性、完整性、准确性、一致性、时效性、可访问性"6项指标[②]。其实,数据质量评价贯穿数据加工、数据分析、数据利用等多个环节中,通过数据质量评价,可以及时修改数据处理策略,使得数据加工更准确、高效。这也将影响到数据分析的结果,进而影响数据的利用情况。②信息服务的评价,贯穿于整个知识产权信息服务进程之中,从用户需求调研就已经开始了。信息服务的目标,就是满足用户需求,达到用户满意。而信息服务的评价,就是对服务用户的过程和效果做出客观的评判,从而不断完善服务的过程。对知识产权信息服务各环节的客观评价,能够帮助技术人员充分明确服务目标、优化服务内容,最终达到用户满意、实现信息增值。

2.3 重点阐述:专利数据

知识产权信息服务中涉及的专利数据主要来源于各类专利数据库。专利数据库种类繁多且各具特色,本节将简要介绍几种常用且具有代表性的公共数据库及商业数据库。

(1) 常用公共数据库

最常用的专利公共数据库是各个国家知识产权主管机构提供的专利检索系统及数据

---

① 牛振州. Windows 运行过程的可视化研究[D]. 济南:山东大学,2010.
② 国家标准全文公开系统. 信息技术 数据质量评价指标(GB/T 36344—2018)[EB/OL]. (2018-06-07)[2021-02-10]. http://openstd.samr.gov.cn/bzgk/gb/newGbInfo?hcno=D12140EDFD8967960F51BD1A05645FE7.

库,具有免费、权威可信、数据全面、更新及时等突出优势。无论是专利知识的初学者,还是专利分析的专业人士都常使用这类数据库。本节主要介绍中国国家知识产权局网站、欧洲专利局网站以及美国专利商标局网站等提供的专利检索系统和数据库。

①中国国家知识产权局网站

中国国家知识产权局网站(https://www.cnipa.gov.cn),是国家知识产权局对国内外公众提供信息查询、检索以及信息服务的窗口。网站主要由首页、机构、新闻、政务、服务及数据六大板块构成。其中,服务板块由政务服务平台及公共服务网两个栏目构成。政务服务平台又根据专利、商标、地理标志及集成电路布图设计这四类不同的知识产权类型进行细分以提供相关服务。查询检索前,需要注册。其中专利相关的检索系统主要有以下三类:

专利检索及分析系统。中国国家知识产权局专利检索及分析系统(https://pss-system.cponline.cnipa.gov.cn/)共收集了105个国家、地区和组织的专利数据,同时还收录了引文、同族、法律状态等数据信息①。中国国家知识产权局专利检索及分析系统高级检索界面如图2.7所示。

图2.7 中国国家知识产权局专利检索及分析系统高级检索界面②

---

① 国家知识产权局专利检索及分析系统简介[EB/OL].[2023-12-08]. https://pss-system.cponline.cnipa.gov.cn/dataRange.

② 国家知识产权局专利检索及分析系统高级检索[EB/OL].[2023-12-08]. https://pss-system.cponline.cnipa.gov.cn/seniorSearch.

中国专利公布公告查询系统(http://epub.cnipa.gov.cn)收录了自1985年9月10日以来公布公告中的全部中国专利信息,包括发明的公布、授权,实用新型专利及外观设计专利的著录项目、摘要、摘要附图等,以及事务数据,更为详细的介绍可在网站上获取。中国专利公布公告查询界面如图2.8所示。

图2.8 中国专利公布公告查询界面①

中国及多国专利审查信息查询系统(https://cpquery.cponline.cnipa.gov.cn/)可以检索中国专利审查信息以及多国发明专利审查信息,包括申请文件、中间文件、通知书等相关信息。中国及多国专利审查信息查询界面如图2.9所示。

图2.9 中国及多国专利审查信息查询界面②

②欧洲专利局网站

欧洲专利局及其成员国联合共建了Espacenet网站(https://ie.espacenet.com),其主要宗旨是通过欧洲委员会、欧洲专利组织成员国专利局和欧洲专利局等机构向用户提供免费的专利信息资源,提高知名度。欧洲专利局网站提供多个专利信息检索系统,收录了90多个国家和组织的专利信息,免费提供在线专利数据库的多种专利检索模式、全文下载、法律状态查询以及审查过程文档查询等信息服务。本节将简要介绍worldwide数据库和EP数据库。

---

① 中国专利公布公告查询[EB/OL].[2023-12-08]. http://epub.cnipa.gov.cn/Index.
② 中国及多国专利审查信息查询[EB/OL].[2023-12-08]. https://cpquery.cponline.cnipa.gov.cn/chinesepatent/index.

欧洲专利局 worldwide 数据库(https://worldwide.espacenet.com)收录了欧洲专利局收集的 90 多个国家的专利文献,起始时间因国家(或组织)而异,数据更新大概会滞后各局更新日 1 个月。欧洲专利局 Worldwide 数据库专利检索界面如图 2.10 所示。

图 2.10　欧洲专利局 worldwide 数据库专利检索界面①

EP 数据库(https://register.epo.org/regviewer)是欧洲专利局为公众提供欧洲专利申请以及进入欧洲阶段的国际申请的法律状态及审查过程等信息的查询系统。欧洲专利局 EP 数据库专利检索界面如图 2.11 所示。

图 2.11　欧洲专利局 EP 数据库专利检索界面②

③美国专利商标局网站

美国专利商标局网站(https://www.uspto.gov)是由美国专利商标局建设的政府性官方网站,向公众提供全方位的专利信息服务。该网站针对不同信息用户的使用需求,提供了不同的检索系统,如图 2.12 所示。2022 年,美国专利商标局对专利信息检索工具进行了全面升级改造,在官网上线了全新的专利检索系统(Patent Public Search),向公众免费开放。

---

① 欧洲专利局 worldwide 数据库专利检索[EB/OL].[2022-03-06]. https://worldwide.espacenet.com.

② 欧洲专利局 EP 数据库专利检索[EB/OL].[2022-03-06]. https://register.epo.org/regviewer.

图 2.12　美国专利商标局网站界面①

专利检索系统(https://ppubs.uspto.gov/pubwebapp/static/pages/landing.html)是一种新的基于网络的专利检索应用程序。专利检索系统的创建是为了用一个单一的、更强大的在线平台取代内部遗留检索工具 PubEast 和 PubWest 以及外部遗留检索工具 PatFT 和 AppFT,实现了美国专利申请数据和授权数据的整合。该系统包含 US-PGPub、USPAT 和 USOCR 三个数据库,分别收录了美国专利申请数据、美国授权专利数据和美国早期专利文献的图像 OCR 数据。用户无需注册就可以免费检索美国专利申请和授权专利文献。

该系统提供"基本检索"及"高级检索"两个查询选项。选择"基本检索",可按关键字或常用字段(如发明人或公布号)查找专利。选择"高级检索"可以使用完整的查询选项,以及通过数据库进一步过滤专利检索或通过标记组织文档。美国专利商标局专利公开检索界面如图 2.13 所示。同时该检索还列出"帮助""常见问题"以及"培训材料"三个栏目为用户提供检索帮助。

图 2.13　美国专利商标局专利公开检索界面②

---

① 美国专利商标局[EB/OL].[2023-12-08].https://www.uspto.gov.
② 美国专利商标局专利公开检索[EB/OL].[2023-12-08].https://ppubs.uspto.gov/pubwebapp/static/pages/landing.html.

④日本专利局网站

日本专利局给予保护的工业知识产权主要有4种,分别是:特许、实用新案、意匠和商标,前3种工业知识产权和中国的发明专利、实用新型专利及外观设计专利相类似。日本专利局网站可供用户检索日本专利数据,如图2.14所示。日本专利局的数据库包括发明、实用新型、外观设计、商标、诉讼案数据库。对于发明和实用新型数据库,用户可使用3种检索方式:号码检索、分类号检索和文本检索。对于外观设计专利,用户可使用2种检索方式:号码检索和分类号检索。在使用号码检索时,需要注意2000年前后日本专利号表达方式的差异。2000年以前,日本专利号表示为:日本年号(代码＋2位数字)＋6位数字的流水号;2000年以后,专利号表示为公元年号＋6位数字的流水号。

图 2.14　日本专利局网站①

⑤世界知识产权组织网站

世界知识产权组织(World Intellectual Property Organization,WIPO)(https://www.wipo.int/portal/zh)是联合国保护知识产权的专门机构,共有193个成员国。该机构网站提供发明专利检索数据库PATENTSCOPE(https://patentscope2.wipo.int/search/zh/search.jsf)的数据包括:知识产权组织运营的全球专利体系——《专利合作条约》下的专利申请;来自非洲地区知识产权组织(Africa Regional Intellectual Property Organization,ARIPO)、欧亚专利组织(Eurasian Patent Organization,EAPO)和欧洲专利局等多个参与地区专利局的专利文献;来自中国、日本、韩国和美国等多个国家的专利文献汇编。有数据的国家或地区主管局的数目达到57个,并且其检索入口较多,提供专利合作合约(Patent Cooperation Treaty,PCT)专利申请、检索和审查阶段的各中间文件,提供简单的统计分析功能。WIPO-PATENTSCOPE简单检索界面如图2.15所示。

表2.1将上述几类常用专利数据库的数据范围、检索方式以及功能进行了归纳和总结,用户可以根据实际需求,选择适合的数据库。

---

① 日本专利局网站[EB/OL].[2022-04-20]. https://www.jpo.go.jp.

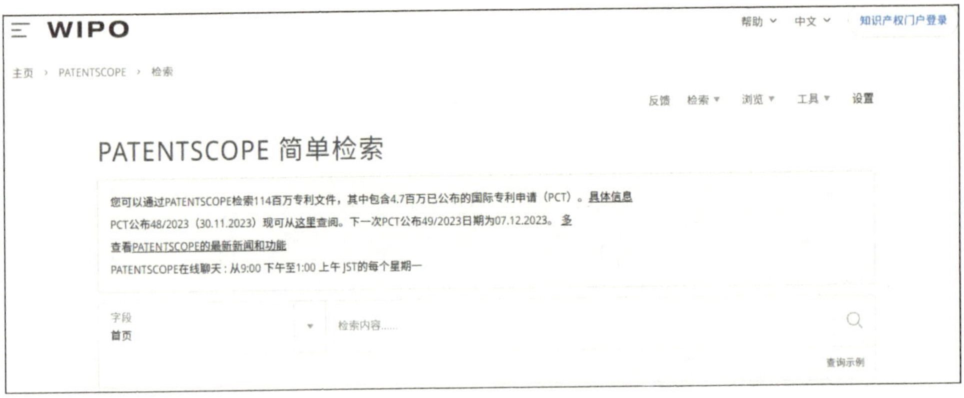

图 2.15　WIPO-PATENTSCOPE 简单检索界面 ①

表 2.1　常用专利数据库概况表

数据来源	检索系统	数据范围	检索方式及功能
中国国家知识产权局网站	专利检索及分析系统	涵盖中国、美国、日本及世界知识产权组织等在内的 100 多个国家（地区、组织）的专利数据	常规检索、高级检索、导航检索、药物检索和命令行检索
	中国专利公布公告查询系统	收录了自 1985 年 9 月 10 日以来公布公告的全部中国专利信息	公布公告检索（首页）、高级检索、IPC 分类检索、LOC 分类检索、事务数据检索
	中国及多国专利审查信息查询系统	收录了中国专利审查信息以及多国发明专利审查信息。包括申请文件、中间文件、通知书等相关信息	该系统用户分为电子申请注册用户及普通用户
欧洲专利局 Espacenet 网站	欧洲专利局 worldwide 数据库	包含 90 多个国家的专利信息	智能检索、高级检索以及分类号检索；提供 INPADOC 专利族等功能
	EP 数据库	为公众提供欧洲专利申请以及进入欧洲阶段的国际申请的法律状态及审查过程等信息的检索系统	智能检索、高级检索
美国专利商标局网站	专利检索系统	收录 1790 年至最近一周美国专利商标局公布的全部授权专利文献；2001 年 3 月以来的发明专利申请公布和职务专利申请公布	基本检索、高级检索
日本专利局网站	发明与实用新型公报数据库	收录自 1885 年起的日本发明与实用新型说明书	仅能通过文献号码进行检索
国际知识产权组织（WIPO）网站	发明专利检索数据库 PATENTSCOPE	《专利合作条约》下的专利申请；欧洲专利局等多个参与地区专利局的专利文献；中国、日本、韩国和美国等多个国家的专利文献汇编	简单检索、高级检索、字段组合检索、多语种交叉扩展检索以及化合物检索；提供 PCT 专利申请、检索和审查阶段的各中间文件，并且提供简单的统计分析功能

---

① WIPO-PATENTSCOPE 简单检索[EB/OL].[2023 - 12 - 08]. https://patentscope2.wipo.int/search/zh/search.jsf.

（2）商业数据库

除了上述常用公共专利数据库外，许多信息服务公司也研发推出了商业性专利数据库。该类数据库除了常用的检索功能外，还提供专利分析、预警、可视化等功能，能有效提升专利分析效率。下文介绍几个常用商业数据库。

①Derwent Innovation 专利平台

2017年，科睿唯安（Clarivate Analytics）宣布将其检索与分析平台 Thomson Innovation 更名为 Derwent Innovation。该平台是一个集检索、分析、预警等功能于一体的综合性商业专利平台，包含世界主要国家和组织的原始专利信息以及德温特专家深加工的专栏信息，无中文界面。该平台整合了专利、科技文献和新闻信息3个检索模块。表单检索提供115个检索字段，覆盖DWPI字段、文本、法律状态、诉讼、分类号、引用、专利权人、PCT、国家、优先权、日期年份、相关专利、指定国、美国政府投资研发、审查员、代理人等字段，满足不同检索需求①。

②Innography 专利平台

Innography 是 ProQuest Dialog 公司推出的纯商业性质的专利检索分析平台，可供检索与获取的数据范围广、数据量大。该平台所提供的专利评价新指标专利强度指标，是加利福尼亚大学伯克利分校、斯坦福大学等著名高校的最新研究成果。结合该指标，可以帮助用户迅速查找到核心专利数据。此外，平台提供的数据分析及可视化功能，可以进行引文分析和聚类分析，且可形成种类齐全的专利地图，包括树状图、气泡图等②。

③incoPat 专利平台

incoPat 专利平台由北京合享智慧科技有限公司开发，界面为中文。该平台支持中、英文双语混合检索，并提供语义检索、同义词扩展等检索服务，同时提供7种检索入口，诸如简单、高级、批量、引证检索等。除此之外，该平台还提供了相应的辅助检索项，如申请人名称、IPC、洛迦诺分类，以及国别、省市代码等。该平台除了提供以相关度、时间（申请日、公开日、公告日）、被引次数等信息对结果进行排序的功能外，还提供了特有的合享价值度排序，即在选取业内常用的专利价值评估指标的基础上，从技术的稳定性、先进性和保护范围3个方面进行综合评价，从而形成的专利价值度评估体系③。

④CNIPR 专利信息服务平台

CNIPR 专利信息服务平台在知识产权出版社原有的中外专利数据库服务平台的基础上，融合知名专利检索系统的特点、优势，采用先进的全文搜索引擎建设而成。该平台提供中外专利、IPC分类导航、中国专利法律状态以及运营信息等检索内容，并提供二次检索、过滤检索、同义词检索等辅助手段。除了这些传统的检索功能以外，平台还为用户提供了机器翻译、分析和预警等功能服务。用户可以利用这些功能实现对专利数据的深度挖掘，以图表

---

① Derwent Innovation[EB/OL].(2022-03-21)[2022-05-22]. https://ecollection.lib.tsinghua.edu.cn/databasenav/entrance/detail? mmsid=991021614037203966.

② Innography 专利检索及分析系统使用说明[EB/OL].(2023-01-19)[2023-05-22]. http://www.library.fudan.edu.cn/2019/0916/c115a150b13/page.htm.

③ incoPat 专利平台官网[EB/OL].[2022-05-22]. https://www.incopat.com.

的形式展现结果,也可以根据自身需求选择平台的个性化服务功能,比如自建专题库、专题库导航检索以及专利管理等①。

表2.2对上述4种常用商业数据库的数据范围以及功能进行了归纳总结,用户在检索时,可依据具体的目的、需求,选择适合的数据库。

表 2.2 商业数据库概况表

名称	数据范围	功能
Derwent Innovation 专利平台	覆盖全球156个国家和地区的专利文献,同时可以检索 Web of Science、Current Contents Connect、INSPEC 和 Proceedings 的非专利文献	提供全球领先的专利引证树、专利分析表单图标分析功能、专利地图和文本聚类等分析工具
Innography 专利平台	包含百余个国家的超过1亿条专利数据,900万篇科技文献、700万条商标数据,以及各种专利诉讼数据及有关专利权人的财务数据	包括2种先进的分析方法:专利强度分析和相似专利分析。数据的分析及可视化功能比较强,包括引文和聚类分析,可形成种类齐全的专利地图(树状图、气泡图等)
incoPat 专利平台	收录了全球百余个国家及地区上亿条专利信息。数据均来自各国知识产权官方及商业机构,全球专利信息每周更新4次	支持70余个数据维度的自定义统计分析,可实现多种可视化表现形式
CNIPR 专利信息服务平台	为用户提供中国专利和其他国家和组织(美国、日本、英国、EPO、WIPO 等98个国家和组织)专利的检索	提供机器翻译、分析和预警功能服务;专利数据的深度挖掘,可以用图表的形式展现;个性化服务功能,比如自建专题库、专题库导航检索以及专利管理等

2.3.2 专利数据获取

专利数据获取是指用户依据需求选择和获得专利数据的过程,它是专利数据分析利用的基础。本节主要从专利数据检索流程、策略、示例以及专利数据采集4个方面介绍专利数据获取。

(1) 专利数据检索流程

专利数据检索流程主要包括明确专利检索目的、确定专利检索要素、选择恰当的专利数据源、制定和实施检索策略,以及完善检索策略、筛选专利检索结果等关键环节,如图2.16所示。

①明确专利检索目的。专利检索的目的决定了专利数据库的选择、专利检索策略的制定等。因此,展开专利检索前有必要分析专利检索需求,明确专利

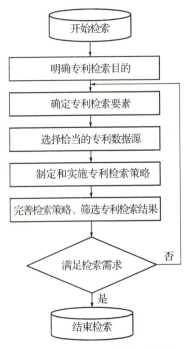

图 2.16 专利数据检索流程图

---

① 中国知识产权网 CNIPR.com——知识产权一站式服务平台[EB/OL].[2022-05-22]. http://www.cnipr.com/sy/db/gywm/201708/t20170814_219969.html.

检索目的。表2.3列举了常见专利检索类型及其目的。

②确定专利检索要素。专利检索要素是指从专利技术方案中提炼出的可被检索的技术特征,是实施各类检索策略的基础。其表达形式主要包含关键词、分类号、化学结构式等。确定专利检索要素需要对提炼出的检索要素进行甄别、筛选。不同的专利检索类型,在确定检索要素的方法上也存在一定差异,本节简要介绍专利性检索中检索要素的确定方法。

专利性检索的目的是判断专利技术方案是否具有新颖性、创造性,专利技术方案是对专利发明构思的具体阐述,因此专利性检索中的检索要素要能准确体现发明构思的要点。检索人员可以运用基于发明构思三要素的方法,梳理出专利的技术问题、技术手段及技术效果这三要素之间的内在联系及逻辑关系。

例如,对于某项关于"全球乳制品行业中的乳糖脱除技术"的专利性检索,检索人员可使用基于发明构思三要素的方法,从专利的技术问题、技术手段及技术效果三者之间的联系出发确定检索要素。其技术问题是"乳糖脱除";技术手段有"去除乳糖""过滤乳糖""水解乳糖"等;技术效果是"无乳糖""低乳糖"等。由于是全球专利检索,还要考虑检索要素的英文表达形式。

当检索人员遇到权利要求中技术手段生僻、技术领域及技术问题描述模糊的情况时,很难通过现有材料提炼出恰当的检索要素,可考虑利用基于原理类比的方法,通过技术原理类比出相似的场景,提炼出准确的专业术语,进而确定检索要素。例如,某专利的权利要求书第一条提到:一种虚拟互动视频播放方法。其特征是:在播放含有触发点的视频文件时,判断当前视频文件是否播放到所述触发点,所述视频文件包含互动视频和原始内容视频;若当前视频文件播放到所述触发点,则跳转至所述互动视频的交互界面;将用户在所述交互界面的输入信息与所述触发点包含的信息进行匹配;若匹配成功,则触发与所述触发点对应的处理内容视频继续播放所述视频文件①。由于该技术问题描述较为模糊,如果单从文字描述中提取检索要素,噪声较大,难以快速有效检索。通过原理类比将该方案在技术认知范围内进行联想,涉及虚拟漫游、三维地图等关键词,可以重新确定检索要素如漫游、虚拟、三维等关键词进行检索。

表2.3 常见专利检索类型及其目的

检索类型		检索目的
专利性检索(专利对比文献检索、新颖性检索)		专利审查员、专利申请人或专利代理人,以某项发明创造或技术方案的主题为依据,对专利文献及其他各类公开出版物上刊登的相关技术进行检索、对比、分析,以判断该项发明创造或者某种技术方案是否具备新颖性、创造性②
侵权检索	防止侵权检索	避免某项新技术或新产品陷入侵权纠纷,提前找出可能受到专利保护的专利
	被动侵权检索	找出被控侵犯的专利权无效或没有侵权的证据

---

① 吴植贤. 一种虚拟互动视频播放方法和装置:CN104581409A[P]. 2015-04-29.
② 武兰芬,姜军. 专利检索与分析精要[M]. 北京:知识产权出版社,2018.

(续表)

检索类型		检索目的
专利法律状态检索		通过检索,了解某项专利或专利申请目前处于何种状态
专利分析检索	专利分析评议	专利人员通过综合运用专利情报分析手段,对专利的竞争态势进行综合分析,以对专利风险、技术创新的可行性等进行评估、论证
	专利导航检索	以专利信息资源利用和对技术、法律、市场以及竞争对手的信息分析为基础,从技术创新、人才培养、企业培育等多个角度提出导航路径
专利布局检索		通过专利布局检索,管理者能够获得充足的信息对企业进行宏观上的布局,选取并调整企业发展方向[①]

③选择恰当的专利数据源。前文已对常用的专利数据库及平台进行了介绍,不同的检索类型需要利用不同的数据库及平台。比如专利性检索,需要专利数据覆盖面广、具备分类号检索功能的专利数据库及平台,因此可以选择各国专利局提供的检索平台,如中国国家知识产权局、欧洲专利局、美国专利商标局等提供的相关检索系统。而专利分析检索,则可利用提供专利情报分析功能的数据平台,如 incoPat 平台、Innography 专利平台等。incoPat 专利平台在选取业内常用的专利价值评估指标的基础上,从技术的稳定性、先进性和保护范围三个方面进行综合评价,形成了专利价值度评估体系。Innography 专利平台中所利用的专利评价新指标——专利强度可以帮助检索人员迅速查找到核心专利数据。同时,专利分析检索还需要兼顾专利的技术领域特征,专利文献的国别、年份,检索时采用的特定字段和检索系统所提供的特定功能等。

④制定和实施检索策略。合理的检索策略需要正确提取、准确表达检索要素并科学构建检索式。前文已对检索要素的确定进行了阐述,其表达形式主要有分类号、关键词、化学结构式、图形等,其中分类号和关键词最为常见;合理构建检索式则需要以科学合理的方式组合已确定的检索要素。在实际检索过程中,检索人员很难依据单一的检索策略就获取到满意的结果,通常需要根据各阶段检索结果动态调整检索策略。后文的专利数据检索策略中将对此做详细介绍。

⑤完善检索策略,筛选专利检索结果。检索人员根据上述流程进行检索后,可获取初步的检索结果。对初步的检索结果进行评估,如果能够满足检索需求,则可终止检索;如果不能满足检索需求,则需要进一步调整检索策略,再次检索,直到能够获得满意的检索结果为止。而针对不同的检索目的,结果的筛选技巧也是有所区别的。例如专利性检索,筛选结果时需要强调专利性的特点,体现发明构思。而对于以专利分析为目的的检索,为了确保能为后续分析提供全面、可靠的数据保障,筛选时要考虑结果的全面性与准确性[①]。

(2)专利数据检索策略

上文已介绍了确定专利数据检索要素的方法,下文将重点阐述其表达策略及检索式的构建策略。

---

① 魏保志.专利检索之道[M].北京:知识产权出版社,2019.

①检索要素的表达策略

专利数据中检索要素的表达形式主要有分类号、关键词、化学结构式、图形等。其中分类号和关键词最为常见,下文主要阐述这两类检索要素的表达策略。

分类号表达策略。分类号是检索专利数据的重要途径之一。如果确定的检索要素中,有与待检索技术主题贴切的准确的分类号,可以优先考虑直接用该分类号进行检索。如果直接利用原有分类号未能满足检索需求,可以考虑依据分类表中的层级结构进行扩展,包含上位组扩展检索、同位组扩展检索以及下位组扩展检索三个方面①。以上位组扩展检索为例,某技术主题涉及全息影像,根据 IPC 分类号规则应分到 G03B35/18。IPC 分类表中相关描述为:G 物理＞G03 大类中的照相材料及工艺,以及一般的,D 部中的纺织品化学处理及纤维素或纸张生产＞G03B 在摄影、放映或观看用的装置中胶片或相片的输送＞G03B35/00 立体摄影术＞G03B35/18 同时观看的。检索人员如果使用 G03B35/18 分类号未能检索到需要的文献,可以进一步扩展到上位 G03B35/00 进行检索。如果上述两种策略都未满足检索需求,可以考虑依据功能分类和应用分类进行分类号扩展。依据功能分类,适用于技术主题在于某物的本质属性与功能,不受特定应用领域的限制。例如,某待检索的技术主题涉及遥感技术,而遥感技术应用于农业、地理、军事侦察等多个领域,因此更适合从其本质属性及功能方面考虑分类。依据应用分类,适用于受某一特定应用领域限制的技术主题,例如,烟草切割工具、口腔清洁装置等。

关键词表达策略。关键词是专利文献内容最直观的体现②,检索时需要考虑到关键词形式上和意义上的准确和完整。为了实现关键词形式上的准确和完整,应充分考虑同一关键词表达的各种形式,包括拓展关键词的单词、词组、句子,关键词的中英文表达,英美式英语的不同拼写,词组的不同表达形式等。例如"模型"这个词,美式英语的拼写是"mold",而英式英语的拼写是"mould";又如现在很流行的"3D 打印"也会表述为"三维打印"等。要实现关键词意义上的准确和完整,应充分考虑每个关键词的各种同义或近义表达方式,上位概念、下位概念以及某些技术特征的等同特征。例如需要考虑检索要素的别称、缩写、中英文翻译差异等问题,如"存储器"与"存贮器","多边形"与"n 边形"等①。

②检索式的构建策略

检索人员确定检索要素的表达形式后,需要构建检索式。构建专利数据检索式的一般策略主要包含以下 3 种:

一是块检索。检索人员首先通过分析检索主题,将其分为不同的检索概念组,针对这些概念组分别创建独立的块,然后对这些块进行组合。例如对某专利的技术方案进行分析确定了三个关键词"a""b""c",利用块检索策略,首先分别就这三个关键词构建检索块(同义词、上下位概念等)"A""B""C",然后对这三个检索块进行逻辑"与"的运算,检索相关专利数据。其优势在于能够利用逻辑关系清晰阐述同一检索要素的不同表达、不同检索要素的表达。块检索尤其适用于检索要素过多、检索要素间关系复杂的情形。其不足在于,会因为追

---

① 魏保志. 专利检索之道[M]. 北京:知识产权出版社,2019.
② 国家知识产权局学术委员会组织. 产业专利分析报告:第 82 册　基因治疗药物[M]. 北京:知识产权出版社,2021.

求"全面"而忽视"准确"。

二是渐进式检索。每一个检索要素对应的检索过程都是在前一个要素对应的结果中进行的,检索人员通过多次检索的层层限制,逐步缩小检索范围,最终获取适合数量的检索结果。还是以上文块检索中的例子为例,如果运用渐进式检索,则构建检索式1——"A";检索式2——检索式1 and"B";检索式3——检索式2 and"C"。可见这两种检索策略很多情况下检索结果相近,然而在实际操作中,可依据检索情况进行调整。由于两种策略的思路差异,其检索效率与调整难度上存在较大差异。渐进式策略的构建更加灵活,运算速度快,但是正是由于这种层层限制,调整检索策略会存在一定困难。

三是混合式检索。混合式检索是块检索与渐进式检索的结合。首先确定检索要素,同一检索要素的不同表达之间用逻辑"或"连接,不同检索要素之间用逻辑"与"连接。它融合了渐进式逐步缩小范围的检索特点,以及每一检索要素不同表达间形成检索块的检索方式。如果检索人员通过深入分析,能够准确把握检索对象的构思,就可以联合运用该检索策略的综合块检索的"全面"和渐进式的"准确",从而获取到需要的专利数据。该策略对检索人员的专业度要求较高,如果不能准确识别检索要素,无法清晰梳理检索要素的不同表达形式等,会导致检索思路混乱,降低检索效率①。

(3)专利数据检索示例

以"跟踪乳制品行业中乳糖脱除技术的发展趋势"课题为例,依据前文所述专利数据检索流程、检索策略,逐步进行检索。具体如下所示:

①明确检索目的。课题的题目为"跟踪乳制品行业中乳糖脱除技术的发展趋势",通过对检索需求的分析,明确此次检索的目的是跟踪专利技术的前沿态势,此次检索属于专利性检索或新颖性检索。而欧美的乳制品行业具有领先优势,因而专利的检索范围应该设定为全球专利,同时由于课题的目的是分析技术的前沿态势,因而时间设定为最新时间。

②确定检索要素。前文已经确认此次检索属于专利性检索,而专利性检索可以利用发明构思三要素来确认检索要素。从专利的技术问题、技术手段及技术效果三者之间的联系出发。技术问题是"乳糖脱除",技术手段有"去除乳糖""过滤乳糖""水解乳糖"等,技术效果是"无乳糖""低乳糖"等,同时在表达检索要素时,要考虑到同义词,由于是全球专利检索,还要考虑英文表达形式。IPC分类号方面,首先按照常规的确定策略确定最准确的分类进行检索,接着按照层级结构进行扩展,最后进行功能分类/应用分类。最终确认为:A23C、A23L33/00、C12N、B01D。

③选择恰当的专利数据源。由于需要对专利结果进行分析对比,因而数据的采集主要依托于incoPat专利平台、Innography专利平台、中国国家知识产权局中国及多国专利审查信息查询系统等资源。

④制定和实施检索策略。考虑到技术、手段、效果之间的逻辑关系,本次检索采用块检索策略。依据确定检索要素,构建不同的检索概念组,针对每个检索概念组创建一个独立的块,然后对各个块进行组合。

---

① 魏保志.专利检索之道[M].北京:知识产权出版社,2019.

⑤完善检索要素,筛选检索结果。经过上述步骤的积累和调整,结合检索策略及技巧,最终的检索式表达如下:

中文:无乳糖;低乳糖;脱除(5n)乳糖;去除(5n)乳糖;除去(5n)乳糖;过滤(5n)乳糖;超滤(5n)乳糖;渗滤(5n)乳糖;纳滤(5n)乳糖;微滤(5n)乳糖;分离(5n)乳糖;水解(5n)乳糖;分解(5n)乳糖;降解(5n)乳糖;膜(5n)乳糖;降低(5n)乳糖;减少(5n)乳糖;乳糖酶;半乳糖苷酶

英文:low lactose;reduced lactose;less lactose;lactose free;no lactose;sans lactose;free lactose;remov*(9n)lactose;reduc*(9n)lactose;decreas*(9n)lactose;separate*(9n)lactose;isolat*(9n)lactose;filter*(9n)lactose;filtration(9n)lactose;nanofilt*(9n)lactose;microfilt*(9n)lactose;ultrafilt*(9n)lactose;membrane(9n)lactose;film(9n)lactose;membrane(9n)lactose;hydroly*(9n)lactose;degrade*(9n)lactose;break*(9n)lactose;lactase;galactosidase;dairy;milk;yogurt;cheese;formula

涉及 IPC:A23C;A23L33/00;C12N;B01D

检索范围包括美国、英国、中国、日本、韩国、法国、德国在内的超过 100 多个国家以及 PCT、ETO 的发明和实用新型专利。经过人工阅读、筛选、专利族合并等预处理,最终以 1920—2021 年间全球乳制品乳糖脱除技术领域的 722 个专利族(2 368 项专利申请文本)为主要分析对象。

(4)专利数据采集

专利数据采集是在完成专利检索的基础上,依据专利分析需求,确定需采集的字段,将检索结果转化为统一、可操作、便于分析的数据格式后,导出并保存的过程。数据采集的过程主要分为定义需要采集的字段、列出检索结果中相关的字段并导出结果等步骤。

关于采集字段的定义,可以参考专利分析中常用采集字段的分类:与申请号/文献号和日期相关的信息、技术信息、相关案件信息、相关人信息、引证与被引信息、与法律状态相关的信息、复审/无效/诉讼信息等其他字段。不同字段类别对应不同的采集字段,比如技术信息类别的信息可以利用分类号、名称、摘要等采集字段;与法律状态相关的信息可以通过法律事件、当前法律状态等采集字段获取。

对于数据导出,可以采取相应的数据导出策略,避免因数据量大引发的问题。一方面可以设置导出数据量,分批多次下载;另一方面可以依据不同的技术分支选择相应采集字段进行下载,结果导出后可以保存为记事本文件或 Excel 文件。不同检索系统的数据采集方法也有差异。一般的商业数据库会提供检索结果导出功能。导出数据前,系统一般会提供字段的选择,用户可以根据需要有针对性地选择相关字段进行数据采集①。

下面以 incoPat 专利平台为例,简单介绍专利数据采集方法。首先在该平台检索 2018 年至 2020 年有关"光刻胶"的中国专利,在检索结果概览页面中点击"全部下载"后进入保存著录项页面,如图 2.17 所示。该平台提供默认的著录项,用户也可依据专利分析需求重新

---

① 马天旗.专利分析:检索、可视化与报告撰写[M].北京:知识产权出版社,2019.

选择合适的采集字段,主要有技术、分类号、名称和地址、引证、同族、法律及其他等类型的字段。下载文件格式有"Excel""PDF""Word"三种形式供选择。用户完成选择后,点击下载,就可将相关字段下载保存到本地。

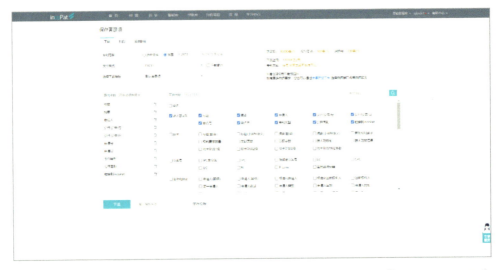

图 2.17　incoPat 专利平台专利数据采集字段选择页面[①]

2.3.3　专利数据规范与加工

专利数据的规范与加工,是指获取到专利数据后,依据技术分解表,在充分考虑专利分析目的的基础上,对获取的数据进行加工整理,形成分析样本数据库的过程[②]。专利数据规范与加工的内容较多,在完成数据采集后,需要进行清洗和标引两个重要环节。专利数据清洗和标引过程在实际操作中,可能是交叉进行的。可以在各个检索环境下完成数据降噪去重的清洗工作后,再根据专利分析需求进行数据标引;也可以在执行标引过程中同时进行数据的降噪去重工作。可结合实际情况选择适当的操作步骤。

(1) 专利数据清洗

专利数据清洗,是对数据展开新一轮审核和校对的流程环节[②]。各专利数据库录入著录项目时,可能因为标引规则不同、语言表达习惯差异、数据输入时的差错等造成原始数据格式和内容存在差异。通过专利数据清洗可以实现数据的统一,纠正错误数据,从而提升后续工作效率,提高专利分析结果的准确性。以下就专利数据清洗的流程及方法做简要介绍。

①专利数据清洗流程

第一步,分析专利数据源。通过人工或技术手段,统计分析数据源特点。根据数据源的具体情况,例如数据源中存在不一致数据量的多少,决定是否需要进行大量的数据转换。这一步骤是进行数据清洗的前提,通过分析数据问题,为下一步制定规则奠定基础。

---

① incoPat 专利平台专利数据采集字段选择页面[EB/OL].[2021-07-01]. https://www.incopat.com.
② 国家知识产权局专利局审查业务管理部组织.专利分析数据处理实务手册[M].北京:知识产权出版社,2018.

第二步,制定专利数据清洗规则。针对不同类型的数据,具体制定不同的清洗规则,主要包括非法值、空值、不一致数据、相似重复记录的检测和处理。这一步骤的重点是尽可能地将数据进行格式统一,指定一种检索和匹配语言,从而可以让转换代码自动生成,减少人工干预。

第三步,验证专利数据清洗规则。通过上一步的规则制定,对少量的样本数据进行验证,看是否能得到有效的数据集,并为解决问题数据进行进一步的程序算法调整,或重新制定清洗规则。反复上述步骤,直到规则最大程度符合清洗标准,得到高质量数据[①]。

第四步,识别错误专利数据。通过基于统计的方法、聚类方法、关联规则方法等,高效自动地检测数据集中的属性错误。通过算法,针对两个数据集或者一个合并数据集,检测、标识错误记录。

第五步,纠正错误专利数据。根据制定的清洗规则,编写相应程序,一般情况下是依照纠正拼写有误数据、删除重复数据、增补缺漏数据、评判矛盾数据等的程序展开。这一过程需要提前对原数据进行备份,防止在数据清洗操作过程中的误操作导致数据无法恢复的情况发生。

第六步,干净专利数据回流。在数据清洗之后,"干净"数据将会取代"脏"数据,从而防止对处理过的数据进行重复处理。专利数据具体操作流程如图 2.18 所示。

②专利数据清洗方法

针对不同类型的"问题"专利数据,可以采用相对应的专利数据清洗方法。利用专利数据去重清洗重复的专利数据,利用专利数据降噪去除错误数据,利用专利数据规范化统一专利数据格式。专利数据清洗的具体方法如下文所述。

第一,专利数据去重。重复的专利数据主要包括专利重复以及专利族重复。专利重复可以根据专利号去重,具体操作时可以通过利用 Excel 进行数据去重,也可以利用字段相似检测算法进行编程操作。Excel 去重通常使用"删除重复项"即可直接对指定单元格进行重复项定位、删除。具体操作过程是【数据】—【删除重复项】(参见图 2.19),根据【删除重复项】对话框选择"申请号"等数据内容,按需选择。而字段相似检测算法则是检测两条数据的各字段间相似度,当相似度达到某一程度时对其中的一条数据进行清理的过程。专利族重复则需要根据分析需求选择是否去重。分析专利技术的原创国时需要去重,但做市场竞争分析则需保留。如需去重可依据优先权去重,一般先保留中文专利,其次是英文专利。

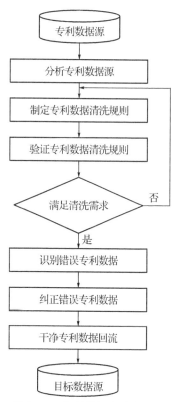

图 2.18 专利数据清洗流程图

---

① 王田雨.专利数据清洗及可视化模块设计与实现[D].邯郸:河北工程大学,2017.

图 2.19　Excel 中删除重复项操作

第二，专利数据降噪。该方法可以实现去除错误数据、修正残缺数据和缩减整体数据量的目的。专利数据降噪可以通过机器批量自动去噪，也可以通过人工手段逐篇去噪。机器去噪的过程是将与检索要素无关的专利数据从检索结果中排除的过程。虽然，机器去噪方式效率高，但是由于不能百分百判断噪声，所以可能在批量删除过程中出现误操作。而人工去噪是专利分析人员通过逐篇阅读检索，将无关专利数据从结果中排除出去的过程。与机器去噪相反，其最大优点在于准确率较高，但是效率较低。所以，一般情况下的专利数据去噪倾向于采用人工和机器相结合的方式，两者穿插进行①。机器去噪先行介入，将大量无关噪声予以排除，减少数据样本量。对于缺乏规则性的噪声来源，则只能以人工方式进行。

第三，专利数据规范化。该方法是对不同数据格式的数据进行规范化处理的过程，一般包括分类号、公开号的规范化，申请日期处理以及申请人名称规范化等①。专利数据规范化的具体内容可以概括为日期型数据的规范化、数值型数据的规范化、文本型数据的规范化。对于日期型数据，包括申请日、优先权日等，应明确统一的日期规则，明确统一标识符及数据存储类型。对于数值型数据，如果原始数据本身就是数值型的数据，只需将其统一格式即可；而对于数据分析的内容是数据型数据，而原始数据是非数值型的，则需要将其转化为数据型数据，以便于后续统计。对于文本型数据，主要包括申请人名称、发明人名称等，主要是利用替换、筛选功能，以及人工补充等形式来实现。

（2）专利数据标引

专利数据标引是依据具体的专利分析需求，在原有数据记录中添加相应标识，以利于后续的分析与结果呈现的过程。

①专利数据标引原则

第一，统一标引标准原则。由于数据标引与专利分析流程中的技术分解表都与前面数据获取中的检索策略密切相关，互相影响，因此在数据标引环节前，需要根据目的与需求完成专利技术分解表。而数据标引要对检索采集到的数据进行阅读、分类、提炼，并分配到各个拟定的技术主题下，该项工作量较大，一般由多人共同承担。事先制定统一的标引标准，可以避免由于人为理解的不同而出现的标引偏差。

第二，平行标引原则。通常一篇专利文献中包含了专利技术问题、技术手段、技术功效以及技术分支等，数据内容丰富，致使数据标引的工作量较大。为提高标引效率，一般会将该文献中所有包含的数据项全部标引完成，再阅读提炼下一篇文献。这一原则称为平行标引原则，也叫单条横向标引原则。

第三，利用关键信息原则。因数据标引工作量大，分析人员需要利用一切关键信息来

---

① 国家知识产权局专利局审查业务管理部组织. 专利分析数据处理实务手册[M]. 北京：知识产权出版社，2018.

提高效率。比如从文献结构来看,解决的技术问题,通常出现在发明内容的开端,技术效果出现在末尾。而对于外文文献,重点关注 novelty、advantage、purpose 等关键词,从中提炼出技术问题和技术手段。同时不同的分类号也有各自的类型倾向,比如 FI/FT 分类体系常从发明所要解决的技术问题和技术效果出发进行分类,UC 分类体系则更倾向于功能性分类。

第四,标引反馈原则。正如前文所说,数据标引与制定技术分解表以及制定检索策略都是相互影响的动态关系。分析人员在标引的过程中,可能发现原有技术分解表中存在的问题,需要依据反馈的问题,及时修正技术分解表,甚至需要调整检索策略等。标引人员遵守标引反馈原则,能够进一步提高数据质量,为后期的分析工作提供保障[①]。

② 专利数据标引方法

方法一,人工标引。该方法是基于 Excel 表格的人工阅读标引方法,具有完全免费、普及率高、易于学习等优点,主要可以分为下拉菜单法和数字扩展法。其中下拉菜单法更为通用,分析人员可以通过增加数据列来添加自定义编辑字段。此种方法更加直观,便于后续筛选及数据透视。当需要标引的自定义编辑字段数据所包含信息量比较小、比较简单时,可以运用非关联性下拉菜单,在标引时直接点击下拉菜单选择相应的信息即可;而如果数据所包含信息量较大,比如专利技术分支较为复杂时,选用非关联性下拉菜单的标引效率则很低。此时可以利用 INDIRECT 函数,建立多级联动关联性下拉菜单[①]。除此之外,还可以用数字扩展法进行标引。该方法是用具体的数字来代替下拉菜单法中的菜单内容。其优点在于可以直观地反映专利技术分支,标引较为便捷,缺点是标引人员必须熟悉并牢记各分支的内容,否则会造成误操作。而这两种人工标引方法都依据技术分解表,需要标引人员前期泛读、粗标专利文献,尽量确定好一、二级技术分支,随着标引文献的增加,进一步调整完善技术分支。

方法二,批量标引。当需要标引的数据量非常庞大时,直接采用人工阅读标引的方法耗时耗力,可以用批量标引作为初步标引,减少后续人工标引的工作强度。而当专利技术分支具有明确的分类号或者很确定的关键词时,也可以运用这些确定信息先进行检索,再进行批量标引。同时一些专利文献在涉及技术手段和效果时会使用某些特定词汇,可以先检索,将相关文献集中起来,提高标引效率。在基于检索辅助标引的基础上再进行人工标引,也可以减轻工作强度。

方法三,系统标引。除了上述的两种标引方法外,一些分析工具尤其是专利信息的分析工具通常会提供数据标引功能,这种功能就是基于特定分析系统的数据标引方法。目前,许多专利分析工具都提供自定义标引功能,该功能主要涉及标引层级设定、标引项修改与更新、标引项类型和单选/多选设定、标引多人协作支持性等,标引过程主要是通过阅读文献和添加标引字段来完成的。因此,需要专利分析工具同时兼顾好文献阅读与随时标引的双重功能,而万象云、智慧芽以及 Patentics 在这方面都各有所长。在面对大批量文献标引需求时,以 Derwent Innovation、incoPat、智慧芽、万象云为代表的专利分析系统是先对待标引专

---

① 国家知识产权局专利局审查业务管理部组织.专利分析数据处理实务手册[M].北京:知识产权出版社,2018.

利进行二次检索，筛选出待标引的专利，再通过批量标引功能对检出文献做标引。而以 Patentics 为代表的分析系统，则是通过预设置的包含检索式和标引信息代码文件自动实现文献标引分组。对专利文献的标引是为了梳理出专利文献的技术架构以便进一步分析利用，因此，必然要求专利分析系统能够对标引字段进行统计分析，而 Derwent Innovation、incoPat、智慧芽、万象云等均提供了对于自定义标引字段的基本的统计分析功能。现在常说的数据标引智能化，简单说来就是指系统可以通过算法"理解"待标引文献的含义，按照用户指定的标引结构，自动对文献进行分类，辅助用户进行人工标引，提高标引效率。目前，可实现智能标引的系统主要有与 Derwent Innovation 配套使用的 Derwent Data Analyzer 和 Patentics 系统，采用监督学习和无监督学习两种机器学习算法进行智能标引。在实际标引工作中，比较推荐的使用模式是首先使用系统进行智能标引实现粗分，再进行人工核对实现准确分类。

2.3.4　专利数据分析与展示

经过专利数据来源、获取及加工环节后，采用定性、定量或者拟定量的方法，通过深度挖掘和分析，将专利数据转化为更具价值的信息的过程就是专利数据分析。专利数据分析能够反映专利总体态势、技术发展路线和主要竞争主体的研发动向和保护策略，为企业、行业甚至国家制定竞争策略、科技创新战略等提供重要情报。常见的专利数据定性分析方法有专利技术功效矩阵分析、专利技术路线图分析、技术角度分析法和鱼骨图分析法等；常见的专利数据定量分析方法除了趋势分析、频次排序分析、时间序列分析等方法外，还有专利技术生命周期分析、专利组合分析等方法；而拟定量分析方法是定量与定性分析方法的结合，常见的拟定量分析方法有层次分析法、德尔菲法、数据挖掘等。本书的第 3 章对专利数据信息分析的流程以及上述方法都进行了详细阐述，此处不再赘述。

对专利数据分析的结果进行可视化呈现可以让复杂的数据更加利于理解，并能够快速、有效地传递相关信息，提升阅读者的理解效率。本书第 4 章主要从数据可视化概念、基础、应用以及可视化工具这 4 方面阐述知识产权信息服务中的数据可视化。

2.4　重点阐述：商标数据

商标数据虽不及专利数据在知识产权信息服务中应用广泛，但是通过对商标数据的调研分析可以帮助企业评估注册商标成功的概率，预测是否存在商标侵权情况，还可以收集、获取竞争对手的情报信息等。本节将从商标数据来源、获取、规范与加工、分析与展示 4 个环节介绍知识产权信息服务中的商标数据。

2.4.1　商标数据来源

用户主要通过各类商标数据库获取商标数据，常用的国内外商标数据库如下文所述。

①中国商标网检索系统

中国商标网(https://sbj.cnipa.gov.cn/sbj/index.html),由国家知识产权局商标局开发建设,为社会公众提供商标申请、商标检索、商标代理等相关服务。其中商标检索系统为社会公众提供商标注册申请信息检索服务,具体包括商标近似查询、商标综合查询、商标状态查询、商标公告查询、错误信息反馈以及商品/服务项目,如图2.20所示。

商标近似查询是指用户可以通过汉字、拼音、英语、数字、字头、图形或者商标国际分类号等信息,检索在相同或类似商品类目中是否已经存在相同或近似的商标。商标综合查询是指用户可以通过申请人名称、商标号码、商标名称等信息,检索某商标的相关信息。商标状态查询是指用户需要了解有关商标在业务流程中处于何种状态的情况下,可以通过商标申请号或注册号进行检索。通过商标公告查询,用户可了解最新或之前公告的初步审定的各类商标公告、特殊标志登记公告、商标注册公告、商标转让或转移公告、商标注册人或申请人名义及地址变更公告、代理机构变更公告、商标续展公告、无效宣告或注册申请撤回等公告。工商局对初步审定公告的商标,自公告之日起3个月无异议的,予以核准注册,发商标注册证。

图2.20 中国商标网商标检索系统界面①

②欧盟商标查询系统

欧盟商标查询系统(European Union Trademark Search Systerm,EUTMS,https://

---

① 中国商标网商标检索系统[EB/OL].[2024-02-10].https://wcjs.sbj.cnipa.gov.cn/home?b9La8sqW=0Y8cAqAlqEmNkHxXTjhoqTfNaVne.uVGSHbR7u_eKYWxLCsrfz.8ZEx3mFT731QROM2A5mbESq4UGpFeUfAG9tBSj1VfaB93B eutms. gippc. com. cn/），是国内首个国际商标信息官方查询系统。2020年9月，中国国家知识产权局与欧盟知识产权局签订中欧商标信息交换协议，达成我国在商标领域第一个国际数据交换合作项目。在此基础上，中国国家知识产权局公共服务司与中国（广东）知识产权保护中心共建了欧盟商标查询系统，于2021年正式上线。欧盟商标查询系统面向全国社会公众免费开放，提供基于商标名称、申请号、申请人等基本信息的商标检索、结果下载等功能，为加强我国知识产权国际合作和知识共享、促进我国商标的全球布局提供重要助力。

截至2024年3月22日，欧盟商标查询系统中的欧盟商标共计365 862件①。系统支持名称、申请人、申请号进行检索，并默认为模糊检索，不支持字段内的逻辑组合检索；精确检索需要将检索内容前后加上半角单引号。检索结果以列表式、图文式及首图式三种方式进行展示。检索结果展示页面的左侧提供基于申请日期、注册日期及国际分类等多维度的统计结果。点击"查看详细"链接即可查看商标名称、申请号、申请日等几十个字段信息，该系统还支持注册用户下载单件商标数据的详细信息。欧盟商标查询系统检索界面如图2.21所示。

图2.21　欧盟商标查询系统检索界面②

③全球品牌数据库

全球品牌数据库（https：//www.wipo.int/reference/en/branddb/），是世界知识产权组织（WIPO）于2011年3月8日推出的一款在线搜索工具。截至2024年3月，该数据库提供全球80个数据源共计64 754 608条商标数据，是全球最大的免费公共商标数据库，也是第一个应用图形检索功能的免费公共知识产权数据库③。

检索区域可供检索人员检索任何特定术语。每个字段都支持一组标准的运算符。当用户输入术语时，系统会提供有关潜在匹配术语的建议。系统提供了品牌名称、所有人、号码、日期、分类以及国家（产地）这六类检索依据，如图2.22所示。"品牌名称"选项卡可供用户检索与品牌直接相关的字词，包括品牌的名称、图像或者类别。"所有人"选项卡可以检索品牌关联的人员或实体的名称，包括持有人和代表。"号码"选项卡可以依据与品牌关联的编

---

① 欧盟商标查询系统[EB/OL]．[2024-03-22]．https：//eutms.gippc.com.cn．
② 欧盟商标查询系统[EB/OL]．[2024-03-22]．https：//eutms.gippc.com.cn．
③ 全球品牌数据库介绍[EB/OL]．[2024-03-22]．https：//www.wipo.int/reference/en/branddb．

号检索,包括注册号码和申请号。"日期"选项卡可以依据与品牌相关的日期进行检索,包括注册日期、申请日期及到期日期。"分类"选项卡可以依据品牌的分类进行检索,包括图像分类和商品、服务分类。最后也可以根据品牌相关的国家(产地、名称),选择"国家"选项卡进行检索。除了检索区域以外,该平台还提供了筛选选项。筛选区域显示与当前检索匹配的检索信息,用户可以在不输入其他检索项的情况下,将检索范围缩小到特定类别。每个选项卡将匹配的检索记录划分为不同类别,并列出与每个类别匹配的检索记录数量。为了方便检索,平台将不同类型的筛选项分为单独的选项卡,并在每个选项卡的帮助中提供具体信息和提示:源、图像、状态、申请日期、过期来源、名称、尼斯分类或注册日期。

图 2.22 全球品牌数据库检索界面①

④美国专利商标局商标电子搜索系统

商标电子搜索系统(Trademark Electronic Search System,TESS,http://tmsearch.uspto.gov/)是美国专利商标局提供的包含有效和无效商标注册和申请的检索系统。该系统提供了三种检索方式:基本字标检索(新用户)[Basic Word Mark Search(New User)]、文字和/或设计标记检索(结构化)[Word and/or Design Mark Search (Structured)]以及文字和/或设计标记检索(自由格式)[Word and/or Design Mark Search (Free Form)]。如果用户仅根据商标中的文字、序列号、注册号或所有者名称进行搜索,推荐使用基本字标检索;如果用户希望使用高级检索功能但对 TESS 系统不太熟悉,推荐使用文字和/或设计标记检索(结构化)检索项;而如果用户是 TESS 专家用户,则推荐使用字和/或设计标记检索(自由格式)。需要注意的是基本字标检索不能用于检索设计标志。该数据库的检索结果以列表形式呈现,选中某条信息,可以查看详细信息,包括商标状态以及相关文件,并且提供下载,如图 2.23 所示。

---

① 全球品牌数据库:检索[EB/OL].[2023-06-10]. https://branddb.wipo.int/en/quicksearch? sort=score%20desc&start = 0&rows = 30&asStructure =%7B%22boolean%22:%22AND%22,%22bricks%22:%5B%5D%7D&_=1686362132990.

图 2.23　美国专利商标局 TESS 系统界面[1]

⑤东盟 TMview 商标检索系统

东盟 TMview 商标检索系统(http://www.asean-tmview.org/tmview/welcome♯)是由东盟成员国的知识产权局在欧盟知识产权局(EUIPO)管理的欧盟-东盟知识产权保护项目(ECAP III Phase II)支持下开发的商标信息平台,旨在为所需用户提供免费、便捷的东盟商标数据查询与访问服务,检索界面如图 2.24 所示。该系统包含东盟国家 200 多万件商标申请和注册信息[2],具体包括商标名称、申请人名称、商标类型、法律状态、商品和服务清单数据等。

东盟 TMview 商标检索系统提供标准检索与高级检索两种模式。标准检索基于单个检索条件,检索包含输入文本字符串的所有商标数据,且不区分大小写。如果需要增加限定项或使用多个检索条件,可利用两个替代检索项:筛选选项及高级检索选项。执行标准搜索时,单击搜索栏下方的"筛选器"按钮,将显示与当前检索匹配的相关信息,用户可依据需求将搜索范围缩小到特定类别,主要包括状态、商标类型、日期、尼斯分类、维也纳代码、申请人名称等类别。高级检索有 10 个检索条件供选择,用户可根据需求单独使用或组合使用。但需要注意的是,其中"商标类型""尼斯分类"以及"维也纳代码"这三个条件不能单独使用。"商标类型"的检索选项分为五类:全部、文字、图形、组合型、其他;"商标状态"的检索项分为六类:全部、注册、申请、结束、过期、其他。

执行完检索后,系统会提供"结果区域"与"记录视图"两种检索结果界面。"结果区域"包括可以浏览检索结果的导航栏和记录详细信息的结果列表;"记录视图"是用户点击结果列表中某条信息时出现的详细情况页面。

图 2.24　东盟 TMview 商标检索系统界面[1]

---

① 美国专利商标局 TESS 系统[EB/OL].[2023-06-10]. https://tmsearch.uspto.gov/bin/gate.exe?f=tess&state=4807:hxd41g.1.1.

② 东盟 TMview 商标检索系统[EB/OL].[2022-05-24]. http://www.asean-tmview.org/tmview/welcome♯.

不同的商标数据库的数据范围、检索方式及功能有所差异,表2.4对前述商标数据库的功能进行了总结归纳,用户可依据需求选择适合的数据库。

表 2.4 常用商标数据库概况表

名称	功能介绍
中国商标网检索系统	检索范围包括商标近似查询、商标综合查询、商标状态查询、商标公告查询、错误信息反馈以及商品/服务项目。数据并非实时更新,有滞后性
欧盟商标查询系统(EUTMS)	该系统是国内首个国际商标信息官方查询系统。截至2024年3月22日,该系统中的欧盟商标共计2 365 862件。系统支持名称、申请人、申请号进行检索,并默认为模糊检索
全球品牌数据库	该数据库是全球最大的免费公共商标数据库,也是第一个应用图形检索功能的免费公共知识产权数据库。该数据库提供了品牌名称、所有人、号码、日期、分类以及国家(产地)这六类检索依据
美国专利商标局商标电子搜索系统(TESS)	该系统提供三种检索方式:基于字标检索(新用户)、文字和/或设计标记检索(结构化)以及文字和/或设计标记检索(自由格式)
东盟TMview商标检索系统	该系统是东盟成员国的知识产权局在欧盟知识产权局(EUIPO)管理的欧盟-东盟知识产权保护项目(ECAP III Phase II)支持下开发的商标信息平台,提供标准化检索与高级检索两种模式

2.4.2 商标数据获取

用户主要通过各类商标数据库获取商标数据,而检索是获取商标数据的关键环节。因此,下文将从商标数据的检索目的、检索方法、检索技术及检索示例四个方面进行详细阐述。

(1) 商标数据检索目的

商标数据检索主要应用于商标申请前的近似查询、同业竞争者的情报搜集,以及商标价值的判断等。检索商标数据的目的可以概括为以下三个方面:

①评估商标注册成功率。申请注册商标之前,通过商标数据的检索查询,评估申请商标的注册成功概率。如果成功概率高,则可以提起商标申请,反之,则需要考虑修改商标,从而避免因在先相同或近似商标存在而导致申请商标无法获得注册的风险发生[1]。

②预防商标侵权。在使用某项商标之前,如果没有检索查询,可能会导致使用商标时因在先相同或近似注册商标存在而被诉商标侵权的法律风险。提前获取商标数据,可避免商标侵权带来的法律风险。

③获取情报信息。通过对商标数据的检索与分析,有利于判断同业竞争者战略情报的准确性,同时可以分析预测其商业动向,如近期是否有并购活动及全球商业计划。另外,商标数据的获取可以为企业提供贸易机会。在购买商标之前,通过商标数据的获取,可以选择一个信誉良好商标,为企业开展商业活动提供良好开端。

(2) 商标数据检索方法

商标数据检索过程中,检索人员可根据已掌握的信息类型,如商标图像、商标分类、拥有

---

[1] 张锐.商标实务指南[M].3版.北京:法律出版社,2019.

者名称等,选择不同的检索途径检索商标数据;也可以依据不同的检索目的,调整检索的精准度。下文将简要从检索途径和检索精准度两个方面介绍商标数据的检索方法。

①运用不同的检索途径

关键词检索。这是商标数据检索中较常见的一种检索方法,检索人员可以通过某个关键词进行商标数据的检索,这种检索途径可用于商标数据的文档、名称、描述语言、标记信息以及商标拥有者的名称、该类商标所属的商品或服务领域等。

分类检索。如果是商品或服务的分类,可参考商标注册用商品和服务国际分类(尼斯分类)。尼斯分类(Nice Classification,NCL)是一种商标注册用商品和服务国际分类体系,1957年由《商标注册用商品与服务国际分类尼斯协定》(以下简称《尼斯协定》)建立,共包括45类,其中商品共34类,服务项目共11类[①]。中国现行商标注册用商品和服务分类为《类似商品和服务区分表》,该表依据尼斯分类制定,共45类,含商品34类,服务项目11类,包含了多种具有中国特色的商品和服务项目。而商标图形的分类,则可采用维也纳分类。维也纳分类(Viena Classification,VCL)是一种将商标图形要素按其形状分成类、组、项的层级分类体系,1973年由《建立商标图形要素国际分类维也纳协定》(以下简称《维也纳协定》)建立,由维也纳联盟专家委员会不断修订[②]。检索人员可根据自己的实际需求,依托对应的分类体系进行检索。

图像检索。图像作为商标数据的一个重要组成部分,也成为检索人员检索商标数据的重要途径之一。目前运用较为广泛的商标图像数据检索技术是基于内容特征的图像检索技术(Content-based Image Retrieval,CBIR)。该技术是对图像的颜色、形状等任何可以从图像本身提取出来的特征进行检索分析[③]。在商标数据检索技术小节中将详细阐述。

②依据不同的检索精准度

精准检索。精准检索是指检索人员通过商标局官方网站对注册商标进行检索。一方面,进行精准检索可以防止侵权行为的发生,因为无论是否知晓,只要使用了在先注册的商标,就属于商标侵权;另一方面,提交商标注册申请之前进行精准检索,可以提高成功概率,为本企业的发展及业务拓展领域是否能使用相同商标提供依据。

分析检索。分析检索不需要明确商标的所有信息。该检索一方面可以对读音、形状、含义三方面相近似的注册商标和申请的商标进行检索;另一方面可以对容易导致市场混淆的近似商标进行检索。由于分析检索包括了更多商标的近似性分析,范围更加广泛,因此需要花费更多的时间和精力。但是分析检索可以降低商标使用过程中的潜在风险,可以为企业的品牌战略提供信息依据,是非常必要的一种检索方式。

广泛检索。并非所有商标都经历了注册流程,因此想要搜集针对某类商标的详细数据,除了需要检索已注册的商标外,还需要利用其他资源对未注册商标、声称已注册商标进行检索。非注册商标的检索可以通过以下途径:通过搜索引擎对欲使用或注册的商标进行检索,

---

① 尼斯分类[EB/OL].[2022-04-18]. https://www.wipo.int/classifications/nice/zh.
② 维也纳分类[EB/OL].[2022-04-18]. https://www.wipo.int/classifications/vienna/zh.
③ KATO T. Database architecture for content-based image retrieval [J]. Proceedings of SPIE 1662,Image Storage and Retrieval System,1992,1662:112-123.

了解该商标是否已被同行在互联网环境下使用;通过阿里云、新网、万网等网站检索是否有读音相近似的商标音译被注册为域名;在国家图书馆馆藏的期刊杂志上检索是否已经存在未注册商标的使用;在工商总局的企业诚信信息中检索商标是否已经被注册为企业名称、字号或商标。这些检索虽然烦琐,但是可以降低以后出现不正当竞争的潜在风险[①]。

(3) 商标数据检索技术

商标检索技术正随着时代发展不断变化,下文将介绍不同时期具有代表性的三种商标检索技术。其中基于文本的商标检索技术以及基于内容的商标检索技术,主要运用商标图像数据的检索。

①基于类目的商标检索技术

在商标检索的初期,检索人员主要使用基于类目的商标检索技术。该技术需要耗用大量的时间和人力对不同领域的商标数据集进行人工划分,通过商品的属性进行逐层划分,不断缩小商标的数据集,最终找到对应的商标信息。1988年之前,我国使用国内商标分类办法对商标进行分类和查找,1988年以后,我国依据《尼斯协定》中商品和服务的种类进行划分。此外,大部分商标由多种图形元素组合而成,《维也纳协定》让每个图形元素标记对应的编码,每个商标根据图形元素的组合都存在对应的编码序列,根据编码序列进行检索[②]。

②基于文本的商标检索技术

该检索技术是通过对图像数据库中的每幅图像进行文字描述或文字标注后,形成与之对应的文本数据库。用户进行商标检索时,需在检索系统中输入检索词,系统通过对输入的文字运行图像匹配检索,呈现检索结果。然而随着商标注册数量的激增、商标图像信息的日趋丰富,传统的文本标注方式很难准确、详尽地展现图像信息。同时该类检索技术的分类规范难以适应图像信息的多样性,因此存在较大缺陷。

③基于内容的商标检索技术

运用基于内容特征的图像检索技术(CBIR)检索商标图像数据,避免了用文字描述商标信息的需求。其检索过程主要分为三步:首先,对数据库中的商标进行处理并构建图像的特征数据库;其次,采用相似性度量对特征数据库中商标的特征向量与待检索商标的特征向量进行计算;最后,根据相似度排名输出结果以实现整个过程。国外也研发出一系列比较典型的检索系统,例如IBM公司研发的第一个用于商业化的系统——QBIC系统,该系统可以基于图像示例或者基于手绘图纸进行检索查询;而由诺森比亚大学开发的ARTISAN系统,可以基于形状进行检索,一般擅长检索简单的几何图形,该系统通过对被检索图像进行预处理,更容易识别图像的特征形式,为后续准确提取、保存图形的形状特征提供保障。

除此之外,还有普林斯顿大学NEC研究所的Pichunter,波士顿大学的Image Rover等。国内也研发出了一系列检索系统。比如:清华大学的Video Base和ImgRetr,浙江大学的WebscopeCBR,而最具代表性的是中国科学研究院研发的MIRES系统。MIRES系统不仅支持利用图像或关键词单独进行检索,还支持两者相结合的方式,除此以外,用户还可依

---

① 朱健.商标,可不是小事[M].北京:清华大学出版社,2018.
② 赵琦.基于深度学习的商标检索系统研究与设计[D].广州:广东工业大学,2020.

据需求设置、修改其特征权重,且支持结果的反馈。

(4) 商标数据检索示例

我国某服装公司扩大经营规模,成立了新的女装品牌部门,设计了"ULY"品牌,希望能够成功申请商标注册,并合法使用该商标。现需要为该商标做申请注册前的检索。

首先,明确检索目的。通过对检索示例背景进行分析,可以明确此次检索的目的是评估商标申请成功的概率,同时也需要预防商标侵权的可能。

其次,从商标数据检索方法的角度考虑,因为拟申请商标不包括图像,因此检索途径可以从关键词和尼斯分类两部分考虑,同时这是属于提交商标注册申请之前的精准检索。

最后,该商标申请只涉及中国范围内,而中国商标网是由国家知识产权局商标局开发的免费为公众提供商标查询的服务网站,因此选取该网站的检索系统进行商标近似查询。具体检索过程如下:

第一步:登录中国商标网,选择商标近似查询。通过查询尼斯分类的最新版本,服装类属于"25",然后依据信息进行查询,如图 2.25 所示。

图 2.25　商标近似查询界面①

第二步:设定好检索条件后,点击查询,得到 5 条检索结果,如图 2.26 所示。

图 2.26　商标近似查询结果界面②

---

① 商标近似查询[EB/OL].[2022-05-25]. http://wcjs.sbj.cnipa.gov.cn/sistm.
② 商标近似查询结果[EB/OL].[2022-05-25]. http://wcjs.sbj.cnipa.gov.cn/list.

第三步:点击某条查询结果,将展示该结果的详细信息,如图 2.27 所示。检索人员需依据详细信息进行分析判断。需注意的是,本示例主要是介绍商标检索的过程,实际判断申请商标注册成功概率,需要结合我国商标法对检索结果进行专业分析。

图 2.27　商标近似查询商标详情界面①

2.4.3　商标数据规范与加工

商标数据规范与加工是通过对获取的商标数据进行加工,以使于后续的分析以及指导商标管理的过程。有关商标数据规范和加工的文献内容主要集中在商标图像数据的处理方法上,部分专利文献中涉及商标数据的处理方法。

（1）商标图像数据规范与加工

商标图像数据规范与加工的最终目标在于统一图像的格式、突出图像的内容,以及消除图像存在的缺损等,主要包含以下三种处理方式。

---

① 商标近似查询商标详情[EB/OL].[2022－05－25].http://wcjs.sbj.cnipa.gov.cn/detail.

①商标图像的灰度处理

灰度处理是指将商标图像转换为灰度图的一系列操作。一般的商标图像多为 RGB 图像，应先将 RGB 图像灰度化，即将彩色商标图像转化为灰度图像。灰度图在计算机上以位图的形式保存，即一个矩形点阵，每一点代表一个像素（pixel），矩阵的大小代表灰度图像的大小。一幅大小为 $m\times n$ 的商标，是由 $m\times n$ 个灰度值不等的像素点构成的①。

②商标图像的归一化处理

商标图像一般由人工设计，是一个个性化较强、独立性较突出的图像、文字设计，商家会根据自身需求对图像的尺寸形状、图形的样式色彩、文字的字体字号展开设计。不仅如此，商标图像在进一步的加工过程中，或许会出现一定程度的位移、旋转情况②。所以，归一化处理包含了对尺寸和位置的归一化。

③商标图像的去噪处理

大部分人工设计的商标图像都存在一定的噪声干扰，而噪声过大甚至可能会覆盖图像的内容信息。图像噪声大致有两种：第一，高斯噪声，它的特点是具有高斯分布的直方图曲线，以及具有恒定的功率谱。第二，椒盐噪声，通常分为椒噪声和盐噪声两种，在图像中表现为黑白颜色的像素颗粒，就类似椒盐颗粒。鉴于商标图形的背景色通常以白色或无色为主，并且呈现出来的噪声一般情况下是颗粒状的，比较多的噪声是属于椒盐噪声，在处理这类噪声的过程中，通常使用空间领域的技术方法来进行消除。

(2) 其他商标数据处理方法

除了上述商标图像数据的处理方法外，也有部分专利涉及商标数据分析方法。例如某专利是涉及一种基于商标近似分析的数据预处理方法，具体包括关键词获取、文字类型识别、文字类型判断、脱敏识别及脱敏判断 5 个模块。这样的数据预处理可以简化对组合商标分析的步骤，提高分析效率③。另外，某专利涉及一种基于商标注册信息的处理方法，其步骤包括：获取商标注册号或商标申请号；基于所述商标注册号或商标申请号，获取所述商标注册相关信息；将所述商标注册信息与数据库中的数据进行比对；输出比对结果。该处理方法可以帮助企业对商标进行近似的监测，具有实时、智能、精确排序、精确近似比例的特点，通过大数据和搜索引擎自定义规则，自动按照公告期号进行近似度匹配，且可以返回给用户的是按照进度从高到低的顺序④。

2.4.4 商标数据分析与展示

经过上述环节中的商标数据获取与处理，用户可以根据需要从以下两方面对商标数据进行分析。

---

① 郭娜. 基于形状特征的商标图像检索系统[D]. 北京：北京理工大学，2016.
② 郭升挺. 基于深度学习的商标图像检索[D]. 福州：福建师范大学，2018.
③ 朱峰，彭丽. 一种基于商标近似分析的数据预处理方法、系统及终端：CN111125160A[P]. 2020-05-08.
④ 王顶. 一种基于商标注册信息的处理方法：CN201910370649[P]. 2019-07-30.

(1) 商标布局分析

我国对商标注册采用"申请在先"原则，这就要求企业做到"市场未动，商标先行"。企业在注册新商标前，需要分析之前的检索结果，避免注册相同或近似商标而影响商标注册成功的概率。而对于已完成商标注册的企业而言，则需要定期了解相关商标数据，避免其他企业注册与本企业相似的商标，保护自身商标的价值与企业利益。当企业计划开拓国际市场时，也需要提前制定商标战略。知识产权信息服务可以帮助企业依据产品特征及经营情况，有针对性地选取有关国家及地区申请商标注册，并关注竞争对手所在国家或地区的相关政策，在对获取的商标数据进行分析的基础上，部署商标保护体系[①]。

(2) 商标投资分析

商标权作为知识产权的类型之一，可以作为资本进行投资。企业利用商标进行投资前，需要对商标的价值进行评估。例如该商标的首次使用时间、连续使用时间、广告费用、国内外注册情况，以及该商标对应商品的销量、覆盖区域、近期的主要经济指标及行业排名等[②]。

除此以外，有学者提出了一种运用商标和专利数据来识别潜在研发商业化机会（R&BD）的新思路，综合考虑了技术与市场两个要素，并以远程医疗技术为例进行了验证。从商标的尼斯分类解释中可以提取商标在商品和服务中实现的功能，体现业务范围。而商标空白与现有专利对应识别出的是最具商业化潜力的现有技术，可以加大投资与关注[③]。

2.5 本章小结

科技大数据是知识产权信息服务的基石，为知识产权信息服务提供数据基础。本章首先介绍了科技大数据的概念、特征及类型，论证了科技大数据对知识产权信息服务的基石作用。本章重点阐述的是知识产权信息服务中的科技大数据，其主要包括服务人员在提供如检索、分析、预警等各类知识产权信息服务过程中可能运用到的专利数据、商标数据、地理标志数据等。其次，从数据生命周期角度结合知识产权信息服务的内容，概括了科技大数据在知识产权信息服务中的重要环节，包括科技大数据的来源与获取、规范与加工、分析与展示、利用与评价4个阶段。最后以专利数据和商标数据为例，结合前文的重要环节，详细介绍了专利数据与商标数据的来源、获取、规范与加工以及分析与展示等内容。

---

① 于芬.企业商标实务指南[M].北京:知识产权出版社,2017.
② 朱雪忠.知识产权管理[M].北京:高等教育出版社,2010.
③ 吴菲菲,冯家琪,黄鲁成.基于商标和专利数据的潜在研发商业化机会识别[J].情报杂志,2021,40(2): 38-46,54.

3 知识产权信息服务的利器：信息分析

　　信息分析是以用户需求为导向，广泛采用多种分析方法与手段，对杂乱无序的信息进行深度加工形成增值信息的智能型活动。将信息分析的思维与方法引入知识产权信息服务领域，可以极大地促进知识产权高质量发展。本章首先介绍知识产权信息分析的内涵、类型、作用以及步骤，然后重点探讨不同类型的知识产权信息分析方法，详细介绍各种方法的原理、操作步骤及实践应用。知识产权信息分析方法是知识产权信息服务过程中最具智慧的思维运用，也是本章的重点。本章广泛吸收和借鉴国内外相关研究的理论与实践，按照定性分析、定量分析和拟定量分析三种类型，对知识产权信息分析方法进行系统的归纳和梳理，为知识产权信息服务的实践应用提供扎实的理论基础。

3.1 知识产权信息分析概述

3.1.1 知识产权信息分析的内涵

(1) 信息分析

信息分析涉及信息管理学、经济学、决策学、科学学等诸多学科领域,内涵丰富。国内外学者经过多年的理论研究与实践探索[1-7],尚未对信息分析的概念达成统一定论。但我们可以从信息分析的成因、方法、过程、成果、目的五个方面进行分析。

①从成因来看。20世纪50年代,计算机技术与通信技术的融合奠定了计算机网络的基础,便捷的技术推动了社会的发展。各领域用户的信息需求逐步多样化,现代化信息服务开始渗透到各领域,形成具有不同领域特色的信息分析,如经济领域的金融信息分析、财务信息分析,图书情报领域的舆情信息分析,医学领域的医学信息分析等。

②从方法来看。方法是分析的重要手段,科学的方法对信息分析活动的有效推进起到至关重要的作用,有利于提高分析结果的科学性和准确性。信息分析吸收和借鉴了其他学科的分析方法,主要涉及逻辑学、社会学、软科学、管理学、经济学、计算机科学、图书情报学等领域,因而,信息分析方法具有显著的综合性特点。

③从过程来看。信息分析主要包括课题选择、信息的搜集与整理、信息的分析与提炼、信息分析的成果表达、信息分析成果的利用与反馈等步骤。

④从成果来看。信息分析采用多种分析方法和手段,从一堆杂乱、无序的信息中针对性地筛选和整理,最终提炼出新的、对决策者有价值的增值信息,为决策者和管理者提供服务。

⑤从目的来看。信息分析是为不同层次的管理与决策活动服务的。不同层次的管理与决策具有不同的信息需求,信息分析根据服务对象的需求进行不同深度与广度的信息挖掘,为管理与决策提供更为精准的科学依据。

以上梳理、勾勒出信息分析的基本内涵。本书认为,信息分析是一项内容广泛的信息深加工活动,是以用户不同层次的信息需求为依托,借助逻辑学、统计学、情报学等多学科的分析方法,对搜集到的杂乱无序的信息进行针对性的整理、对比、分析、评价,提炼出新的知识、

---

① U. S. Federal Councilfor Science and Technology (Committee on Scientific and Technical Information—COSATI). Panel on information analysis centers[C]//Proceedings of the Forum of Federally Supported Information Analysis Centers,7-8 November,1967,Springfield.1968.
② 高山正也.情报分析:生产论[M].东京:雄山阁出版株式会社,1985.
③ 卢晓宾.信息研究论[M].长春:东北师范大学出版社,1997.
④ 朱庆华.信息分析基础、方法及应用[M].北京:科学出版社,2004.
⑤ 王伟军,蔡国沛.信息分析方法与应用[M].北京:清华大学出版社,2010.
⑥ 余波.现代信息分析与预测[M].北京:北京理工大学出版社,2011.
⑦ 查先进.信息分析[M].武汉:武汉大学出版社,2011.

情报等增值型信息产品。

（2）知识产权信息分析

知识产权信息分析是信息分析的方法与技术在知识产权领域的应用。本书中所论述的知识产权信息分析，是以用户需求为导向，通过对知识产权信息进行加工整理，并对其中的申请号、申请日、申请人、分类号、优先权事项、指定国、发明人、代理人、技术、权利等知识产权信息的特征进行组合统计，辅以智能化手段（知识图谱、数据挖掘等技术），形成知识产权竞争情报，为决策者和管理者提供科学参考。

知识产权信息作为一种重要的知识记录，是人类文明的重要智慧宝库，具有极高的研究价值。从知识产权信息的微观层面看，知识产权信息反映的是某项技术或某件产品的现状与发展趋势；从知识产权信息的宏观层面看，知识产权战略已被提升到国家级别，并逐步成为促进国际经济发展的重要力量。知识产权信息分析的对象是知识产权信息，从知识产权信息的外部特征看，知识产权信息分析的本质是通过对搜集到的知识产权信息的内容、数量、引文等特征进行整理，采用现代化科学的方法和手段进行分析研究，满足用户的知识产权信息需求。

3.1.2　知识产权信息分析的主要类型

知识产权信息分析是信息分析在知识产权领域的应用，根据分析对象将其划分为针对技术发展趋势的分析、针对保护地域的分析、针对竞争对手的分析和针对技术领域的分析四类。

（1）*针对技术发展趋势的分析*。知识产权的数量分布在一定程度上反映了一个国家、地区或企业在科技活动中的竞争地位。通过分析知识产权申请数量的时间分布趋势，可以有效反映国家、地区或企业的研发活动规模，有利于追踪科技发展趋势。

（2）*针对保护地域的分析*。知识产权具有地域保护性，通过对知识产权的保护地域进行分析，可以了解该地域所具有的知识产权优先权，研究该地域的技术领域分布或技术强势领域，掌握该地域的知识产权战略布局情况。

（3）*针对竞争对手的分析*。知识产权申请量是一个企业的核心技术或研发能力的体现，通过研究某一技术领域中知识产权申请量较大的机构，可以了解该领域的技术领先者和竞争对手的相关动态。

（4）*针对技术领域的分析*。技术领域的分布反映的是国家、地区或者企业对某项技术的投入与关注度，通过对该技术领域的分布情况进行分析，可以辨别国家、地区或企业的创新研发方向及技术发展的总体趋势，了解该技术领域的核心技术、空白技术，有利于国家、地区或企业制定技术战略布局，提高竞争优势。

3.1.3　知识产权信息分析的作用

知识产权信息分析作为一种重要的技术手段，旨在揭示知识产权信息之间的隐含关系，根据分析目的不同，具体包括以下三种作用[①]。

---

① 刘学瑞.专利信息分析的作用与方法[J].河南科技,2011(11):24-25.

（1）辅助知识产权战略规划。通过对知识产权信息的地域、类型等多方面的分析，全面了解知识产权的现状，及时发现知识产权的未来发展动向，制定合理的知识产权战略规划与布局①，提升知识产权的核心竞争力。

（2）掌握竞争态势。通过知识产权信息分析，全面了解本领域有哪些竞争对手，以及竞争对手在不同地域的知识产权策略、技术规划策略、市场策略、技术优势等情况，客观分析自身的优势和劣势，增强决策结果的科学性和有效性。

（3）促进知识产权政策法规的进一步完善。随着社会的不断发展，知识产权的形式也越来越丰富，通过对不同类别、不同形式的知识产权信息进行分析，可以了解不同类型知识产权的特点，逐步完善知识产权相关政策法规，全面保障知识产权领域的稳定发展。

3.1.4 知识产权信息分析的流程

知识产权信息分析的过程，是信息增值及再生产的过程。知识产权信息分析的流程主要包括前期准备阶段、数据采集阶段、知识产权信息分析阶段、报告撰写阶段和成果应用阶段五个环节，如图3.1所示。

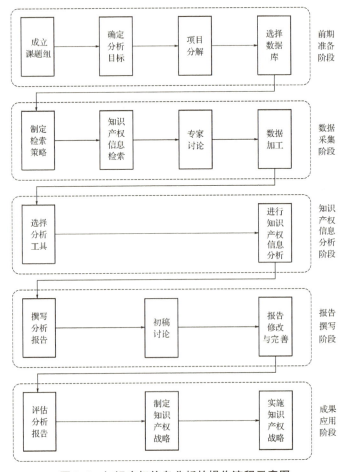

图3.1 知识产权信息分析的操作流程示意图

---

① 陈珊珊. 我国医药企业知识产权管理研究[D]. 武汉:武汉理工大学,2006.

（1）前期准备阶段

前期准备阶段是课题实施的初步阶段，此阶段需要根据课题需求成立课题组，明确课题的研究目的，可以根据具体情况将课题进行合理分解，并准备好课题所需的硬件和软件设备，主要包括成立课题组、确定分析目标、项目分解、选择数据库四个环节。

①成立课题组。根据项目需求，选择具备不同学科背景或专业技能的课题组成员，并明确各成员的职责分工。

②确定分析目标。在项目初期，根据项目需求，详细调研相关领域的背景资料，明确分析目标。

③项目分解。根据分析目标，将研究对象进行适当的分解，使得后续的研究过程更加明确。

④选择数据库。根据项目总体及分解目标的需求，选择一个或多个数据库作为数据源。一般而言，将项目的分析目标、数据库收录资源的特点、数据库提供的检索字段作为数据库选择的依据。

（2）数据采集阶段

数据采集阶段是根据课题的研究需求，设计数据采集方案，并采集与整理数据，为后续的分析研究做准备，主要包括制定检索策略、知识产权信息检索、专家讨论、数据加工四个环节。

①制定检索策略。检索策略是数据采集的基础，课题组需要结合分析目标与数据库的特点制定适当的检索策略。例如进行专利检索时，常用的检索策略有关键词检索、专利分类号检索。

②知识产权信息检索。具体的知识产权信息检索策略包括初步检索、修正检索和提取知识产权信息数据三个步骤。在选定的数据库中，限定检索范围，输入检索词，完成初步检索；浏览上述检索结果，根据检全率和检准率找出误检或漏检的原因，调整检索式，多次循环操作，形成最终检索式；运行最终的检索式，获取检索结果，供进一步分析。

③专家讨论。知识产权数据的采集是数据分析的基础，决定了分析结果的准确性。本阶段设置专家讨论环节，专家组各成员依据自身的学科背景和实践经验，可以从本课题的技术层面和管理层面进行指导，确保采集数据的质量。其他环节也可以根据需求设置专家讨论环节。

④数据加工。数据加工是指对搜集到的数据进行统一规范的整理，以便于后期的分析利用。该过程的操作方式主要是数据转换、数据清洗、数据标引，本书第2章有具体描述。

（3）知识产权信息分析阶段

知识产权信息分析阶段是项目实施的重要阶段，此阶段需要根据课题的研究目的，对采集到的数据进行科学、合理地分析，主要包括选择分析工具、进行知识产权信息分析两个环节。

①选择分析工具。合适的工具才能被称为利器，选择专利分析软件时需要充分考虑到分析目标和分析软件的特点，可选择多种分析软件相互补充，并且结合国内外软件的差异，确定具体的软件选择以及组合方式。

②进行知识产权信息分析。该过程是知识产权信息分析流程的核心。首先,根据分析目标确定具体的分析内容,并选择相应的统计指标和分析方法,利用分析软件绘制出相关图表;其次,采用多种分析方法进行归纳推理、抽象概括;最后,解读分析结果,挖掘出信息的本质内容。

(4) 报告撰写阶段

报告撰写是对课题的研究结果进行汇总,并形成科学规范的研究报告,主要包括撰写分析报告、初稿讨论、报告修改与完善三个环节。

①撰写分析报告。分析报告的主要内容一般包括标题、前言、主体、结论四个部分,应规范化写作,呈现出分析报告内容的完整性、结构的整体性和格式的一致性。

②初稿讨论。初稿完成后,针对报告的主要内容、重要结论、应对措施与建议等内容,与领域专家进行研讨,精准表述分析报告的内容,提升报告的针对性与科学性。

③报告修改与完善。初稿研讨后,充分借鉴专家意见,对报告进行修改与完善。

(5) 成果应用阶段

成果应用阶段是将课题的研究成果进行实践应用,将理论研究转换为社会价值。该阶段主要包括评估分析报告、制定知识产权战略、实施知识产权战略三个环节。

①评估分析报告。确保该分析报告内容具有条理性、系统性和逻辑性,结论具有科学性、合理性和可行性,才能够将结论应用于实际。

②制定知识产权战略。结合分析报告的结果,综合自身条件,制定出最优战略。

③实施知识产权战略。战略的实施依赖于合理的监管制度与规范的操作流程,将知识产权战略切实落实到日常的管理工作中,认真贯彻已制定的知识产权战略。同时,知识产权战略也要依据形势进行调整。

3.2 知识产权信息分析方法之一:定性分析方法

定性分析通常是对获取到的信息进行辩证思维的加工,去粗取精、去伪存真、由此及彼、由表及里,从"质"的方面研究事物的属性。知识产权信息的定性分析,主要是通过阅读、对比知识产权文件的具体内容,运用数据挖掘等手段进行归纳、演绎、分析、综合等整理,对其中的内在特征进行分析和研究的过程。知识产权信息的定性分析方法常见于专利方面的应用,主要有技术功效矩阵分析、技术路线图分析和鱼骨图分析等。

3.2.1 技术功效矩阵分析

技术功效矩阵分析是专利分析中最常用的一种分析方法,是指从二维的角度揭示专利文献中反映的技术和功效之间的关系,常用来挖掘机构的技术空白点和技术重点。其中,技术空白点是指技术功效矩阵中交叉节点数量为空的位置,表示该技术主题目前没有相关专利,但是未来也可能会涌现新的优势与价值,这也可能是技术的未来发展趋势;技术重点是指技术功效矩阵中交叉节点数量最大的位置,表示该技术主题的相关专利最多,也是当前的发展热点。一般而言,技术功效矩阵分析的研究对象是专利文献的具体内容,也可以是专利号、专利分类号、专利权人等。常用的技术功效矩阵分析从技术和功效二维的角度进行,当技术主题较复杂的时候,也可以增加时间、地域、国别等分析角度,构建多层次、多维度的分析矩阵。

技术功效矩阵分析的操作步骤如下:

(1)数据采集。根据分析目的,检索并整理所有专利文献,并将整理后的专利文献记录到 Excel 上,形成专利题录清单。

(2)确定技术和功效的分类方式。常用的技术和功效的分类方式有匹配检索、分类法、文本挖掘和人工标引。其中,匹配检索是通过预设技术和功效的词汇,然后在检索平台进行相关检索,得到相关的专利集合;分类法是按照国际专利分类(International Patent Classification,IPC)、美国专利分类(US Patent Certificate,USPC)、欧洲专利分类(European Classification,ECLA)、文档索引(File Index,FI)、文档构成术语(File Forming Term,F-term)等既定的分类标准进行分类;文本挖掘分类方式在大数据的背景下逐渐被广泛使用,分析人员将检索得到的专利文献集合通过文本聚类等形式划分技术和功效,然后将这些技术和功效的词汇代入专利文献集合中进行二次检索,确定技术和功效的交集数量;人工标引是分析人员逐篇阅读并整理专利文献的摘要,分别从技术角度和功效角度将每篇专利文献予以分类。

(3)绘制技术功效矩阵图。将专利文献中描述技术和功效的词汇作为矩阵的行和列,将每篇专利文献的划分结果记录于矩阵的对应字段中,Excel 的记录最终呈现为矩阵型,借助 Patent Tech 等专业软件形成专利技术功效矩阵图。

制定技术与功效的分类标准是技术功效矩阵分析的关键步骤,也是操作的难点之一。国际上存在着一些既定的专利分类法,但是这些分类法各有特点,单独使用这些分类法无法满足实际的复杂情况,专利分析人员需要熟悉专利集合中每篇专利文献的内容,结合已有的分类法,组合形成更为合适的分类方式。另一操作难点是,不同专利分析人员对于同一专利文献的分类看法存在主观性,这就需要专利分析人员花费更多的精力去反复阅读专利文献,才能更为客观地完成技术与功效的标引。如今,人工标引已经不能满足日益增长的专利信息需求,准确而高效地界定、识别专利文献中的技术与功效特征是构建技术功效矩阵的关键环节。自然语言处理、专利语义识别、数据挖掘、数据可视化等技术与工具的出现可以实现技术功效矩阵的自动或半自动化构建[1][2][3]。

【例 3.1】

分析目的:分析我国车辆组队协同驾驶中车距测量技术的实现路径[4]。

---

[1] 翟东升,陈晨,张杰,等.专利信息的技术功效与应用图挖掘研究[J].现代图书情报技术,2012(7):96-102.
[2] 陈旭,冯岭,刘斌,等.基于技术功效矩阵的专利聚类分析[J].小型微型计算机系统,2014,35(3):526-531.
[3] 邱洪华,彭文波.基于技术—功效的专利信息分析范式:以中国矿用风机为例[J].情报理论与实践,2015,38(4):39-45.
[4] 殷玉恩,程新化,孙靓.基于技术功效矩阵的车距测量技术专利分析和布局[J].汽车科技,2018(3):41-44.

分析过程：以中国专利数据库为数据源，检索"车距 and 测量"2001—2017 年的专利文献作为分析样本，共得到专利 199 件。通过分析人员逐篇阅读专利文献的摘要，并与相关领域的专家沟通，将每篇专利文献进行技术与功效的划分，制作出车距测量技术的技术功效矩阵表，部分情况如表 3.1 所示。

分析要点：人工标注每篇专利文献时，可能会遇到某篇专利文献中根本未提及功效的情况，这就需要标注人员通过反复阅读文献，自己提取功效；或者遇到一篇专利文献中同时提到多个功效的情况，这就需要标注人员进行判断，选择一个与分析最相关的功效。

分析结论：该案例对车距测量技术中涉及的主要技术和达到的功效进行了综合分析，以此找到车距测量技术的技术热点是设备应用、激光雷达，其他区域存在较多研发机会。

表 3.1　车距测量技术功效矩阵分析[①]　　　　　　　　　　　　　　　　　　　　单位：件

技术/功效	精度高	速度快	准确性高	安全性好	实现功能	成本低	结构简单	可靠性高
设备应用	4	3	5		24	3	6	5
移动终端		1						
声音传感器	2							
毫米波雷达	5	2			1		3	1
红外雷达	2		3		4		2	1
激光雷达	14	6	3	1	6	2	4	3
射频	6		3			3	5	
双目视觉	2	3	6			3	1	2
单目视觉	3	5	4		2	8	4	4
超声波雷达	7	2	4	1	8	6	4	5

【例 3.2】

分析目的：分析吉林省人参行业的技术发展情况[②]。

分析过程：以中国专利数据库为数据源，检索得到专利 313 件作为研究样本。利用自然语言和信息检索（Natural Language Processing and Information Retrival，NLPIR）系统自动化抽取专利文献的技术术语，通过 UCINET 的中介中心度指标识别出吉林省人参的技术主题词，共有 60 条。将这些技术主题词按照构成组分、工艺、功效三个维度进行划分，形成多维技术功效矩阵，借助 UCINET 软件生成可视化结果，如图 3.2 所示。

分析要点：技术功效矩阵图中专利数很少的区域，并不一定是专利布局的新机遇，也可能是行业熟知技术，或者是并不适合开发的技术。而且，技术功效矩阵图只能够标示出当前的技术功效分布，并不能揭示专利布局的根本原因，因而决策者需要综合看待分析结果。

分析结论：该案例利用文本挖掘技术获取工艺—功效—组分的主题词，形成三个维度的模型分析，以此找到吉林省人参产业的技术重点有七个区域，而重点以外的区域，部分技术

---

① 殷玉恩，程新化，孙靓.基于技术功效矩阵的车距测量技术专利分析和布局[J].汽车科技，2018(3)：41-44.

② 王魏洁，穆晓敏，王琰，等.多维专利技术功效分析模型构建及应用研究[J].情报理论与实践，2020，43(6)：131-134，130.

主题发展缓慢,不适合过多投资。

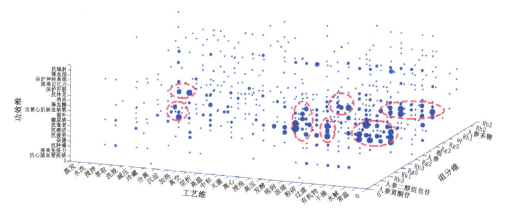

图 3.2　吉林省人参产业技术功效矩阵分析图①

3.2.2　技术路线图分析

技术路线图(Technology Roadmap,TRM)最早起源于美国的汽车行业,是指运用简洁的图形、文字描述出技术发展的步骤或者各环节之间的逻辑关系。多年来,经过研究人员的不断改进,技术路线图已经成为一种高效的技术评价和技术预测工具,被广泛应用于国家、行业和企业层面。技术路线图的种类繁多,根据应用层面的不同,可以划分为国家层面、行业层面和企业层面的技术路线图;根据绘制过程不同,可以划分为技术驱动、市场驱动和学术驱动的技术路线图。其中,技术驱动型的技术路线图制定流程是一种倒推方式,从关键技术入手,分析技术可能实现的新产品或新功能;市场驱动型的技术路线图制定流程是一种顺时方式,从市场需求入手,结合市场现有产品与功能,预测实现这些产品和功能所需的关键技术。技术路线图的绘制主要采用市场需求分析和技术预测相结合的方式,多采用专家调查法、德尔菲法、情景分析法等定性分析方法,领域专家的智慧扮演着主要角色。近年来,众多学者尝试将文献计量和数据挖掘等方法引入技术路线图的构建过程,以减弱专家主观意识造成的影响。

专利数据是技术的重要载体,能够很好地反映产业技术的发展动向,是专家学者研究技术路线图的重要数据支撑。专利技术路线图是指专利分析人员运用图示的方式,按照技术发展的时间顺序,系统地描述专利技术历年的演变情况。根据研究对象不同,专利技术路线图可分为基于专利关键词、基于专利引文、基于专利分类号的技术路线图。专利技术路线图具有目标性、多层次性、动态性、可视性和多变性的特点,从整体层面多维度展示发展情况,对技术发展过程中的重点专利进一步分析,还可以对整体市场形势、企业的技术发展方向做出预测,为决策提供关键信息②。多层次技术路线图是技术路线图中最常见的一种方式,可以按照技术、产品和市场设置多个层次,能够研究每一个层次内部的演变以及各层次之间的

---

① 王巍洁,穆晓敏,王琰,等. 多维专利技术功效分析模型构建及应用研究[J]. 情报理论与实践,2020,43(6):131-134,130.
② 张奔. 基于专利路线图的中国高铁产业"走出去"发展策略研究[D]. 武汉:华中科技大学,2018.

依赖关系,有助于促进技术与产品、服务与商业系统的融合。

通过专利技术路线图分析,可以展现产业技术的发展动向,掌握产业整体发展趋势,了解产业的专利布局,使得研究人员可以更加直观地对产业的未来发展做出判断,更好地把握产业技术的发展方向,实现产业的精准规划,还可以精准地把握竞争对手的发展趋势,并做出准确有效的战略规划和资源分配。绘制技术路线图过程中,整理和汇集与创新相关的信息,可以实现专利导航的功能,助力企业创新发展;结合专利数据和市场分析,可以了解不同地区的市场特点,为产业采取合适的专利策略和产业布局提供指引。常用的专利技术路线图分析方法有横向比较、纵向比较和时间轴式三种形式。

【例 3.3】

分析目的:分析国际无线鼠标技术的发展过程[①]。

分析过程:通过德温特专利数据库检索"wireless mouse"在 1998—2017 年间的专利文献,共获取到专利数据 1 732 条。利用 CiteSpace 软件对专利文献集合的关键词进行聚类,得到该技术领域的高频关键词以及各关键词最早出现的年份,依次按照时间顺序将各年份出现的关键词联系起来,形成无线鼠标技术关键词的发展路线,具体如图 3.3 所示。

分析要点:引入数据挖掘、文献计量等定量化的分析方法,有利于增强结果的客观性。

分析结论:该案例利用文本挖掘的方式得到该领域的关键词,以时间轴的形式描述了 20 年间国际无线鼠标技术的发展路径,清晰地呈现出各年份出现的关键技术。

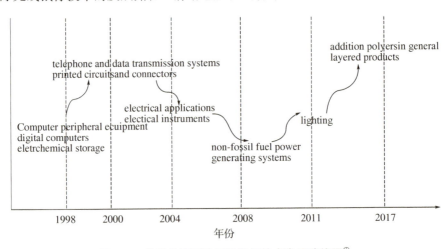

图 3.3　基于关键词的无线鼠标技术发展路线图[①]

3.2.3　鱼骨图分析

鱼骨图,又叫石川图,是日本管理大师石川馨先生于 1953 年提出的一种查找问题根本原因的管理方法。鱼骨图分析法是根据要解决的问题,在头脑风暴过程中想到所有的潜在要素,然后找出导致这些潜在要素的根本原因,再依次用不同箭头标出潜在要素和原因,其

---

① 文庭孝,李俊,杜林.基于技术路线图的专利技术信息挖掘实证研究:以无线鼠标技术为例[J].大学图书情报学刊,2019,37(1):7-13.

中,要解决的问题为鱼头(特性值),各种要素为鱼骨。该方法立足整体,作用于发现存在的问题及造成该问题的原因,简单易懂、可操作性强,在制图过程中查找原因、整理思路、寻找解决方案,被广泛应用到各行业的管理活动中。

鱼骨图分析的操作步骤如下:

① 确定存在的问题;
② 明确需要解决的问题,写在鱼头的部位;
③ 团队成员进行头脑风暴,找出所有可能影响的因素,一般从"人、机、料、法、环"五个方面考虑,写在大骨的位置;
④ 将所有要素分类整理,明确从属关系,标注在鱼骨的相应位置上,一般是中骨、小骨的位置;
⑤ 分析并筛选所有可能的原因,确定最重要的原因,并用特殊符号标识重要因素;
⑥ 针对起因,制定解决方法与措施;
⑦ 跟踪效果。

鱼骨图结构如图3.4所示。在绘制鱼骨图过程中,主骨位于横向正中,大骨需要与主骨的尾端形成60度夹角,中骨是大骨的分支,需要与主骨平行,小骨是中骨的分支,需要与大骨平行。鱼骨图中"鱼头"的位置表示存在的问题和不足,鱼骨分出的"鱼刺"表示造成问题与不足的相关影响因素。鱼骨图常用的三种类型分别是整理问题型、原因型和对策型①。其中,整理问题型鱼骨图主要用于事前分析,各要素与特性值之间是结构构成关系;原因型鱼骨图的鱼头在右边,主要用于事后分析,各要素与特性值之间是因果型关系,鱼头通常是"为什么……";对策型鱼骨图的鱼头在左边,主要是罗列出解决问题的方法,鱼头通常是"如何提高/改善……"

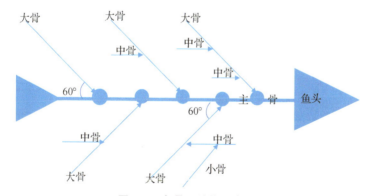

图3.4 鱼骨图结构示意图

鱼骨图最初主要应用于管理工程领域,帮助管理者找到解决问题的关键节点[2],或者筛选出解决问题的最优方案[3]。鱼骨图方法应用广泛,已逐渐应用到专利分析中[4],常用

---

[1] 李泽霞,刘小平,黄龙光,等.基于领域态势分析法的技术研发分析:以核材料技术为例[J].图书情报工作,2013,57(24):90-94.
[2] 陈华.巧妙应用鱼骨图发现项目管理中的关键节点[J].管理观察,2011(2):158-159.
[3] 李研,韩莎莎,黄明才.地铁列车接触器故障的鱼骨图法分析及应对措施[J].现代城市轨道交通,2010(3):42-44.
[4] 侯筱蓉,赵德春.基于专利地图的治疗型超声竞争情报挖掘[J].中国科技资源导刊,2010,42(4):61-65.

于寻找问题的所有影响因素。如图3.5所示,利用鱼骨图清晰地展示出企业专利战略的实施效益指标,主要有专利增量、专利增值和专利增效三个重要指标。专利增量的二级指标主要是专利的创造质量和专利的创造数量;专利增值的二级指标主要是法律方面、技术方面、经济方面;专利增效的二级指标主要是专利战略实施后的长期目的和短期目的[①]。或者将鱼骨图分析法与层次分析法结合,将鱼骨图转化为层次结构模型[②③],提高结论的准确性。

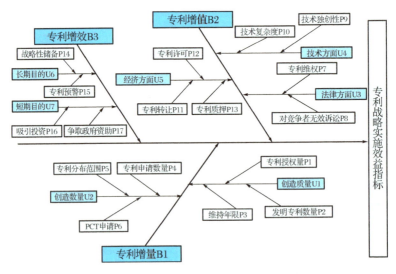

图3.5　专利战略实施效益指标鱼骨图[①]

3.3　知识产权信息分析方法之二:定量分析方法

定量分析是指研究对象的特征、关系和变化之间的数量关系,准确地揭示规律、把握本质、理清关系、预测事物的发展趋势,从"量"的方面研究事物的属性。知识产权信息的定量分析,主要是对知识产权文件的申请人、申请日、申请号、分类号、申请类型、优先权、法律状态、关键词等外部特征进行统计,采用数学或统计等方法来解释数量的变化,形成系统而有价值的情报。知识产权信息的定量分析主要应用在专利和商标两种类型,常见的知识产权信息定量分析有趋势分析、统计频次排序分析、时间序列分析、技术生命周期分析、文献计量分析、专利组合分析等。

---

① 鲍凌云.基于鱼骨图和ANP的企业专利战略实施效益指标分析研究[J].商情,2017(44):106-107.
② 常飞,吴红.企业专利信息资源配置影响因素分析[J].情报理论与实践,2011,34(2):30-33,37.
③ 常飞,付秀颖.企业专利战略实施效益评价研究[J].农业图书情报学刊,2015,27(2):97-100.

3.3.1 趋势分析

趋势分析是指针对所采集的样本集合,主要研究知识产权的申请量或授权量随时间逐年的变化情况,直观地揭示其发展轨迹,进而预测未来发展趋势。分析对象可以是技术(产品、行业、领域)、人(申请人、申请权人、注册人、发明人等)、地域(县、市、省、国家、洲等)等特征。

专利趋势分析主要从以下三个方面进行分析:

(1) *数据趋势拐点分析*。数据趋势线的拐点可以将整体划分为不同的阶段,每个拐点可结合经济因素、政治因素等进行详细分析,以获得该技术领域的整体发展态势。

(2) *不同趋势线对比分析*。将不同趋势线进行比较分析,"自身比自身"是比较同一分析对象中不同类型的专利数据的趋势,全方位了解自身的发展态势;"自身比他人"是比较不同分析对象的趋势,可以了解自身的优劣势。

(3) *信息补充分析*。信息补充分析是基于数据图表的已有信息,结合与分析对象相关的商业、技术、政策、其他专利统计等信息,更全面地剖析出现数据拐点和数据差异等现象的根本原因。

商标趋势分析与专利趋势分析的分析方法类似,反映的是商标所带来的品牌经济发展态势。

【例 3.4】

分析目的:分析我国生姜领域的技术发展情况[①]。

分析过程:在 SooPAT 数据库中检索我国生姜专利数据,共 2 570 条。根据专利申请年份,统计每年的生姜专利数量,并按照时间序列作图,具体如图 3.6 所示。

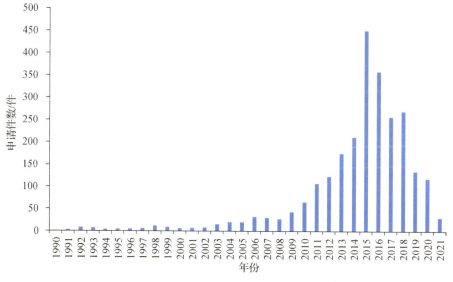

图 3.6 生姜相关专利历年申请数变化趋势[①]

---

① 邹冬倩,严辉,周桂生,等.姜资源的国内专利和产业化发展趋势分析[J].食品工业科技,2022,43(15):418-427.

分析要点:该分析方法操作简单,但在结论解读时需要注意不能只关注申请量的变化,应该结合行业或技术的发展趋势进行综合分析。

分析结论:自2015年后申请量呈现波动下降的趋势,2019年和2020年申请量均不足150件,2021年不足50件,可能是2019年来国家相关监管政策优化,也可能是该领域发展趋近成熟,新的研究方向较少,还可能是受到疫情影响使得申请量有所下降。

3.3.2 统计频次排序分析

统计频次排序分析是一种基础的分析方法,主要是通过统计专利或商标数据不同元素的频次,分析元素可以是申请人、注册人、申请地域、技术分支和发明人等信息,并按照频次依次排序,从其排序变化中发现元素的规律。分析角度包括申请量、授权量(注册量)、类型、公开量、申请人所属地域、申请人数、主题词、专利引文等,可以从不同角度体现知识产权信息中包含的技术、经济和法律信息。

(1) 申请量排序分析。申请量排序分析是指按照知识产权的申请数量进行排序,分析方式因分析目的不同而有所差别。如按照时间序列统计某行业领域的专利申请量,研究技术的发展趋势;又如统计某一技术领域的三种专利类型数量,以判别该领域的技术含量;再如统计某种商品的不同类型数量,以判别该商品的畅销类型。通过知识产权申请量分析,可以宏观掌握自身与对手的知识产权布局,也可以找出该技术领域的创新人才,作为单位人才引进的重要参考依据,还可以研究相关领域的主要竞争者,并结合其他分析方法深入研究竞争对手的综合实力。

(2) 分类频次排序分析。分类频次排序分析是指按照专利分类法或商标分类表,将不同的专利或商标进行分类归档,其中排名靠前、所占份额较大的分类所对应的技术内容或商品为重点研究类别。在专利分类分析中比较常见的是利用国际专利分类号(以下简称IPC号)进行频次排序分析,通过对各IPC号对应技术领域内专利数量进行排序,可筛选出该领域的热点技术、新兴技术、核心技术等。按照时间序列依次排序IPC号,还可以探讨技术的发展趋势。商标分类分析中比较常见的是利用商标国际注册用商品和服务分类(尼斯协定)进行频次排序分析。

(3) 地域排序分析。地域排序分析是指基于知识产权的申请人所在国家或地区,或者是知识产权优先权的国家或地区,对知识产权申请量或授权量的地域分布进行频次排序分析。通过这个角度的分析,可以了解该地域的技术分布特征和知识产权战略布局。针对不同的分析目的,可以了解某个国家的科技投资组合,或者其相应的市场策略。

(4) 申请人排序分析。申请人排序分析是指基于知识产权申请人的角度对知识产权申请量或授权量进行统计排序,研究相关技术领域的主要竞争对手。这个角度的分析,可筛选出主要申请人,进一步分析主要申请人的技术广度、技术构成、研发团队规模等,可以全面掌握主要申请人的实力,为市场竞争及合作提供决策依据。因各国法律规定专利或商标的申请权可以依法转让,在进行知识产权信息分析时,也需要关注受让人的统计分析。

(5) 主题词频次排序分析。主题词频次排序分析是指基于知识产权文献主题词的角度对知识产权的申请量或者授权量进行统计排序,排名靠前的主题词对应的知识产权反映的是该领域的重要技术或者畅销产品。该分析通常利用文本挖掘或自然语言处理技术获取知识产权文献的主题词,借助专业分析工具进行统计分析,利用可视化工具制作图表,直观展示分析结果。

【例3.5】

分析目的:分析LNG换热器技术的地域分布情况[①]。

分析过程:在智慧芽专利数据库检索换热器的相关专利,共得到3 221件,统计专利的来源国信息,并按照来源国的专利数量进行排序,分析不同来源国的专利申请量。

分析要点:结合本国的政策、经济、行业等因素综合分析,全面了解自身与竞争对手的专利分布现状。

分析结论:如图3.7所示,我国的专利申请量位居全球第二,与第一名的瑞典存在一定的差距。

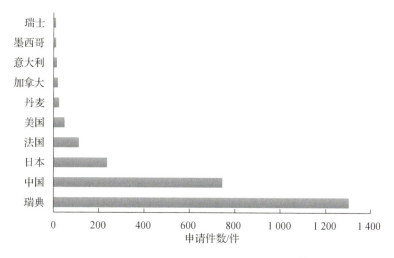

图3.7 LNG换热器专利技术来源国分布[①]

3.3.3 时间序列分析

时间序列分析是指将某种现象的一系列观测值按照时间先后顺序排列,找出数据与时间之间的关系,揭示事物的发展轨迹,预测事物的未来发展趋势。时间序列分析是一种重要的定量分析方法,其预测功能的根本依据是"惯性原理",因此时间序列分析法的预测模型构建原理主要遵循以下两个假设:一是事物的发展具有惯性,事物的发展趋势在未受到任何有力的因素影响时,可以延续之前的发展规律,科研中可以根据历史数据的变化规律推测未来发展趋势;二是事物的发展具有随机性,事物在发展过程中会受到各种不确定性因素的影响,需要对历史数据进行加权处理。

[①] 齐廉文,卢冬冬,吴洁,等. 基于专利计量的LNG换热器技术趋势分析[J]. 石油与天然气化工,2020,49(6):53-57,65.

根据采取手段的不同,时间序列分析主要划分为三种分析方法:

(1) 数据图法。数据图法是指直观地观察数据或者绘图,发现数据序列的整体发展趋势、异常点、拐点等重要信息。

(2) 指标法。指标法是指通过一系列指标来评估时间序列的发展变化。

(3) 模型法。模型法是借助数学、统计学等领域的理论与方法,构建最优的拟合模型,该模型能够尽可能地展示历史数据的发展规律,从而进行对未来的预测。

时间序列分析的模型法应用最为广泛,操作步骤如图3.8所示。

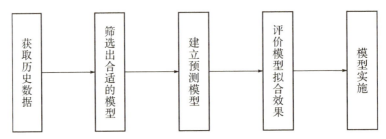

图 3.8　模型法时间序列分析的操作流程示意图

时间序列分析模型法的具体流程主要包括以下五个阶段:

(1) 准备阶段。用观测、调查、统计、抽样等方法取得时间序列的历史数据。尽可能多地准备历史数据。

(2) 分析阶段。每种模型各具特色,所适用的场景也有所差别。这里需要根据所采集历史数据的特点,简单筛选出合适的模型。

(3) 建立模型阶段。按照所选择的模型代入历史数据进行构建,形成该时间序列的预测模型。

(4) 模型评价阶段。根据一定的检验方法,评价模型的拟合效果。

(5) 模型实施应用阶段。如果模型评价结果为有效,则根据需求,可以对未来数据进行预测。

知识产权信息服务领域中,时间序列分析通常是对专利或商标的申请量或授权量(注册量)随时间变化的分析,研究技术或商品的发展趋势。时间序列分析的预测功能是专利信息分析的应用重点,基于预测目标足够多的历史统计数据,研究历史数据的发展规律,并构建数据拟合模型,从而预测该技术的未来发展趋势。时间序列的预测方法主要包括自回归差分移动平均模型(Auto-Regressive Integrated Moving Average Model,ARIMA)、自回归移动平均模型(Auto-Regressive Moving Average Model,ARMA)、自回归模型(Auto Regressive Model,AR)、移动平均模型(Moving Average Model,MA)等。其中,自回归差分移动平均模型具有最为理想的应用效果。

3.3.4　技术生命周期分析

任何技术或者产品都是有生命周期的,如专利技术生命周期是指专利数量在技术发展的不同阶段,具有不同的变化规律。根据专利数量变化,绘制出技术发展趋势图,可以帮助企业直观了解当前技术的发展阶段,并预测未来的发展趋势。专利技术生命周期可以是某件专利的技术生命周期,也可以是某行业领域的技术生命周期,一般而言,专利技术生命周期主要经历技术导入期、技术成长期、技术成熟期和技术衰退期四个阶段[1]。专利技术生命周期各阶段的专利数据特征如表 3.2 所示。

表 3.2 专利技术生命周期各阶段的专利数据特征[2]

项目	导入期	成长期	成熟期	衰退期
专利数量	较少,增长缓慢	激增	增长趋缓	负增长
专利类型	发明	发明	实用新型	外观设计(商标)
专利申请人	较少,增长较缓	激增	保持稳定	负增长

技术生命周期分析在知识产权信息服务领域的应用,主要是对专利的分析。基于专利技术生命周期的四个阶段,常见的测算专利技术生命周期的方法有专利数量测算法、成长曲线法和技术生命周期(Technology Cycle Time,TCT)计算方法。其中,专利数量测算法和成长曲线法主要用于研究某个技术领域的技术生命周期,TCT 计算方法主要用于研究某件专利的技术生命周期。

(1) 专利数量测算法。该方法主要是通过计算技术生长率(v)、技术成熟系数(α)、技术衰老系数(β)、新技术特征系数(N)四个指标来测算专利技术生命周期[3]。不同阶段的技术生命周期指标特征如表 3.3 所示。

技术生长率 v。技术生长率是指某技术领域内,当年的发明专利数量(申请量或授权量)在过去 5 年内该技术领域的发明专利数量(申请量或授权量)中的占比[4]。如果 v 逐年增大,说明该技术处于成长阶段。$v=a/A$(a 为该技术当年的发明专利总量,A 为近 5 年该技术领域的发明专利总量)。

技术成熟系数 α。技术成熟系数是指某技术领域内,发明专利数量(申请或授权量)在该技术领域的发明专利和实用新型专利数量(申请或授权总量)中的占比。如果 α 逐年变小,说明该技术处于成熟期。$\alpha=a/(a+b)$(b 为该技术当年的实用新型专利总量)。

技术衰老系数 β。技术衰老系数是指某技术领域内,发明和实用新型专利数量(申请或授权量)在该技术领域的发明专利、实用新型专利和外观设计专利数据总量(申请或授权量)中的占比。如果 β 逐年变小,说明该技术处于衰退期。$\beta=(a+b)/(a+b+c)$(c 为该技术当年的外观设计专利总量)。

新技术特征系数 N。新技术特征系数由 v 和 α 两个指标计算得到。某一技术领域 N 值越大,说明新技术的特征越强。$N=\sqrt{(v^2+\alpha^2)}$。

---

[1] 李春燕.基于专利信息分析的技术生命周期判断方法[J].现代情报,2012,32(2):98-101.
[2] 李春燕.基于技术生命周期的专利组合分析研究[D].北京:中国科学院文献情报中心,2009.
[3] 吕义超.我国电动汽车产业的专利分析与发展对策研究[D].镇江:江苏大学,2010.
[4] 王金棒,汪志波,郑新章,等.中国爆珠卷烟专利技术研发热点与趋势分析[J].烟草科技,2018,51(11):43-50,57.

表 3.3　技术生命周期与四个专利指标的关系[①]

阶段	v	α	β	N
导入期	↑较小,逐年增长,但增速缓慢	↑	↑	↑
成长期	↑增速明显	↑	↑	↑
成熟期	↓	↓	↑或不变	↓
衰退期	↓	↓	↓	↓

（2）成长曲线法。成长曲线法是将专利申请量的变化绘制成图形,通常横坐标是年份,纵坐标是年度专利申请数量。一个完整的技术生命周期图示是利用某段时间内与某项技术相关的专利申请量,以及相应的专利申请人数量的变化情况进行绘制。专利技术生命周期的不同阶段都各有特点,初期专利数量增长缓慢,突破某一界限后增长快速,到达上限之后增长放缓,图形整体呈现 S 形。图 3.9 显示了专利技术生命周期的 S 形状,又被称为"成长曲线"。成长曲线除了可以掌握技术的当前发展状态,还可以预测该技术的未来发展趋势及发展上限。运用成长曲线预测分析时,常用图形对称的 Logistic 曲线模型和图形非对称的 Gompertz 曲线模型。由于技术成长的上限、政策干预及技术突破等因素会影响到预测效果,结合马尔可夫链、贝叶斯网络、模糊数学等方法综合考虑影响因素,可以提高预测精度。成长曲线法由于方法简单、结果直观,在实际中应用频繁。

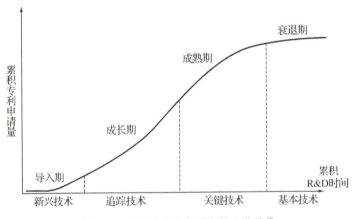

图 3.9　专利技术生命周期的 S 曲线[②]

（3）TCT 计算方法。该方法主要是计算某件专利的技术生命周期,测量的是最新专利和早期专利之间的这段时间。早期专利代表着现有技术,因而 TCT 代表的是最新技术和现有技术之间的发展周期。

技术生命周期 TCT 具体计算方法如下：

①获取专利年龄。专利年龄是指本专利授权年减去参考专利的授权年,依次获取所有参考专利文献的专利年龄。

---

① 王金棒,汪志波,郑新章,等.中国爆珠卷烟专利技术研发热点与趋势分析[J].烟草科技,2018,51(11):43-50,57.

② 李春燕.基于专利信息分析的技术生命周期判断方法[J].现代情报,2012,32(2):98-101.

②确定中间位置。中间位置=参考专利数/2。

③获取 TCT。将所有的专利年龄由大到小排列,位于中间位置的年龄即技术生命周期 TCT。

TCT 具有产业依存性,主要用于捕获企业正在进行技术创新的信息。理论上,TCT 计算方法也可以测量某个技术领域的生命周期,但在实际操作中,因操作过程过于烦琐,一般不用于计算整个领域的技术生命周期。

【例 3.6】

分析目的:分析电动汽车的技术生命周期。

分析过程:以中国专利数据库为数据源,采集 2012—2020 年之间的电动汽车的专利公开数据,包括发明、实用新型和外观设计三种类型,数据统计以申请日为基础,以年为单位。根据技术生命周期的专利数量测算法,基于以上检索到的数据量,计算出每年技术生长率(v)、技术成熟系数(α)、技术衰老系数(β)、新技术特征系数(N)四个指标的值,如表 3.4 所示。

分析要点:当数据量大的时候,该算法的计算过程复杂、数据处理难度大,操作过程需要更为仔细。

分析结论:由表 3.4 可知,v、α 和 N 在 2017 年达到最高值,之后一直在下降,β 虽有波动,但整体处于下降趋势。总体而言,电动汽车技术领域处于衰退期。

表 3.4 v、α、β、N 随时间变化一览

	2016 年	2017 年	2018 年	2019 年	2020 年
v	0.207	0.261	0.230	0.218	0.225
α	0.462	0.571	0.443	0.439	0.404
β	1.000	0.955	0.975	0.976	0.950
N	0.509	0.608	0.499	0.490	0.463

【例 3.7】

分析目的:分析植物防霜技术的发展趋势[①]。

分析过程:基于 Thomson Innovation 专利数据管理平台,制定关键词检索策略,在题名、摘要、权利要求等字段范围内进行检索与筛选,最终得到相关专利 1 844 件。以年份为单位,统计每年的专利数量,基于 Logistic 模型绘制出植物防霜技术发展趋势图,如图 3.10 所示,圆点是植物防霜技术的实际专利数,曲线是根据实际值做出的模拟曲线。

分析要点:当以一年为单位统计专利数量时出现每年变化波动大、结果杂乱无章的情况,也可尝试以两年为统计单位。

分析结论:植物防霜专利技术经过了导入期,目前正处于快速发展的成长期,具有重要的研究价值,预计在 2040 年进入衰败期。

---

① 周曼,王秀红. 基于技术生命周期理论的植物防霜专利技术分析[J]. 图书情报研究,2017,10(3):90-96.

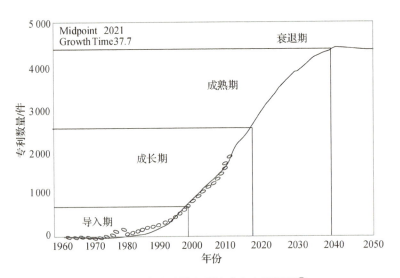

图 3.10　植物防霜专利技术生命周期图[1]

【例 3.8】

分析目的：分析我国打印成像领域的技术生命周期。

分析过程：以中国专利数据库为数据源，检索打印成像技术的相关专利，以相关度最高的专利为研究对象。该专利授权于 2022 年，共有 8 个参考专利文献，列出每个参考专利的授权年份。用 2022 依次减去每年参考专利的授权年份，所得差值按照从大到小排序。取所得序列的中间数，本案例是 8 除以 2，序列第四位的数值即为打印成像领域的技术生命周期。

分析要点：如果参考专利文献数量为偶数，则中间位置是整数；如果参考专利文献数量为奇数，则中间位置是指整数部分之后的一个位置。

分析结论：我国打印成像领域的技术生命周期是 13 年。

3.3.5　文献计量分析

布拉德福定律，又称文献分散定律。英国化学家和文献学家塞缪尔·克莱门特·布拉德福(Samuel Clement Bradford)于 1934 年在《工程》(*Engineer*)周刊的"图书与文献"栏目里发表了文献计量学中具有奠基意义的论文 *Sources of information on specific subjects*，其中明确指出："如果将科学期刊按其刊载某个学科的论文数量多少，以递减顺序排序，就可以把期刊划分出对该学科最有贡献的核心区，以及含有与该区域论文数量相同的几个区域。核心区与相继各区的期刊数量呈 $1:n:n^2:\cdots$ 分布[2]。"该定律揭示了科学论文在科技期刊中的分布情况是高度集中和分散并存的，即大量的"优质"论文高度集中在少数期刊，少量的"普通"论文分散在多数期刊。

专利文献在分类体系中同样存在着分布不均的现象。IPC 号是按照专利文献的技术主题进行分类的体系，当同一篇专利文献在专利申请时提出的技术主题保护重点不同，专利文

---

[1]　周曼,王秀红. 基于技术生命周期理论的植物防霜专利技术分析[J]. 图书情报研究,2017,10(3):90-96.
[2]　吕义超,刘红光,王君. 布拉德福定律在专利文献中应用的可行性研究[J]. 图书情报研究,2011,4(2):49-52.

献获取的分类号也可能有多个①。专利文献与 IPC 号的这种一对一、一对多的特点,为核心技术的识别提出了新的研究路径。

专利文献的 IPC 号表示每篇专利所属的技术领域,如果将 IPC 号按照其涉及某个技术领域的专利文献量多少,以递减顺序排序,按照专利数量均等划分为几个区域,少量的 IPC 号下面包含着大量优质专利的区域,即该技术领域的核心区。核心区与相继各区的 IPC 号的数量呈 $1:n:n^2:\cdots$ 分布,这就是专利文献的集中与分散现象,同样遵循布拉德福定律。因此,将布拉德福定律应用到专利文献的分类统计中,结合 IPC 号,可以准确区分该技术领域中专利文献的核心区、相关区和非相关区三个区域。其中,核心区的 IPC 号最少,每个分类号下面集中的专利文献数量较多;相关区的 IPC 号较多,每一个分类号下面集中的专利文献数量较少;非相关区的 IPC 号最多,每个分类号下面集中的专利文献数量最少。

一般而言,核心区的专利是该技术领域中的每个相关产品在其研制过程中都必须应用到的技术所对应的专利,是不能规避的,代表了该技术领域的关键。同理,布拉德福定律同样适用于专利核心申请人、核心发明人的研究。

【例 3.9】

分析目的:分析 2020 年我国牙膏技术领域的专利分布情况。

分析过程:以中国专利数据库为数据源,检索我国牙膏技术在 2020 年的专利数据,共检索到专利申请量 3 289 件,并获取每件专利的主分类号。按照主分类号下包含的专利数量依次递减排列,将主分类号划分为三等份,每份的专利数量大致相等,即布拉德福定量 $n=3$。其中,核心区专利数量为 987 件,主分类号数量为 3 个;相关区专利数量为 1 085 件,主分类号数量为 8 个;非相关区专利数量为 1 217 件,主分类号数量为 31 个。三个区域的主分类号数量比例是 3∶8∶31,专利密度比例是 8∶3∶1,布拉德福系数约为 3。

分析要点:在研究过程需要选择合理的时间跨度。

分析结论:2020 年我国牙膏技术领域的专利分布符合布拉德福定律,核心区少量的主分类号下分布着大量的专利,非相关区大量的主分类号下分布着少量的专利。

3.3.6 专利组合分析

专利组合是指单个企业或多个企业将相互联系又存在显著区别的多个专利进行有效组合,形成一个专利集合体,尽可能发挥每件专利的最大价值②。从静态的角度看,专利组合是一个专利集合体,由多种专利组合而成;从动态的角度看,专利组合贯穿于企业技术的研发—生产—上市整个生命周期,应根据具体情况变换组合策略③。

德国学者克劳斯·布罗克霍夫(Klaus Brockhoff)于 1991 首先提出了专利组合分析的

---

① 方亮.布拉德福定律在专利文献中的应用[C]//中国竞争情报第十三届年会论文集,南宁,2007:310-315.
② 岳贤平.基于 R&D 资源配置的企业专利组合策略:一个分析框架[J].情报杂志,2010,19(12):10-14.
③ 郑素丽,卞秀坤,诸葛凯,等.基于知识整合的专利组合与企业创新绩效关系研究[J].情报杂志,2019,38(12):191-199.

概念,并给出了一种利用专利数据衡量技术地位的专利组合方法[①]。专利组合分析法是指通过建立一系列定性或定量的指标,客观、科学地衡量专利集合的潜在价值,从而为决策者的战略布局提供科学依据。

德国基尔大学创新管理研究院的霍尔格·恩斯特(Holger Ernst)教授对布罗克霍夫教授的专利组合方法进行扩展,采用专利申请量、平均专利质量、专利强度、相对技术份额、引用频率、授权专利比率、国际范围、技术范围等指标来评估竞争对手,从企业、技术、专利发明人及专利与市场一体化的角度描绘专利组合矩阵图,使企业能够了解自身的市场地位,并动态监测技术的未来发展动向[②]。当前,专利组合分析主要应用于技术领域、企业、机构、发明人、专利—市场一体化五个层面,国内学者在实践过程中对于专利组合模型进行了一系列的优化改进,但仍存在一些局限:专利组合分析的指标选择很难全面反映专利的质量;企业的技术成熟性和领先性没有明确的评价指标;专利组合提供的信息较为分散,难以评价企业的整体竞争力。

【例3.10】

分析目的: 分析我国射频识别技术领域的企业竞争力[③]。

分析过程: RFID技术主要细分成8个关键技术领域。利用PatViewer专利检索平台获取2001—2019年间射频识别技术领域的专利文献,用人工标引的方式确定每个专利的关键技术领域,并筛选出申请专利数量最多的6家机构作为研究对象。恩斯特经典专利组合指标体系包括很多指标,在此仅用专利活动指标来研究企业在某项技术领域内研发支出投入的程度。

分析要点: 该案例中选取的6家机构拥有最多的专利数量,在我国射频识别技术领域具有一定的代表性,但是样本数量较少,构建的理论体系具有一定的局限性。因而,在样本选择时,尽可能多地选取机构样本,这样结论才更有普适性。

分析结论: 如表3.5所示,深圳市远望谷信息技术股份有限公司的综合实力最强,共涉及7个关键技术领域,且整体的专利申请数量最高(69件);其次是中兴通讯股份有限公司,共有61件专利,涉及7个关键技术领域。

表3.5 RFID 8个关键技术领域的专利活动表[②](中间件研究各企业均未涉及) 单位:件

公司名称	编码技术与防碰撞算法	标签的封装与应用	基础技术研究	数据传输研究	天线技术研究	与无线传感网络的融合研究	追踪执行研究	总计
深圳市远望谷信息技术股份有限公司	1	19	25	4	13	4	3	69
航天信息股份有限公司	8	7	3	0	5	3	3	29
威海北洋电气集团股份有限公司	1	10	11	0	5	6	4	37
中山达华智能科技股份有限公司	1	7	7	0	0	6	2	23
厦门英诺尔信息科技有限公司	0	2	46	0	1	3	0	52
中兴通讯股份有限公司	2	7	20	8	7	14	3	61

---

① 李姝影,方曙.公司层面的专利组合分析方法研究及实证分析[J].情报杂志,2014,33(3):39-43,27.
② ERNST H. Patent protfolios for strategic R&D planning[J]. Journal of Engineering and Technology Management,1998,15(4):279-308.
③ 皇甫晶,刘国俊,邢战雷.基于TRIZ理论的专利组合分析方法[J].图书情报导刊,2019,4(7):73-79.

3.4 知识产权信息分析方法之三：拟定量分析方法

拟定量分析通常是以数理方法入手，然后进行全面、系统的技术分类和比较研究，再进行有针对性的量化分析，最后进行高度科学抽象的定性描述，使整个分析过程从宏观到微观逐步深入地进行[①]。拟定量分析介于定性分析和定量分析之间，取两种方法之长，在实际工作中，可以更好地揭示事物的本质。知识产权信息的拟定量分析，主要应用在专利和商标两种类型。常见的知识产权信息拟定量分析有德尔菲法、层次分析法、内容分析法、引文分析法、共现分析法、社会网络分析法和数据挖掘技术分析。其中，共现分析法和社会网络分析法是引文分析法的延伸，近年来得到广泛应用。

3.4.1 德尔菲法

20世纪40年代，赫尔默（Helmer）和达尔克（Dalcroze）首创了德尔菲法（Delphi Method），1946年美国兰德公司首次将该方法用于集体预测性调查，后被广泛应用。该方法的基本原理是，各专家采用匿名方式发表意见，组织者汇总整理所有意见后再反馈给专家，供专家分析并提出新的意见，经过多次反复形成最终较为可靠的结论。德尔菲法是一种对未来事件的预测，在实际应用中通常可以划分为经典（Classical）型、策略（Policy）型、决策（Decision）型三种类型。由于德尔菲法主要依托于具有相同专业知识背景的专家团体，因而也非常适用于缺少资料和历史数据，而又较多地受到政治、经济、人为等因素影响的课题。该方法不仅可以用于预测研究，还可以应用于各种评价指标体系的构建和具体指标的确定过程[②]。

德尔菲法的具体操作流程如图3.11所示。

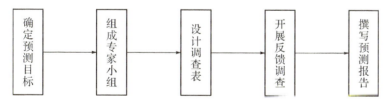

图3.11 德尔菲法的操作流程示意图

（1）确定预测目标。根据问题的需求确定预测的具体内容、主题和目标。

（2）组成专家小组。专家组成员的选择是德尔菲法实施的关键。根据研究课题所需要的知识范围，确定不同专业背景的专家组成。专家成员数量根据课题规模以及涉及的知识面宽窄而定，一般不超过20人。

---

① 刘桂锋.国内专利情报分析方法体系构建研究[J].情报杂志，2014，33（3）：16-21.
② HARALD A L，MURRAY T. The Delphi method：Techniques and applications[M]. Reading，Mass：Addison-Wesley Pub Co，1975：3-10.

(3) 设计调查表。设计调查表之前需要根据研究目的搜集相应的资料,明确调查主题。经过充足的准备之后,设计相关的调查表。

(4) 开展反馈调查。将调查表及相关资料匿名发送给专家组成员,各位专家在规定时间内完成调查表并寄回。组织者对寄回的所有调查表进行汇总分析,并根据汇总结果提出新的问题,发送给专家进行第二轮的调查研究。该步骤可以根据专家反馈的结果进行多次反复操作,直至各位专家的意见大体一致。

(5) 撰写预测报告。经过上一步骤的反复,组织者可以确定最终的预测结果,然后进行汇总与整理,形成最终的预测报告。

目前,德尔菲法在知识产权领域的应用主要是从专利角度研究的技术预见。技术预见是一种前瞻性的技术选择行为,在技术预测的基础上对技术预测行为开展价值评估,并进行社会性选择,以找到对科学、技术、经济、环境和社会的发展具有普遍适应的新技术,需要扫描全球范围内技术变化的最早信号。专利是创新研究的重要表现形式,且需要在保护地域申请审批,最先暴露出最新技术进展,极具时间优势。德尔菲法的优势在于能够充分发挥各位专家的作用,集思广益、准确性高。但同时,这也是德尔菲法的局限,预测结果易受到专家的知识经验、兴趣程度、评价尺度等主观因素的制约。运用德尔菲法的技术预见是静态的、一次性的,这种预见模式难以适应当今复杂多变的环境,因而研究人员又探讨了德尔菲法与其他方法的组合,以实现技术预见的最优化预测。例如,德尔菲法与社会网络分析法结合,实现定性与定量的结合,提高结论的准确性。

【例3.11】

分析目的:分析海上浮动核电站的关键技术[①]。

分析过程:确定研究主题之后,寻找领域内的专家组建专家团队。第一轮,先向各位专家进行开放式调研,结合相关文献,对该研究主题做到尽可能全面的了解,并制定初步的调查问卷表。海上浮动核电站主要涉及核电工程和船舶工程两个领域的技术要素,具体内容如表3.6所示。第二轮,将制定的调查问卷发给各位专家,各位专家匿名对各项指标进行打分,并将结果返回。对第二轮的打分结果进行统计分析,并综合各位专家的意见,修改调查问卷。第三轮,将修改的调查问卷匿名发给各位专家,请各位专家匿名重新对各项指标进行打分,并将结果返回。对第三轮的打分结果进行统计分析,评估专家观点是否一致,如果不一致,则重复进行问卷调研,如果专家观点一致性高,则问卷调研结束。由于每个专家对该领域的认知度不同,将每个专家对该领域的熟悉程度按照非常熟悉、比较熟悉、熟悉、不熟悉依次分配权重值1、0.75、0.5、0.25。本案例中第二轮问卷的回收率较高(88.8%),因而对第二轮的调查问卷打分情况进行分析,计算每个指标的加权平均值,最终选择分值在7以上的技术指标。

---

① 李佳佳,刘峰,杨龙霞.基于技术预见方法的海上浮动核电站关键技术[J].船舶工程,2017,39(4):1-6,15.

表 3.6　海上浮动核电站关键技术指标体系调查问卷表[①]

技术要素类别	一级指标	二级指标	三级指标
核电机组	核反应堆及一回路	核反应堆总体设计	小型模块化反应堆设计
		核反应堆装置安全系统设计技术	非能动安全系统设计
			核事故概率分析
			辐射安全与物理防护技术
			核动力装置控制技术
		核反应堆堆芯设计与燃料管理技术	核反应堆堆芯设计与燃料循环
			乏燃料管理与放射性废物处理
	二回路及发电系统	汽轮机及冷凝循环设计	汽轮机组设计
			蒸汽冷凝循环设计
		电力系统设计	应急电源系统设计
	主设备制造材料技术	核电主设备设计技术	核电主设备抗冲击载荷、净载荷、动载荷等海洋环境适应性分析
		核主设备制造技术	装配、机加工、焊接、热处理等制造技术
			3D打印等智能制造技术
		核级材料技术	关键有色金属材料
			防辐射耐腐蚀特色材料
船体-浮动平台	核动力船舶设计	总体设计及布置	总体设计及布置
	核动力船舶建造	建造技术及工艺	核动力船建造技术
	浮动平台关键配套设备设计与制造	关键配套设备研制	系泊装置(锚)、动力定位等相关平台系泊技术
			海上起重机、升降机等相关乏燃料运输装备技术
			电力推进系统相关技术

分析要点:该方法过程中的调研方式必须通过匿名和函询进行,组织者要做好意见甄别和判断工作;反馈调查阶段不一定能全部达成统一意见,寻找出一致性最高的专家意见即可。

分析结论:一共得到 16 项关键技术,其中核电机组有 14 项,船体-浮动平台有 2 项。

3.4.2　层次分析法

层次分析法,也称层级分析法。美国著名运筹学家、匹兹堡大学教授托马斯·萨迪

---

① 李佳佳,刘峰,杨龙霞.基于技术预见方法的海上浮动核电站关键技术[J].船舶工程,2017,39(4):1-6,15.

(Thomas Saaty)于 20 世纪 70 年代提出,该方法是一种实用的多方案或多目标的决策方法,自 1982 年传入我国以来,广泛地应用于我国社会的各个领域。该方法的原理是,根据研究内容的问题属性和研究目的,将复杂的问题分解为一些具有关联性的多个元素,将各元素按照它们之间的关联性以及隶属关系划分为目标、准则、方案等层次,形成递阶层次结构,从而将问题转化为最低层与最高层的相对重要性的权重值确定的问题,或者是相对优劣次序排序的问题。层次分析法具有操作过程简便、看待问题系统、可测量定性因素等优点,能够解决多目标、多准则或无结构特性的复杂问题,具有重要的应用价值。

层次分析法的操作流程如图 3.12 所示。

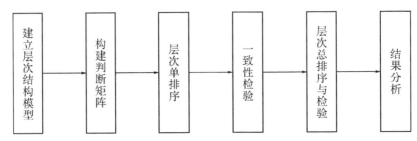

图 3.12　层次分析法的操作流程示意图

(1) 建立层次结构模型。将决策的目标、考虑的因素(决策准则)和决策对象按照它们之间的相互关系自上而下转换成最高层(目标层)、中间层(准则层)和最低层(方案层),绘制层次结构图。最高层是指需要解决的问题或者是决策的最终目的;中间层是指影响问题解决的各种因素或者制定决策时要遵守的准则;最低层是指解决问题或者制定决策的备选方案。最高层通常只有一个层次,中间层可以有一个或多个层次。

(2) 构建判断矩阵。该步骤最为重要。根据层次结构模型,针对上一层次的某个因素而言,将这一层次的所有与之相关的因素进行两两比较,并赋予不同的权重。逐层判断,直到最下层。一般而言,采用成对比较法和 1—9 比较尺度构建成对的判断矩阵。

(3) 层次单排序。层次单排序实质上是求得每个判断矩阵的最大特征值及特征向量,也就是测量某一层次的各因素对于上一层次的某个因素的影响程度,并按照影响程度依次排序。矩阵的特征向量计算方法有幂法、方根法、和积法三种。

(4) 一致性检验。层次分析中的任一判断矩阵都需要进行一致性检验,以保证最终评估结果的正确性。若检验通过,特征向量(归一化后)即为权向量;若检验不通过,需重新构造判断矩阵。

(5) 层次总排序与检验。所谓层次总排序就是计算确定某一层次所有因素对最高层的相对重要性的权值排序。由于计算某一层次的总排序需要利用上一层次的总排序和本层次的单排序,因而这一过程需要从最高层到最底层依次进行。也需要对层次总排序结果进行一致性检验。

(6) 结果分析。根据评价准则和综合重要性,得到最终决策。

层次分析法主要应用于专利或商标的价值评估。评估专利价值的指标主要包括专利引用数、同族专利数量、权利要求数量、说明书页数、有无许可诉讼、专利族所在国家的经济总量等。由于受到商标设计的创新性、商标所依附的商品(服务)不能够直接产生收益、商标保护具有时效性等因素影响,不同阶段的商标价值也不相同,层次分析法通过构建多层次的分析模型,可以综合考虑多种影响因素,实现对商标价值的科学评价[①]。另外,专利组合包括的专利数量从几十件到上万件不等,这就需要基于一定的参数,运用层次分析法建立分析模型,通过计算机自动计算出每件专利的价值。

3.4.3 内容分析法

内容分析法最早产生于传播学,在近百年的发展历程中,已经广泛应用到社会学、心理学、图书情报、网络技术等多个领域,但是尚未形成统一的概念界定。而图书情报学界的观点是:内容分析法是一种纵观全局的方法,通过对文献的内容做出全面、客观的分析,揭示或者检验文献中的事实或趋势,挖掘文献中所隐含的信息,并预测事物的发展趋势[②]。内容分析法作为拟定量分析方法,是以定性研究为前提,同时需要找出能够反映文献本质的"量化"特征,以达到对文献内容的"质"的全面、准确的认识,得出科学的结论。内容分析法具有客观性、系统性和数量化特点,具体表现在:分析过程按照分类标准进行归类,减少了研究人员的主观偏向性;不只研究信息的个别片段,选取的内容具有一定的系统性;对研究内容的分析以数量的形式表述出来,这是内容分析法最显著的特征。

内容分析法的操作流程如图 3.13 所示。

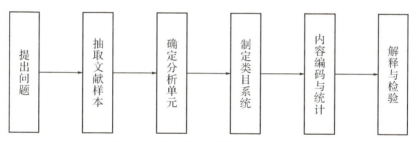

图 3.13 内容分析法的操作流程示意图

(1) 提出问题。具体问题需要具体分析,明确地提出问题,确定研究目的,划定研究范围并提出假设。

(2) 抽取文献样本。当研究范围内的样本数量巨大,不可能研究全体样本时,需要采取抽样的方法。样本的选择需要符合研究目的,并具备信息含量大、连续性等特点,确保从抽取样本的性质中推断出总体样本的性质。

(3) 确定分析单元。分析单元可以是简单的单词或者符号,也可以是有意义的词组、句子、段落等。该过程需要发掘出研究所需考察的各项因素,这些因素与研究目的存在着必然联系,而且要便于抽取操作。

(4) 制定类目系统。首先,类目系统是由多个子类目组成的,类目系统最基本的特征就是具有完备性,应确保所有分析单元都能有所归属;其次,类目系统应具有可信度,保证每个编码人员都能够一致认同;最后,各子类目之间应该是互斥的,保证每个分析单元只能归

---

① 戴琰琦.基于模糊层次的商标价值评估方法研究[J].价值工程,2010,29(11):1-3.
② 罗金增.内容分析法与图书馆学[J].情报杂志,2003,22(4):51-53.

属于一个类目。

（5）内容编码与统计。编码是将每个分析单元归属到相应的类目系统中，可以借助计算机技术完成，其操作简单，速度快，且保证了编码标准的一致性。编码之后的数据统计也可以借助统计软件完成。

（6）解释与检验。上述过程中的分析结果需要经过信度和效度的检验，保证结果的有效性。然后对数据统计分析的结果做出合理解释。结合文献的描述性判断结果，提出自己的观点和结论。

内容分析法主要应用于专利方面。针对信息内容数量较少、目标尚不明确的情况，内容分析法结合专利分析人员的定性判断和定量统计分析，可以提高结论的准确性。针对信息内容数量庞大、难以实现人工判读的情况，内容分析法常与自然语言自动处理技术结合，实现自动化、快速、客观地总结文献特征。专利地图就是借助内容分析法将专利信息转换成图表的形式，从而研究技术发展方向并预测技术发展趋势。

3.4.4 引文分析法

文献集合中的各个文献通过"参考文献"的方式形成文献间的引用与被引用关系，引文分析就是基于文献间的这种引用与被引用关系而产生的一种分析方法。1927年，克劳斯·纳林(Gross Narin)首次将文献计量学方法应用到专利研究领域，拓展了文献计量的应用领域，同时也为专利研究引进新的研究方法。专利引文是指专利文件中列出的与本专利申请相关的其他文献，具体包括专利文献和非专利文献[1]。其中，非专利文献可以是科技期刊、论文、著作、会议文件等文献类型。

根据专利引用的目的，可以将专利引用行为分为两类：一是由专利申请人撰写专利申请报告时列举的；二是专利审查员在专利审查过程中列举的。专利引文分析是利用数学和统计学方法，以及对大规模专利引文文件的归纳、抽象、比较、总结等，对专利文件之间的引用行为进行分析研究，以揭示专利文献之间、专利文献与非专利文献之间的关联特征的专利计量分析方法。不同类型的专利，引用目的有所不同，专利文献的引用是为申请专利的科学性提供服务的，可以为本专利提供技术背景、数据支撑、方法或者材料对比，非专利文献的引用主要是展示申请专利在学界的研究现状，或者是强调申请专利的新颖性[2]。

随着文献计量学方法在专利领域的深入应用，专利引文分析的实践范围也越来越广泛[3]。专利引文分析，可以纵向追踪专利内蕴含的知识流动、流向及分化情况，横向追踪知识流动的学科结构，从微观、中观、宏观层面评价研究对象的价值。

专利文献中蕴含着极强的技术创新，几乎所有的创新研究都是在前人研究成果的基础

---

[1] 陈亮，张志强，尚玮姣. 专利引文分析方法研究进展[J]. 现代图书情报技术，2013(S1)：75-81.
[2] MEYER M. What is special about patent citation? Differences between scientific and patent citations[J]. Scientometrics, 2000, 49(1): 93-123.
[3] TRAPPEY A J C, TRAPPEY C V, WU C Y, et al. A patent quality analysis for innovative technology and product development[J]. Advanced Engineering Informatics, 2012, 26(1): 26-34.

上发展起来的,因而,专利引文关系体现了创新研究的继承性和关联性。从专利引文分析的数据统计角度划分,专利引文分析相关研究主要有引用频次分析、引文时间进程分析、引文率分析三种类型:

(1) 引用频次分析。专利的引用频次是专利价值体现的一个重要指标,通过对专利的引用频次进行统计分析,可以识别出该技术领域中的孤立专利和高被引专利。分析高被引专利集合内的引用关系,可以追溯该领域的技术源头;分析高被引专利集合的后续引用专利,可以了解该技术领域的未来发展方向;分析高被引专利集合的所属申请人,可以了解该领域的技术人才;分析高被引专利集合的所属国别,可以了解该领域关键技术的重要研发阵地与技术市场。

(2) 引文时间进程分析。引文时间进程分析是指将某一技术领域的专利引用文献按照时间先后进行排序,追踪该技术领域的发展路线,从而确定技术热点,掌握未来发展趋势。

(3) 引文率分析。专利引文率分为专利自引率和专利他引率,是衡量专利质量的重要指标,在一定程度上能够反映该专利技术在所属领域研发的连续性、聚集程度,以及核心技术的专利战略情况。一般而言,自引率越高说明研发的自主性越强,他引率越高说明该专利在该技术领域处于关键位置。

另外,专利引文分析还能够评估专利价值和新兴技术,识别核心专利,追踪知识流动和技术转移。虽然专利引文分析是专利领域的研究热门,但是在应用过程中仍然面临着重大挑战,主要有以下 7 个方面[①]:①专利引文分析的应用研究方法不够丰富;②专利引文分析的评价指标体系不够完善;③中文专利引文数据库构建信息不够全面;④专利引文分析的应用研究存在领域差异;⑤专利引文分析研究存在跨语种障碍;⑥专利引文分析应用中存在技术主体与领域名称不一致的现象;⑦中文专利引文方面存在很多漏引和不规范引用的情况。实际应用过程中需要根据情况理性参考,谨慎应用。

【例 3.12】

分析目的:分析集成电路领域的核心技术[②]。

分析过程:以智慧芽专利数据库为数据源,构建集成电路的专利检索式,共获取 2001—2020 年间的相关专利数据 294 840 件。统计专利的被引频次,排名前 10 的专利被引次数均在 400 次以上,远远超过专利平均被引频次,可以视为集成电路领域的核心专利,反映了集成电路领域的核心技术。

分析要点:通过专利引用关系识别出核心专利,揭示专利的技术发展路径,更重要的是还可以结合机构、申请人等信息综合分析,进行更深层次的研究。

分析结论:通过分析高被引专利的引证关系,发现最核心的技术是半导体器件。惠普研发公司于 2005 年申请的相关专利被引频次最多,高达 1 934 次;伊英克公司最早于 2001 年申请的相关专利,共被引 442 次。

---

① 何春辉,王孟然.专利引文分析应用研究综述[J].图书情报研究,2019,12(4):72-78.
② 季鹏飞,华松逸,张煜晨,等.基于引文分析的集成电路领域核心专利识别与分析[J].竞争情报,2021,17(6):40-48.

3.4.5 共现分析法

"共现"指文献的特征项(作者、机构、关键词、题名等)共同出现的情况,共现分析是文献计量学中一种重要的相关性分析方法。文献计量学认为,当两个特征项共同出现时,这两个特征项之间一定存在着某种联系,而这两个特征项之间关系的紧密度,可以用两个特征项共同出现的频次来测度。专利共现分析法是将专利文献中的共现信息定量化的一种分析方法,揭示专利信息的内容关联和特征项所隐含的寓意。

根据特征项的不同,可以将专利共现分析划分为三种不同类型:基于文献的共现,可以是文献耦合、文献同被引;基于专利分类号的共现,是共类分析;基于关键词的共现,则是共词分析。其中,文献耦合和文献同被引是基于文献的引用与被引用两种行为而划分的两种分析方式,都可以揭示文献之间的学科关联性。各类型的共现分析具体如下。

(1) 文献耦合。两篇或者多篇文献同时引用同一篇或多篇文献,则这两篇或多篇文献是耦合关系。具有耦合关系的文献可以认为它们在学科内容上存在一定的关联性,这种关系的强度可以用"耦合强度"指标来衡量。一般而言,文献的"耦合强度"是固定不变的,形成的是一种静态的机构模型。当"耦合强度"越高,说明两篇文献在学科内容或专业性质上的关联性越强,文献间的联系也更紧密。

(2) 文献同被引。两篇或者多篇文献被后来的一篇或多篇文献同时引用,则称这两篇或多篇文献是同被引关系。同被引的关系强度可以用"同被引强度"指标衡量,若同时引用这两篇文献的文献数量越多,则这两篇文献之间的关系越紧密。"同被引强度"是不断变化的,形成的是一种动态的结构模型,更能够描绘学科发展的动态结构,也更适合研究对象不断变化和发展的特点。

(3) 共类分析。每项专利包含一个或多个专利分类号,表明该专利涉及多个学科领域,能够反映该专利的领域交叉性。基于专利分类号的共现关系形成的共类矩阵是分析技术融合的一种有效工具,主要覆盖了国际专利分类号、德温特专利分类号、合作专利分类号、F-term 等多种知识单元。通过对专利分类号进行共现分析,可以了解某一技术领域研究内容的内在联系和学科领域的微观结构。如果把专利的分类号看作关键词,共类分析和共词分析的思路是相似的。

(4) 共词分析。共词分析是基于同一篇文献中的关键词共同出现的情况,以发现该领域的学科结构的一种分析方法。一般认为,相同关键词在两篇文献中出现的数量越多,则代表这篇文献主题的关系越密切。共词分析常用于揭示学科的发展动态和发展趋势,预测学科未来发展方向,寻找新的研究点。

以上的共现分析为单个特征项分析,仅从单一维度出发,不能够全面深入地揭示更多信息。事实上,文献计量学家提出了多重共现的概念和方法,可以将作者、关键词、分类号等多个特征项结合分析。例如发明人-关键词共现分析,可以测量不同发明人的研究相似度;发明人-IPC 号-关键词共现分析可以测量不同发明人在不同技术领域的研究相似度。多重共现分析目前仍是新兴研究主题,国内外学者进行了一定的探索发现,多重共现分析能够发掘多元、交叉、潜在信息,更全面、深入地揭示事物之间的隐藏信息。

【例 3.13】

分析目的：分析生物芯片产业的技术融合现状[①]。

分析过程：以欧洲专利局发布的 PATSTAT 数据库为数据源，检索 2018—2020 年间国内生物芯片产业相关专利，并剔除掉只有一个专利号的专利，得到 3 120 件有效专利，借助 UCINET 和 NetDraw 可视化软件，从宏观层面和微观层面对 2018 年、2019 年、2020 年数据逐年进行共类分析。其中，宏观层面是从共类网络整体的角度分析，主要是网络密度、网络规模等指标；微观层面是从重要节点的角度进行重点分析，主要是点度中心度、中间中心度和接近中心度三个指标。

分析要点：当一项专利有多个专利号时，表明该专利涉及多个技术领域，具有技术融合性。

分析结论：宏观层面可视化结果如图 3.14 所示，2020 年我国生物芯片产业的技术融合主要集中在 B 和 G 两个大类下面。微观层面可以看到，B01L 和 G01N 在三年内的指标都是最高的，在生物芯片技术领域起到重要的连接作用。

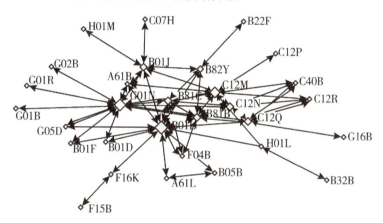

图 3.14　2020 年生物芯片领域的技术融合情况[①]

【例 3.14】

分析目的：分析太阳能汽车技术领域的全球专利布局[②]。

分析过程：以德温特专利数据库为数据源，检索 2011—2016 年太阳能汽车技术领域相关专利 12 287 件，统计每件专利的专利权人和德温特专利分类号。其中 64.71% 的专利有两个或以上的德温特专利分类号，专利权人选择企业类型的代码专利作为该案例的研究对象，筛选整理得到 3 042 个企业和 257 个德温特专利分类号。用同一个矩阵构建专利权人—专利权人（合作）、分类号—分类号（共类）、专利权人—分类号（隶属）三种关系，形成 3 299×3 299 多重共现矩阵，借助 UCINET 和 NetDraw 可视化软件展示分析结果。如图 3.15 所示，图中圆形节点是专利权人，方形节点是德温特专利分类号，节点大小代表节点的频次多

---

① 牛艳丽,连艳玲,陈志宏.基于专利共类的技术融合现状分析及预测：以生物芯片产业为例[J].郑州航空工业管理学院学报,2022,40(2):105-112.

② 温芳芳.基于专利权人-分类号多重共现分析的全球专利布局研究：以太阳能汽车技术领域为例[J].现代情报,2017,37(4):165-169.

少,节点之间的连线代表共现关系,连线的深浅代表节点间的关系强度。

分析要点:当前多重共现网络仍是研究热点,专利方面的实践较少,更多的是理论研究。多重共现网络由于分析角度多,数据量大,节点类型多,节点间的线条复杂,导致关键节点的可视化效果不够理想。

分析结论:图3.15中圆形节点最大的是BOSC公司,节点越大表明该企业的专利数量越多,研发能力越强;方形节点最大的是X15,代表的是该节点的技术主题最为热门。

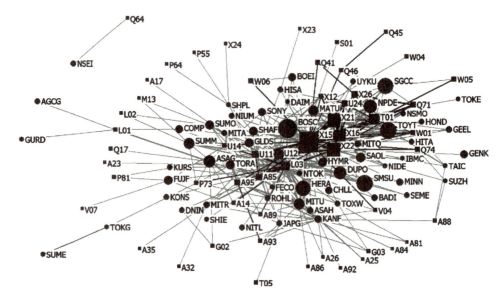

图3.15 太阳能汽车技术领域专利权人—分类号的多重共现分析图①

3.4.6 社会网络分析法

社会网络是指由社会行动者及彼此之间的关系交织而形成的虚拟网络,如果以"点"代表社会行动者,以"边"代表行动者之间的各种社会关系,那么形成的网络即为社会网络。社会网络中的网络是指事物及其相互间的各种关联,因此,社会网络分析就是通过对网络中的关系进行分析,来揭示网络结构和网络属性的一种方法②。经过多年的发展,社会网络分析法已经形成了完整的理论体系,近年来,已经成为图情领域的重要研究方法之一。社会网络分析法可以从多个角度对网络关系进行分析,包括中心性分析、凝聚子群分析、核心—边缘结构分析、结构对等性分析等。其中,中心性分析最为常用,主要是分析网络图中节点的地位,以及网络围绕核心节点构建的程度,也就是研究网络中的参与者是否具有足够的影响力和控制力③。

---

① 温芳芳.基于专利权人-分类号多重共现分析的全球专利布局研究:以太阳能汽车技术领域为例[J].现代情报,2017,37(4):165-169.
② 林聚任.社会网络分析:理论、方法与应用[M].北京:北京师范大学出版社,2009.
③ 葛成楷,杨旭.基于社会网络分析法的移动IPv6专利引文网络研究[C]//融合与创新:中国通信学会通信管理委员会第29次学术研讨会论文集.昆明,2011:104-110.

专利网络分析是专利信息研究的新兴领域,具有广阔的研究前景。将社会网络分析法应用于专利领域,既可以深化专利网络研究的分析应用,又可以扩展社会网络分析的理论探讨[1]。社会网络分析在专利领域的应用,主要是从专利引用、专利合作、专利技术主题三个角度进行分析研究。

(1) 专利引用网络分析。该网络中的节点是各项专利,网络节点间的连线是各专利间的引用关系,连线的强弱代表专利引用关系的强弱。基于专利文献的特征项,还可以延伸为分类号、申请人、发明人等引用关系;基于专利文献的引用和被引用行为,还可以构建专利耦合网络和专利同被引网络。专利是技术的重要表现形式,国内外学者利用专利引用网络开展技术关联性研究:一是通过国家或地区之间的专利引用关系研究国家或地区之间的技术外溢情况;二是通过企业之间的专利引用关系研究企业之间的知识流动,确定网络中各企业的位置、知识转移模式和效率等问题;三是通过不同技术领域的专利引用关系研究技术关联、技术互动;四是通过统计特定技术中的专利引用频次,绘制专利技术演进图,从而识别核心专利以及预测技术未来动态[2]。

(2) 专利合作网络分析。由于专利本身具有排他性,专利合作是一种资源优化配置的选择性结果,专利合作行为在一定程度上代表了专利之间存在着关联性。专利合作网络的节点可以是国家、地区、机构或者个人,从宏观、中观、微观三个层次揭示专利间的相互合作强度以及竞争合作关系。合作网络研究主要用于科研表现的评价,已有的研究成果表明作者合作水平的高低在一定程度上可以反映作者科研表现的强弱[3]。相似地,专利合作网络也可以作为评价国家、机构或个人科研表现的参考。

(3) 专利技术主题网络分析。专利技术主题信息的网络分析研究,可以从主题词和专利分类等角度进行。专利主题词的提取,通常来源于文献的关键词或摘要、标题中的词或短语等,分析人员可以人工提取或者是机器自动提取,具有一定的主观性。专利类型的划分,具有国际专利分类号、美国专利分类号、德温特专利分类号等标准的分类体系,已经成为专利技术主题网络分析的重要切入点。相较于基于主题词的专利技术主题网络分析,基于技术分类体系的主题网络分析因采用广泛认可和通用的分类标准体系,更具有可比性。

【例 3.15】

分析目的:分析吉林省专利合作发展情况[4]。

分析过程:以中国专利数据库为数据源,检索 1985—2017 年间申请人地址为吉林省的发明专利,共检索到 51 430 条专利数据。根据专利合作数量的变化情况,将吉林省的专利

---

[1] 周晔,潘美娟,周源,等.社会网络分析在专利知识网络中的应用[J].科技进步与对策,2015,32(18):138-144.

[2] 张利飞,王杰.专利引用网络视角下专利池技术关系解析:以 MPEG-2 专利池为例[J].情报杂志,2016,35(5):96-101.

[3] 陈云伟,邓勇,陈方,等.复合合作强度指数构建及应用研究[J].图书情报工作,2015,59(13):96-103.

[4] 孟婧,邱长波,李浩浩,等.吉林省专利申请人合作网络特征的演化研究[J].情报科学,2020,38(10):154-158.

合作情况划分为3个阶段,分别是1985—2006年、2007—2012年和2013—2017年。采用社会网络可视化分析工具Gephi获取各阶段的网络结构指标,各阶段专利申请人合作网络如图3.16所示。

图3.16　各阶段专利申请人合作网络图[①]

分析要点:社会网络分析具有明显的便捷性,但是在分析过程中忽视掉了孤立点,并以静态的方式呈现出来,我们在分析的过程中只能看到当下的情况,需要结合政策、经济等现实影响因素进行全面分析。

分析结论:如表3.7所示,随着时间的推移,网络规模逐渐扩大,网络中的节点数量逐渐增多,节点间的连线逐渐密集,表明吉林省的专利申请人越来越多地参与到专利合作中;派系分析法识别出网络中的小团体,根据不同阶段小团体的成员数量、成员机构属性等揭示小团体合作演化情况,如表3.8所示,吉林省的专利合作网络的小团体中企业占比越来越大,合作机会也逐渐密切。

表3.7　各阶段专利申请人合作网络结构特征[①]

时间阶段	平均网络规模	平均网络边数	网络密度	网络直径
1985—2006年阶段	10.318	8.682	0.007	6
2007—2012年阶段	50.000	48.500	0.006	7
2013—2017年阶段	124.600	139.800	0.004	11

表3.8　各阶段专利申请人合作网络的重要节点所属机构类别的占比[①]

时间阶段	科研院所	高校	企业	个人
1985—2006年阶段	13.33%	20.00%	0.00%	66.67%
2007—2012年阶段	14.29%	23.81%	47.61%	14.29%
2013—2017年阶段	13.64%	25.00%	61.36%	0.00%

3.4.7　数据挖掘技术分析

数据挖掘(Data Mining,DM),又称作数据库的知识发现(Knowledge Discover in

---

① 孟婧,邱长波,李浩浩,等.吉林省专利申请人合作网络特征的演化研究[J].情报科学,2020,38(10):154-158.

Database，KDD），当前对其没有明确的定义，但概括而言，数据挖掘是采用数学、统计、人工智能、神经网络、数据可视化、高性能计算等领域的科学方法，从大量的、真实的、随机的、模糊的数据集合中挖掘出隐含的、先前未知的、潜在有用的信息和知识，并用这些信息和知识建立用于决策支持的模型，为用户提供预测性决策支持的方法、工具和过程。数据挖掘技术的流程如图 3.17 所示。

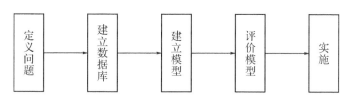

图 3.17 数据挖掘技术的流程示意图

近年来，我国专利数量不断增加，专利文本呈现海量的特征。如何从海量的专利信息中挖掘出不同专利之间隐含的关联关系，是很多专利研究人员迫切需要解决的问题。为了深度挖掘专利文本中隐含的关联信息，数据挖掘技术慢慢地被引入专利领域。专利数据挖掘是通过对专利文献或者专利网络平台等进行专利信息抓取，并深层次、多维度发掘专利信息中隐含的技术、法律、经济特征，进而发现其中组合形成的专利战略布局情况，帮助企业从宏观角度掌握行业的整体发展趋势，从微观角度发现自身的行业处境，辅助企业做出正确的专利布局决策[1]。专利数据挖掘主要对专利进行分类或聚类、相关专利的推荐、技术主题的识别、技术趋势的预测等方面的操作[2]，常用的专利数据挖掘方法主要有文本挖掘、聚类分析、关联规则、人工神经网络、决策树等，具体描述如下：

（1）文本挖掘。文本挖掘是指从文本中挖掘出有价值的信息。国际计算机语言学学会（The Association for Computational Linguistics，ACL）于 2003 年举办的专利语料处理研讨会上，主要探讨了将自然语言处理技术和计算机语言技术应用于专利文本挖掘的问题，专利文本挖掘开始兴起[3]。

最初阶段，专利文本的研究主要是通过人工阅读或人工标注的方式获取数据。随着专利数量爆炸式增长，人工已经无法满足当前专利分析的需求，文本挖掘技术能够处理大规模、非结构化文本的优势逐渐凸显。专利文本是一种非结构化数据，其格式并不规范统一，不方便直接用数据库进行存储。文本挖掘技术可以将专利文本转化为结构化数据，批量、系统地从文本中提取关键词，提高专利分析人员的效率，实现专利信息的增值转化[3]。专利文本挖掘的具体流程如图 3.18 所示，其核心部分是专利文本知识表示[4]。

主—谓—宾（Subject-Action-Object，SAO）专利语义分析是一种新兴的专利文本特征提取技术，通过自然语言处理技术提取专利文本中的主—谓—宾结构的语义，并将专利文本与

---

[1] 文庭孝,唐晖岚,龙微月.专利信息挖掘模式研究[J].评价与管理,2017,15(3):40-44.
[2] 李俊,王梦媛.国内外专利挖掘研究的可视化分析[J].高校图书馆工作,2019,39(2):7-12.
[3] 龚惠群,刘琼泽,黄超.机器人产业技术机会发现研究：基于专利文本挖掘[J].科技进步与对策,2014,31(5):70-74.
[4] 文雄辉.基于专利挖掘的技术预见方法及其应用[D].广州:华南理工大学,2019.

目标专利文本的 SAO 结构进行相似度对比,从而判定两个专利文本的相似性。从语法的角度,SAO 分别代表的是主语、谓语和宾语;从语义的角度看,S 和 O 可以代表系统的组件或技术,A 用来描述如何实现功能[①],即 S 和 O 是名词性质,A 是动词性质。传统的主题抽取技术往往忽略了主题之间的内在联系,而 SAO 结构中的 S 和 O 不仅代表了关键主题,A 还提供了重要的技术信息,更完整地保存了技术主题之间的内在关联。基于 SAO 专利语义分析,可以了解专利技术的发展路径,识别出领域内的新兴技术,还可以评估专利相似性,帮助企业规避专利侵权风险[②]。

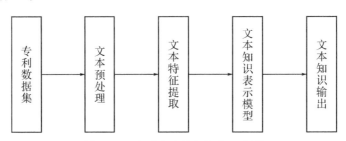

图 3.18　专利文本挖掘流程示意图

(2) 聚类分析。聚类分析是数据挖掘的核心技术之一,是一种将未知数据按照相似程度分类到不同的类或簇的多元统计方法。聚类分析避免了仅凭经验和专业知识进行分类导致的局限或误区,更具客观性和准确性。聚类分析更适用于挖掘出直接统计数据所不能揭示的信息,特别适合挖掘数据中的趋势、模式等特征,经过相似度计算、专利聚类、可视化数据分析三个步骤,可以为专家提供更加直观、细致的分析结果。

专利聚类分析是指利用文本挖掘技术,将专利集合中的所有专利按照技术主题的相似性进行模块划分,技术主题相似度高的专利聚集在一个模块,技术主题相似度低的专利分布在不同模块,以此揭示领域内各模块的技术分布情况。对专利进行聚类分析的分析对象主要是针对专利的文本信息,包括专利名称、摘要、国家(地区)、专利权人、全文、引文等字段。这种基于内容的分析方式,可以从文献特征和文献中包含的技术特征两个角度进行深层次的分析,文献特征可以分析不同专利文献集合之间的相似度,技术特征可以分析技术的发展趋势和演变路径[③],从而实现了解专利技术布局、掌握专利技术发展态势两个目的。

目前,专利聚类分析主要应用于三个场景:①专利产出的聚类分析,通常是基于对专利数量的聚类分析,从专利类型或者地域的角度探讨专利的类型特征及分布情况;②专利关键词的聚类分析,通常是基于关键词的聚类分析,研究特定技术领域的技术发展态势,并对市场的未来发展动向进行评估分析;③专利引用关系的聚类分析,通常是基于专利的引用关系进行聚类分析,研究特定技术领域的发展路径,并识别出新兴技术等。

(3) 关联规则。关联规则是大数据挖掘中的经典分析技术,因被沃尔玛超市成功用于

---

① 段庆锋,蒋保建.基于 SAO 结构的专利技术功效图构建研究[J].现代情报,2017,37(6):48-54.
② 李华锋,袁勤俭,陆佳莹,等.国内外专利情报分析方法研究述评[J].情报理论与实践,2017,40(6):139-144.
③ 江洪波,安勇,毛开云.专利聚类分析方法在技术预见中的应用探索[J].创新科技,2012(10):22-23.

预测商品销售间的关联性而闻名。传统的人工智能统计方法无法发现隐藏的属性规律,关联规则技术可以满足人们从海量数据中进行深度挖掘的需求,其本质是研究事物之间的关联性和相关性。

关联规则具有支持度(Support)、置信度(Confidence)、提升度(Lift)三个重要的衡量指标,支持度代表关联规则的频繁程度,置信度代表关联规则的可靠程度,提升度代表关联规则的相关度。当支持度太低时,表明该事件可能是偶发的,因而在进行关联规则挖掘时,需事先制定最小支持度阈值(min_sup),确保事件的研究是有价值的;当置信度太低时,表明该事件具有不确定性,因而在进行关联规则挖掘时,也需要制定最小置信度阈值(min_conf),确保事件的发生具有确定性。当挖掘到的关联规则满足支持度不小于 min_sup 且置信度不小于 min_conf 时,该关联规则被称为强关联规则。关联规则挖掘就是根据原始数据集找出所有的强关联规则,依据关联规则得到的数据集合可以发现大数据中隐藏的特殊规律。关联规则技术的兴起,让数据挖掘技术能够真正对数据库中不同数据项之间的关联关系进行有效的利用。

目前,我国对于专利的关联规则挖掘应用研究还处于起步阶段,已有的应用实践主要是结合其他分析方法进行的。例如,当关联规则与技术路线图分析相结合,能够描绘出更真实的技术路线图[1];当关联规则与技术功效矩阵分析相结合,可以测量技术与功效的关联度,从而弥补低共现—弱关系技术主题的遗漏[2]。另外,构建加权关联规则,可以区分对待事物之间的价值差异[3]。

(4) 人工神经网络。人工神经网络(Artificial Neural Network,ANN)是最重要的机器学习分析方法,主要是从信息处理的角度,通过建立某种数学模型,模拟人脑神经元网络的信息处理过程,将信息按照不同的连接方式组成复杂网络,该网络可以是单层的,也可以是多层的。人工神经网络主要包括输入层、输出层、中间层几个模块,使程序可以不断地进行样本数据训练和输出、输入处理[4]。目前普遍使用的人工神经网络为多层感知器(Multi-Layer Perceptron,MLP)神经网络。算法是人工神经网络的核心,BP 神经网络是一种误差反向传播算法(Error Back Propagation Training),具有任意复杂的模式分类能力和优良的多维函数映射能力,得到广泛推广和应用。

在专利信息分析中,相关算法主要应用于专利分类与预测两个方面。人工神经网络的操作过程主要有三个步骤:首先,给出 n 个具有类别标记的训练样本,通过自学习的方式不断调整权重,建立人工神经网络模型,得到训练规则;其次,利用剩下的 h 个同样具有类别标记的数据集作为测试样本,将测试样本输入人工神经网络,根据输出结果与测试样本的真实值之间的误差,判断建立的人工神经网络的准确性;最后,当网络性能达到要求时,可以用建

---

[1] 陈亮,张静,杨冠灿,等. 基于专利文本的闭频繁项集在技术演化分析中的应用[J]. 图书情报工作,2016,60(6):70-76.

[2] 许海云,方曙. 基于专利功效矩阵的技术主题关联分析及核心专利挖掘[J]. 情报学报,2014,33(2):158-166.

[3] 周磊,杨威. 基于加权关联规则的技术融合探测[J]. 情报杂志,2019,38(1):67-72.

[4] 张姣姣,刘云. 基于 Delphi 法和 BP 神经网络的技术预见模型研究[J]. 科技和产业,2017,17(12):81-88.

立好的神经网络模型对未知样本数据进行机器处理,若网络性能不合格,则需要调整网络参数继续学习,直到性能达到要求为止[1]。一般而言,训练样本数量占总样本数量的2/3—3/4,剩余的作为测试样本。

(5) 决策树。决策树(Decision Tree)是机器学习的基本模型,也是一种典型的分类方法。决策树的树形结构主要是根节点、分支、叶节点三个部分,根节点是树的最高层,每个节点表示对一个特征的测试,该节点的每个分支表示测试的不同结果。决策树的节点包括三种类型,分别是决策节点、机会节点和终结点,分别用矩形、圆形、三角形表示。决策树的每个叶节点表示一个类别,因而在决策树算法实施过程,尽可能将同一类别属性归属于同一叶节点,该节点的"纯度"越高,从根节点到达叶节点的效率就越高,得到的结果最优。

通常,决策树学习的流程主要包括特征选择、决策树的生成、决策树的剪枝三个步骤[2]。其中,决策树的剪枝是为了停止决策树的分支,剪枝的方式包括预剪枝和后剪枝。预剪枝是在决策树的实施过程预先设定阈值,当达到阈值就停止分支,该方法可以显著地降低运行成本,但是容易造成"视界局限";后剪枝是让决策树充分生长,直到叶节点达到最小纯度值,该方法能够保留更多的分支,但是运行成本增加。

决策树分类算法具有操作简便、数据计算量小、数据分析效率高、易于抽取出分类规则等优点,已经广泛应用到专利文本分类领域。根据不同的目标函数,常见的决策树算法有分类与回归树(Classification And Regression Tree,CART)、迭代二叉树3代(Iterative Dichotomiser 3,ID3)、分类器4.5(Classifier 4.5,C4.5),对应的三种度量指标分别是基尼指数、信息熵、信息增益率。其中,基于信息增益率的C4.5算法在适用性、学习效率及属性变量选择等方面优势突出:①善于处理存在缺失值的样本数据;②可自行离散化具有连续属性变量的数据集;③基于属性信息增益率选择分裂属性,可避免信息增益多值属性的问题。

【例3.16】

分析目的:分析区块链技术的研究热点[3]。

分析过程:以德温特专利数据库为数据源,检索2014—2019年间主题为区块链的相关专利,共得到5 047件。基于德温特专利分类号,借助CiteSpace可视化软件,构建区块链共现网络,并对共现网络进行主题词聚类分析,可视化结果如图3.19所示。具有相似主题的德温特专利分类号聚集在一起,颜色相同。不同的颜色模块代表不同的聚类结果,颜色越深代表对应的专利出现越早,颜色越浅代表对应的专利出现越晚。

分析要点:聚类分析需要检验聚类效果。当聚类效果不理想时,可以考虑将数据标准化处理,减小数据量级之间的差距;不同聚类方法适用范围不同,可以改变思路尝试其他聚类方法;调整聚类指标,聚类指标之间不能高度相关,否则影响聚类效果。

分析结论:CiteSpace聚类分析得到一个模块化指标,该指标大于0.3则表示聚类效果

---

[1] 高慧霞,李立功. 人工神经网络在专利价值评估领域的应用[J]. 中国发明与专利,2019,16(10):73-77.

[2] 徐福富,刘欣怡,高希光. 基于机器学习的雷达电子侦察中的应用探析[J]. 信息记录材料,2021,22(4):19-22.

[3] 邵泽宇,孟天宇. 基于知识图谱的区块链专利数据挖掘[J]. 技术与创新管理,2020,41(6):588-595.

良好,模块划分清晰,该案例的模块化指标是 0.665,表明此次聚类效果良好。根据图 3.19 可以发现,编号 7 和 9 两个模块颜色最浅,对应的主题为区块链的新兴技术。

图 3.19　区块链技术的共类网络聚类分析[①]

3.5　本章小结

　　信息分析广泛存在于各学科领域,是对信息的深加工,有助于提高信息服务的效率。信息分析应用于知识产权领域,形成知识产权信息分析,成为知识产权信息服务的利器。本章第一小节主要介绍知识产权信息分析的内涵、主要类型、作用和流程。首先,由信息分析引出知识产权信息分析,界定了知识产权信息分析的内涵。知识产权信息分析的本质是通过对搜集到的知识产权信息的内容、数量、引文等特征进行整理,采用现代化科学的方法和手段进行分析研究,满足用户的知识产权信息需求。其次,从知识产权信息分析的应用角度,将知识产权信息分析主要类型划分为针对技术发展趋势的分析、针对保护地域的分析、针对竞争对手的分析和针对技术领域的分析。再次,知识产权信息分析的作用主要是辅助知识产权战略规划、掌握竞争态势、促进知识产权政策法规的进一步完善。最后,知识产权信息分析的具体操作步骤主要包括前期准备、数据采集、知识产权信息分析、报告撰写、成果应用五个阶段。

　　知识产权信息分析的具体方法是本章节的重点,主要划分为定性分析、定量分析和拟定量分析三个小节,详细介绍每种知识产权信息分析方法的基本概念、步骤和具体应用。其中,定性分析方法主要包括技术功效矩阵分析、技术路线图分析和鱼骨图分析三种方法;定

---

① 邵泽宇,孟天宇. 基于知识图谱的区块链专利数据挖掘[J]. 技术与创新管理,2020,41(6):588-595.

量分析方法主要包括趋势分析、统计频次排序分析、时间序列分析、技术生命周期分析、文献计量分析和专利组合分析六种方法；拟定量分析方法主要包括德尔菲法、层次分析法、内容分析法、引文分析法、共现分析法、社会网络分析法和数据挖掘技术分析七种方法。经梳理发现，大数据背景下，知识产权信息分析方法逐渐以智能化手段为主，实现对知识产权信息的深层次、多角度、全方位分析，为我国创新发展战略下的知识产权信息服务提供更有力的数据支撑。

4 知识产权信息服务的桥梁：数据可视化

实验心理学家特瑞赤拉(Treichler)的研究表明，视觉界面是人类最容易接受和信赖的信息源，人类从外界获取的信息中约有80%来自视觉系统[①]，因此有"字不如表，表不如图"的说法。在如今大数据环境下，数据分析对信息的精准管理、高效决策具有显著意义，但随着数据类型和来源的多元化，传统的数据分析方法已经不能满足用户探索数据潜在价值的需求，而数据可视化能够通过各种类型的图表将数据所承载的信息进行有效传达，帮助人们洞悉数据中蕴含的内涵和规律，因此在信息分析和服务中发挥着越来越重要的作用。

知识产权信息资源体量庞大且增长迅速，知识产权信息不仅包括专利、商标、版权、地理标识等多种类型，还因其权力属性同时蕴含着相关技术、法律、经济等信息，因此从数据量和数据结构看，具有大数据的主要特征。面对数量巨大且内涵丰富的知识产权信息资源，无论是技术研发人员还是决策管理人员，都会期待能够从海量的知识产权数据中高效地挖掘有价值的信息，这无疑对知识产权信息服务提出了更高的要求。近年来，数据可视化成为解决这一需求的重要手段。通过数据可视化可将知识产权信息分析的结果生动、清晰地展示出来，从而使得用户能够高效、准确地提取出对自身最有价值的信息，为其在科技创新过程中寻找技术研发方向、加强技术学习交流、制定发展策略等提供有效支撑，因此数据可视化技术成为连接知识产权信息服务与用户的重要桥梁。

本章首先对数据可视化的基础理论进行概述，简要阐述了数据可视化的概念、发展与应用情况，接着在此基础上介绍了知识产权信息数据可视化的相关基础知识，包括可视化设计原则、基本流程以及图表选择等，此后重点介绍了数据可视化在知识产权信息分析中的应用。本章通过对数据可视化理论和其在知识产权信息分析中的应用进行梳理，以期为知识产权信息服务中数据可视化的应用提供参考和借鉴。

---

① TREICHLER D G. Are you missing the boat in training aids? [J]. Film and Audio-Visual Communication, 1967, 48(1): 14-16, 28-30, 48.

4.1 数据可视化概述

"工欲善其事,必先利其器",数据可视化通过将大量枯燥的数据信息以各类可视化图表的形式生动地展示出来,为人们从数据中快速提取信息提供了重要的途径。了解并应用数据可视化这一方法,对于在大数据环境下信息分析遇到的新挑战具有重要意义。

4.1.1 数据可视化的概念

(1) 数据可视化的定义

数据可视化是指利用计算机图形学和图像处理技术,将数据转换成图形或图像在屏幕上显示出来,并进行交互处理的理论、方法和技术。它涉及图像处理、计算机视觉、计算机图形学、计算机辅助设计等多个领域,成为研究数据表示、数据处理、决策分析等一系列问题的综合技术[1]。由于数据可视化旨在借助图形化手段清晰有效地传递信息,所以数据可视化要同时兼顾功能需求和美学形式两个方面[2]。一方面,数据可视化需要根据各数据集合的特征,选择合适的表现形式以将数据的各个维度属性展示出来,从而有效地传达信息;另一方面,数据可视化通过美观的图形设计,能够直观地传递关键信息,提高用户信息获取效率,结合对需求的深入分析,以准确地展示复杂的大数据背后隐藏的、具有潜在价值的信息。

(2) 数据可视化的分类

由于功能需求不同及表现形式多样的特点,数据可视化可以从不同角度进行分类。美国学者本·施耐德曼[3]根据数据特征和维度将数据分为七类:一维数据、二维数据、三维数据、多维数据、时态数据、层次数据和网络数据。我国学者李纲等据此将信息可视化方法分为七类[4]:一维信息可视化、二维信息可视化、三维信息可视化、多维信息可视化、时间序列信息可视化、层次信息可视化、网络信息可视化[4]。此后许文鹏又进一步依据数据类型将数据可视化分为低维数据可视化、高维数据可视化、时态数据可视化、层次数据可视化和网络关系数据可视化[5]。

如今随着网络社交媒体的发展,文本类和地理类数据也越来越受到重视,并逐渐成为数据可视化领域的研究热点。本书在前人研究的基础上,基于各数据类型的数据特征与可视化图表形式的对应关系,将数据可视化分为 9 类,分别为一维数据可视化、二维数据可视化、

---

[1] 牛振州. Windows 运行过程的可视化研究[D]. 济南:山东大学,2010.
[2] 孙博. 基于微软新一代图形系统 WPF 和 Silverlight 的数据可视化研究与实现[D]. 长春:东北师范大学,2009.
[3] CARD S K, MACKINLAY J D, SHNEIDERMAN B. Readings in information visualization: Using vision to think[J]. Journal of Biological Chemistry,1999,259(11):7191-7197.
[4] 李纲,郑重. 信息可视化应用研究进展[J]. 图书情报知识,2008(4):36-40.
[5] 许文鹏. 数据可视化系统架构的设计与实现[D]. 北京:北京交通大学,2015.

三维数据可视化、多维数据可视化、时序数据可视化、层次数据可视化、地理数据可视化、网络关系数据可视化以及文本数据可视化，具体如表4.1所示。

其中一维数据、二维数据、三维数据、多维数据以及时序数据可统称为常规数据，数据特征主要为简单低维度数据，可视化表现形式为折线图、柱形图、扇形图、雷达图等；层次数据主要表达数据之间的从属和包含关系，可视化表现形式为系统树图、多环图等；地理数据为直接或间接关联着某个地理位置的数据，可视化表现形式为地形图；网络关系数据表达任意数据之间存在直接或间接联系，可视化表现形式为弦图、力导向布局图等；文本数据为记录于文本之中的信息数据，可视化表现形式为文本聚类图、引证聚类图等。

表4.1 数据可视化数据类型分类表

数据类型	数据特征	可视化图表表现形式
一维数据	简单的线性数据	点映射、色块等
二维数据	由两种主要属性构成的数据	折线图、柱形图、扇形图、散点图等
三维数据	具有三种属性的数据	色散点图、气泡图等
多维数据	含有三种以上属性的数据	雷达图、玫瑰图等
时序数据	随时间而变化的数据	折线图、时间流程图等
层次数据	表达数据之间的从属和包含关系	系统树图、多环图等
地理数据	直接或间接关联着相关于某个地理位置的数据	地形图
网络关系数据	任意数据之间存在直接或间接联系的数据节点	弦图、力导向布局图等
文本数据	记录于文本之中的信息数据	文本聚类图、引证聚类图等

4.1.2 数据可视化的发展

自数据可视化技术诞生以来，伴随着人类社会信息数据持续增长以及人们对数据分析要求的不断提升，数据可视化也不断发展成熟。早期数据可视化主要应用于官方的数理统计，此后随着社会需求的与日俱增以及计算机技术的支持，数据可视化技术得到空前的发展，产生了种类多样的可视化图表形式。如今的大数据时代，无论是个人、企业或科研机构，面对日益增长和积累的数据信息，都会期待能够高效地从中发现有价值的情报信息，这给大数据环境下的数据可视化提出了新的要求，同时也指示了未来的发展方向。

(1) 发展方向一：技术关联数据的数据可视化

传统的可视化技术侧重于将数据信息清晰、准确地展示出来，但大数据时代的数据之间往往存在复杂的关联性，若无法将这些关联信息准确地表示出来，无疑会使可视化结果的价值大打折扣。目前对大数据可视化前的数据处理往往采用降维的方法，例如将高维数据转化为低维数据，将结构化数据转化为非结构化数据，这难免会带来数据信息失真、数据关联性丢失等问题。因此对大数据的可视化需要在全面提取信息元素并维持数据信息完整的基础上，能够尽可能地准确展示数据之间的关联信息，为预测数据未来的发展趋势提供准确的指导，体现数据可视化应用的价值。

(2) 发展方向二：多维动态叠加数据的实时可视化

传统的可视化技术侧重于展示多维静态叠加的数据，但大数据时代信息的实时交流频繁，数据具有很强的时效性，因此数据可视化需要及时处理好各类动态数据，将多维动态叠加的数据及时展示以满足当下用户的信息需求。例如现在很多的手机软件都可以为用户提供基于地理范围的信息服务，不管是对目标位置的实时导航，还是与好友共享实时的地理位置，这种兼具娱乐性和互动性的可视化服务已经成为人们智能生活中不可或缺的一部分。正因为大数据具有时效性强的特点，因此为保持数据和分析的时效性，分析人员往往需要实时处理全部数据，这就要求大数据可视化技术能够快速对数据进行处理，以备后续使用，这不仅依赖于数据处理技术的进一步提升，同时也不离开计算机硬件等辅助工具的支持。

(3) 发展方向三：多平台的可视化展示

多平台的信息可视化展示也是数据可视化发展的必然趋势。如今，数据可视化被应用在生活中的方方面面，电脑、手机等电子产品的普及也大大提升了可视化应用服务的频率和广泛性。数据可视化还使得人们的信息交流更加便捷和高效，例如在工作中，利用可视化技术可以让工作间的交流更容易；在教育中，可视化技术的应用可以增加传统教学的趣味性，将枯燥的知识变得生动且利于理解，对教学效率具有显著的提升作用；在生活中，多元的可视化展示平台极大地丰富了人们的智能生活。因此大数据时代的数据可视化不仅仅需要自身的技术进一步发展，还需要迎合市场的需求，提升在多平台环境下的兼容性。

未来，随着人们对数据价值的挖掘需求进一步提升，数据可视化也必将顺应趋势，进一步发展成熟。

4.1.3 数据可视化的应用

如今数据可视化已广泛应用于多个领域，已深入融合在生命科学、地理信息、气象信息、工业工程等方向。例如在生命科学领域，利用数据可视化可以制作各种精确的医学图像，帮助医务人员高效精确地诊断病情；在地理信息领域，利用数据可视化可以精确地模拟世界地图，极大地提高了地图精度，优化地理导航功能；在气象信息领域，利用数据可视化可以形象地模拟天气变化过程，对提升天气预报、气象预测的准确性有不可小觑的作用；在工业工程领域[1]，通过建模渲染等技术把工程结构细节等用三维图形呈现出来，实现"所见即所得"，极大地提高了工程运行的效率。近年来在金融、网络通信和商业信息等领域中大数据的可视化应用已成为研究热点。在商业金融领域，结合数据挖掘与数据管理等技术，数据可视化可帮助企业分析市场、跟踪竞争对手，进而做出正确的经营决策。

数据可视化同样在知识产权信息分析中扮演着越来越重要的角色。自1968年日本专利局发布第一张关于航空微米测量技术的电子化专利地图[2]，帮助日本企业突破欧美等国的技术壁垒以来，这种直观高效的信息分析方式便逐步被全世界所接受和推广。如今，数据可视化在知识产权信息分析中发挥了关键的重要作用。数据可视化不仅可以将检索到的知识

---

[1] 曾悠. 大数据时代背景下的数据可视化概念研究[D]. 杭州：浙江大学，2014.
[2] 肖国华. 专利地图研究与应用[D]. 成都：四川大学，2006.

产权信息经过整理、加工、综合和归纳等步骤,以数据的形式纳入多张图表中,以备分析之用,而且可以通过对可视化图表的对比、分析和研究,帮助分析人员从中挖掘出技术、产业、竞争层面的情报,为制定研发、经营等决策提供更直观的支持。例如下图 4.1 为智能电视人机交互领域的专利文本聚类图①,图中山峰表示专利技术的密集区,山峰颜色越深,专利越密集。通过该图,分析人员可以发现在智能电视人机交互技术中,惯性传感遥控、触摸屏遥控、多媒体输出、语音识别、图像内容识别、深度图像、虚拟图像以及姿态识别检测等技术主题是智能电视人机交互领域专利申请的热点。

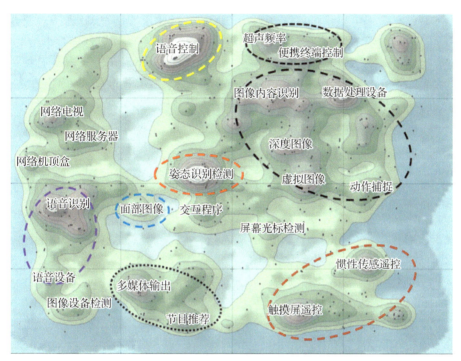

图 4.1　智能电视人机交互领域专利文本聚类图①

通过知识产权信息数据可视化,信息服务人员可以针对技术研发人员、企业管理人员以及政府和机构决策者的不同需求,提供相应的知识产权信息服务,具体如下。

(1) 面向技术研发人员

知识产权信息数据可视化可提供技术研发方面的情报,有助于企业或机构的技术研发人员发现技术的新分支,找到产品应用的新方向,缩短研发周期,节省研发费用,提高创新效率。例如利用专利文本聚类图可以帮助研发人员发现某技术领域内专利申请的热点以及空白领域:在聚类图中,当某些区域专利分布数量多且密集时,说明该技术方向是目前的研发热点,竞争强度大;当某些区域专利分布数量稀少且分散时,说明该技术方向可能是"蓝海"领域,有待进一步开发。同时专利集群之间距离的远近,也可反映出各技术主题间的联系程度。

---

① 赵霞,秦洪花,王云飞,等. 智能电视人机交互技术专利竞争态势分析[J]. 中国科技信息,2016(14):54-57.

（2）面向企业管理人员

知识产权信息数据可视化可提供知识产权权利状况的情报，有助于企业管理人员监视竞争对手的知识产权申请活动，进而做出相应的对策。例如当知识产权法律状态处于审批中时，企业可以在其知识产权取得授权之前，通过合法的法律手段，尽可能阻延竞争对手获得授权的进程，为自身的知识产权布局提供更多的空间；当知识产权法律状态已失效时，企业管理人员可对其加以利用，挖掘出隐藏在失效知识产权中的商业价值。

（3）面向政府及机构决策者

知识产权信息数据可视化可提供某一技术领域的整体发展概况，有利于政府及机构决策者监测某技术领域的市场竞争环境、技术研发趋势等情况。例如通过专利申请分布图，可以看出某技术领域参与竞争的主要国家或企业有哪些，了解这些国家或企业对哪些区域非常重视；通过专利申请趋势图，可以看出某技术领域近年来的专利申请状况以及发展趋势；通过专利技术分布图可以看出有关该技术领域的研究主要集中在哪些方向等。

4.2 知识产权信息数据可视化基础

知识产权信息数据可视化并非简单的图表制作，而是需要针对用户需求，通过一系列的操作流程将信息分析结果以最恰当的图表形式展示出来。要想做好知识产权信息数据可视化，首先需要掌握知识产权信息数据可视化相关基础知识。本节针对知识产权信息数据可视化设计原则、基本流程、图表选择等基础知识做简要阐述。

4.2.1 可视化设计原则

知识产权信息数据可视化需要遵循基本的设计原则，将知识产权信息分析的结果全面、客观且准确地传达给用户，避免歪曲事实而给用户造成误导。本节将结合实际案例，简要介绍知识产权信息数据可视化的设计原则。

知识产权信息数据可视化的设计原则主要包括三个方面：首先要保证数据的正确展示，这里既包括保证数据本身的准确性，也包括要遵循可视化基本设计规范进行数据展示；其次是要保证数据展示的全面性，即需要多维度、多角度地分析和展示相关数据，关联数据之间相互印证、相互支撑，确保分析结论的准确性和全面性；最后是要尽可能地挖掘出隐藏在数据中的有效信息，提高可视化结果的价值。

（1）数据的正确展示原则

数据的正确展示是指知识产权信息数据可视化需要遵循可视化的基本设计规范，并能够突出重点，减少用户的阅读障碍，避免展示过程不当导致用户的理解误差。具体原则如下：

①对比有序数据时，尺寸优于颜色

在进行有序数据对比时，一维长度大小表达的信息准确性优于二维面积大小，二维面积大小表达的信息准确性优于颜色深浅。如图4.2所示，对比一列数据的数值大小，柱形长度的对比让读者非常容易识别两者的数值差别,而二维面积的差异辨别起来就困难一些,颜色深浅只能表达出其大小的关系,具体差值则无法分辨。

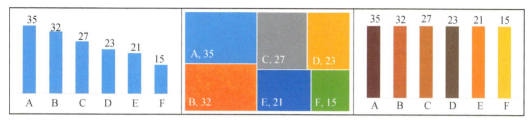

图 4.2　数值大小对比图

②突出某部分数据时,颜色优于形状

为了在多个指标中突出其中一个指标,通过颜色传达出的信息非常容易识别,而使用形状进行辨别则相对困难。如图 4.3 所示,在绘制多折线图时,采用不同颜色的折线之间的区别容易分辨,但采用不同形状数据标记的折线之间的区别则需要仔细辨别。

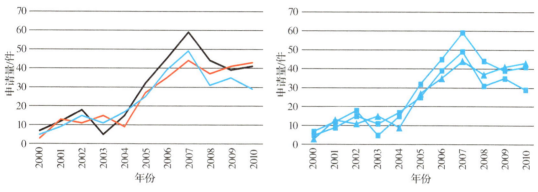

图 4.3　突出指标对比图

③突出重点要素时,需弱化其他要素的干扰

突出展示重点要素也是知识产权信息数据可视化的核心要务,为帮助用户快速提取有效信息,减少用户阅读图表的障碍,应当尽可能弱化非重要元素的干扰。如图 4.4 所示,背景阴影线填充、杂乱的颜色、很粗的网格线、不必要的图例标注都很容易吸引读者的视线。实际上,在柱子上方标注数值的情况下,这些非重要元素甚至是纵坐标轴都可以隐去,从而最大程度地突出柱子长度这一数据元素,即使要标记网格线,颜色也不宜太深,线条不宜太粗,否则易导致喧宾夺主。

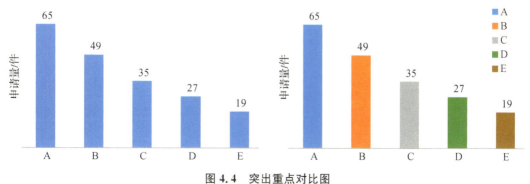

图 4.4　突出重点对比图

此外还应注意其他设计规范,例如对不同类别的事物可采用不同的颜色来表示,而对同类事物不同程度的识别可采用相同颜色的深浅差异来表示;用户习惯从左至右、从上到下扫描信息,同时对垂直位置的敏感度高于水平位置等。如果顺应这些习惯进行可视化设计,则将在很大程度上减少读者对信息再加工的时间。

(2) 数据的全面展示原则

数据是知识产权信息数据可视化的基础,因此保证数据的全面性至关重要。这里所指的全面性,包含两个层面:一是数据本身需要完整和准确,否则可能导致分析结论与真实情况不一致,甚至完全背离;二是数据来源的全面性,即在一次全面的分析过程中,除知识产权原始数据以外,还需要利用好其他类型的数据,例如政策数据、市场数据、产品信息等,通过将这些数据进行全面展示,可使得可视化结果更加准确。

例如图 4.5 是某技术领域企业财务和专利实力分析气泡图,不同的气泡代表不同的企业,气泡大小代表该企业的专利数量,横坐标代表企业技术综合指标,纵坐标代表企业财务指标。横坐标同时展示了该企业专利三个方面的信息:专利组合的规模、专利涉及的分类号以及引证专利数量。纵坐标展示了该企业专利信息外的其他类型信息:企业的总收入、诉讼数量以及子公司分布的国家和地区数量。虽然气泡图只有横轴、纵轴和气泡大小这三个维度,但该图实际上融合了七个方面的数据信息,这使得该图表达出的信息更为全面和准确。

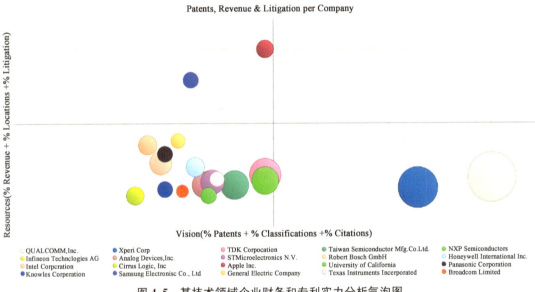

图 4.5 某技术领域企业财务和专利实力分析气泡图

(3) 数据的深入挖掘原则

数据的深入挖掘原则是指根据用户需求,通过深入的可视化分析,挖掘隐藏在数据中的有效信息,提高可视化结果的价值。有时通过一些简单的统计图表就能够获得的信息,往往不具备真正的商业价值,对企业和机构等而言,真正重要的情报通常需要在可视化的过程中不断地深入挖掘和分析才能获得。

以分析先正达(Syngenta)公司关于种衣剂技术研发概况为例。首先对先正达公司关于种衣剂历年的专利申请趋势进行可视化(图 4.6),通过寻找数据拐点,将数据趋势曲线分段,发现先正达公司关于种衣剂的专利申请趋势可分为三个阶段:技术研发蓄积期(1985—1993年)、技术研发发展期(1993—2008年)、技术研发平稳期(2008—2015年)。

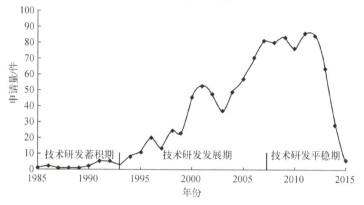

图 4.6　先正达公司关于种衣剂的专利申请趋势图①

图 4.6 只反映出先正达公司在种衣剂技术领域宏观的专利申请态势,但其在该技术领域的技术研发重点、热点以及各技术方向的专利布局情况还不清楚。因此可将时间和技术两个要素相互关联起来,绘制先正达公司关于种衣剂的技术发展图谱。

图 4.7 展示了在先正达公司种衣剂技术研发的三个阶段中涉及的不同技术分支的具体

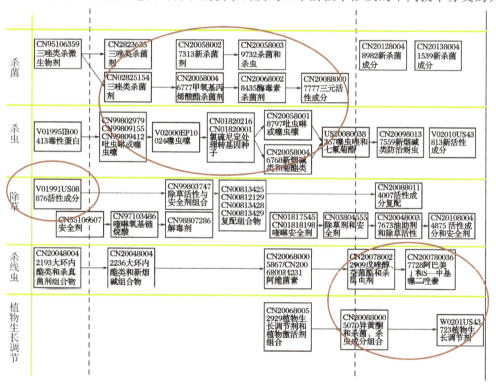

图 4.7　先正达公司关于种衣剂的技术图谱①

---

① 王廷廷.先正达公司对种衣剂专利申请布局分析[EB/OL].(2019-01-14)[2022-05-17].https://cn.agropages.com/News/NewsDetail---17740.htm

情况,包括专利申请数量和具体研发内容。由图 4.7 可知,先正达公司在第一阶段以技术积累为主,申请的专利不多,其申请的第一件专利是关于除草剂的活性成分;第二阶段,先正达公司厚积薄发,专利申请数量开始激增,且在杀菌剂、杀虫剂、除草剂、杀线虫剂和植物生长调节剂五个方面都有专利申请,研发的重点主要集中在杀菌和杀虫领域;第三阶段,杀菌和杀虫技术发展趋于完善,相关的专利申请开始减少,且为适应市场的新需求,先正达公司的研发重点开始转到杀线虫和植物生长调节领域。

4.2.2 可视化基本流程

(1) 需求分析

清楚地了解并满足用户的可视化需求是保证知识产权信息数据可视化分析结果准确的首要前提,在数据可视化分析之前,必须充分理解用户的具体需求。如果对于用户的需求分析不当,很可能导致分析过程偏离主题,分析结果难以解决用户的实际问题,甚至将对用户的决策起误导性作用。在清晰理解用户具体需求之后,还需要选择适合的可视化图表来正确展示信息。有时分析人员花费大量时间和精力绘制图表,但最终的结果却无法得到用户的认可,其根本原因就在于分析人员没有理解通过什么样的可视化方式能够满足用户的可视化需求[①]。

根据用户层层递进的需求,数据可视化可分为基础数据可视化、深层次信息可视化、思维可视化三个阶段。

①基础数据可视化

基础数据的可视化是指将基于数理统计的基础数据直接进行可视化展示。当用户需求较为简单、不需要对数据进行深入挖掘时,可采用这种可视化方式。例如当用户只需简单了解某企业在某技术领域的专利申请情况时,只需对该企业在该技术领域专利申请的态势情况进行可视化展示即可。

②深层次信息可视化

比基础数据的可视化展示更深一层的是对于深层次信息的可视化,即通过可视化图表展示想要表达的具有归纳性的价值信息。具体而言就是需要对知识产权信息进行加工和整理,从数据中挖掘出更深层次的信息,并通过可视化图表加以展示。例如要了解和分析某一技领域的研发重点和热点时,就需要对专利申请趋势、专利技术内容进行关联和归纳,并通过功效图、生命周期图或热点图来展示。

③思维可视化

在展示信息的层次之上,还存在思维或情报的可视化,即运用数据可视化技术将原本不可视的思维(思维方式和思维结果)呈现出来。当用户面对大量复杂的信息需要理清逻辑思路时,可采用这种可视化方法。例如要掌握某一技术领域内各技术分支的发展演变情况时,可采用思维导图的方式对信息进行梳理。

在实际应用过程中,用户需求往往较为复杂,因此需要综合运用这三种可视化方式来满

---

① 马天旗.专利分析:检索、可视化与报告撰写[M].北京:知识产权出版社,2019.

足用户的可视化需求。

(2) 数据采集

数据采集是进行知识产权信息数据可视化的基础，一般指从源数据库中将满足用户需求的知识产权数据检索出来的过程，其主要包括分解技术主题、提取检索要素、选择检索数据库以及编写检索式等步骤。

① 分解技术主题

分解技术主题一般指根据用户需求，将技术主题按技术特征进行分解和提炼。要做好技术主题的分解，需要对该技术领域进行充分调研，必要时还需与该领域的专家和技术人员沟通交流，确保得到一份行业普遍认可、能反映当前技术发展现状的技术主题分解表。分解技术主题是做好数据采集的基础，一份清晰准确的技术主题分解表可以为数据采集提供重要的指引。

② 提取检索要素

在分解技术主题的基础上，还需进一步提取检索要素。通常而言，检索要素是从分解的技术主题中提炼出来的可用于检索的技术特征。检索要素的确定需要深入分析技术主题，同时也可从技术领域、技术手段、解决的技术问题、达到的技术效果等方面确定检索要素。

③ 选择检索数据库

根据用户需求以及技术主题，需要选择适合的一个或多个数据库作为数据源。当前知识产权数据库大致可分为商用数据库、免费数据库、软件自带数据库、引文数据库等，检索人员应结合具体的检索需求以及数据库的收录情况，选择合适的数据库进行检索。

④ 编写检索式

根据确定的检索要素，可按照各数据库的检索规则初步编写检索式。对于复杂的技术主题，可以采用"分—总"的方式，即先从各技术分支入手编写多条检索式，再根据逻辑关系组配出最合理准确的总检索式；在对误检、漏检的数据进行分析后，可以修正检索式以进一步提高检全率和检准率。

(3) 数据处理

数据处理又称数据加工，是指当数据检索完成后依据技术主题分解的内容以及用户的需求，对检索得到的结果加工整理以形成分析样本数据库的过程。数据处理主要包括数据清洗和数据标引两个部分。

① 数据清洗

数据清洗是指对采集到的数据进行数据项内容上的统一、修正和规范，便于后续标引与分析。不同的数据库和不同的国家或地区在著录项录入时会存在以下问题：标引不一致；语言表达习惯不同；数据输入出现错误；部分著录项目内容缺失；未区分重复数据等。上述问题会造成原始数据格式和内容的不一致，在一定程度上影响后续统计分析的准确性，因此需要在数据采集之后对数据进行清洗。

② 数据标引

数据标引是指根据不同的技术主题和所想要呈现的分析结果，对检索出的数据添加若干数据标签,以利于在后续可视化呈现环节中,根据不同的分析需求筛选出有效的数据记录,从而提高信息分析工作的整体效率。数据标引结果的准确性和规范性将直接影响后续可视化呈现和信息分析环节的可信度,因此数据标引也是数据处理过程中十分重要的一环。

(4) 制作可视化图表

制作可视化图表是数据可视化流程的最后一环,一般是指在综合考虑用户需求、信息特征等因素下,基于数据关系、信息分析内容和图表的对应关系选择合适的图表表达形式,按照设计原则和规范制作可视化图表。优秀的可视化图表可以将信息分析结果明确、有效、美观地呈现给读者,让读者可以依据图表进行深度的信息挖掘。

4.2.3 可视化图表选择

想要清晰、准确地展示出可视化分析结果,选择合适的可视化图表至关重要。比如针对一组专利申请量的数据,可以画出柱形图、饼图等多种不同的可视化图表,但具体选择哪个图表为宜则需视具体的信息内容而定,如果选择的图表不匹配表达内容,那么该可视化的最终结果将很难达到预期效果。

图 4.8 采用矩形树图的方式,展示了风电技术的主要来源国和目标国。通过图例我们可以发现:日本和德国是最大的技术来源国,德国和美国是最大的技术输出国,总体而言德国的技术布局更均匀。但该可视化图表形式对于专利技术的输入和输出情况的表达不是最合适的,因为该图无法解答以下的问题:风电技术主要技术国家的专利布局策略如何?各图的矩形树图是独立的,没有展示出每个技术来源国与每个目标国之间的关系。

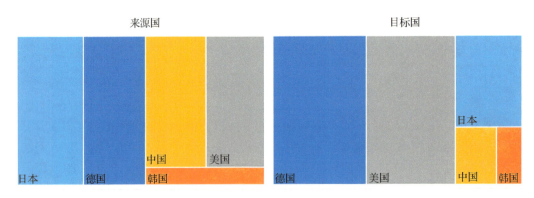

图 4.8 技术来源国与技术目标国矩形树图

如果采用矩阵气泡图的形式来展示,那么技术来源国(或地区)与技术目标国(或地区)之间的关系将一目了然。通过图 4.9 可以发现:中国的专利"走出去"的很少,大部分只在国内申请,说明国内整体的专利布局意识还不强;而德国和美国的专利布局意识较好,在主要国家和地区的专利布局较为均匀。

图 4.9 技术来源国(或地区)与技术目标国(或地区)矩阵气泡图

图 4.10 展示的是对专利文本聚类出技术主题后,基于统计的频次结果采用柱形图进行可视化展示,但在该图中,用户只能看到专利申请数量靠前的技术主题,而各技术主题之间的层级和隶属等关系则模糊不清,这必然影响用户对技术主题整体情况的了解。

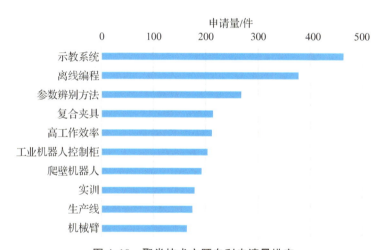

图 4.10 聚类技术主题专利申请量排序

要解决这个问题,则需要采用如图 4.11 所示的可视化图表形式,该图能够清晰地展示技术主题之间的层级和隶属关系。图 4.11 中的内环表示第一级技术分支,代表该专利技术主要的研究方向,外环表示第二级技术分支,是第一级技术分支向下继续细分的技术主题,内环与对应的外环技术主题之间是包含关系,而同技术分支下的技术主题之间是并列关系,且各扇形的弧度反映了该技术分支的专利申请数量情况。

可见对于同样的一组数据,虽然原则上可以采用不同的图表形式来表达,但如果没有选择合适的可视化图表来展示,便很难将数据间的关联信息准确地展示出来,这无疑会导致用户解读信息产生偏差。本小节以专利数据可视化为代表,对不同信息内容的特征与可视化图表的选择进行归纳。

图 4.11 专利技术构成图

(1) 趋势类信息

趋势类信息反映的是数据随时间变化的情况。当需要反映某指标的数值在一段时间内的变化情况时,一般采用折线图或柱形图来展示;当需要反映某指标的数值在一段时间内的积累情况时,一般采用面积图来展示。

在专利分析中,对产业、技术、市场或地域等进行总体状况分析时,通常首先需要对专利申请趋势进行分析。如果需要反映某对象(如国家、地区、企业等)在一段时间内的专利申请变化趋势,可采用折线图或柱形图来展示;如果需要反映某对象在一段时间内专利申请的累积情况,可采用面积图来展示。例如图 4.12 为某企业 2001—2020 年专利申请趋势的折线图,它反映出该申请人的专利申请量在 2001—2010 年间相对较低、在 2010—2013 年急速上升至顶峰、在 2013 年后逐年下降的趋势。

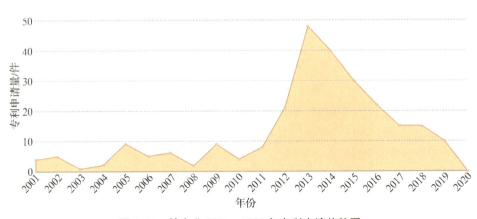

图 4.12 某企业 2001—2020 年专利申请趋势图

（2）构成类信息

构成类信息反映的是数据的整体与部分之间的关系，包括整体与部分之间的组成关系和比例关系，一般采用饼图、环图或瀑布图等来展示。

在专利分析中，往往需要对各技术主题的专利申请构成情况进行统计分析。如果要反映某技术的专利申请量与专利申请总量之间的比例关系，或是多个技术间专利申请量的百分比构成情况，可采用饼图、环图或者矩形树图；如果要表现多个技术专利申请量的构成比较情况，可采用百分比堆积柱形图；如果要展示多技术之间的专利申请重合关系，可采用韦恩图等。例如图4.13为某技术领域的IPC技术构成图，它反映出各IPC技术的专利申请量在总专利申请量中的占比情况。

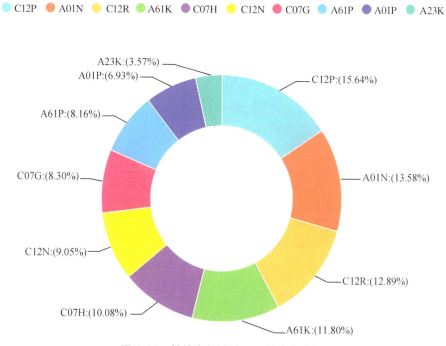

图4.13　某技术领域的IPC技术构成图

（3）比较类信息

比较类信息反映的是一项数据与另一项数据，或者多项数据之间的对比关系。对于低维度的数据，一般采用柱形图、条形图或散点图等进行比较；对于多维度的数据，一般采用雷达图、南丁格尔玫瑰图等进行比较。

在专利分析中，往往需要对专利申请人、企业的竞争对手或不同的国家地区之间的科研实力进行比较分析，从而了解专利申请人或某个地区在所属行业的整体状况，以及其自身所处的位置，由此为企业或国家（地区）的科技决策提供信息支持。专利申请人的实力比较通常是对两个或多个申请人的技术实力进行比较。如果要对两个申请人进行比较，可采用百分比堆积柱形图或对比柱形图;如果要对多个申请人进行比较,可采用散点图从两个维度比较申请人的实力;而气泡图可从三个维度比较申请人的技术实力;另外南丁格尔玫瑰图组图和雷达图都可从多维度比较多个申请人的技术实力。例如图 4.14 为不同国家和地区在多个技术领域的专利申请情况的雷达图,它反映出不同国家和地区在这些技术领域的专利申请量的对比情况。

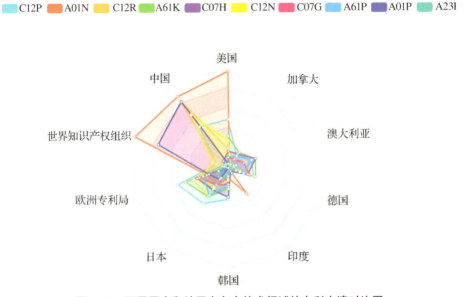

图 4.14　不同国家和地区在多个技术领域的专利申请对比图

(4) 流程类信息

流程类信息反映的是随着时间或事件的进展而产生的数据推进、推移情况,对于简单的事件发展进程,一般采用线性进程图来展示;对于复杂的事件发展过程,一般采用鱼骨图、泳道图等来展示。与趋势类信息不同,流程类信息侧重以时间线为轴,来展示一个或多个事件的发展进程,而非展示某项数值的变化趋势。

在专利分析中,有时需要分析并展示某技术领域的技术发展演变过程,这有助于相关从业人员或研究人员从整体上把握技术的发展脉络,从而为制定技术开发战略提供决策依据,此时一般采用专利技术路线图进行展示;如果仅想以时间为轴表示单一专利技术演变的进程,可采用线性进程图;如果以一个共同的时间轴为基准,要表现多个专利技术演进情况,可采用泳道图;如果要表现的专利技术过多,且无法以统一的时间轴为基准,可采用地铁图来展示,地铁图没有时间轴,但若是在每条线路中加入时间元素,每一条路线表示一个技术方向,就可以展示不同技术方向的发展情况。例如图 4.15 为波士顿动力公司(Boston Dynamics)动力液压控制技术在 2008—2017 年间的发展路线图,它反映了波士顿动力公司的动力液压控制技术在 2008—2017 年间的发展演变情况。

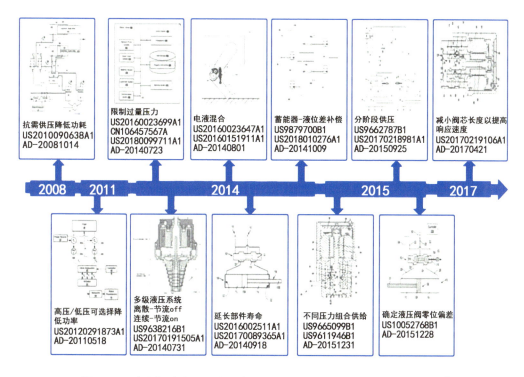

图 4.15 波士顿动力公司动力液压控制技术 2008—2017 年发展路线图①

（5）层次类信息

层次类信息反映的是数据间上下、总分等层次结构关系，比较典型的是树状层次结构数据，一般采用树状图或旭日图等图表形式展示。树状结构中除根节点外，每个节点都有一个父节点，这些节点又分为兄弟节点（拥有相同父节点的节点）和孩子节点（从属于某个父节点的节点），各节点间的并列从属关系一目了然。

在专利分析中，往往需要展示某技术领域内各技术分支的专利申请情况，并基于数值展示其中的热门领域。某些复杂的技术领域，普遍拥有三级甚至四级技术分支，此时可采用系统

图 4.16 某专利技术层次结构图

树图或旭日图等图表形式，将各专利技术之间的层次结构关系清晰地展示出来。例如图 4.16 为某专利技术的技术层次结构图，从图中可以看出技术分支间清晰的层次关系。

---

① hcgx2018. 重磅干货！揭秘波士顿动力背后的专利技术[EB/OL]. (2019-06-17)[2022-05-17]. https://blog.csdn.net/hcgx2018/article/details/92665578.

(6) 空间类信息

空间类信息反映的是不同地理区域间的数据差异,一般采用热力地图、气泡地图、标签地图等形式来展示。在可视化过程中加入地理维度,同时运用具体的视觉表征和人的视觉能力,可以使空间的信息元素和问题显现出来①。

在专利分析中,往往需要分析多个国家或地区的技术研发实力、技术发展趋势等信息。当需要简单展示不同地区间专利申请数量的排名情况时,可采用柱形图;如果要加入地区地图,直观表达各地理位置的数据,可采用地形图。

(7) 关联类信息

关联类信息反映的是两个数据项之间的关联关系或多个数据项之间的网络关联关系。其中网络关联关系是指网络中任意的数据节点之间存在直接或间接关系,节点间的关联程度通过它们之间的距离以及连线的粗细表示,且网络中的数据间没有固定的层次结构。在数据可视化中,矩阵表或矩阵气泡图可展示两个数据项之间的关联关系,而基于力学模型的关系网络图可以更好地表达多个数据项之间的网络关系,具体的图表形式包括弦图、力导向布局图等。

在专利分析中,当需要分析少量申请人之间的合作情况时,可采用弦图进行展示;当需要展示大量专利申请人之间的合作关系或寻找核心申请人时,可采用力导向布局图或社会关系网络图来展示;当需要分析专利申请人在某一技术领域的技术合作情况时,且要进一步分析申请人在哪些具体的技术领域进行了合作,即需要体现出技术分支间的层级关系,此时采用系统树图不失为一种很好的选择。例如图 4.17 以弦图的形式展示我国广州、佛山、深圳、东莞和香港这五个城市之间的合作关联情况,从中可以看出这五个城市之间合作密切,其中东莞与深圳、广州与佛山之间的联系尤为频繁。

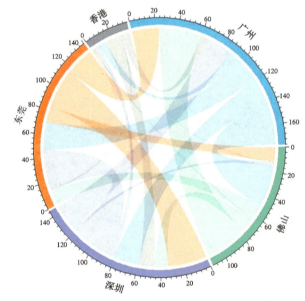

图 4.17 地区合作关联图②

---

① KWAN M P. Interactive geovisualization of activity-travel patterns using three-dimensional geographical information systems: A methodological exploration with a large data set[J]. Transportation Research Part C: Emerging Technologies, 2000, 8(1/2/3/4/5/6): 185 - 203.

② Liping7. 如何画好看的弦图(附 R 语言画弦图方法)[EB/OL]. (2019 - 05 - 20)[2022 - 05 - 17]. https://www.jianshu.com/p/960850b8603c?ivk_sa=1024320u.

(8) 文本聚类信息

文本聚类信息主要用来反映同类主题间的共性和不同类主题间的差异。对文本聚类信息的可视化是伴随着近些年迅速发展的自然语言处理技术而产生的,其思路是对文本数据先采用分词的方法进行切分,再提取关键要素进行聚类分析。对文本聚类信息的可视化,可以将隐含在数据中不易直接统计得出的信息以清晰、直观的可视化方式展示出来,并为用户提供可视化交互手段以充分挖掘出隐藏的高价值信息[1]。文本聚类信息一般采用文本聚类图、引证关联图、词云形式等来展示。

在专利分析中,当需要了解专利技术整体布局、分析专利技术发展态势、寻找技术空白点以指导技术路线规划时,可采用专利文本聚类图;当需要对专利引证情况进行分析,从中挖掘出核心专利、技术发展路线等信息时,可采用引证关联图。例如图 4.18 为某技术领域的专利文本聚类图[2],从中可以看出计算机编程、控制方法和数据存储等技术方向是该技术领域的研究热点,而有关路径规划方向的研究则相对较少,表明该方向可能为蓝海领域,有待进一步开发研究。

图 4.18　某技术领域的专利文本聚类图[2]

---

① 唐家渝,刘知远,孙茂松. 文本可视化研究综述[J]. 计算机辅助设计与图形学学报,2013,25(3):273-285.
② 沈阳自动化所. 占据工业革命制高点 各国工业机器人哪家强?[EB/OL]. (2016-09-14)[2022-05-17]. http://www.ez-robot.cn/news/detail-240.html.

4.3 知识产权信息数据可视化应用

优秀的可视化图表应该主题清晰、形式规范、信息准确、设计美观,充分发挥"一图胜千言"的作用。在当今这个越来越追求轻量化阅读的"图解"时代里,良好的图形表达能够在读者与信息之间架设一座直观生动的桥梁。随着大数据技术的发展,数据可视化在知识产权信息分析中的应用也愈发广泛和深入,专利信息可视化研究正是其中最具代表性的分支之一。本节以专利信息可视化图表为例,详细介绍专利信息可视化图表绘制的要点和方法。

4.3.1 定量分析图表

定量分析是依据统计数据建立数学模型,并用数学模型计算出分析对象的各项指标及其数值的一种方法,主要分析研究对象所具备的性质或所包含的成分间的数量关系,如占比关系、项目对比关系、时间序列对比关系、频率分布对比关系、相对性对比关系等。专利分析中的定量分析集中在专利申请/授权趋势、专利技术构成、专利授权占比、地域分布等方面,常用的定量分析图表主要包括柱形图、折线图和饼图等。

(1)柱形图

柱形图,又称长条图、柱状统计图、条形图、条状图、棒形图,是一种以长方形的长度为变量的统计图表。柱形图能够用来比较两个或两个以上的数值或展示一段时间内的数据变化,只有一种变量,适用于较小的数据集分析。柱形图的一个轴显示变量的类别,另一个轴代表对应的刻度值,常见纵向排列,亦可横向排列,或用多维方式表达。绘制柱形图时,柱组中线须对齐项目刻度,在数字大且接近时,可使用波浪形省略符号,以扩大表现数据间的差距,增强理解和清晰度。

在专利分析中,一般采用柱形图反映某个国家或企业的专利数量在某一时段的数据分布情况,除了单一柱形图之外,还有簇状柱形图、堆积柱形图、百分比堆积柱形图等衍生变化形式。

① 单一柱形图。单一柱形图的变量为单一类别。如图 4.19 所示,该图反映了某企业 2014—2018 年专利申请量的变化情况,其中 X 轴为时间变量,Y 轴为专利申请量,从图中可以直观地看到该企业的专利申请量逐年上升。

② 簇状柱形图。簇状柱形图按照变量对比维度切分并列生长,采用不同的颜色来反映对比维度间的关系,适合分析对比组内各项数据。如图 4.20 所示,该图反映了某企业 2014—2018 年专利申请量和专利授权量的变化情况,其中 X 轴为时间变量并按专利申请量和专利授权量两个对比维度切分,Y 轴为对应维度的变量数值,从图中可以直观地看到该企业的专利申请量和专利授权量都在逐年上升,并能估测出专利申请量的涨幅更高。

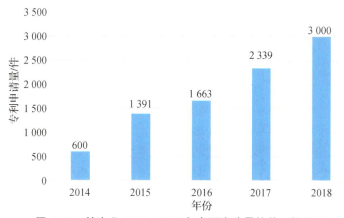

图 4.19　某企业 2014—2018 年专利申请量的单一柱形图

图 4.20　某企业 2014—2018 年专利申请量和专利授权量的簇状柱形图

③ 堆积柱形图。堆积柱形图反映多个变量在一段时间内的变化以及累积情况,它既能够表达出总量随时间的变化趋势,也能够表现各个变量的数值随时间变化的趋势。如图 4.21 所示,该图反映了某企业 2014—2018 年的发明专利、实用新型专利以及外观设计专利申请量的变化和累积情况,其中 X 轴为时间变量,Y 轴为专利申请量,发明专利、实用新型专利和外观设计专利以不同颜色进行区分,从图中可以看出该企业每年的专利申请量呈上升趋势,且其发明专利、实用新型专利和外观设计专利的申请量都逐年上升。

图 4.21　某企业 2014—2018 年发明专利、实用新型专利和外观设计专利申请量的堆积柱形图

④ 百分比堆积柱形图。百分比堆积柱形图以堆积条形的形式来显示多个数据序列,而每个堆积数据的累积比例始终总计为100%,适合展示一段时间内的多项数据占比情况。如图4.22所示,该图反映了某企业2014—2018年发明专利、实用新型专利和外观设计专利申请量的占比情况,其中X轴为时间变量,Y轴为发明专利、实用新型专利和外观设计专利申请量的占比比例,从图中可以看出该企业发明专利、实用新型专利和外观设计专利申请量之间的比值一直较为稳定。

图4.22 某企业2014—2018年发明专利、实用新型专利和外观设计专利申请量的百分比堆积柱形图

柱形图的制作方法简单,通过Excel工具的插入图表功能可以快速制作出来,因此不再赘述。

(2) 折线图

折线图是一种以线条与数据标记构成可视化对象的统计图表。折线图可以用来显示某指标的数值在一段无间隔的、连续的时段内的变化情况,一般用于较小的数据集分析。折线图的一个轴代表变量的类别,另一个轴代表对应的刻度值,并以连续的线条反映变量的数值变化情况。

在专利分析中,多用折线图反映某个国家或企业专利数量随时间的变化情况。除了单一折线图外,还有多重折线图、高低点连线折线图、带垂直线的折线图、多坐标轴折线图等衍生变化形式。

① 单一折线图。单一折线图的变量为单一类别。如图4.23所示,该图反映了某企业2014—2018年专利申请量的变化趋势,其中X轴为时间变量,Y轴为当年专利申请量,从图中可以直观地看到该企业的专利申请量逐年上升。

② 多重折线图。多重折线图采用不同颜色的线条来反映多个变量在某段时间的变化情况。如图4.24所示,该图反映了某企业2014—2018年专利申请量和专利授权量的变化情况,其中X轴为时间变量,Y轴为专利申请量,以两条颜色不同的线条反映该企业专利申请量和专利授权量的变化趋势,从图中可以直观地看到该企业的专利申请量和专利授权量都在逐年上升,且专利申请量的涨幅更高。

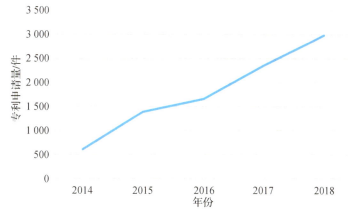

图 4.23 某企业 2014—2018 年专利申请量的单一折线图

图 4.24 某企业 2014—2018 年专利申请量和专利授权量的多重折线图

③ 高低点连线折线图。高低点连线折线图是指在多重折线图的高点和低点添加连接线而形成的图表,适合反映多个变量在某段时间的变化情况及相互间的差距。高低点连线折线图的连接线越长,说明变量间的差距越大,可以帮助读者更加直观地观察不同组数据的区别。如图 4.25 所示,该图反映了某企业 2014—2018 年专利申请量和专利授权量的变化情况,其中 X 轴为时间变量,Y 轴为专利数量,以两条颜色不同的线条反映该企业专利申请量和专利授权量的变化趋势,并突出反映了该企业专利申请量与专利授权量之间的差距情况。

图 4.25 某企业 2014—2018 年专利申请量和专利授权量的高低点连线折线图

④ 带垂直线的折线图。带垂直线的折线图是指在多重折线图的高点至 X 轴添加连接线而形成的图表，可使折线图中对应的变量数值更加明显且便于比较。如图 4.26 所示，该图反映了某企业 2014—2018 年专利申请量与专利授权量之间的差距情况，通过垂直线，可以更加清晰地看出其数值。

图 4.26　某企业 2014—2018 年专利申请量和专利授权量的带垂直线的折线图

⑤ 多坐标轴折线图。多坐标轴折线图采用两个坐标轴展示两个不同类别数据在一段时间的变化情况。当多个数据属于两个不同类别，且数值范围差异很大，使用同一坐标轴无法全面清晰地显示出这两种类别数据的变化情况时，这时可添加另一坐标轴来显示。如图 4.27 所示，该图反映了某企业 2014—2018 年专利申请量和专利授权率的变化情况，其中 X 轴为时间变量，左侧 Y 轴为专利授权率，右侧 Y 轴为专利申请量，从图中可以看出从 2014 年至 2018 年，该企业的专利申请量呈上升趋势，但其专利授权率却呈下降趋势。

图 4.27　某企业 2014—2018 年专利申请量与专利授权率的多坐标轴折线图

折线图制作方法简单，本书不再赘述。

（3）面积图

面积图是一种随时间变化而改变范围的图表，主要强调数量与时间的关系。面积图能够用来反映数据的变化趋势，还能利用折线与坐标轴围成的图形来表现数据的积累值。面积图的一个轴显示变量的类别，另一个轴代表对应的刻度值，同时在展示数值变化趋势的折线下方区域中填充颜色。

与折线图相比,面积图的主要功能是传达变化趋势的累积情况,而不是单个的数据值,因此在专利分析中,多用面积图反映某国家或企业专利数量的变化趋势,并揭示其数量累积的情况。除了普通面积图外,还有分段面积图、堆积面积图等衍生变化形式。

① 普通面积图。普通面积图的变量为单一类别。如图 4.28 所示,该图反映了某企业 1996—2018 年专利申请量的变化情况,其中 X 轴为时间变量,Y 轴为专利申请量,从图中不仅可以看出该企业专利申请量的变化趋势,还可以看出数年间该企业专利申请量的累积情况。

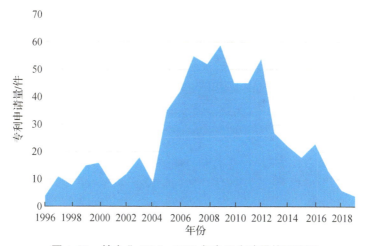

图 4.28　某企业 1996—2018 年专利申请量的面积图

② 分段面积图。分段面积图将普通面积图进行分段并添加标注,在专利分析中常用于展示某技术领域在不同时期的发展变化情况。如图 4.29 所示,该图反映了某技术领域 1997—2019 年专利申请量的变化情况,其中 X 轴为时间变量,Y 轴为专利申请量,并以不同颜色的区域和标注反映了不同阶段的专利申请情况,该图不仅反映了某技术领域的专利申请量在 1997—2019 年的变化趋势,还展示了其专利申请的不同阶段所对应的时间。

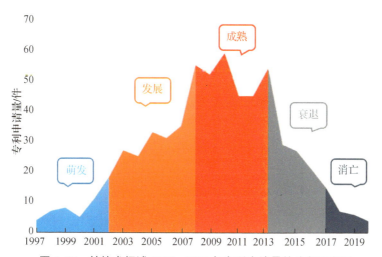

图 4.29　某技术领域 1997—2019 年专利申请量的分段面积图

③ 堆积面积图。堆积面积图是指展示多个变量数值所占总量比例随时间或类别变化的图表。堆积面积图不仅能够展现多个变量数值随时间的变化趋势,而且能够显示其数值总和的变化情况,即所有变量的累积趋势。如图4.30所示,该图反映了某企业2011—2018年4个技术分支专利申请量的变化情况,其中X轴为时间变量,Y轴为专利申请量,4个不同色的面积范围反映4个技术分支中专利申请量随时间的变化情况,从图中不仅可以看出某企业4个技术分支在2011年至2018年间专利申请的变化趋势,还可以看出该企业在该技术领域总的专利申请量随时间的累积趋势。

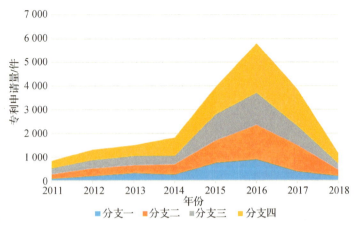

图4.30 某企业2011—2018年4个技术分支专利申请量的堆积面积图

面积图的制作方法也较为简单,可采用Excel工具,选中整理好的数据,并先后点击"插入—图表—面积图",再选择合适的图表样式即可。

(4) 漏斗图

漏斗图是一种将不同阶段的数据按逐渐下降或逐渐上升的顺序排列的图表。漏斗图的整体形状宛如一只倒扣的漏斗,使得不同阶段数据间的差异关系明显。

在专利分析中,漏斗图常用来反映某一国家或企业所有的专利在不同法律状态阶段的变化情况。如图4.31所示,该图反映了从专利申请、专利授权、专利转化到专利转让的占比情况,其中X轴为比值变量,Y轴为某企业的技术方案从申请到转让的不同法律状态阶段变量,从图中可以看出该企业的技术方案成功完成专利申请的有90%,得到授权的有70%,实现了专利转化的有40%,成功转让的有15%。

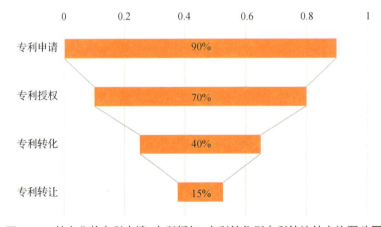

图4.31 某企业从专利申请、专利授权、专利转化到专利转让的占比漏斗图

漏斗图的制作较为简单，Excel 工具就能制作一个简易的漏斗图，其思路是：先将数据按降序或升序排序，在此基础上先做出一张堆积条形图，然后利用透明线条和填充颜色来修饰各个柱形柱，最终制得简易的漏斗图。如果对图形的要求较高，则需要使用一些专业的可视化工具或编程工具。

(5) 环图/饼图

环图/饼图是以一个完整圆表示整体，并以扇形弧度大小表示各个变量占比的图表。环图/饼图一般用于展示部分与整体之间的数值占比关系。环图/饼图通常对一个整体中的若干对象展开分析，并且侧重于展示各对象间的比例关系。

在专利分析中，环图/饼图可用来直观、系统地展示分析对象的专利技术构成情况。如图 4.32 所示，该图反映了国内物联网申请专利的 IPC 分布情况，图中的圆代表国内物联网申请专利总量，圆中的扇形代表各 IPC 技术的专利申请数量情况，从图中可以看出国内物联网专利技术集中在 G06K（数据识别、数据表示、记录载体、记录载体的处理）、G05B（一般的控制或调节系统、这种系统的功能单元、用于这种系统或单元的监视或测试装置）、H04L（数字信息的传输，例如电报通信）、G06Q（专门适用于行政、商业、金融、管理、监督或预测目的的数据处理系统或方法）、其他（类目不包含的专门适用于行政、商业、金融、管理、监督或预测目的的处理系统或方法）等方向。

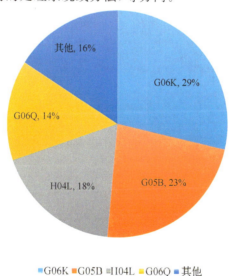

图 4.32　国内物联网申请专利的 IPC 分布图

(6) 复合饼图

在使用饼图揭示数据的比例关系时，如果有一部分数据的值远远小于其他数据，在图表中将会显示为非常狭小的扇形图，不易观察，这种情况下复合饼图能很好地解决问题。复合饼图由两个饼图构成，第一个饼图代表整体，第二个饼图从第一个饼图中提取一部分值形成新的比例关系。复合饼图既可以表达整体的构成，又可以展示局部的构成，着重强调第二个饼图中各元素的百分比。

复合饼图可以借助 Excel 来制作，具体方法如下：

第一步：准备数据。以美国、欧洲和中国三个国家或地区某项技术的专利为例，不仅要计算美国、欧洲和中国三个国家或地区专利的占比情况,还要计算中国三个公司 A、B、C 的专利占比情况,如表 4.2 所示。

表 4.2 作图数据

专利主体	专利申请数量(件)
美国	1 234
欧洲	894
中国	700
A 公司	400
B 公司	200
C 公司	100

第二步:插入复合饼图。选中数据,在 Excel 中菜单栏中选择"插入—图表—复合饼图"。

第三步:设置表格参数。选中图表,鼠标右键选择"设置数据系列格式",在系列选项中将第二绘图区中的值设置为 3,即第二个饼图的扇形数量,再设置数据标签格式,形成最终复合饼图,如图 4.33 所示。

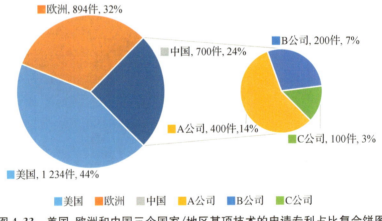

图 4.33 美国、欧洲和中国三个国家/地区某项技术的申请专利占比复合饼图

(7) 矩形树图

矩形树图又称矩阵式结构树图,是指通过矩形大小来表示数量关系、以矩形间的嵌套表示层级关系的综合图表。矩形树图一般用于比较单一层级下多个数据项间的数量关系,矩形的大小表示各个数据项的数值,并以不同的颜色进行区分。与饼图和柱形图相比,矩形树图在复杂数据的呈现上更具优势。当数据变量单一但类别较多时,饼图或柱形图会受到一些限制,例如饼图常用于表示 6 个以下类别的对比关系,柱形图在表示过多类别时将造成图表长宽比过于大而不符合审美习惯,且无法反映各个类别的百分比构成。而矩形树图由于是在矩形内进行层层切分,既能展示更多类别的数量对比关系而不会造成图表变形,又能反映其百分比构成,弥补了饼图或柱形图的展示缺陷。

在专利分析中,矩形树图可用来反映地域间的专利分布情况。如图 4.34 所示,该图反映了 g 线光刻胶技术的专利申请在中国主要省份的分布情况,图中各颜色的矩形代表不同的省份,矩形的大小代表专利申请的具体数量,从图中可以看出在 g 线光刻胶领域国内专利申请地域来源相对集中,主要是在华东地区和华南地区,佐证了半导体光刻胶技术发展程度对地区经济发展水平的高度依赖性。

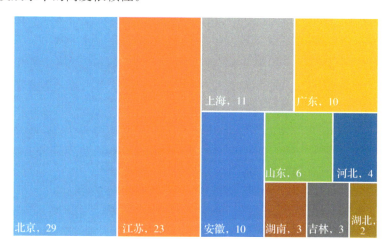

图 4.34　g 线光刻胶的申请专利在中国主要省份的分布图(单位:件)

矩形树图可以借助百度 Echarts、图表秀、国云大数据等专业工具制作,也可用 Excel 工具制作。使用 Excel 制作矩形树图时,需要对数据进行整理,再选择插入"树形图"即可。

(8) 地形图

地形图是指借助地理位置分布来表达数据信息的一种图表形式,也简称地图,可以清晰地展示不同地区的数值分布情况。地形图大致有热力地图、气泡地图、标签地图、图表地图等形式。热力地图也称分档填色地图,是以颜色的深浅代表各地理区域的某一指标数量多少的一种地图;气泡地图是将气泡放在地图上的相应位置,以气泡大小代表各地理区域指标数量多少的一种地图;标签地图是将标签放在地图上的相应位置,以标签大小表示各地理区域指标数量多少的一种地图,其中标签大多为文字标签;图表地图是将统计类图表放在地图上的相应位置,以反映各地理区域指标数量多少的一种地图,其中的统计类图表可以是饼图、柱形图等,图表的数据与所在的区域对应,反映其构成、对比、趋势等。

在专利分析中,大量与地理位置相关的数据都可以用地形图来表示,如专利申请量的地域分布等,因为地形图能够直观地展示不同地理区域的信息,地形图已成为专利信息可视化的热点。在专业的知识产权分析报告中,地形图一般与其他专利数据项结合,用来进行国家技术实力的对比分析。例如将地形图与专利申请人优先权所属国的专利数量结合,可以反映各个国家在该领域的技术实力;将地形图与专利申请地域信息的结合,可以反映目标国家的专利市场战略;将不同国家对某技术领域的研发变化情况通过地形热力图展示,可以反映不同国家对该技术领域重视程度的变化等。

地形图需要借助专业的制图工具来制作,常用的地图制作工具有百度 Echarts、图表秀、Power BI 等。

(9) 雷达图

雷达图又称戴布拉图或蜘蛛网图,以一个中心点为起点,从中心点向外延伸出多条射线,每条射线代表一个特定的变量或指标,常用来展示多个数据项间的对比情况。在雷达图中,从中心向外的辐射线是数值轴,围绕中心的一圈一圈的圆周线是数值轴主要网格线,每条射线末端的数据为分类标识,沿着射线向外递增的数字是数值轴刻度,不规则折线显示研究对象的变化。

在专利分析中,雷达图可用来反映多个国家或地区、多个申请人在专利技术实力上的多维度比较。如图4.35所示,该图反映了乳制品乳糖脱除技术主要技术来源国或地区全球分布情况,图中从中心向外的辐射线是数值轴,代表乳制品乳糖脱除技术的专利申请量,每条射线末端为专利技术目标国或地区,不同颜色的不规则折线代表不同国家在乳制品乳糖脱除技术领域的专利申请情况,从图中可以看出美国、欧洲、芬兰、中国、英国和日本在主要技术目标国或地区的专利申请布局情况。

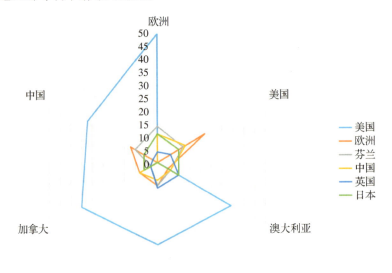

图4.35　乳制品乳糖脱除技术主要技术来源国或地区全球专利布局图

雷达图的制作方法较为简单,可以借助百度Echarts、图表秀等专业可视化工具来制作,也可以利用Excel工具,具体如下:

第一步:整理数据。如表4.3所示,该表以中国、美国、日本、欧洲、韩国的5个专利指标数据为例,观察5个国家或地区在5个专利指标的对比情况。

表4.3　雷达图作图数据　　　　　　　　　　　　　　　　　　　　单位:件

国家/地区	申请量	授权量	有效量	发明专利量	实用新型量
中国	80	60	60	75	35
美国	110	50	80	75	65
日本	100	90	50	90	50
欧洲	70	55	60	66	42
韩国	75	70	65	70	30

第二步:插入雷达图。选中整理好的数据,在Excel菜单栏选择"插入—图表—雷达图",结果如图4.36所示。

在应用过程中需要注意的是,由于雷达图表现的数据维度较多,用户如果不熟悉雷达图,在解读信息过程中很容易产生困难,因此在绘制雷达图时应尽量加上说明,以减轻用户的解读负担。

(10) 南丁格尔玫瑰图

玫瑰图又称极区图、鸡冠花图等,最早由战地女护士南丁格尔发明,因形状像一朵绽放的玫瑰,因此被称为"南丁格尔玫瑰图"。南丁格尔玫瑰图可以看作将一个柱形图的底边缩成一个点之后而形成的极坐标系下的柱形图,与柱形图相比,南丁格尔玫瑰图能够突出放大数据间的差异,柱形图从上到下都是同样的宽度,而南丁格尔玫瑰图是由内到外越来越宽,因此,数值越大的扇形,半径越长,其面积也比相同数值柱形的面积更大。

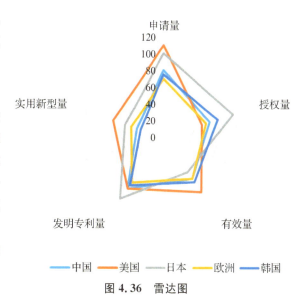

图 4.36 雷达图

在专利分析中,使用南丁格尔玫瑰图来表示单一专利技术构成或区域分布的情况并不多见,但是当需要对比多个专利技术间的数量关系时,往往采用南丁格尔玫瑰图的系列组图来进行多维度的比较。如图 4.37 所示,该图反映了中美两国科技经济数据的比较情况,其中不同颜色的扇形表示不同的数据系列,扇形的长度表示该数据系列数值的大小,从图中可以看出中美两国在科技、健康、财富和环境等方面的对比情况。

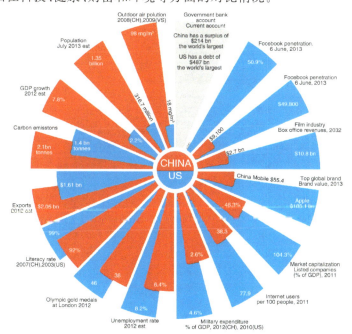

图 4.37 中美两国科技经济数据比较图[1]

---

[1] 镝摘. 南丁格尔玫瑰图:为敬畏生命而生 | 图表家族#26[EB/OL]. (2018-02-05)[2024-01-20]. https://www.163.com/dy/article/D9TGGJQ005118F5T.html.

南丁格尔玫瑰图因为展示的数据指标量较多,所以一般采用专业的可视化工具制作,比如百度 Echarts、图表秀、Power BI、Python 等。本书介绍采用 Excel 工具的简单方法。

第一步:整理数据。如表 4.4 所示以 12 行 7 列数据为模板。

表 4.4 玫瑰图作图数据

	A	B	C	D	E	F	G
1	10	10	10	10	10	10	10
2	10	10	10	10	10	10	10
3	10	10	10	10	10	10	10
4	10	10	10	10	10	10	10
5	10	10	10	10	10	10	10
6	10	10	10	10	10	10	10
7	10	10	10	10	10	10	10
8	10	10	10	10	10	10	10
9	10	10	10	10	10	10	10
10	10	10	10	10	10	10	10
11	10	10	10	10	10	10	10
12	10	10	10	10	10	10	10

第二步:插入圆环图。选中数据,在 Excel 菜单栏选择"插入—图表—圆环图",得到图 4.38。

图 4.38 圆环图

第三步:调整圆环内径。选中图表,在菜单栏中选择"设置数据系列格式",将圆环内径大小调为3%,结果如图 4.39 所示。

图 4.39 调整内径

第四步:调整圆环长度。选中某一个圆环,在菜单栏的填充项中将圆环设置为无填充,最终得到图 4.40 的效果图。

图 4.40 南丁格尔玫瑰图

通过 Excel 工具制作的玫瑰图,需要制作人员自己一步步调整每个数据项的长度,如果对精度要求较高,可以适当增加数据模板的列数。

4.3.2 定性分析图表

定性分析是运用归纳和演绎、分析与综合以及抽象与概括等手段,对分析对象的性质、特点、发展变化规律做出判断的一种方法。传统的定性分析主要是根据观测者的主观判断分析能力来推断事物的性质和发展趋势的分析方法,亦称"判断分析法"或"集合意见法",而现代的定性分析采用数学工具进行计算,以数据、模式、图形来表达,是建立在前期定量分析基础上、比起传统定性分析更具说服力的方法。专利分析中的定性分析集中在技术发展路线、技术功效等方面,常用的定性分析图表主要包括鱼骨图和气泡图等。

(1) 线性进程图

线性进程图是按时间发展顺序表达事件进程的图表形式。线性进程图简单易懂,一般用于表示单一或多个技术的发展演进过程,或是某事件随时间的发展进程。

在专利分析中,利用线性进程图配合专利文献号、日期、申请人等标注信息,能够一目了然地展现技术发展的路线和趋势。如图 4.41 所示,该图反映了信越化学工业株式会社在半导体光刻胶领域主要技术分支专利技术的发展情况,图中下方为时间轴,左侧为各技术分支标签,各行方框代表了与各技术分支对应的核心专利信息。从图中可以看出信越化学工业株式公社在半导体光刻胶领域不同时期所申请的重要专利,由此归纳出从 1990 年开始信越化学工业株式会社在这之后的 30 多年间从 KrF 光刻胶、干法 ArF 光刻胶逐渐转移到浸没式 ArF 光刻胶和 EUV 光刻胶的技术路线演化。

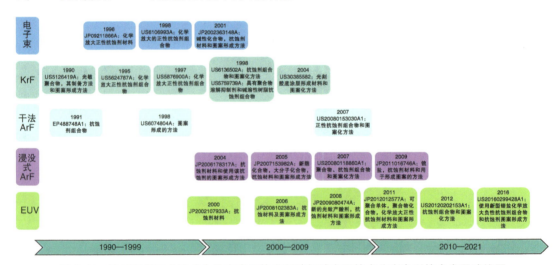

图 4.41 信越化学工业株式会社在半导体光刻胶领域主要技术分支专利技术发展路线图

线性进程图的制作和表现形式都没有统一的规定,但大多采用一条位于中心的指示发展进程的轴线,在此基础上根据需要标注相关的信息。本书介绍一种简单的制图方法,即利用 PPT 工具中的"转化为 SmartArt"功能快速制作简单的进程图,如图 4.42 所示。

图 4.42 线性进程图

(2) 鱼骨图

鱼骨图因其形状如鱼骨而得名,原是指针对某问题,先找出相关因素,再根据相互关联性将这些元素整理成层次分明、条理清晰并标出重要因素的图形。鱼骨图的鱼头往往表示需要解决的问题或目标,其主骨可以表达事件进程的主线,大骨和小骨表达事件进程中的各类信息,鱼骨图的大骨和小骨可以根据需要自由扩展。通过鱼骨图,用户可以全面分析造成问题的各种因素,并快速发现主要原因。

在专利分析中,鱼骨图可用来反映某专利技术的发展进程。如图 4.43 所示,该图反映了 V2X 智能网联汽车技术的技术发展进程。图中的"鱼头"为 V2X 智能网联技术;"主骨"分为 4 段,分别是驾驶辅助、部分自动驾驶、有条件自动驾驶及完全自动驾驶;在"小骨"部分,展示的是每个技术阶段的热点研究主题。从图中可以看出,V2X 智能网联汽车技术由以人为主导、以智能系统为辅的模式逐步转变为以智能系统主导、以人为辅的模式,并最终发展成为完全由智能系统主导的全自动安全驾驶模式。

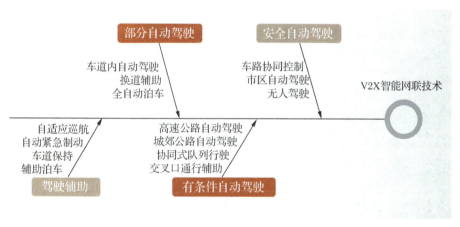

图 4.43　V2X 智能网联汽车技术鱼骨图

鱼骨图的制作方法与线性进程图类似,同样可以通过 PPT、Photoshop 等工具制作。制作思路是先做出一条大骨,再逐步做出各子主题的小骨,最后添加相应的各个技术分支标签。

(3) 多环图

多环图又称旭日图,是由多层环形图组成的图表。在数据结构上,多环图最内层的环为一级指标,次内层的环为一级指标分解后的二级指标,以此类推。多环图既可以像饼图一样表现局部在整体中的占比情况,又能像矩形树图一样表现层级关系。

在专利分析中,多环图既可以用来反映某一技术领域技术分解的情况,又能展示各层级技术分支中专利申请数量的差别,进而有效地展现某一技术领域专利的整体构成情况。如图 4.44 为 Iogen 公司申请专利技术分布图,图中的内环为一级技术分支,外环为一级技术分支继续分解后的二级技术分支。从图中可以看出,Iogen 公司的专利技术主要集中在无机盐产品的制备、纤维素酶的制备、纸浆漂白等 5 个方面,其中无机盐产品制备和纤维素水解部分的专利申请数量较多。

图 4.44　Iogen 公司申请专利技术分布图

多环图可借助 Excel 来制作,具体方法如下:

第一步:准备数据。因为按技术体系将数据进行分类是制作多环图的重要基础,因此需要做好数据的准备工作。以某区域人工智能与医疗体系结合研究的专利数据为例,经分类整理出 4 个一级分支和 11 个二级分支,如表 4.5 所示。

表 4.5　旭日图作图数据

一级分支	二级分支	专利申请数量/件
健康管理	作息检测	25
	生命体征检测	32
药物研发	药物挖掘	50
	临床试验	48
	药物优化	54
疾病预测	基因测序	80
	重大疾病预测	35
	流行病检测	54
辅助诊疗	病情评估	86
	治疗建议	102
	智能手术机器人	45

第二步:插入旭日图。选中数据,在 Excel 菜单栏选择"插入—图表—旭日图",即可制成旭日图,结果如图 4.45 所示。

图 4.45　旭日图

（4）技术功效矩阵

技术功效矩阵以表格的形式表示技术手段与技术功效的关系，在专利分析中较为常见。其横坐标和纵坐标分别表示技术功效和技术手段，横纵坐标交点反映的是某种技术手段产生某种技术效果的专利数量。技术功效矩阵的优势在于可加入更多维度的信息，使分析的内容更加丰富，如可在技术功效矩阵中加入时间维度信息、技术维度信息或法律状态维度信息，从而反映出每个技术点的专利申请趋势、研究人员分布以及专利的有效性等状况。如图 4.46 所示，该图反映了日本松下公司锂离子电池的专利技术手段与技术功效间的关系，图中横坐标为技术手段，纵坐标为技术功效。从图中可以看出，首先，日本松下公司在绝缘耐热层和全电池设计方面的专利布局较多，且技术重点为提高电池的安全性；其次，在正极材料和负极材料方面的专利布局也较多，技术重点分别为提高电池循环稳定性和容量。

	正极材料	负极材料	电解质	隔膜	绝缘耐热层	电极设计	全电池设计
安全性	2	4	1	3	10	4	10
高容量	1	6	1		1		4
循环	7	3	2		2	2	3
高电压		1					1
充放电速率		3		1	1		
高低温性能	3	3	2				

图 4.46　松下公司锂离子电池技术手段与技术功效矩阵[①]

---

① CSIP：新能源汽车起步，警惕专利绊脚［EB/OL］.（2012－07－16）［2024－01－20］. http://www.2lic.com/np/auto/201207/132057.htm

技术功效矩阵图的制作流程一般分为数据准备、技术功效划分、数据标引、数据统计和图表制作5个环节。

第一步：数据准备。首先需要对原始专利数据进行采集、清理等操作，其中采集的数据应包括发明名称、摘要、主权项、分类号等包含技术手段和技术效果的基本字段信息。

第二步：技术功效划分。专利技术功效分析是对专利技术的技术问题、技术手段和技术效果进行归纳总结，提炼出特定技术常见的技术手段和技术效果，是技术功效矩阵表制作最重要的环节。因此在技术功效划分时一般需要与相关技术人员进行深入沟通，确保技术功效划分的准确性。

第三步：数据标引。数据标引是对每篇专利的技术效果和技术手段进行标记，便于进行数据统计。对于数量较少的专利文献，可采用人工标引的方法，即分析人员逐篇阅读专利文献进行技术手段和技术效果等的标引；对于数量较多的专利文献，可采用自动标引的方法，即通过计算机技术对大量的专利文献进行自动分类和标引，自动标引虽然处理速度快，但准确性却不如人工标引。

第四步：数据统计。数据统计主要是统计标引好的数据的各个技术手段与对应的各技术效果的专利数量。

第五步：图表制作。数据统计完成后便可开始制作图表，一般以技术效果为横轴，技术手段为纵轴绘制表格。如果技术效果数量较多，也可在技术功效栏上方再加一栏，以对技术功效进行二次归纳，使图表更清晰。

(5) 气泡图

气泡图是指在二维坐标轴中，使用大小不同的气泡来展示数据的图，其中气泡半径的大小与数值大小成比例。气泡图的功能与技术功效矩阵类似，一般用于反映三个变量之间的关系。

在专利分析中，气泡图常用于反映专利技术功效与技术手段所对应的专利数量情况，其中横坐标和纵坐标分别代表技术功效和技术手段，气泡的大小表示交叉处专利的件数。虽然气泡图与技术矩阵功效图的表达效果类似，但气泡图因为具有多种变形形式而被更多地采用。例如采用重叠气泡图，可在一张图表上比较不同国家或申请人在同一技术领域的技术功效分布；采用饼状气泡图，可表示具有构成关系的两个以上区域或申请人在同一领域的技术分布情况；采用簇状气泡图，可比较多个对象之间的技术功效。如图4.47所示，该图反映了某公司电驱动桥技术领域专利技术手段与技术功效间的关系，图中横坐标为技术功效，纵坐标为技术手段。从图中可以看出，有关提高传动效率的研究主要集中在电机优化方向；有关提高可靠性的研究主要集中在传动轴、差速器和电机优化方向；有关轻量化的研究主要集中在集成设计以及电机、变速装置和差速器优化方向；此外，有关实现多速比的研究主要集中在变速装置优化的方向。

气泡图的制作与技术功效矩阵类似，同样需要整理好三个维度的数据，但用Excel工具无法直接生成我们需要的气泡图，需要分步完成。

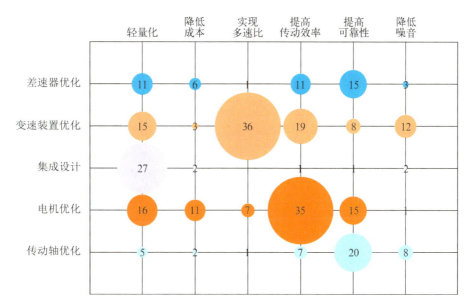

图 4.47　某公司电驱动桥技术领域专利技术手段与技术功效气泡图

第一步：准备数据。我们需要将技术功效和技术手段对应的数据整理好（以表 4.6 为例），并以此为基础来绘制气泡图。

表 4.6　气泡图作图数据

	技术功效 1	技术功效 2	技术功效 3	技术功效 4	技术功效 5	技术功效 6
技术手段 1	30	15	10	26	8	26
技术手段 2	20	25	35	27	12	23
技术手段 3	40	25	25	35	30	15
技术手段 4	12	34	15	19	9	22
技术手段 5	50	15	24	36	16	27

第二步：设置辅助数据。原始数据中仅是气泡大小的值，还需要确定气泡位置的横坐标和纵坐标，因此需要辅助数据来确定坐标的位置。辅助数据中（表 4.7），X 表示技术功效矩阵的横坐标，Y 表示技术功效矩阵数据的纵坐标，通过辅助数据的 X 值和 Y 值确定气泡的位置。

表 4.7　气泡图辅助数据

	Y_1	Y_2	Y_3	Y_4	Y_5	Y_6
X_1	1	2	3	4	5	6
X_2	1	2	3	4	5	6
X_3	1	2	3	4	5	6
X_4	1	2	3	4	5	6
X_5	1	2	3	4	5	6
X_6	1	2	3	4	5	6

第三步:插入气泡图。选中准备好的技术功效矩阵,在 Excel 菜单栏点击"插入—图表—气泡图"。

第四步:添加数据系列。鼠标右击图表,点击"选择数据",将原先的数据系列全部删除,点击"添加"开始添加数据系列,选择数据系列的对应源数据,即辅助数据表中的行放入 X 轴系列值,列放入 Y 轴系列值,技术功效矩阵的数据放入"系列气泡大小"栏,如图 4.48 所示,逐一添加数据后即可生成原始的气泡图(图 4.49)。

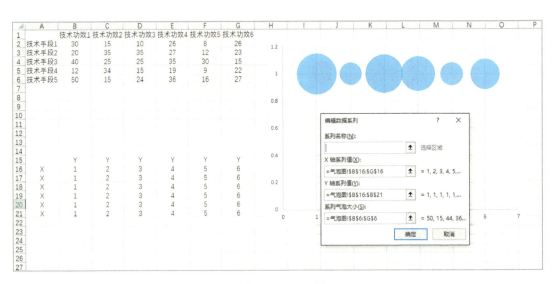

图 4.48　添加数据

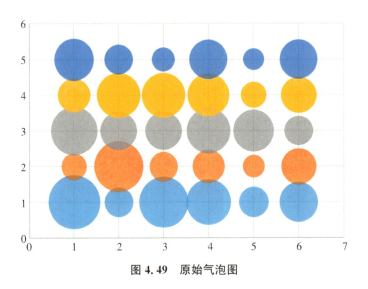

图 4.49　原始气泡图

第五步:图表完善。生成原始气泡图后,还需对图进行进一步完善,如调整气泡的大小、颜色、位置、数值标签等。这里介绍添加技术手段和技术功效标签的方法,本书采用添加文本框的方式,即在图中的 X 轴和 Y 轴方向添加技术手段和技术功效标签,最后整理调整即可得到完善的气泡图,如图 4.50 所示。

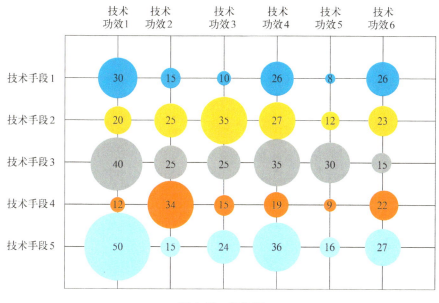

图 4.50　气泡图

如果需要表示具有构成关系的两个以上区域或申请人在同一领域的技术功效图,可以选择饼状气泡图[①],如图 4.51 所示。饼状气泡图把气泡细分为多个扇形,从而增加数据维度,可用于展示技术功效的时间、申请人、地域分布等。饼状气泡图的作图思路为:首先基于技术功效和技术手段作出原始气泡图,接着针对每个气泡绘制对应的饼图,饼图的尺寸与气泡尺寸相同,然后将制作好的饼图粘贴到对应的气泡上,形成饼状气泡图[②]。

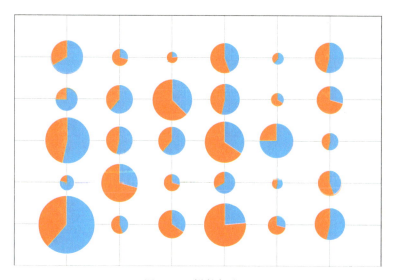

图 4.51　饼状气泡图

---

① 杨铁军.专利分析可视化[M].北京:知识产权出版社,2017.
② 马天旗.专利分析:检索、可视化与报告撰写[M].北京:知识产权出版社,2019.

4.3.3 拟定量分析图表

拟定量分析是将定量与定性相结合的分析方法,拟定量分析图表主要包括文本聚类图、引证关联图,在专利分析中,常用来分析基于专利文本内容的技术布局和技术间的关联情况。

(1) 文本聚类图

文本聚类图是指通过聚类的方式对文本信息进行分析,一般用于展示文本中不易直接统计的信息。文本聚类的基本思想是先将大量文本集中处理后形成向量化的文本术语,同时将文本术语抽象成可被计算的向量元素,采用空间向量等数学模型,依据各元素间的相似性或距离而聚类成簇,将聚类出的具有不同特征的簇归纳成不同的主题或类别,从而使用户能快速掌握目标文本的核心主题信息[①]。与传统上基于统计分析的图表相比,文本聚类图为分析人员深入挖掘文本信息提供新的思路。

在专利分析中,文本聚类图可用来反映专利技术的整体布局情况,它的表现形式多样,常见的是海洋山地聚类地图。聚类图中的小点代表着一件件的专利文献,小点较为密集,聚集成团,成为"山峰",代表着该技术领域为当前的研究热点,小点较为稀疏的地方为"洼地",说明专利数量少,并不能显示研究热点,而无技术主题分布处则为海洋,海洋显示的是当前技术空白领域;山峰与山峰之间的距离,则代表不同技术领域之间的关联程度,距离越远,差别越大,距离越近,差别越小。如图 4.52 所示,该图反映了全球石墨烯热点技术的聚类情况,图中的点代表石墨烯领域的申请专利,点聚集的地方形成"山峰",在"山峰"标注的技术主题则代表了全球石墨烯领域的研究热点。从图中可以看出,全球石墨烯领域较为热点的研究方向为树脂、橡胶等复合材料的研发,碳、纳米材料的制备,锂离子等电池领域的应用开发等,这说明目前对石墨烯领域的研究多集中在应用领域的开发上。

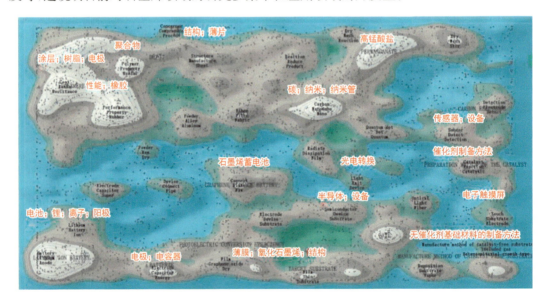

图 4.52　全球石墨烯热点技术聚类地图

---

① 李璐萍,赵小兵.基于文本聚类的主题发现方法研究综述[J].情报探索,2020(11):121-127.

（2）关系网络图

关系网络图用于表示两个或两个以上对象之间的关系，以点的形式表示对象，点的大小、颜色等表示参数，点间的连线表示两个点之间的关系。关系网络图的连线分为无向和有向，无向图的连线仅代表连接关系，有向图则常见于复杂网络，其连线本身具有方向，不仅代表连接的关系，还可以用线的粗细表示连接强度。常见的关系网络图包括力导向布局图和规则导向布局图。

①力导向布局图

力导向布局图由事件（节点）以及路线（节点之间的连线）组成，图中的每个节点代表一个对象，节点间的连线代表它们的关系。连线越粗，或连线越近，说明节点间的相关性越强；连线越细，或连线越远，说明节点间的相关性越弱。力导向布局图常用来展示多个对象之间错综复杂的关联关系。

在专利分析中，力导向布局图可用来找出大量专利集中的核心专利申请人或发明人。如图4.53所示，该图反映了石墨烯技术领域的企业合作关联情况。图中的节点代表石墨烯领域的企业，连线代表企业之间的合作关系，连线越粗，代表企业之间的合作联系越密切，反之连线越细，则代表企业间的合作联系越疏远；而节点的大小代表某企业与其他企业合作申请专利数量的多少，节点越大，反映该企业与其他企业合作申请专利越多，节点越小，说明该企业与其他企业合作申请专利越少。从图中可以看出，石墨烯领域企业间的合作网络整体呈分散式分布，大多为小团体的合作群，未形成大规模密集型的合作网络，其中合作关联较为明显的是以三星电子公司为中心的网络群，而国内企业的合作关联则相对较少，且多为母子公司之间的联系，少有真正跨公司的合作。

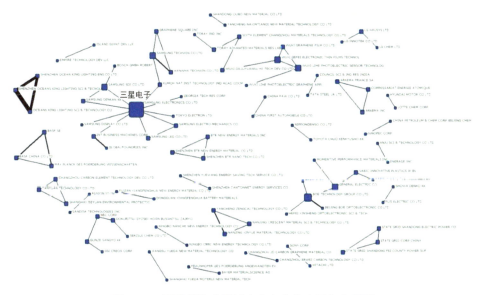

图4.53 石墨烯技术领域企业合作的力导向布局图

②规则导向布局图

规则导向布局图一般分为水平、垂直、放射状排布，有明显的层级关系，典型代表为弦图。弦图主要包括一个圆以及连接圆上任意两点的连接线，连接圆上任意两点的连接线就叫做弦,弦代表着这两点之间的关联关系。弦图主要有以下特点:用圆上的两点的连线来表示两者的关系;连接线的宽度可以表示两个数据之间的关系程度或者比例关系;弧线与圆的接触面积上的宽度也可以用来表示关系紧密程度和比例关系;可使用不同的颜色来区分不同的关系。弦图主要用于展示多个对象之间的关系,但需要注意的是,弦图中对象的数量不宜过多,否则图形中弦的数量过多,导致图形过于拥堵,影响信息阅读。

在专利分析中,弦图可用来反映多个专利申请人之间的合作关系,包括发明人之间的合作关系,发明个体之间的比较分析等。如图 4.54 所示,该图反映了国内外汽车厂商的合作情况,图中圆上的点代表汽车产商,两点之间的连线代表两家汽车产商之间合作情况,连线越宽,代表这两家汽车产商间的合作关系越紧密,连线越窄,代表这两家汽车产商间的合作关系越疏远。从图中可以看出,国内东风汽车与国外汽车产商的合作关系最多,分别与韩国起亚自动车、法国雷诺、日本本田与法国 SPA 公司有合作关系,说明东风汽车十分重视与国外汽车公司的合作。

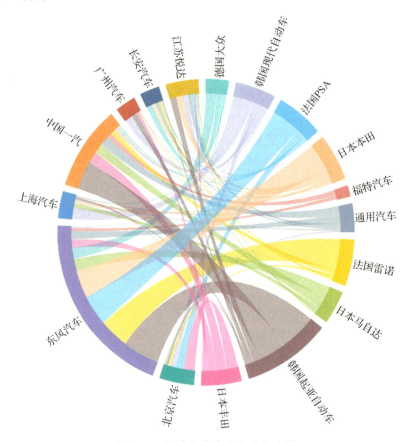

图 4.54 国内外汽车产商合作弦图

(3) 引证关联图

引证关联图由节点以及节点间带箭头方向的连线组成。其中,节点间带箭头的连线代表节点间的引证关系;节点越大,代表该节点与其他节点间的引证联系越多。引证关联图一般用于展示科学文献之间的相互继承关系。

在专利分析中,引证关联图可用来展示专利集中专利引用在先专利和被其后专利引证

的信息,它的主要功能体现在:

①判断核心专利或人物。一般来说,一件专利如果被引用多次,代表该专利所保护的技术可能具有重大的价值,并对后来的技术发展具有导向作用,即高被引专利一般可认为是该技术领域的核心专利。同样道理,对专利发明人进行引用分析,也能判断出该技术领域的核心发明人。

②了解技术发展路线。专利发明人通过引证专利,可以将前人重要的技术要点延续下来,或是在此基础上进行改良以推进技术革新,如此通过专利引证而形成的流程,为分析人员了解技术发展脉络提供指示。

③掌握竞争对手的专利策略。被多次引用的专利往往被认为是具有高价值的核心专利,企业针对核心专利的外围布局则反映了企业的专利战略。例如当某企业的核心专利外围都是其自身申请的相关专利,表明该企业重视保护其核心专利,其他竞争企业很难通过专利布局影响到其核心技术的发展;当某企业倾向于在竞争对手的核心专利外围布局相关专利,说明该企业重视专利进攻战略,通过专利布局影响竞争对手的核心技术发展。

如图 4.55 所示,该图反映了某企业的专利引证情况,图中的圆点代表该企业的单件专利,圆点间带箭头的连线代表某专利引用了箭头指示方向的专利,从图中可以看出该企业专利技术的发展过程,以及该企业的高被引专利。

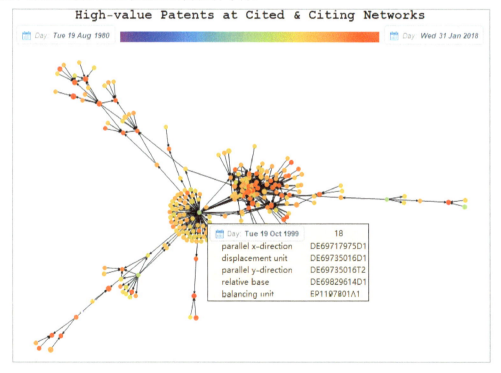

图 4.55　某企业的专利引证关联图①

(4) 拟定量分析图表制作工具

由于聚类分析和引证关联分析等需要通过计算机对专利文献或专利文本进行大量复杂

---

① 吴飞. 十万专利,弹指一挥! 论专利智能分析和可视化方法之道[EB/OL]. [2022-05-17]. http://www.iprdaily.cn/news_18692.html

的计算,因此制作拟定量分析图表通常需要借助专业的可视化工具。提供文本聚类分析的工具主要有:Derwent Innovation、Patentics、ThemeScape、Innography、Python、R 语言等。提供引证关联分析的工具主要有 Gephi、UCINet、Pajek 等。本书简单整理了主要工具的特点,具体如表 4.8 所示。

表 4.8 拟定量分析图表制作工具

序号	名称	特点
1	Python	自定义程度高,计算能力强,聚类效果好,但需要掌握编程知识
2	R 语言	自定义程度高,计算能力强,聚类效果好,但需要掌握编程知识
3	Patentics	收费商业工具,计算能力强,但可视化效果一般
4	Derwent Innovation	收费商业工具,可视化效果好
5	ThemeScape	收费商业工具,可根据专利技术进行自动聚类
6	Gephi	开源免费工具,简单易用,可视化效果好,但数据量不宜过多
7	UCINet	计算能力强,擅长计算并分析各种类型的指标,但可视化效果相对较弱
8	Pajek	免费制图工具,计算能力强,适合大量数据的文本聚类,但可视化效果一般

4.4 知识产权信息数据可视化工具

"工欲善其事,必先利其器",想要设计和制作出酷炫的可视化图表,离不开专业的可视化工具。目前各个行业对知识产权信息数据分析的需求正在以前所未有的方式增加,许多数据和信息服务公司也开发了诸多融合了知识产权信息数据检索与分析功能的可视化分析工具。本节根据可视化工具的类型、功能和特点等方面,简要介绍三个典型的可视化工具,为可视化工具的选择提供参考。在实际应用过程中,也可以综合利用两个或更多的工具,以合理利用各工具的最佳功能,达到最优化的可视化效果。

4.3.1 Power BI

(1)工具概述

Power BI 是微软公司在 2015 年推出的一款免费的可视化软件,该软件可连接专利原始数据,实现数据清洗和转化,并最终实现可视化展示。Power BI 的主要功能是对数据进行交互式可视化分析,其主要流程包括数据采集、清洗转换、数据建模、数据分析和可视化展示。Power BI 的主要特色是操作简单,适用于大众群体,因此即使是非专业的用户,通过简单的学习也能很快掌握。

(2)数据导入

Power BI 能够导入多种数据格式的数据,包括大部分结构化数据库的数据,如 SQL Server、MySQL、Sybase 等,在专利分析中最为常见的是数据格式是 Excel。导入数据的具体操作步骤是：点击菜单栏中的"获取数据"，然后选择合适的数据格式，如图 4.56 所示。

图 4.56　Power BI 数据导入

在选择数据格式后，Power BI 弹出窗口，并在本地文件中寻找该数据格式的所有源文件，在选择需导入的文件后，导航器窗口将返回该文件中所有数据。本书以 Excel 格式为例，导入整理好的"样本数据"，在选择文件后，导航器可提供预览功能，如图 4.57 所示。

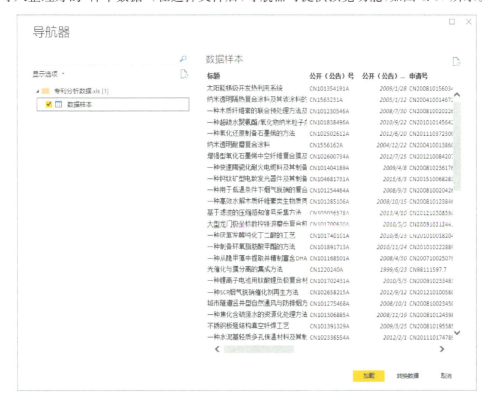

图 4.57　Power BI 连接数据后的导航器窗口

在导航器底部有"加载"和"装换数据"选项,如果源文件的数据已经整理完毕,则可以直接点击"加载"项,进入下一步操作,但如果源文件的数据仍没有处理完毕,或是有些处理步骤不想改动源文件,则可以点击"转换数据",进入查询编辑器窗口。在查询编辑器窗口中对数据做出的改动,不会影响到源文件中的数据,它仅将改动结果载入 Power BI 的后续操作中,如图 4.58 所示。

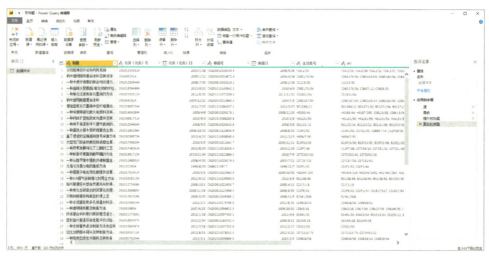

图 4.58 Power BI 查询编辑器

查询编辑器主要的功能是清洗并整理数据,如重命名标题、添加/删除某些行列、替换某些字符、转化数据格式等,并且大部分的功能都可以在右键数据项所弹出的菜单栏中进行操作。此外查询编辑器中会显示源文件数据的前 1000 行,并默认将首行作为标题,参见图 4.59。

图 4.59 Power BI 查询编辑器的数据清洗

在实际应用中,通过查询编辑器对数据进行清洗、转换等操作可能有很多步骤,而查询编辑器能够保存每一步的操作步骤,并能够随时更改。在确认数据整理完成后,点击菜单栏中的"关闭并应用"项,编辑器即保存这些改动,并将结果载入后续操作中,如图4.60所示。

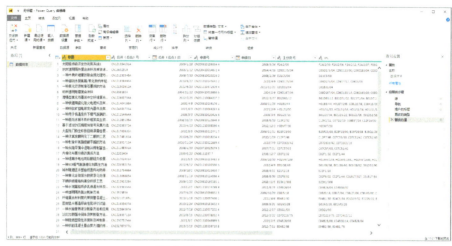

图 4.60　Power BI 数据保存

(3) 创建可视化图表

处理完数据后,Power BI 可在报表视图的界面创建可视化图表。报表视图的菜单栏显示常见的可视化效果编辑功能,主界面为画布区,可创建和排列可视化图表,右侧的可视化效果窗栏提供多种可视化图表的选择,字段栏显示数据集中的各数据列。

以创建专利申请趋势图为例,首先点击可视化效果栏中的"折线图",在画布区上则会显示一张没有数值的折线图模板,然后将字段栏中"申请日"下的"年份"拖入可视化效果栏中的"轴栏"。此时需要注意的是,字段栏中并没有"专利数量"这样一个字段,这里需要用到可视化效果的"值栏",值栏的功能是统计拖入字段的数据的数量,因此这里可以将"主分类号"字段拖入"值栏"中,并右键"值栏"选择非重复统计,这样可得到简单的专利申请趋势图,如图 4.61 所示。

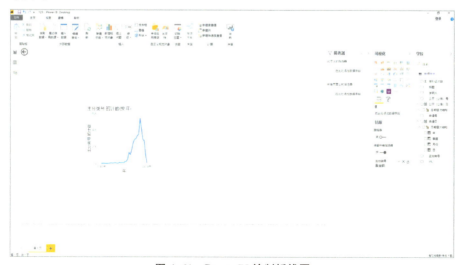

图 4.61　Power BI 绘制折线图

若是想改变图表形式,可直接在可视化效果栏中选择其他的可视化图表形式,例如条形图等,只需点击即可实现快速转化,如图 4.62 所示。

图 4.62　Power BI 转换可视化图表形式

在画布区可以继续添加不同的可视化图表,如图 4.63 所示,画布中绘制了三个可视化图表,且当一个画布上存在多个可视化图表时,这些图表之间将自动建立数据关联,点击其中一个图表中的元素,其他图表随即也突出显示该元素的数据。

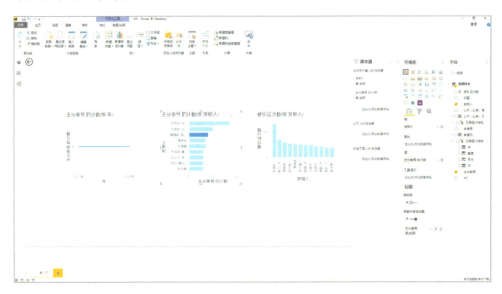

图 4.63　Power BI 多图表数据关联

Power BI 的可视化效果栏内置大约 30 多个可视化形式,包括常见的柱形图、折线图、矩形树图、地图等。此外还可以导入其他类型的可视化形式,如图 4.64 所示。点击可视化效果栏的"···"后,可选择从本地文件导入或从应用商店导入其他的可视化图表形式。Power BI 的应用商店提供 200 多种可视化图表形式,类型丰富多样,包括多维数据对比图、多层次结构图、网络关联图等,具体的应用方法就不再逐一进行介绍。

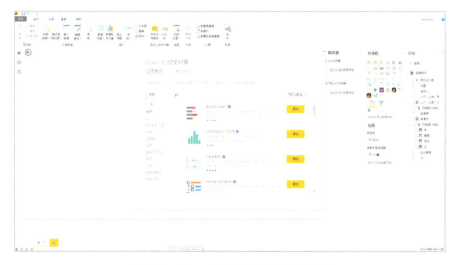

图 4.64　Power BI 导入可视化图表形式

4.3.2　incoPat

（1）工具概述

incoPat 是由北京合享智慧科技有限公司推出的一款专利分析平台，它收录了全球 100 多个国家、组织和地区超过 1 亿件的专利文献，并对专利数据进行深度加工和整理，以提供准确的检索以及深入的可视化分析服务。incoPat 着重于国内市场，是具有代表性的中文专利信息可视化分析工具，其主要特色是将国外专利的题录和摘要信息预先进行机器翻译，并在此基础上提供双语检索服务，为国内人员的使用提供了极大的便利。2020 年 10 月，北京合享智慧科技有限公司已正式加入了科睿唯安。

（2）数据检索/导入

作为一款在线专利信息可视化分析平台，incoPat 同时提供专利数据检索和存储的功能。incoPat 提供的检索服务有 9 种，包括简单检索、高级检索、批量检索等，其中最常用的是高级检索服务（如图 4.65 所示）。在高级检索中可选择专利的标题、摘要、主权项、关键

图 4.65　incoPat 高级检索

词、IPC 分类号等检索项进行检索，又可进一步筛选专利收录范围和专利类型，因此可极大提高检索的准确性。incoPat 还提供数据导入功能，可导入的数据内容包括专利申请号、授权号以及优先权号，一次最多可实现 5 000 个号码的导入。此外，用户还可建立自己的专题库，用以保存检索式记录和检索结果，以便后续分析和数据更新之用。

（3）可视化分析

完成数据检索后，incoPat 提供对检索结果的可视化分析服务（如图 4.66 所示）。根据用户分析需求的不同，incoPat 既可提供基于数理统计的简单分析，又可提供基于文本聚类的深入分析，另外对于单篇专利文献，还可提供基于引证关系的可视化分析服务。

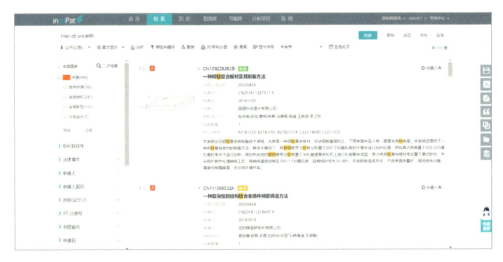

图 4.66　incoPat 对数据结果的可视化分析界面

① 统计分析

incoPat 提供的统计分析是指基于专利申请量、申请年份、IPC 分类号、专利申请人等专利著录项的统计分析，主要包括趋势分析、技术分析、申请人分析、地域分析、法律及运营分析等，如图 4.67 所示。

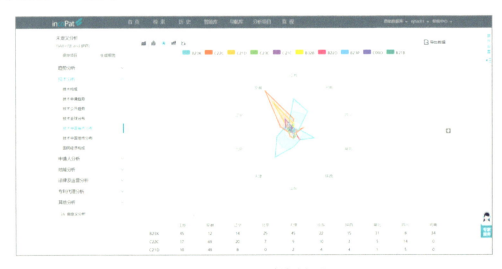

图 4.67　incoPat 统计分析图

②聚类分析

incoPat 提供的聚类分析是指基于自然语言处理的方法,将专利的标题、摘要、权利要求书等能够反映专利主题的文本提取出来,通过 TF-IDF 等算法整理出专利文本的主题词,再按空间向量等聚类模型计算出具有关键特征的专利信息主题。incoPat 同时提供 4 种可视化图表形式来展示聚类分析的结果,分别为聚类地图、聚类分子图、聚类矩阵图以及聚类饼图。

a. 聚类地图

聚类地图是通过聚集相同或相似主题的专利而形成的可视化图表,如图 4.68 所示,图中颜色越深的区域代表专利数量越多,颜色越浅的区域代表专利数量越少,且在图中颜色最深的区域 incoPat 会自动标识专利信息的主题内容。

图 4.68　incoPat 聚类地图

b. 聚类分子图

聚类分子图以"分子"代表聚类的主题,"分子"内的圆点代表专利,同时以"分子"的大小来展现聚类主题中专利数量的情况,专利数量越多,则相关主题的"分子"就越大,如图 4.69 所示。

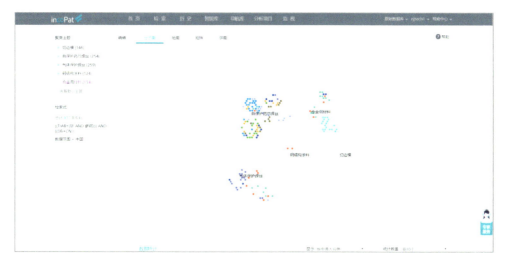

图 4.69　incoPat 聚类分子图

c. 聚类矩阵图

聚类矩阵图是以矩阵的形式来展示各聚类技术主题的统计结果,如图 4.70 所示,图中 X 轴为主要专利技术主题,Y 轴为主要专利申请人,气泡的大小代表某专利申请人在某技术领域申请专利的数量情况。

图 4.70　incoPat 聚类矩阵图

d. 聚类饼图

聚类饼图以多环图的形式展示各聚类技术主题专利数量的分布情况,且能够反映出各技术主题的层次结构,参见图 4.71,图中多环图的内环代表一级技术主题,外环代表二级技术主题,环内各扇形弧度的大小则代表该技术主题的专利数量情况。

图 4.71　incoPat 聚类饼图

③引证分析

incoPat 提供的引证分析服务主要针对单篇专利,通过分析该专利的引用与被引用情况,形成脉络清晰的引证分析图,如图 4.72 所示。

图 4.72　incoPat 引证分析图

4.3.3　Innography

（1）工具概述

Innography 是一款专利信息检索和分析工具，2007 年由美国 INNOGRAPHY 公司推出，到现在已收录超过 1 亿件全球专利数据，涵盖中国、美国、欧洲、日本等全球 100 多个国家和地区，此外还收录了美国专利诉讼数据、美国商标数据等。

Innography 除收录了全球专利和商标信息以外，还收录了大量美国企业的商业诉讼信息，并将信息分析结果以多种可视化图表的形式展示出来，帮助用户获取各类有价值的情报。例如，专利权人气泡图可以帮助用户挖掘某技术领域最有潜力的专利权人；专利地域分布图可以直观地反映在某技术领域有较强科研实力的国家或地区；诉讼热力图可以揭示某技术领域哪些专利权人更具有攻击性；专利引证图通过分析专利的引证来源和去向，可以展示某企业专利技术的发展脉络以及核心专利。

（2）数据检索/导入

Innography 的专利检索页面提供多种检索选项，包括专利检索、公司名称检索、诉讼关键词检索等。其中在专利检索方面，Innography 提供几种主要的检索方法：

①专利关键词检索：输入专利标题、摘要、申请人等信息进行检索。

②专利语义检索：输入一个专利号码或者一组文本信息（例如专利摘要、一项权利要求等），Innography 可自动检索出与检索对象最相关的专利。

③专利号检索：在检索栏中输入专利申请号或授权号进行检索，一次可批量检索 100 件专利。

（3）可视化分析

在对数据检索结果整理完毕后，Innography 可提供对检索结果的可视化分析服务。点击分析结果页上的"View By Results"，便可选择多种可视化图表形式，包括树图、热力图、气泡图、饼图、折线图、世界地图等，下文简单介绍几种可视化图表。

①折线图

利用 Innography 的折线图,可以进行专利申请、授权等趋势分析。如图 4.73 所示,在折线图中,纵坐标代表专利数量,横坐标代表年份,不同颜色的折线代表不同的国家、公司或技术点,从图中可以看出某技术领域内不同企业专利申请的趋势,从而反映它们对该技术研发投入的变化情况。

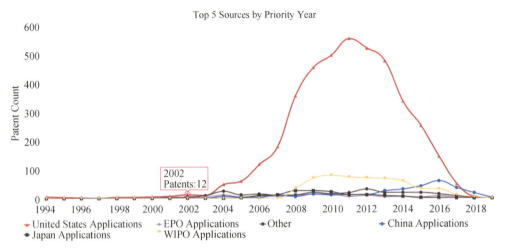

图 4.73　某技术领域内不同企业专利申请趋势折线图

②气泡图

利用 Innography 的气泡图,可以对企业或机构的技术实力及市场势力进行分析。如图 4.74 所示,在气泡图中,纵坐标代表企业机构的市场实力,横坐标代表技术实力,而气泡大小代表专利数量,从图中可以看出某领域内各企业机构的技术实力,以及企业间的竞争情况、技术差距等。

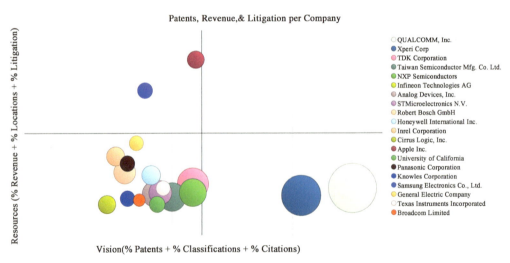

图 4.74　某领域内各企业机构技术实力气泡图

③热力图

利用 Innography 的热力图,可以对某企业或某技术的专利申请情况进行分析。如图 4.75 所示,在热力图中,每个方块代表不同的公司,方块的大小代表专利数量的多少,从图中可以看出,某技术领域内专利申请的企业分布情况。

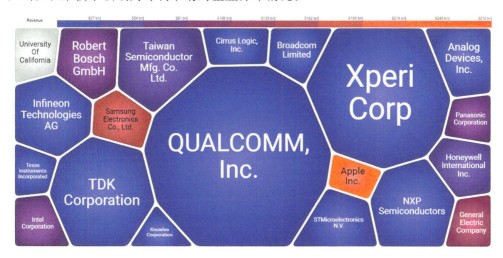

图 4.75　某技术领域内专利申请的企业分布热力图

④文本聚类图

利用 Innography 的文本聚类图,可以展示各聚类技术主题专利数量的分布情况。如图 4.76 所示,聚类饼图内侧的圆环代表一级聚类主题,外侧圆环代表二级聚类主题,圆环中各扇形的弧度代表该技术主题的专利数量情况,从图中可以看出,某技术领域各分支的专利分布情况。

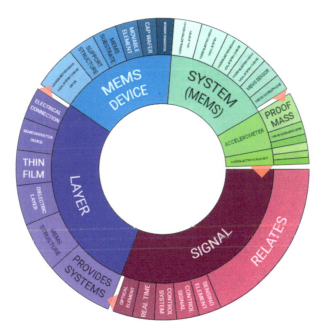

图 4.76　某技术领域各分支的专利分布文本聚类图

⑤专利引证图

利用 Innography 的专利引证图,可以进行单篇专利的引证分析。如图 4.77 所示,引证图的纵坐标代表技术点,横坐标代表引用年份,竖线左侧代表该专利的施引专利,右侧代表被引专利,从图中可以看出该专利的引证与被引情况。

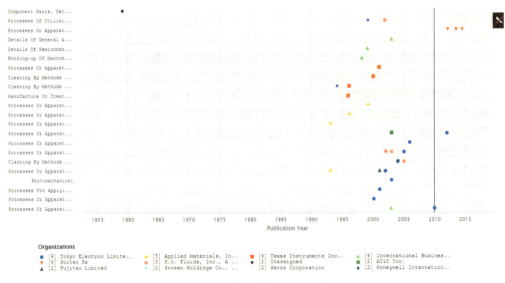

图 4.77　某专利的引证分析图

4.5　本章小结

本章从知识产权信息服务中数据可视化的"桥梁"功能出发,首先对数据可视化做简要概述。在基本概念方面,介绍了数据可视化的定义和分类;从发展趋势来看,未来数据可视化同时面临着三大发展方向;从应用领域上看,数据可视化在包括知识产权信息服务在内的多个领域已得到了十分广泛的应用。随后重点介绍了知识产权信息数据可视化基础、知识产权信息数据可视化应用以及知识产权信息数据可视化工具三个部分。

在知识产权信息数据可视化基础部分,从知识产权信息数据可视化设计原则、可视化基本流程以及可视化图表选择三个方面进行阐述。可视化设计原则包括数据的正确展示原则、数据的全面展示原则以及数据的深入挖掘原则;可视化基本流程主要有四个步骤,包括可视化需求分析、数据采集、数据处理以及制作可视化图表;可视化图表的选择则需要针对信息内容的特征进行合理取舍。

在知识产权信息数据可视化应用部分,从定量分析图表、定性分析图表以及拟定量分析图表三个方面,介绍了各类可视化图表的特征、功能以及制作方法。定量分析图表一般用于分析对象的数量分布与变化情况,主要图表形式包括柱形图、折线图、面积图、漏斗图和雷达图等;定性分析图表一般用于分析对象的内在特征和联系,主要形式包括线性进程图、鱼骨图、技术功效矩阵、气泡图等;拟定量分析图表是指将定量与定性分析相结合的可视化分析图表,主要包括文本聚类图、关系网络图和引证关联图等形式。

在知识产权信息数据可视化工具部分,从数据可视化工具的类型、功能和特点等,选择三个典型的可视化工具做简要介绍。Power BI 是免费的可视化工具,操作简单,适用于基础的基于数据统计的可视化分析;incoPat 是一款国内的专利信息可视化分析工具,侧重于为中国的科技研发人员和知识产权管理人员提供专利数据检索和可视化分析服务；Innography是一款国外的专利信息可视化分析工具，它可将专利、商业、诉讼等各方面信息结合在一起，侧重于反映企业的市场竞争现状。

　　未来，随着知识产权信息服务的深入开展，如何展示知识产权数据间复杂的非结构化关系，构建包含知识产权技术、市场、数量、质量等多维度的可视化模型等，必将成为知识产权信息数据可视化领域的研究热点，这也将对知识产权信息数据可视化提出更高的要求。

知识产权信息服务与技术创新

从中兴被麦克赛尔(Maxell)公司控告专利侵权,到小米新型手机在印度市场的全面禁售,再到美国国际贸易委员会对多家中国企业发起的337调查,众多跨国公司和利益集团对中国企业专利权"扎堆"挑衅,"中国制造"正受到以创新为本质的知识产权壁垒的四面夹击。为了提升"中国制造"的国际竞争力,2015年5月国务院发布了《中国制造2025》,明确提出把创新作为驱动企业发展、提升中国制造业的基本方针①。由此可见,技术创新是推动社会不断进步的重要动力,已逐步成为经济发展的第一驱动要素。企业实现创新发展的根本途径是开发出具有自主知识产权的核心技术,知识产权随着技术创新应运而生,在企业创新发展的生命线中,核心技术是根本,知识产权是灵魂,强化技术创新与知识产权的融合,可以帮助企业在市场上获得更多的生存与发展的机会,从而争夺更大的利润空间②。

近年来,强化创新驱动、增强知识产权竞争优势已成为世界各国政府和相关机构的共识。美国曾两次发布《知识产权与美国经济》报告,明确提出"创新是美国经济增长和国家竞争力提升的主要动力,对整个经济发展具有全面的推动作用。知识产权的授予和保护是维持企业自主权、保证市场体系正常运行的关键因素,对促进创新、提升创造力

---

① 国务院关于印发《中国制造2025》的通知[EB/OL]. (2015-05-08)[2019-11-25]. http://www.mofcom.gov.cn/article/b/g/201507/20150701059524.shtml.
② 陈晓雪. 技术创新、专利、标准的协同演化关系研究[D]. 南昌:江西财经大学,2019.

十分重要"。日本也在早期就提出了"知识产权立国"的战略,定期制定并发布战略推进计划和年度《重要技术领域专利态势报告》,引导其国内产业创新的发展。韩国政府为培育和指导国内产业布局和创新发展,积极设立地区知识产权中心、韩国知识产权战略院等多家机构,为企业提供专业化的咨询和服务①。由此可见,知识产权对技术创新活动具有重要的推动作用,要实现从"中国制造"向"中国创造"的华丽转身,"技术创新"与"知识产权"必须双拳出击、双管齐下②。近年来,我国相继出台了包括《国家知识产权战略纲要》《国务院关于新形势下加快知识产权强国建设的若干意见》《国务院关于印发"十三五"国家知识产权保护和运用规划的通知》《国务院办公厅关于印发知识产权综合管理改革试点总体方案的通知》等在内的一系列政策文件,均明确指出知识产权对技术创新的发展起着重要的支撑作用。

知识产权战略的实施为企业和产业的创新发展提供了必要路径和法律保障,而开展知识产权信息服务则是实施知识产权战略的重要手段。知识产权信息服务为企业的发展提供决策参考依据,对企业的技术研发与技术创新起着重要的影响作用。知识产权信息服务贯穿了技术创新活动的全过程,在基础研究、技术开发、技术评估、技术引进与合作、行业技术标准的制定、产品的市场定位、企业商业化运营等方面,知识产权信息服务以不同参与形式发挥着重要的作用③。知识产权信息服务通过对大量知识产权资源的整合与分析,充分盘活企业的知识产权资源,并为企业的创新发展提供新的增长点,成为企业技术创新的重要驱动力④。

本章重点阐述知识产权信息服务在企业、产业技术创新中的作用,并从服务内容和功能上将知识产权信息服务划分为知识产权信息分析服务、知识产权预警服务、知识产权布局服务等方面,通过多个实践案例的介绍以期为我国企业和产业的创新发展提供借鉴。

---

① 申长雨.迈向知识产权强国之路:第2辑 知识产权强国建设实施问题研究[M].北京:知识产权出版社,2017.
② 廖宇兰."中国制造2025"的实施将加快技术创新进程[C]//海南省机械工程学会.2015年海南机械科技学术年会论文集.海口,2015:196-199.
③ 张永建.浅谈创新驱动发展背景下知识产权信息及知识产权信息服务[J].中国发明与专利,2019,16(8):31-35.
④ 徐淑芬,冯艳清,赵明辉,等.专利信息服务业对提高企业技术创新能力的作用[J].市场观察,2019(1):43.

5.1 技术创新中的知识产权信息服务需求

知识产权信息具有的技术、法律、市场和战略情报功能,使其成为竞争情报的一个重要来源,在技术创新和生产经营的活动中得到广泛的应用。因此,以知识产权信息分析与利用为基础的知识产权信息服务工作,越来越受到企业和产业界的广泛关注,成为企业在技术创新、产品开发、产业布局等方面的重要支撑。然而,技术创新是一个复杂的活动,它需要多个创新主体的参与,不同的创新主体在技术创新的不同阶段有着不同的任务和目标,其知识产权信息需求也存在着差异。因此,本节对技术创新的范式与流程进行了深入研究,并在此基础上对不同类型创新主体在不同创新阶段的知识产权信息需求进行了调研与分析,可以为有针对性地开展知识产权信息服务提供指引,使知识产权信息服务在科技创新过程中发挥最大效能。

5.1.1 技术创新的概念与流程

(1) 技术创新的概念

"技术创新"的概念最早由奥地利经济学家约瑟夫·阿洛伊斯·熊彼特(Joseph Alois Schumpeter)在1912年提出,并发展成最初的技术创新理论。他认为,"创新"就是一种新的生产函数的建立,即实现生产要素和生产条件的一种从未有过的新结合。他从技术和经济相结合的角度阐述了技术创新理论,他认为"经济发展"的本质就是整个社会经济不断实现这种"新组合"的过程,也就是说经济的发展是不断创新的结果[①]。

熊彼特的创新理论中将创新生产要素的"新组合"归纳为5个方面的内容:研发新的产品、引进新的生产方法、拓展新的市场、控制原材料新的供应来源、实现产业的新组织形式[②]。20世纪70年代,在"创新理论"的影响下,国外学者构建了技术创新的"线性模型"。在这一模型中,创新是由基础研究引起的,随后进行了应用研究与开发,再依据创新是一种产品还是工艺,进而转到生产或经营[③]。

(2) 技术创新的流程

技术创新是一个复杂的过程,它开始于一个新的创意或想法,经过一系列的研究开发,最终形成商业化的产品在市场上流通和销售。这个过程是一个连续的、渐进的过程,呈现出不同的发展阶段:①创意形成阶段。创新思想的形成源于人们对事物的好奇心和不断探索

---

① 李守伟,李备友,钱省三. 技术创新范式的演变分析:基于系统发展观的视角[J]. 科技管理研究,2009,29(02):10-14.
② 熊彼特. 经济发展理论:对于资本、利润、信贷、利息和经济周期的观察[M]. 何畏,易家详,张军扩,等,译. 北京:商务印书馆,1990.
③ 李守伟,李备友,钱省三. 技术创新范式的演变分析:基于系统发展观的视角[J]. 科技管理研究,2009,29(2):10-14.

的精神,可能是在已有知识的基础上对未来可能出现的新事物的猜想或推测,也可能是根据市场环境的变化产生了对新产品的需求。因此,创新往往是技术发展趋势和潜在市场需求共同推动的结果,二者都是决定创新思想形成的关键因素。②研究开发阶段。新鲜出炉的创意往往显得非同凡响,一旦进入实施阶段,就会暴露出许多缺陷。研究开发阶段的目的就是根据技术发展、生产制造和商业化等各方面进行组织实施的可能条件,对所形成的创意进行探索和修正,提出可实施的研发路径,并在实验室中不断地突破各种研发过程中遇到的技术困难和瓶颈,最终形成具有实用价值的科研成果。③产品产出阶段。虽然在实验室阶段验证了创新思想的可行性,并形成了相关科研成果,但仍存在着许多尚未解决的问题,特别是在产品批量生产时所必须解决的问题。因此,产品产出阶段主要目的是解决从科研成果转化为商业化产品过程中可能出现的全部技术和工艺问题,主要包括样品的研制与试验、中试、批量生产等步骤。④市场化阶段。该阶段的主要目的是将技术创新所产生的新产品、新工艺转化为经济效益。然而,并不是所有的新产品、新工艺在市场化阶段都能取得成功,在这个过程中可能会遇到侵权风险和滞销风险等诸多风险,因此市场化战略的制定是该阶段的重中之重[①][②]。

随着知识经济时代的来临,信息环境的改变和市场需求两方面的因素催生了创新 2.0 实践活动的蓬勃发展,创新过程逐渐从生产范式向服务范式转变,从线性思维方式向非线性思维过渡。技术创新不再是一个简单的线性过程,而被认为是一种在各创新主体和创新要素交互作用下复杂的、充满不确定性的过程,这些不确定性将会为技术创新带来更高的风险。究其原因,造成这些技术创新不确定性和高风险性的本质是对信息资源的获取不足[③]。此后,创新研究的焦点逐步从对某项技术内容的研究,发展到对技术本身和其外部环境的影响和关联的研究,更加重视信息在技术创新中的作用。

5.1.2 创新主体的知识产权信息服务需求调研

从创意的产生和论证、产品的研发再到生产和市场化的过程中,信息作用于企业技术创新的每个阶段,它可以有效克服企业在技术创新过程中的能力局限,降低技术和市场活动中的不确定性[④]。知识产权信息,尤其是专利信息作为一种集技术情报、法律情报、市场情报和战略情报为一体的竞争情报资源,在技术创新的全过程中起到了关键性的作用。本小节采用开放式访谈方式,针对高校及科研院所和企业这两种不同类型的科技创新主体在不同技术创新阶段的知识产权信息需求进行访谈调研,通过对访谈反馈信息的综合归纳分析,从用户需求的视角寻求知识产权信息服务的切入点。

(1) 科研用户的服务需求

高校及科研院所是科技创新的源头,本节选取了三个不同行业和所处不同研发阶段的

---

① 郑秀梅,刘英娟. 现代企业管理探索与实践[M]. 北京:新华出版社,2015.
② 陶友青. 创新思维技 TRIZ 专利实务[M]. 武汉:华中科技大学出版社,2018.
③ 洪凡. 基于企业技术创新的专利情报研究[J]. 中国科技资源导刊,2019,51(1):49-57,80.
④ 马海群. 论知识产权信息开发与企业竞争情报研究[J]. 情报科学,2003,21(2):123-125.

科研团队作为访谈对象,对其知识产权信息服务需求进行了开放式访谈调研,通过对调研信息的汇总与分析,得到不同科研用户的知识产权信息服务需求。

①科研团队 A(创意形成阶段)

研究概况:科研团队 A 的研究领域集中在陶瓷膜制备、膜集成技术开发、膜催化反应等方向,团队承担了国家自然科学基金项目、江苏省自然科学基金项目、江苏省高校自然科学基金项目等多项课题,发表研究论文 30 余篇,拥有 20 余项发明专利。目前,该团队计划进一步拓展陶瓷膜技术的应用领域,开展新项目研究。目前,该项目处于初期立项阶段,即创意形成阶段。

需求画像:通过访谈发现,该团队目前主要问题在于对拟研发技术领域的国内外发展态势尚未全面掌握,对拟研究技术的创新性尚未明确,对拟研究技术的市场前景缺乏判断。因此,该团队的知识产权信息服务需求主要包括:a. 技术发展态势分析,通过技术发展态势分析,全面了解该研究领域的技术发展现状和技术成熟度,判断该技术的市场发展前景;b. 技术创新机会识别,通过对现有文献资源的检索与分析,挖掘该技术领域的研发热点与空白,识别技术创新机会;c. 技术创新性分析,对目标研发技术的创新性进行评价,以此为基础调整后续的立项思路,避免重复研发。

表 5.1　科研团队 A 需求画像

用户特征描述	研究方向	陶瓷膜制备、膜集成技术开发、膜催化反应
	科研概况	团队承担国家自然科学基金项目、江苏省自然科学基金项目、江苏省高校自然科学基金项目等,发表研究论文 30 余篇
	自有知识产权	团队拥有 20 余项发明专利
	项目进程	处于项目立项初期
用户需求分析	用户反馈问题	对拟研发技术领域的国内外发展态势尚未全面掌握; 对拟研发技术的创新性尚未明确; 对拟研发技术的市场前景缺乏判断
	用户核心需求	技术发展态势分析; 技术创新机会识别; 技术创新性分析

②科研团队 B(研究开发阶段)

研究概况:科研团队 B 的研究领域集中在新材料方面,研究方向主要集中在气凝胶材料制备与应用、气体吸附与分离等方面,团队承担了国家自然科学基金项目、江苏省自然科学基金项目、江苏省重点研发计划项目等多项课题,发表研究论文 50 余篇,拥有 30 余项发明专利,目前正在进行的项目处于研发中期。

需求画像:通过访谈发现,该团队对国内外该领域核心技术的挖掘还不够深入,对行业竞争对手研发动态了解不够全面,在技术创新路径选择方面存在困惑。因此,团队成员的知识产权信息服务需求主要包括:a. 技术发展态势分析,通过专利分析全面掌握国内外气凝胶制备技术的发展态势;b. 技术创新路径识别,挖掘该领域核心专利和关键技术,识别技术创新路径;c. 针对竞争对手的专利预警,定期推送竞争对手的研发动态和专利布局分析,使其在研发过程中能够及时调整研发路径,规避侵权风险。

表 5.2　科研团队 B 需求画像

用户特征描述	研究方向	气凝胶材料制备与应用、气体吸附与分离
	科研概况	团队承担了国家自然科学基金项目、江苏省自然科学基金项目、江苏省重点研发计划项目等,发表研究论文 50 余篇
	自有知识产权	团队拥有 30 余项发明专利
	项目进程	处于项目研发中期
用户需求分析	用户反馈问题	对国内外该领域核心技术的挖掘不够深入; 对行业竞争对手研发动态了解不够全面; 在技术创新路径选择方面存在困惑
	用户核心需求	技术发展态势分析; 技术创新路径识别; 针对竞争对手的专利预警

③科研团队 C(产品产出阶段)

研究概况:科研团队 C 的研究集中在柔性电子技术领域,主要以探索有机光电材料的制备方法及其器件的加工工艺为主,团队承担了国家自然科学基金项目、国家重大基础研究计划等,发表研究论文 300 余篇,拥有发明专利 100 余项,并与省内多家高新技术企业有合作研发项目,是兼具基础研究与实践应用的"产学研"一体化科研团队。目前,该团队最为关注的知识产权信息服务需求主要集中在将科研成果转化为商业化的产品阶段。

需求画像:通过访谈发现,团队多年来从事柔性电子技术的应用研究,目前希望向产业化转型发展,但缺乏对自身专利成果的合理规划布局,对产业化发展路径的选择尚不明确,对国内外行业竞争对手研发动态的了解也不甚全面。因此,团队成员的知识产权信息服务需求主要包括:a.专利信息支持服务,通过对专利数据的检索与分析,系统评估团队在该技术领域的研发水平,为团队在项目结题或报奖的过程中提供信息支持;b.自有专利的管理与布局,对其各项研究成果的可专利性进行分析,并对专利价值进行评估,筛选出具有核心竞

表 5.3　科研团队 C 需求画像

用户特征描述	研究方向	柔性电子技术、有机光电材料的制备方法及其器件的加工工艺
	科研概况	团队承担了国家自然科学基金项目、国家重大基础研究计划等,发表研究论文 300 余篇
	自有知识产权	团队拥有 100 余项发明专利
	项目进程	处于成果产出阶段
用户需求分析	用户反馈问题	对自身成果的专利布局缺乏合理规划; 对专利的产业化发展路径的选择尚不明确; 对行业竞争对手研发动态的了解不够全面
	用户核心需求	专利信息支持服务; 自有专利的管理与布局; 针对竞争对手的专利预警; 行业龙头企业的产业化策略分析; 专利转移转化对象识别

争力的高价值专利,并在高价值专利的基础上进行合理的专利布局,抵御竞争风险;③针对竞争对手的专利预警,定期推送竞争对手的研发动态和专利布局分析,使其在研发过程中能够及时调整研发路径,规避侵权风险;④行业龙头企业的产业化策略分析,对行业龙头企业的产业化策略进行分析,为其后续从应用研究向产业化发展转型提供建议;⑤专利转移转化对象识别,通过对专利信息的分析与挖掘,寻找成果转化对象,促进高校与企业间的产学研一体化合作。

(2) 企业用户的服务需求

企业是科技创新的中坚力量,本节选取了两个不同技术领域、不同类型的企业作为访谈对象,对其知识产权信息服务需求进行访谈调研,通过对调研信息的汇总与分析,得到不同的企业用户的知识产权信息服务需求画像。

① A 公司(研究开发阶段)

公司概况:A 公司是一家绿色新材料技术领域的初创型高新技术企业,主营绿色墙体保温材料。目前该公司申请发明专利 3 项,现处于新产品研发阶段。

需求画像:通过访谈发现,由于该公司成立时间较短、规模较小,目前自有知识产权数量较少,且在企业创新过程中遇到许多瓶颈,希望能与高校和科研院所建立合作,解决其在研发过程中的困境,形成具有核心竞争力的自主知识产权,提升其市场竞争能力。因此,A 公司的知识产权信息服务需求主要集中在以下几个方面:a. 技术发展态势分析,了解企业拟开发技术领域的技术发展态势,判断企业拟开发技术与产品的市场发展前景;b. 技术可专利性分析,对公司已有的研发成果进行深度分析,评价研究成果的可专利性,帮助公司获得自主知识产权,提升其市场竞争能力;c. 潜在合作对象挖掘,通过专利信息分析,挖掘潜在的合作研发对象,与高校的科研团队搭建协作桥梁,突破研发瓶颈;d. 创新人才识别,通过基于专利信息分析,挖掘企业目标技术领域的核心研发人才,通过人才引进的方式提升企业自主研发能力。

表 5.4　A 公司需求画像

用户特征描述	行业背景	绿色环保建筑材料
	企业类型	初创型高新技术企业
	企业产品	绿色墙体保温材料
	自有知识产权	拥有发明专利 3 项
用户需求分析	用户反馈问题	对目标技术领域国内外发展态势尚未全面掌握; 自有知识产权数量较少; 产学研合作渠道尚未畅通; 缺乏创新人才
	用户核心需求	技术发展态势分析; 技术可专利性分析; 潜在合作对象挖掘; 创新人才识别

② B 公司(市场化阶段)

公司概况:B 公司是依托高校的科技与人才优势组建的高新技术企业,其研究集中在生物医药和生物化工领域,产品涉及医药中间体、食品添加剂、化妆品原料等。公司与高校共建了多个重点实验室和研发平台,承担了多项国家级和省级重点研发项目,具有较强的创新能力和产品研发能力,拥有科技含量较高的发明专利40余项。

需求画像:通过访谈发现,该企业的主要问题在于尚未建立完善的下游产业链,缺乏对同类型产品竞争对手的有效监控,新技术、新产品的产业化和市场化情况不容乐观。因此,该企业的知识产权信息服务需求主要集中在以下几个方面:a. 全产业链专利战略布局,针对企业专利产业链布局不完善的问题,通过对自有专利的分析挖掘,对产品的上游原料和下游应用等方向进行综合专利布局,形成全产业链的专利战略布局,占据竞争制高点;b. 高价值专利的培育,对自身研究成果进行管理,筛选出高价值专利,并围绕高价值专利进行合理的专利布局,提升其产品的市场竞争力;c. 针对竞争对手的专利预警,对行业竞争对手的研发情况和专利布局情况进行动态监控,规避产品侵权风险;d. 专利市场化风险预警,在产品投入市场的过程中,通过对产品所投放市场的宏观专利预警和针对具体产品的专利侵权预警,了解产品市场化过程中的侵权风险和竞争环境,明确自身技术和产品定位,从而有针对性地构建产品市场战略。

表5.5 B公司需求画像

用户特征描述	行业背景	生物医药、生物化工
	企业类型	依托高校资源建立的高新技术企业
	企业产品	医药中间体、食品添加剂、化妆品原料
	自有知识产权	拥有发明专利40余项
用户需求分析	用户反馈问题	尚未建立完善的下游产业链; 缺乏对同类产品竞争对手的有效监控; 新技术、新产品的产业化和市场化情况不乐观
	用户核心需求	全产业链专利战略布局; 高价值专利培育; 针对竞争对手的专利预警; 专利市场化风险预警

5.1.3 技术创新中的知识产权信息服务需求分析

通过对上述各类科技创新用户的知识产权信息服务需求画像的分析发现,不同类型的科技创新用户间的知识产权信息服务需求存在很多交叉现象,因此需要对用户的服务需求进行综合归纳,从而提升知识产权信息服务的系统化程度。通过综合分析发现,科技创新用户的知识产权信息服务需求主要可以归纳为以下三个方面。

(1) 追踪前沿技术发展态势,确定技术创新研发路径

随着经济全球化和知识经济的到来,产品革新、研发有自主知识产权的产品已经成为企业谋求发展的根本。知识产权信息与发明创造间天然的联系,决定了开展知识产权信息分析对于帮助企业做出正确的技术创新策略具有重要的作用。知识产权信息分析服务的目的

就是通过多种定性或定量的分析方法,对庞杂的知识产权信息进行深度挖掘与分析,对技术发展方向和趋势进行预测,对竞争对手进行相互关联性研究,最终形成指导创新主体生产和经营决策的重要情报。知识产权信息分析贯穿企业创新活动的全过程:①在新产品开发或科研立项之前,进行知识产权信息的检索与分析,可全面了解特定技术领域的现有技术水平,判断目标技术的成熟度与发展前景,排查目标研发技术是否落入他人在先技术范畴,确定研发方向,提高研发起点,避免重复开发,节省研发时间和科研经费。②在研发过程中,通过专利强度、专利引证情况、同族专利情况和专利技术关联分析,可以识别目标技术领域的核心专利和基本专利,了解其分布状况及与技术功效的关联情况,有助于研发人员判断目标技术领域的研究热点和空白点,识别技术创新机会,从而制定适宜的研发策略[①]。当研发过程中遇到技术难题时,还可通过对核心专利技术方案的分析,帮助科研人员站在"巨人的肩膀上"看问题,吸取他人的技术精华,启迪研发思路,用于自己的技术创新。③在选择技术路线和创新路径时,通过对行业内龙头企业的核心技术专利进行追踪,可以敏锐地洞察行业研发前沿和市场需求,直观展现龙头企业的技术路线和发展方向,帮助企业结合自身的技术和经济实力选择研发路径。由此可见,知识产权信息服务可以为企业技术创新方向的选择、技术创新路径的规划和技术创新策略的制定提供重要的指引作用。

(2) 关注同行业竞争对手,抵御技术创新潜在风险

在知识经济的时代,市场竞争归根结底是知识产权的竞争。由于国内企业知识产权保护意识的缺乏,往往会在研发和生产过程中遇到知识产权侵权纠纷问题,从而造成了巨大的经济损失。而知识产权信息风险预警服务在帮助企业防范侵权风险、制定相应的侵权危机应对策略方面,都有着极其重要的作用,具体主要表现在以下四个方面:①在立项/决策的过程中,通过对目标研发技术领域现有专利技术的分析,可以比较全面地掌握该领域内哪些技术已经被他人抢先研发成功,并受到专利权的保护,防止重复研发,以免造成不必要的浪费。②在产品研发的过程中,对目标技术领域的专利信息进行持续跟踪,对新出现的与企业研发产品相似的技术进行专利预警,有针对性地进行回避设计和改进,避开专利陷阱,减少侵权风险的发生。③在成果产出和产品生产过程中,为防止竞争对手对企业专利权益带来的威胁,需要充分运用专利预警技术,监测相关领域的竞争对手的专利技术发展动态、市场策略及合作关系,及时发现竞争对手新技术、新产品和新市场的出现,从而采取相应的竞争策略。④在产品市场化的过程中,尤其是企业计划将产品向海外推广时,可以通过对该产品的主题进行专利信息检索,确定与该产品相似的技术在哪些国家和地区已经获得了专利权的保护,专利稳定性如何。如果与该产品相关的技术主题已在欲出口的国家获得专利权,则需要考虑是否暂时搁置该产品在该国的市场开拓计划,或进一步对存在侵权风险专利技术的稳定性进行分析,判断是否存在无效该专利的可能性,也可提前采取有效的规避措施避免专利侵权风险。同时,运用专利预警技术,积极防范自身技术被他人仿制,对侵犯企业自身专利权的行为要及时提出专利诉讼或无效请求,通过法律手段维护自身权益。

(3) 对自身知识产权进行合理布局,构建技术创新坚实堡垒

目前,一些国内企业采用的低价竞争策略占领市场的方法已经不再适应当下以创新为

[①] 甘绍宁.专利信息利用实践[M].北京:知识产权出版社,2013.

根本的市场竞争环境。在市场竞争尤其是国际市场竞争日趋激烈的形势下,企业需要有计划地针对市场和竞争对手制定战略性的专利部署,知识产权战略布局服务无疑成为企业在竞争中占领市场的重要手段。专利布局是知识产权战略布局中的重要组成部分,主要通过考虑产品信息、市场环境和法律政策等多重因素,对企业现有专利进行合理组合,形成严密的专利保护网,提升企业自主专利的核心竞争力和市场价值,主要包含以下几个方面:①在科研立项阶段,专利布局服务有利于正确引导研发方向,提高研发成效。专利布局服务可以通过信息分析,拓展研究成果的主题和范围,以行业未来可能的发展趋势和技术演进为导向,尽可能地延伸企业的专利布局节点和覆盖范围,尽量消除他人通过专利规避设计来绕开企业专利的可能,形成具有较强保护范围的基础专利。②在产品研发过程中,专利布局服务有利于企业构建合理的专利保护网,削弱竞争对手优势,提高市场竞争力。专利布局服务可以帮助企业在基本专利的周围开发许多外围专利或改进专利,将重要的核心技术进行层层的专利保护,形成完整体系的"专利堡垒",从而消除竞争对手在企业重点产品和市场上的专利威胁。③在产品生产和市场化阶段,专利布局服务有利于企业针对竞争对手进行战略布局,制定符合自身发展的市场化策略。例如,利用相关产品或材料进入市场的时间、地域、规模等经济信息,可以推测出竞争对手的市场范围和策略,并以此为依据制定对应的市场竞争策略。通过分析竞争对手的专利技术发展趋势、技术分类、技术关联度和引证情况等相关信息,可以洞悉竞争对手的研发重点和未来发展方向,从而围绕对手的基本专利开发外围专利,抢先申请专利并获得授权。还可对对手的基本技术进行挖掘与分析,从所涉及的材料、应用领域、替代技术等多个方面发现其技术漏洞,以此为基础进行二次开发获得新的具有创造性的成果,并申请专利,抢占新的市场。

5.2 知识产权信息分析:追踪技术创新态势

随着知识经济全球化时代的来临,行业之间的竞争已逐渐由价格和市场的竞争转变为知识产权的竞争,高质量的知识产权是企业发展的核心竞争力[①]。企业可通过对知识产权信息的深度挖掘与分析,了解行业发展现状和趋势,洞察产业集群分布状态,掌握行业关键技术,监视技术竞争对手的发展方向及市场布局[②],寻找技术空白点,从而构建自身的知识产权发展战略[③]。因此,本节以知识产权信息中的专利信息资源为基础,主要从技术发展态势追踪、技术发展方向预测、技术创新机会识别、核心专利技术的挖掘和市场竞合关系分析五个角度介绍知识产权信息分析对技术创新的作用,以期为企业开展自主创新、制定企业知识产权战略和提升企业竞争优势提供保障。

---

① 边可欣. 知识产权视野下的企业核心竞争力提升策略[J]. 现代商业,2017(6):98-99.
② 张弘第,刘娅,张旭. 中国LED背光技术专利布局现状分析[J]. 科技管理研究,2011,31(14):41-45.
③ 郭琴. 专利分析在企业技术创新工作中的应用研究[J]. 科技风,2017(22):206.

5.2.1 技术发展态势追踪

(1) 技术发展趋势

时间序列分析就是将某一研究对象的统计数值,按照时间先后顺序排列所形成的数列,能够展示所研究的对象在一定时间内的变化过程,从而揭示相关领域的整体发展概况和技术发展趋势[1]。可以根据时间序列分析所反映出来的变化趋势,推测出未来一段时间内技术的发展水平。

专利的申请量,能反映一个国家或地区的科技水平、市场化程度、创新能力技术发展态势和研发规模,是衡量科技产出和知识创新的一项重要指标。通过对专利申请量的时间序列分析,可以帮助管理人员了解技术扩散的潜力,并揭示出技术发展轨迹和该技术的发展阶段。以中国半导体光刻胶领域 1986—2021 年专利申请趋势图为例,如图 5.1 所示,可将我国半导体光刻胶专利技术的发展分为四个阶段:

第一阶段为萌芽阶段(1986—1994 年):这一阶段专利申请总量为 20 件,年申请量很低。这是由于早期国内还没有广泛开展半导体光刻胶技术的研究,国外的相关研究也处于初级阶段,国外研发机构初步的专利布局推动了我国专利申请量的上涨。

第二阶段为平稳发展阶段(1994—2004 年):在这十年间,随着中国半导体产业的发展,陆续有多家光刻胶厂商,如科莱恩、东京应化、SK 海力士、住友化学等在中国市场进行专利布局,同时中国本土也有研究机构开始开展光刻胶的相关研究,使得这段时间专利申请量相比第一阶段有所增长,整体呈现平稳发展趋势。

第三阶段为波动发展阶段(2004—2015 年):进入 21 世纪,半导体光刻胶的目标市场开始从日本、韩国以及中国台湾地区向中国大陆转移,专利年度申请量变化不大,在 65—100 件专利的较大区间内上下波动,这意味着光刻胶行业在较长时间内一直有着较高的研发热度,半导体光刻胶技术步入了波动发展阶段。

第四阶段为高速发展阶段(2015 年至今):在 2015 年之后,半导体光刻胶的专利申请量有了更为明显的上升趋势,半导体光刻胶技术领域进入高速发展阶段,2019 年专利申请量达到峰值(136 件),2019—2021 年部分专利数据尚未全部公开,数值有所下降。该阶段专利申请量的快速增长与政府导向性政策以及外部环境竞争的双重因素有关,企业在半导体光刻胶领域仍有很大的研发热情。

在专利申请量时序分析中加入专利国别这一变量,可以进一步分析对象在全球不同国家或地区中专利申请量的发展趋势。通过这种分析方式,可以对比研究特定专利技术在不同国家或地区的申请量随时间的变化趋势,从而发现该专利技术的研发热点区域及其转移情况,可以为制定全球的市场竞争战略提供参考。

---

[1] 李华锋,袁勤俭,陆佳莹,等. 国内外专利情报分析方法研究述评[J]. 情报理论与实践,2017,40(6):139-144.

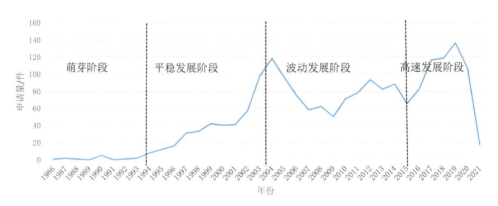

图 5.1 中国半导体光刻胶领域 1986—2021 年专利申请趋势图

以乳制品乳糖脱除技术 1999—2018 年全球主要国家和地区专利申请趋势图为例(图 5.2),从各个国家和地区申请量的趋势统计分析看,美国的乳制品乳糖脱除技术起源最早,持续时间最长,日本、欧洲的专利发展较早,属于早期应用乳制品乳糖脱除技术的国家和地区,而中国的专利发展起步较晚,近年来才出现明显增长点。一方面,这一现象体现了欧美发达国家本身专利制度历史悠久,很早就重视专利保护的作用,而中国由于专利制度起步较晚,近年来才逐渐出现数量增长趋势;另一方面,该趋势图也体现了乳制品乳糖脱除技术相关专利正逐步从传统的乳制品生产及消费量大的欧美国家向以中国为代表的亚洲地区扩张的发展趋势,这是因为亚洲是全球"乳糖不耐受"问题最严重的地区之一,乳制品乳糖脱除技术对于解决中国人健康饮奶问题、促进"学生饮用奶计划"等具有重大意义,因此,我国应重视专利申请和自我保护,在当今频繁的国际贸易中防止可能出现的技术壁垒。

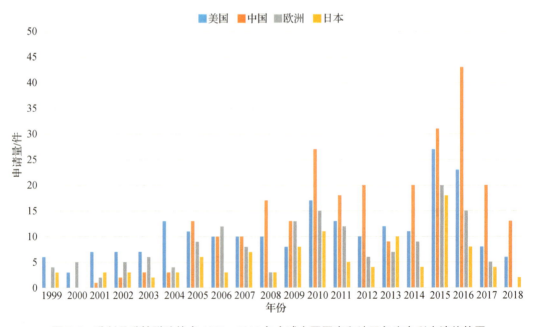

图 5.2 乳制品乳糖脱除技术 1999—2018 年全球主要国家和地区年度专利申请趋势图

在专利申请量时序分析中加入专利申请人这一变量，可以进一步分析某个特定技术领域中主要竞争对手的技术发展变化趋势，有助于确定哪些企业是技术领跑者，哪些企业是追随者，哪些企业在行业内处于垄断地位，哪些企业是后起之秀等重要信息。

以电子束光刻胶技术 1966—2022 年全球专利主要申请人年度申请趋势为例，如图 5.3 所示，全球申请量前 10 的申请人均较早涉足电子束光刻胶领域，但技术高峰期并不相同。美国的 IBM 公司最早于 1967 年开始涉足电子束光刻胶领域，在此后的十多年间占据电子束光刻胶专利领域的主导地位，1974 年至 1977 年为其申请高峰，期间专利年均申请量为 17 件。在 20 世纪 70 年代，日本富士胶片、富士通、日立公司、三菱公司、JSR、松下集团和日立信话均开始进入该领域，信越化学和东京应化则是到了 80 年代才开始在该领域进行专利布局。富士胶片作为生产感光材料产品的老牌公司，在 2000 年之前专利申请的数量并不多，然而在 2000 年之后，专利申请量急速增加，并于 2002 年达到峰值 50 件，在 2003 年之后专利申请量也持续维持在较高水平，说明富士胶片在 2000 年以后非常重视电子束光刻胶技术，并持续进行研发投入。信越化学与富士胶片相似，由于起步较晚，在 2000 年之前只有少量专利申请，在 2000 年后出现申请高峰，并于 2001 年达到申请峰值 48 件，此后也一直维持较高的专利申请量。而富士通、松下集团和日本信话公司则与之相反，富士通的专利申请高峰相对较早，在 1978—1990 年间，富士通年均专利申请量约为 13 件，但在 2000 年以后便没有在电子束光刻胶领域申请过专利。松下集团的申请高峰在 1986—1990 年，期间年均专利申请量约为 6 件，在 2005 年之后不再进行电子束光刻胶的专利申请。日本信话的申请高峰在 1977—1983 年，期间年均专利申请量约为 5 件，1997 年后也没有再申请过电子束光刻胶专利。日立公司、三菱公司、JSR 和东京应化多年来在电子束光刻胶领域一直稳定地进行专利申请，其中三菱公司在 2003—2006 年有过申请高峰，期间年均申请量为 14 件。

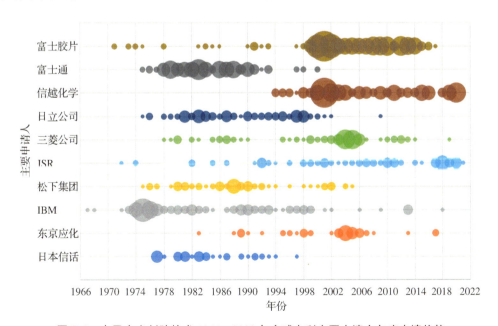

图 5.3　电子束光刻胶技术 1966—2022 年全球专利主要申请人年度申请趋势

（2）技术成熟度判别

研究表明，在某个特定的技术领域中，申请量随时序发生变化的趋势大多呈"S"形，这说明技术在不同的发展时期内会呈现不同的发展特点，也就是所谓的技术生命周期[①]。技术的生命周期特征的发展随着时间和市场需求程度的变化而变化，大量研究表明，专利技术生命周期在理论上一般包含四个阶段，即萌芽期、成长期、成熟期和衰退期[②]。

①萌芽期：新技术研发处于知识积累和探索阶段，技术研发活动刚刚起步，专利申请数量较少，技术创新体系薄弱，甚至有的技术还处于概念性设想阶段，参与技术研发的企业数量较少，产品的未来市场具有较大的不确定性。

②成长期：经过萌芽期的积累，证明新技术的发展是可行的，就会有其他的竞争者不断加入进来，研发队伍不断发展壮大，技术创新体系也得到迅速发展，大量专利不断涌现，产品市场需求凸显，技术产业化进程加速，技术发展进入成长期。

③成熟期：此阶段的技术创新和产业化程度已经达到了一个较高的发展水平，专利数量较多，市场需求较大，但随着进入该领域的企业数量急剧增加，导致竞争越来越激烈，从而造成技术和市场逐渐集中在一些竞争力较强的企业手中，申请人数量呈下降趋势，相关专利申请量的增长速度开始变慢，逐渐趋于稳定。

④衰退期：随着技术的不断发展，新的替代技术的产生使企业的利润率减少，企业的产品市场开始缩减，企业对技术的后续开发也越来越少，很多企业退出市场或被淘汰，专利申请数量也急剧下降。

另外，有的技术领域如果在成熟期实现了突破性创新，可能随后还存在着一个复苏期。

以全球碳青霉烯类抗生素1977—2008年的专利申请生命周期图为例（如图5.4所示），图中横轴为专利申请量，反映该领域的活跃程度；纵轴为申请人数量，反映该领域的竞争状况。从专利生命周期图中可以看出，从1977—1980年为专利技术的萌芽期，专利申请量只有34件，专利申请人数量只有10人，数量都不多，集中度较高；1980—1990年为专利技术的成长期，专利申请量和专利申请人数量均急剧上升，在此期间第一种临床使用的碳青霉烯类抗生素亚胺培南成功上市；1990—1996年为该专利技术的成熟期，此阶段的专利申请量较多，但申请人数量却没有明显增加，在此期间碳青霉烯类抗生素帕尼培南和美罗培南成功上市；1996—2004年为专利技术的衰退期，申请人数量大为减少，专利申请量也大量减少，在此期间碳青霉烯类抗生素比阿培南和厄他培南成功上市；2004—2008年为专利技术复苏期，专利申请量和专利申请人数量又有大幅增加，在此期间碳青霉烯类抗生素多尼培南成功上市。但是可以发现，原来在碳青霉烯类抗生素上投入很大的国外知名企业，在2004年后，专利申请量大量减少，不少国外企业退出了该项目的研究，并且近几年国外知名制药企业的研究重点已不在碳青霉烯类抗生素，但是由于国内大量企业在2004年以后申请了大量的专利，造成了专利生命周期图中出现了复苏期。

---

① 娄永美. 基于专利分析的技术发展趋势研究[D]. 北京：北京工业大学，2011.
② 张海锋，张卓. 技术生命周期阶段特征指标构建及判定[J]. 技术经济，2018，37(2)：108-112.

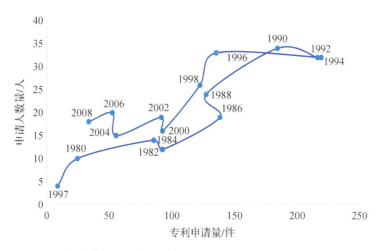

图 5.4　全球碳青霉烯类抗生素 1997—2008 年的专利申请生命周期

(3) 区域布局分析

区域分析是对特定技术在不同国家或地区的专利申请数量分布进行统计分析,绘制分析图谱,通过对图谱的解读了解研究对象在不同国家或地区技术创新的活跃情况。区域分析能够从宏观上反映出不同国家或地区在该技术领域的发展水平和专利布局情况,也可以反映主要技术创新来源国的重要目标市场和专利圈地情况等。对专利区域分布进行分析,对企业拓展海外目标市场以及寻求区域合作方面都有着十分重要的意义,其分析的结论可以为国家或地区间竞争对标,为全球范围内专利布局提供参考依据[①]。

以全球乳制品乳糖脱除技术为例,从技术来源和技术输出两个角度对乳制品乳糖脱除技术的区域分布进行了分析。首先,从技术来源国/地区的角度进行分析(图 5.5),结合申请人及其归属地判断,可以判断哪些地区在该领域的研发投入较多或研发实力较强。如图 5.5 所示,虽然中国在乳制品乳糖脱除技术领域的专利申请起步较晚,但作为后起之秀,在乳制品乳糖脱除技术布局的数量方面仍占有一定优势,达到了 187 个专利族(313 件专利),占世界专利族申请总量的 26%;美国申请了 137 个专利族,日本申请了 59 个专利族,分别占世界

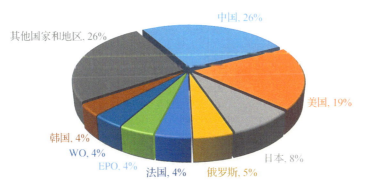

图 5.5　乳制品乳糖脱除技术专利技术来源国/地区分析

---

① 舒灵芝,文玲芳. 全球抗阿尔茨海默症化学药物专利情报研究[J]. 中国发明与专利,2021,18(12):26-36.

专利族申请总量的19%和8%,列居第二、三位。此外俄罗斯、法国、EPO组织成员国等国家或组织在乳制品乳糖脱除技术领域也有相当的研究投入与产出。

其次,从技术输出的角度进行分析(表5.5),排除本国申请只考虑他国申请时,美国作为技术来源国体现出了绝对优势,海外申请的专利数达到395件;其次是欧洲和芬兰,分别为126件和121件,中国以120件位列第四。结合技术来源国/地区分析结果对比可知,美国作为世界第一大经济体,对于海外低乳糖或无乳糖乳制品市场的拓展有着相当的敏锐度和行动力;中国乳制品乳糖脱除技术研发可能存在技术强度和竞争力不足的情况,缺乏对于未来海外市场的有力把控。从国际市场的角度来看,排除PCT国际申请,专利布局主要集中在发达国家和少量较为突出的发展中国家,欧美包括加拿大仍然是乳制品乳糖脱除技术研发机构的主要目标市场,其次是澳大利亚、日本和中国等亚太地区市场[①]。

表5.5 乳制品乳糖脱除技术的技术输出分析(他国申请,排除PCT申请)　　单位:件

技术来源国/地区 目标市场	美国	欧洲	芬兰	中国	英国	日本	加拿大	法国	总计
WO	56	17	20	11	5	9	9	8	170
EPO	50		14	11	4	11	8	10	154
美国		22	12	13	6	10	11	5	127
澳大利亚	34	5	6	6	10	10	8	2	113
日本	32	9	9	7	10		9	4	110
加拿大	35	8	3	8	3	6		4	89
中国	32	12	10		2	6	2		84
德国	9	7		7				10	60
西班牙	12	4	4	5	6	0	3	5	54
丹麦	7	9	4	4	3	1	6	2	50
巴西	16	4	2	6	1	1	3	2	49
墨西哥	16	4	3	4		2	1	2	46
新西兰	12	2	1	2	3	9	2	0	41
俄罗斯	7	3	9	5	2	0			35
韩国	15	0	6	4	0	4	0	0	34
布局国家总计	38	24	25	27	28	23	30	29	65
总计	395	126	121	120	107	94	88	82	1 585

(注:WO专利为国际专利合作条约下的PCT申请。
EPO专利为根据欧洲专利公约审查并授权的、可在欧洲专利组织成员国生效的发明专利。)

---

① 程琳,李杉杉,鲍志彦.面向技术创新的高校知识产权信息服务[J].中国高校科技,2020(S1):53-56.

此外,从专利技术来源国/地区的全球战略布局来看(表5.5、图5.6),乳制品乳糖脱除技术相关专利申请遍布世界65个国家和地区(排除 PCT 申请)。在他国申请超过90件的包括美国、欧洲、芬兰、中国、英国和日本这六个国家或地区,其中以美国尤为明显,专利族遍布世界38个国家和地区,布局广泛,而欧洲则是得到海外关注度最高的地区。美企对欧洲市场最为重视,申请的专利数量最多,在澳大利亚、日本、加拿大和中国的专利申请量基本一致。欧洲企业同样对美国市场格外重视,其次是对中国市场关注度较高。中国企业海外布局重点是美国,但其专利申请量远不及美国在中国的专利申请多,中国企业对欧洲的专利申请量与欧企在华申请量基本一致,其次在澳大利亚、日本和加拿大均有专利申请。可见,中国是其他国家企业乳糖脱除技术专利积极申请地区,但中国自身在国外技术保护程度并不高,既显示了中国市场的重要性,也提示我国申请人要提高全球专利布局的战略意识。

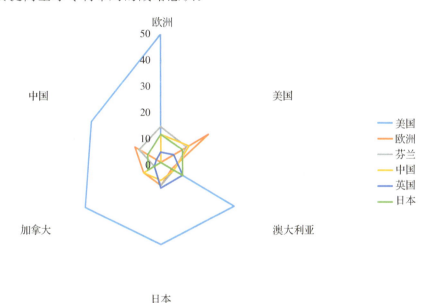

图5.6 乳制品乳糖脱除技术主要专利技术来源国/地区全球专利布局

将区域分析和技术发展趋势分析相结合,可以发现某个特定技术领域起源于哪个国家或地区,以及在不同的时间段内各区域的竞争态势的变化。以电子束光刻胶技术为例,图5.7反映了电子束光刻胶技术1966—2022年主要专利技术来源国家的申请趋势。从图5.7可以看出,在电子束光刻胶行业发展初期主要是美国和德国之间的竞争,其中美国占据主导地位,1971年日本开始进入电子束光刻胶专利领域,并从1977年开始超过美国,占据世界电子束光刻胶专利申请的主导地位。韩国于1986年开始进入电子束光刻胶专利领域,在1996—2001年间有较高的专利申请量,在2009年之后申请数量开始减少。英国于1978年开始申请电子束光刻胶专利,此后有间断性的专利申请,但在2013年之后开始加大对电子束光刻胶技术的投入,连续几年专利申请量维持在一定的水平。我国介入该领域的时间较晚,1992年才开始涉足电子束光刻胶专利市场,且此后多年仅有零星的专利申请,直到2007年之后才有较为稳定的专利申请,但与日美等技术发达国家相比仍有较大差距。

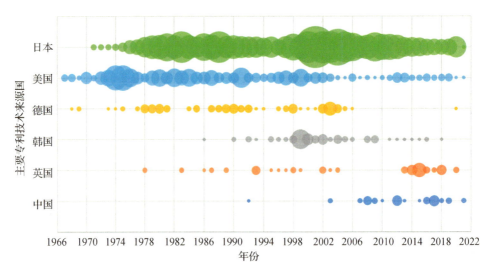

图 5.7　电子束光刻胶技术 1966—2022 年主要专利技术来源国申请趋势

5.2.2　技术发展方向预测

(1) 技术主题分析

技术主题分析的目的是通过挖掘专利文献技术内容的主题和核心,了解目标技术领域专利申请的密集点和空白点,找出核心或重点技术分支,判断分析对象的技术研发和专利布局侧重点,从而为政府、企业及其他相关机构制定研发策略及专利布局提供参考依据[①]。专利技术主题分析目前主要有两种方法:一是通过专利分类号来识别技术主题,即专利分类分析;二是通过文本挖掘技术对专利的主题进行聚类分析[②]。

①专利分类分析

国际专利分类(International Patent Classification,简称 IPC)是目前世界范围内唯一通用的专利分类方法。IPC 分类是各国专利文献获得统一分类的一种工具,是对某一技术领域进行现有技术水平调研的基础,它包含着丰富的专利信息,对 IPC 分类进行分析可以快速获取相关专利文献的技术领域、实施方式等信息,帮助技术人员快速掌握已有技术的具体信息。以气凝胶制备技术专利 IPC 分析图为例,如图 5.8 所示,颜色越深代表此技术主题领域的专利数量越多。从 IPC 分布来看,气凝胶制备技术专利主要集中在 C01B33(硅;其化合物)、C08J9(高分子物质加工成多孔或蜂窝状制品或材料:它们的后处理)、B01J13(胶体化学,例如,其他类目中不包括的胶体物料或其溶液的制备;微胶囊或微球的制造)三个技术领域。

---

① 胡阿沛,张静,雷孝平,等. 基于文本挖掘的专利技术主题分析研究综述[J]. 情报杂志,2013,32(12): 88 - 92.

② 侯婷,吕学强,李卓,等. 面向专利技术主题分析的技术主题获取[J]. 情报理论与实践,2015,38(5): 125 - 129,140.

图 5.8　气凝胶制备技术专利 IPC 分析

此外,通过关键词共现分析,还可以直观展示关键词之间的关联,在揭示某一研究领域的核心技术、关键技术、中介技术等技术内容及其间内在的相关性方面具有重要的意义。德温特专利手工代码是在德温特专利分类代码基础上细化得到的一类专利标引代码,完全类似于关键词的标引作用,可以反映出专利的核心内容和技术主题。因此,利用德温特专利手工代码构建共现矩阵,并进行聚类分析,可以揭示技术的研发重点和融合方向,为企业确定技术创新方向提供指引。

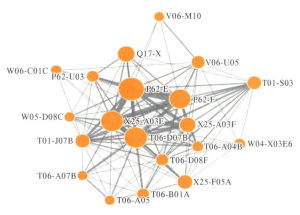

图 5.9　仿人机器人专利 DWPI 手工代码共现图谱①

如图 5.9 所示,利用德温特数据分析平台(DDA),选取仿人机器人领域相关专利手工代码,生成德温特世界专利索引(Derwent World Patent Index,DWPI)手工代码共现图谱。共现图谱中节点之间连线的粗细代表节点之间的技术关联度和融合度。连线越粗,说明这些分类代码在同一篇文献中出现的次数越多,表示这些节点间的技术融合度和技术关联度也越高,而节点连线越少代表文献中相关技术的关联度则较低。由上述共现图谱中节点间的关系可以看出,DWPI 手工代码中共现关联主要出现在三个部分:①P62-E(指仿人机器人机械手)、P62-F(指代机械手测量、指示、传感部分);②X25-A03F(机器人装备制造中对材料加工、零件组装的过程控制技术)、X25-A03E(操纵装置在机器人装备制造中的加工、组装、过程控制);③T06-D07B(计算机与程序控制机器人技术)、T01-J07B(制造/工业机械的计算机控制与质量控制)。通过对上述技术主题关联度分析发现,仿人机械手技术和机器人装备过程控制技术的关联度较高,计算机程

---

① 赵宁,翟凤勇,张玲,等.基于 DDA 专利分析挖掘商业基础需求情报:以仿人机器人领域为例[J].新世纪图书馆,2019(6):30-36.

序控制、机械手操作控制、电器设备控制等技术的关联度较高。因此,控制机械手操作是仿人机器人领域技术创新的重点,而通过计算机程序控制系统操作机械手是研发重点的突破所在①。

②专利文本聚类分析

专利文本聚类是根据专利文本数据的不同特征,将其划分为不同的数据类。它的目的是使得属于同一类别的专利文本之间的相似度尽可能大,而不同类别的专利文本之间的相似度尽可能小。专利文本聚类的科学依据是著名的聚类假设理论:它是一种无监督的机器学习方法,以相似度计算方法为标准,把彼此之间相似度较高的专利文本分到同一个簇内,相似度较低的专利文本分配到不同的簇内,从而使人们能够快速发现专利文本中的关联信息②。图5.10是采用文本聚类的方法绘制的全球ABS塑料核心专利技术主题分布图,可见专利技术研究主要集中在六大核心领域:热塑性聚合物、树脂组合物、复合材料、阻燃材料、塑料原料和聚合物③。

图 5.10　全球 ABS 塑料核心专利技术主题分布图③

(2) 技术发展路线透视

技术路线分析是通过分析某技术领域的主要技术发展脉络和关键技术节点,最终绘制技术路线图的一种分析方法。技术路线图是一项重要的战略规划和决策工具,最早的技术路线图出现在美国汽车行业,摩托罗拉公司首先采用绘制技术路线图的管理方法对产品开发进行规划。专利技术路线图是一种基于专利文献,运用时序分析方法,系统地描述"技术—产品—市场"发展轨迹的分析图谱。根据专利技术路线图,研发人员能够准确把握本领

---

① 赵宁,翟凤勇,张玲,等.基于DDA专利分析挖掘商业基础需求情报:以仿人机器人领域为例[J].新世纪图书馆,2019(6):30-36.
② 姚长青,杜永萍.降维技术在专利文本聚类中的应用研究[J].情报学报,2014,33(5):491-497.
③ 罗剑钊.全球及中国 ABS 塑料专利态势分析:基于 Innography 专利分析平台[J].科学观察,2017,12(6):33-44.

域技术发展的趋势和最前沿的技术方案,也能预测竞争对手下一步的行动。专利分析人员从解决技术问题的技术方案性能和技术发展的时间脉络两个方向出发,绘制相关领域的专利技术路线图,让研发人员清晰地看到技术应用范围和技术本身进化的方向。技术路线图可以用数据图表、文字报告等形式表现。

以有机分离膜制备技术为例,根据其重要专利和重要技术结点,绘制该技术1960—2010年发展路线图,如图5.11所示。1970年,一篇名为氯碱电解槽用叶蜡石石棉隔膜的专利问世,其要求保护的是电解池包括容器壳体,隔膜隔开的阳极和阴极,所用的分离膜制备材料为有机天然高分子的石棉。1974年,关于交联聚烯烃片材薄膜制备的基础专利问世,要求保护制备交联聚烯烃薄片或薄膜的方法,该件专利在多个主要国家申请了同族专利并获得了授权。随后,出于对有机分离膜制备材料的改进,各种有机材料及其混合的技术相继出现,有机分离膜的制备技术也得到进一步丰富,利用聚酰胺/聚砜、含氟聚合物、全氟磺酸、全氟羧酸、芳香杂环以及其混合等制备技术被广泛用于制备有机分离膜。

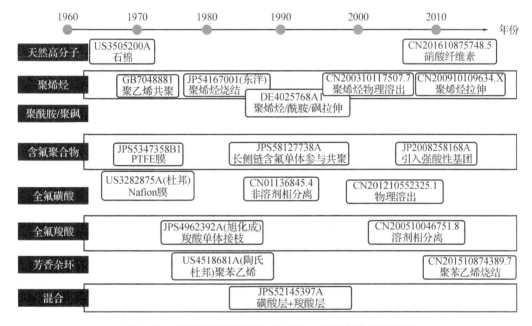

图5.11　有机分离膜制备技术1960—2010年发展路线图

但在实践中,专利技术路线应用时常会遇到问题,专利往往不能清晰反映研发活动的全貌,专利与产品不一定能一一对应,有时一件专利的多个实施例能用在很多型号的产品中,同一个产品也可能用到很多专利。这都给绘制专利技术路线图造成不少的困难。这时候加入产品进化的维度就非常必要,这就是专利-产品技术路线图。

利用耐克运动鞋鞋底气垫技术的专利-产品技术路线图可以清楚说明这个问题。采用这种技术的鞋底像内置了装满液体或气体的柔性袋子,这是耐克运动鞋的核心竞争力之一。从1987年引入气垫技术之后,耐克在这项技术上进行不断创新,拥有800多项专利。若要在技术上赶超耐克,对其产品与专利进行分析,绘制专利-产品技术路线图就非常必要。这样能够清楚地知道耐克下一步的研发方向和可能上市的产品,拦在耐克的前面进行专利布局,推出更具竞争力的产品。

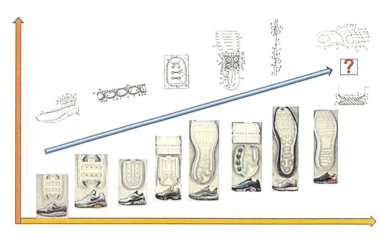

图 5.12　耐克运动鞋鞋底气垫专利—产品技术路线图[①]

从图 5.12 可以看出[①],耐克的产品与专利是基本对应的。从专利披露的技术资料来看,气垫技术的发展规律是气垫的面积越来越大,结构也越来越灵活、动态化。最新款的产品的气垫基本上覆盖整个鞋底,而且气垫采用分割的分体结构。不同的小分体之间的空气可以流通,小分体之间设置有类似于阀的装置。当用户在运动时,气垫具有弹性,起到缓冲作用,当用户脚尖或脚后跟先着地时,由于气垫不同小分体间的空气可以流通,防止部分气垫突然受力膨胀损坏。此外,不同小分体之间的阀能够控制气流的速度,避免因为着地力度过大,导致某一部位的气垫突然走气失去平衡。

在耐克最新申请的几百个鞋底专利中,有两个专利采用更加灵活的分体结构,如图 5.13 和图 5.14 所示[①]。半球状的分体小气垫技术比以往的结构更加灵活,每个小气垫采用独立的结构,形状是球状,这样在受力时,小气垫不至于迅速膨胀,能够最大限度地起到缓冲作用。另外,这种独立的小气垫可以根据需要设置在鞋底的任意位置,数量也可以根据需要增加,比过去连体式结构更加灵活。这件专利的方案与耐克整体的技术脉络更切合,因此可以判断极有可能成为下一代产品采用的方案。研发人员可以在这样的信息基础上进行进一步的研究,若在商业上具有价值,专利分析人员进一步对技术方案的可专利性进行评估,研究专利回避措施,申请改进型的专利,提前推出自己的竞争产品。

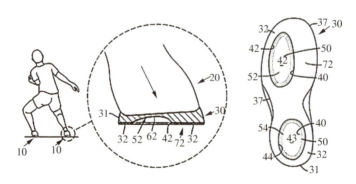

图 5.13　采用半球状的分体小气垫[①]

---

① 佑斌. 如何利用专利—产品路线图预测竞争对手的下一代产品[EB/OL]. (2018 - 06 - 12)［2019 - 11 - 25］. https://mp.weixin.qq.com/s/f21ERwRPH7YZkpSHAw3grw.

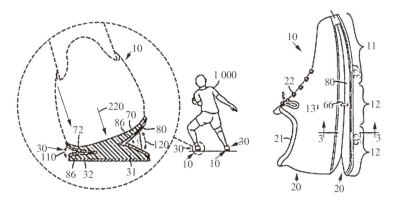

图 5.14 两侧夹层气垫结构①

5.2.3 技术创新机会识别

(1) 挖掘技术创新空白区域

技术功效图是挖掘技术空白点的主要方法。技术功效矩阵是专利地图的一种,是在对专利技术内容进行详细解读的基础上,分别以技术手段和所达到的功效为横纵轴绘制成的矩阵型统计图表,表或图中的数据一般是专利数量或专利编号。技术功效图的主要表现形式是气泡图,但也有饼图、柱图、雷达图等形式。技术功效图可以帮助企业了解特定技术领域的发展热点和技术空白,从而确定企业自身的技术发展方向和策略②。

以切削加工刀具涂层技术功效图为例(图 5.15)③,该技术领域所涉及的主要技术功效有 6 种,分别是提高硬度、提高耐磨性能、提高耐热性能、提高粘接性能、提高润滑性能和提高韧性;所采用的主要技术手段也有 6 种,分别是单层涂层、双层涂层、多层涂层、梯度涂层、软硬涂层和纳米涂层。如图 5.15 所示,从技术手段角度分析,单层涂层和多层涂层这两种技术手段是当前切削加工涂层技术领域的主要技术手段,其次是双层涂层技术。从技术效果方面分析,如何提升涂层的耐磨性能和耐热性能是该领域的关注热点。综合分析发现,该领域的专利布局重点集中在如何提高单层涂层和多层涂层的耐磨性能和耐热性能,这也是该领域的技术研发的热点。而该领域的技术空白点主要集中在梯度涂层、软硬涂层和纳米涂层领域。结合当时市场对切削加工刀具涂层耐磨性能和耐热性能需求的增加,提升梯度涂层、软硬涂层和纳米涂层等新型材料的耐磨性能和耐热性能将会成为比较有发展潜力的研发突破点。通过后续跟踪发现,提高纳米涂层的耐热性的专利申请在之后的几年内增速明显。事实证明,通过技术功效图挖掘技术创新空白区域,可以在一定程度上避免重复研发,抢占市场先机。

---

① 佑斌. 如何利用专利—产品路线图预测竞争对手的下一代产品[EB/OL]. (2018-06-12)[2019-11-25]. https://mp.weixin.qq.com/s/f21ERwRPH7YZKpSHAw3grw.
② 智财黑马. 什么叫做技术功效矩阵图,到底如何做?[EB/OL]. (2020-06-12)[2020-11-30]. http://www.360doc.com/content/20/0612/16/58095336_918093879.shtml.
③ 杨铁军. 产业专利分析报告:第 3 册[M]. 北京:知识产权出版社,2012.

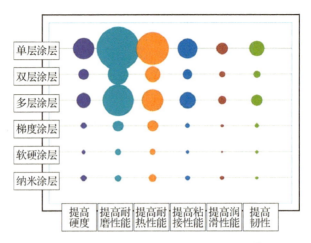

图 5.15 切削加工刀具涂层技术功效图①

(2) 探索技术创新组合方案

多维技术创新地图是通过对萃智理论(TRIZ)、系统创新思维(Systematic Inventive Thinking,SIT)、检核表法、专利功效矩阵等各种创新原理进行提取与归整,并系统分析不同创新领域的创新成果、经验技巧和专利技术特征,从而形成包括所有创新要素的九大创新维度与九大创新法则。其中,九大创新维度包括空间维、环境维、功能维、机理维、结构维、材料维、动力体系维、时序维和人机关系维②。九个创新法则包括分解与去除、组合与集成、局部优化、替代、动态化、自服务、友好化、柔性化和智慧化③。依据实际需求及现存问题,将九大创新维度和九种创新法则进行合理耦合,找出目标技术领域中各创新要素,通过维度变化组合,形成现有的或未来可行的技术方案。在这些技术方案的基础上,探究技术发展现状和未来创新方向。一方面,通过现有技术专利地图呈现出各创新要素现有组合方案的空间分布规律,预测未来潜在技术创新区域,为企业全面掌握目标技术领域发展态势提供指导;另一方面,利用技术创新要素组合地图,挖掘潜在的技术创新方案,并参照专家意见,为技术创新寻求有效的创新要素组合方案。

在煤层气开采技术改进的案例中就充分运用了多维技术创新地图④,通过对关键创新要素间的有序组合,准确识别潜在技术创新机会,形成了合理的技术创新方案,取得了良好的效果。在具体操作过程中,首先对该领域专利文献信息进行检索和筛选,获取煤层气开采技术方面的发明专利 248 项,随后对专利信息进行聚类分析,提取出技术专利中所涉及的重点创新要素,提取要素结果如图 5.16 所示。

---

① 杨铁军.产业专利分析报告:第 3 册[M].北京:知识产权出版社,2012.
② 冯立杰,李阳光,岳俊举,等.基于多维技术创新地图维法耦合的技术创新路径构建及实例分析[J].技术经济,2017,36(8):18-23.
③ 岳俊举,冯立杰,冯奕程,等.基于多维技术创新地图与关联规则挖掘的技术机会识别方法研究[J].情报学报,2017,36(8):798-808.
④ 贾依帛.基于多维技术创新地图的煤层气开采技术机会分析[D].郑州:郑州大学,2017.

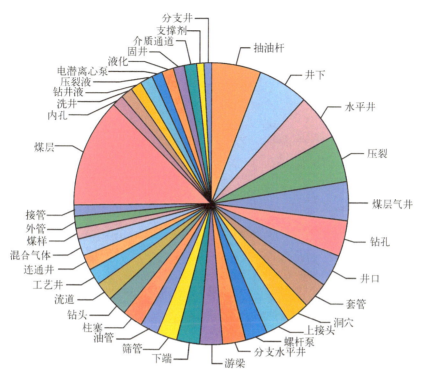

图 5.16　煤层气开采技术专利创新要素部分提取结果①

结合煤层气开采技术领域的相关研究理论与各创新要素属性分析,最终提取出 23 个创新要素,随后参照九大创新维度分析方法从空间维、材料维和机理维 3 个维度划分创新要素(表 5.6)①。

表 5.6　煤层气开采技术创新维度①

空间维 D1	机理维 D2		材料维 D3
E11 地面	E21 钻孔	E27 压裂	E31 压裂液
E12 煤储层	E22 酸化	E28 声波	E32 钻井液
E13 上下抽巷	E23 爆破	E29 流体冲刷	E33 流体
E14 解放层	E24 振动	E210 脉冲	E34 气体
E15 上下围岩	E25 掏穴	E211 注热	E35 支撑剂
	E26 井型	E212 微生物	E36 脉冲发射器

首先,将不同的创新要素进行跨维度组合,并从 248 项现有专利技术中筛选出与之对应的技术方案,根据数量在图中形成气泡标注,构建煤层气开采技术领域的现有专利分布地图(图 5.17)。针对现有专利分布地图分析发现,空间维和机理维作为开采技术的主要作用形式是影响煤层气开采的重要环节,而作为辅助性工具的材料维并非当前的研发重点,但可能会对未来的技术发展产生重要影响。其次,将空间维和机理维中的关键技术创新要素再次进行组合,构建技术创新要素组合表(表 5.7),并结合专家意见找出潜在的技术创新的概念性方法集合(表 5.8)。此外,为了避免在新产品、新工艺的创新过程中造成侵权,还应进一

---

① 贾依帛. 基于多维技术创新地图的煤层气开采技术机会分析[D]. 郑州:郑州大学,2017.

步排除市场上已经应用的技术方案,从而选择了 S2 和 S4 作为待评价的概念性技术方案。最后,构建技术方案评价模型,采用熵权模糊综合评价法对两个潜在的概念性创新方案进行评估,发现方案 S4 优于方案 S2。最终,根据 S4 技术方案设计思路,确定了以钻孔、掏穴为组合对象得出区域井下高压水力掏穴卸压开采煤层气的方法[①]。

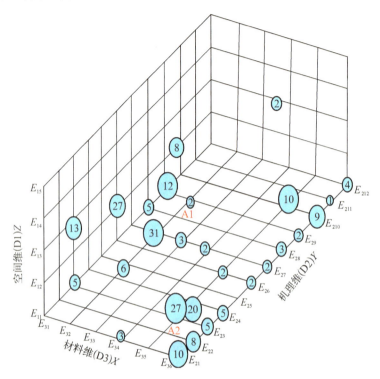

图 5.17　煤层气开采技术领域的现有专利分布地图[①]

表 5.7　煤层气开采技术创新要素组合表[①]

维度		D1			D2					
		E11	E12	E13	E21	E23	E24	E25	E26	E27
D1	E11									
	E12									
	E13									
D2	E21				S1					
	E23	S3								
	E24						S2			
	E25						S4			
	E26									
	E27									

---

① 贾依帛. 基于多维技术创新地图的煤层气开采技术机会分析[D]. 郑州:郑州大学,2017.

表 5.8 煤层气开采技术概念性方案要素组合情况[1]

序号	组合情况	现阶段实践情况
S1	在上下抽巷内进行钻孔	已被开发
S2	实施钻孔、振动一体化	未被开发
S3	在地面实施爆破	已被开发
S4	实施钻孔、掏穴一体化	未被开发

（3）识别技术创新核心人才

人才是当代社会发展的重要资源，占据了人才优势就等于掌握了竞争的主动权。专利发明人是指对发明创造的实质性特点作出创造性贡献的人，是技术创新的核心要素。通过专利发明人分析可以迅速了解该技术领域的核心人才，同时进一步掌握发明人的研发重点和规律，从而发现技术合作者与竞争者。专利发明人分析的内容包括发明人频次排序分析、发明人技术分布分析、发明人合作关系分析等。

对发明人的专利技术分布进行分析，可以了解该发明人的重点研究技术领域、跨领域技术组合情况、研发能力优劣势以及研发重点转移情况等。例如，图 5.18 是固体氧化物燃料电池（SOFC）技术主要专利发明人的技术分布。[2] 从图中可以看出，十位发明人的研发重点各有异同：HATANO MASAHARU、YOSHIKATA KUNIAKI、SHIBATA ITARU 的发明中电极发明占本人全部发明的 50% 以上，同时也是其主要研发领域，其中 HATANO MASAHARU 的电极发明数领先于其他人；KUROISHI MASAHIRO 的发明集中于控制、电极、电解质材料和燃料装置四个领域，其中控制为研发重点；MATSUZAKI YOSHIO 和 KUSHIBIKI KEIKO 的综合研发能力较强，对各个领域都比较兼顾。

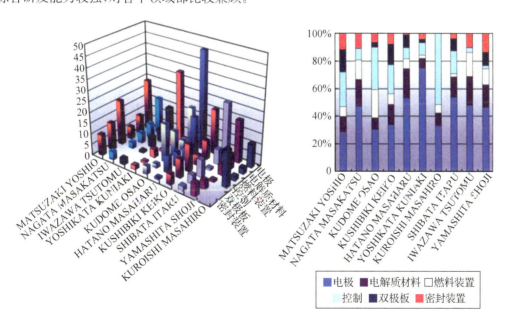

图 5.18 SOFC 技术主要专利发明人技术分布[2]

---

① 贾依帛. 基于多维技术创新地图的煤层气开采技术机会分析[D]. 郑州：郑州大学，2017.
② 肖沪卫. 专利地图方法与应用[M]. 上海：上海交通大学出版社，2011.

通过研究发明人间的合作关系,可以发现研发团队的脉络体系和合作模式。同样是固体氧化物燃料电池(SOFC)技术领域,从图 5.19 可以看出,东京瓦斯的 MATSUZAKI YOSHIO 与京瓷株式会社的 YAMASHITA SHOJI 存在合作研发关系;日本藤仓集团的两位发明人 NAGATA MASAKATSU、IWAZAWA TSUTOMU 合作关系密切;日本日产自动车株式会社的三位发明人相互之间亦合作密切。

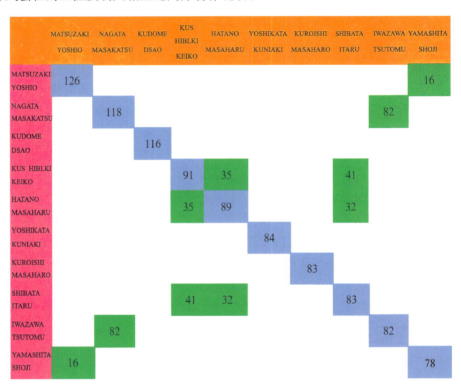

图 5.19　SOFC 技术前十位专利发明人合作关系矩阵图[①]

当今科技发展日新月异,交叉领域研究成果层出不穷,往往个别"大师"级领军人才带领一批精英分子推动着某项学科技术的基础研究和产业应用。通过对这类人才的发现和研究,可以了解前沿技术的演进趋势,洞察产业机遇和国家战略,并挖掘出领军人才背后的精英团队。例如,约翰·克雷格·温特(John Craig Venter)是美国生物学家及企业家,是生物学界的传奇人物,被誉为"科学狂人""人类基因组计划之父"。对约翰·克雷格·温特进行发明归属分析发现:他的 88 件专利申请共涉及 38 个专利受让人,其中 7 个为公司、7 个为大学和研究机构、19 个为个人、5 个为美国政府部门,由此可见约翰·克雷格·温特活跃于产学研的多个领域,有多家公司背景且获得了美国政府的大力支持。图 5.20 对约翰·克雷格·温特在阿普里拉(Applera)公司的共同发明人进行了网络图分析。蓝色气泡为发明人,红色气泡为专利受让人,气泡大小代表专利数,线条粗细代表共同发明的专利数。从图中可以看出,约翰·克雷格·温特与该公司的 Adams. Mark. JD 的合作最为密切[①]。

---

① 肖沪卫. 专利地图方法与应用[M]. 上海:上海交通大学出版社,2011.

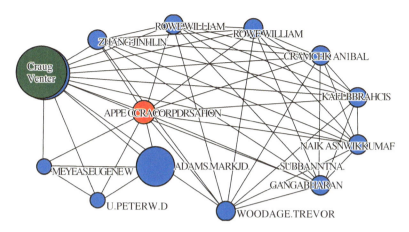

图 5.20 CRAIG VENTER 的共同发明人网络图分析①

5.2.4 核心专利技术的挖掘

一个企业是否具有很强的创新能力,并不在于它拥有多少自主知识产权的产品,而在于它在所从事的行业领域中是否掌握了核心技术,而掌握核心技术的标志就是拥有"核心专利"。核心专利是市场的技术轴心,抓住了它就相当于牵住了牛鼻子,通过跟踪核心专利,就能发现市场机会。目前,核心专利并没有一个清晰完整的定义,而且判断一个专利是否是某个技术领域的核心专利是一件非常困难的事情。一般来讲,核心专利是指在某个产品或工艺的生产过程中,必须使用的某项技术所对应的专利,并且这种专利技术是无法通过规避设计进行替代的。

企业以核心专利为起点,不仅省时省力,还节约资源。因此引进核心专利,可以帮助企业提高研发起点,融入核心专利,有利于帮助企业强化标准战略。核心专利对于企业的意义不言而喻。从寻找核心专利这个过程看,其实就是追踪科学技术发展轨迹的过程。在一个技术领域中寻找核心专利,必然会涉及该领域的很多相关技术以及追溯这些技术的发展脉络,从而在比较分析中,确认核心专利。当掌握了科学技术发展的规律,识别出现有的核心专利之后,就能预测未来的技术发展趋势。识别核心专利的方法很多,本节主要介绍四种,分别是:基于专利被引情况、基于同族专利数量、基于专利法律信息和基于专利组合指标的识别方法。

(1) 基于专利被引情况的识别方法

专利引用次数是指已申请的专利被后续专利所引用的次数。一般情况下,一件专利被引用的次数越多,则说明该专利的技术影响越大,专利越重要,往往可能是在某领域带来了重大技术创新或进步的专利。因此,专利被引用次数的指标可以在一定程度上作为衡量专利质量的标准,尤其是在短时间内被引证次数较多的专利文献,很可能就是这个领域的核心专利②③。

---

① 肖沪卫. 专利地图方法与应用[M]. 上海:上海交通大学出版社,2011.
② 白晶. 我国高校专利质量评价研究[D]. 大连:大连理工大学,2021.
③ 贾佳,孙济庆. 基于核心专利分析对技术创新应用发展的研究[J]. 情报理论与实践,2009,32(1):79-81.

通过对某技术领域的相关专利进行被引频次排序,可以直观地展示本领域中核心的专利集群。其中,专利被引频次分为总被引频次与年均被引频次。总被引频次是根据专利被引数量进行统计,不考虑专利的申请时长;年均被引频次是指某项专利平均每年被引用的次数,可以用于修正申请时长差异带来的误差[①]。表5.9是全球光刻胶制备领域被引最多的10件专利列表。从表5.9可知,题为"Positive-and negative-working resist compositions with acid generating photoinitiator and polymer with acid labile groups pendant from polymer backbone"(有光致产酸剂正性和负性抗蚀剂组合物和在聚合物主链上具有酸不稳定基团的聚合物)的专利US4491628A以1 204次总被引频次处于光刻胶制备技术领域专利榜首,可见其在该技术领域的重要地位。该专利是由IBM公司于1985年公开的,此项技术涉及一种光致产酸剂和光致抗蚀剂的组合物,由具有重复侧基的聚合物(例如叔丁基酯或叔丁基碳酸酯)与光引发剂配制而成,对UV、电子束和具有正或负色调的X射线辐射敏感,所述聚合物经历有效的酸解并伴随极性(溶解度)的变化,所述光引发剂在辐解时产生酸,还可以添加改变波长灵敏度的敏化剂组分。本发明所制备的组合物可以根据显影剂的选择而被制成正性或负性光刻胶,并且可以被敏化到从深UV到可见光的各种波长,这在当时是该领域的一项重大突破。总被引频次排在第二位的是专利US20050084794A1,该专利是由MEAGLEY ROBERT P等人申请的关于具有改进的液体接触性能的光刻胶的方法和组合物的技术,虽然该专利的总被引频次比排名第一的专利低,但其公告年份比排名第一的专利晚了20年,年均被引频次反而更高,足以说明该专利的重要性,通过对其法律状态的检索发现,该专利早在2005年公开之初已转让给英特尔公司。

表5.9 光刻胶制备领域专利被引频次排名

序号	公开(公告)号	标题	申请人	公开年	被引证次数	年均被引次数
1	US4491628A	Positive- and negative-working resist compositions with acid generating photoinitiator and polymer with acid labile groups pendant from polymer backbone	IBM	1985	1 204	33.4
2	US20050084794A1	Methods and compositions for providing photoresist with improved properties for contacting liquids	MEAGLEY ROBERT P	2005	715	44.7
3	JP2000026446A	(Meth) acrylate derivative having lactone structure, polymer, photoresist composition, and formation of pattern	NEC CORP	2000	382	18.2

---

① 李伟,刘红光.国外混合动力汽车领域专利引证分析[J].情报杂志,2011,30(9):6-13.

(续表)

序号	公开(公告)号	标题	申请人	公开年	被引证次数	年均被引次数
4	JP09090637A	Resist composition and resist pattern forming method	FUJITSU LTD	1997	253	10.5
5	JP10274852A	Chemical amplification type positive type resist composition	SUMITOMO CHEMICAL CO	1998	216	9.4
6	JP10319595A	Resist composition and resist pattern forming method	FUJITSU LTD	1998	203	8.8
7	JP2008145539A	Radiation-sensitive resist composition	MITSUBISHI GAS CHEMICAL CO	2008	203	15.6
8	WO2007116664A1	Fluorine-containing polymer, purification method, and radiation-sensitive resin composition	JSR Corporation; NAKAGAWA Hiroki	2007	199	14.2
9	US20020001778A1	Photolithography scheme using a silicon containing resist	Applied Materials Inc	2002	193	10.2
10	WO2004074242A2	Halogenated oxime derivatives and the use thereof as latent acids	CIBA SC HOLDING AG	2004	158	9.3

通过对高被引专利被引情况的具体分析，还可以挖掘出更多有价值的信息。图5.21展示了高被引专利US4491628A被引情况。如图所示，引用IBM公司US4491628A专利的机构主要包括富士胶片株式会社、信越公司、默克公司、休思乐公司和

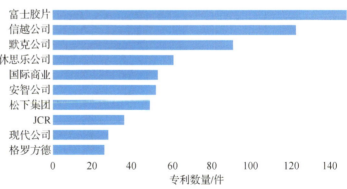

图5.21 高被引专利US4491628A被引情况分析

国际商业集团等，它们均为该领域的国际知名企业。其中，富士胶片株式会社的引用数量接近150件。由此可见，富士胶片株式会社是IBM公司在该技术上的主要竞争对手，其对IBM公司的这项专利技术可能进行了大量的后续研发和改进，两家公司在该领域的技术发展方向可能趋于类似。IBM公司可以通过对引用该项专利技术的相关机构的专利文献进行跟踪调研，寻找其他机构对该项专利侵权的可能性，从而规划其专利竞争与合作战略。

(2) 基于同族专利数量的识别方法

同族专利判别法。同族专利是基于同一基本专利,在不同国家或地区,以及地区间专利组织多次申请、多次公布或批准的内容相同或基本相同的一组专利文献。通常来说,企业的重要专利技术都会在不同国家或地区申请同族专利,专利家族越大,说明其在全球区域布局越广,专利布局中所花费的专利成本越多,可在一定程度上说明该专利的重要性。因此,通过同族专利数也可以确定某一技术领域的核心专利①。

以光刻胶技术领域同族专利数量较多的一项专利为例,该专利是由日本富士胶片株式会社在韩国申请的题名为"图案形成方法,使用用于显影抗蚀剂组合物"的专利,专利公开号为KR1020150039719A,共有65个简单同族专利。图5.22为该专利的同族专利区域分布图。如图所示,该专利在美国、EPO组织成员国、中国、韩国、日本、澳大利亚等世界上的主要国家和区域均有大范围的专利布局,这些区域的专利布局反映了该专利技术的潜在市场遍布全球各地,从而也在一定程度上说明了专利权人对其的重视程度和该专利的核心价值。

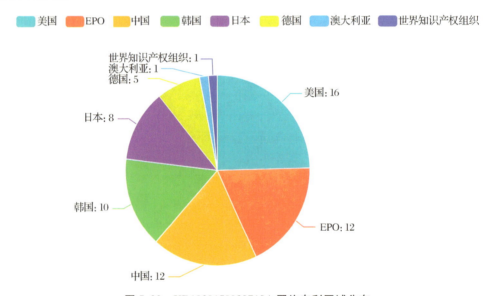

图 5.22　KR1020150039719A 同族专利区域分布

(3) 基于专利法律信息的识别方法

①权利要求数量判别法

专利法及其实施细则规定,权利要求书须以说明书为依据,清楚、简明地表述请求保护的范围。由此可见,权利要求书是确定专利保护范围的重要法律文件。一项专利权利要求书可以包含多项权利要求,主要包括独立权利要求和从属权利要求。权利要求的数量在宏观上反映了专利的保护范围,通常情况下专利权利要求的数量越多,其保护范围越大。有相关国外学者研究了1975—1999年期间美国多个技术领域专利的平均权利要求数量,指出由

---

① 郑玉荣,吴新年,田晓阳,等.基于产业尺度的核心专利判别方法研究:以镍基高温合金专利为例[J].情报理论与实践,2014,37(7):81-85.

于技术本身的不断进步和多样化发展以及出于战略布局考虑等因素,专利权利要求的数量呈现出不断增加的态势①②。由此可见,专利权利要求的数量在一定程度上可以体现该专利的技术创新性和专利质量。

图5.23展示的是苹果公司专利权利要求数量分布图。如图所示,权利要求数量在16—20项之间的专利数量最多,有8 000余件;其次是权利要求数量在21—30项之间的专利,数量有3 000余件;而权利要求数量位于10项以下的专利数量总和不足1 000件。由此可见,技术创新程度较高的公司在申请专利时,尤其是重要专利,都比较重视权利要求的数量,从而扩大其保护范围。因此,通过权利要求数量的多少在一定程度上可以判断专利的重要程度和价值。

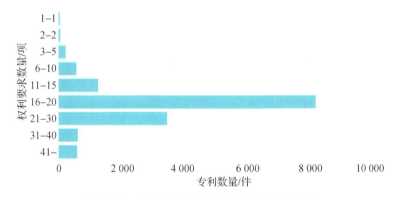

图5.23 苹果公司专利权利要求数量分布图

②专利诉讼信息分析法

专利诉讼是涉及与专利权及其相关权益有关的各种诉讼的总称。专利诉讼通常需要花费大量的财力、物力和精力,只有当一件专利背后具有巨大的技术价值或经济利益时,专利权人才更倾向于选择进行诉讼。因此,引发诉讼的专利大多数是具有较高的技术价值和经济价值的。专利诉讼分析就是通过挖掘与分析特定技术领域具有诉讼历史的专利,从而发现该领域核心专利的过程③。

以苹果公司的一项核心专利为例,该专利公开号为US5566337A,题名为"用于在操作系统中分发事件的方法和装置",有24项权利要求,该专利及其同族专利在全球被引用387次,在6个国家/组织/地区申请专利布局。表5.10是该专利所发生的诉讼信息列表。如表5.10所示,苹果公司的这项专利技术与HTC、摩托罗拉、诺基亚等主要手机生产厂商在美国和欧洲区域进行了5次专利诉讼,足见该专利的重要程度。

---

① LANJOUW J O,SCHANKERMAN M. Patent quality and research productivity:Measuring innovation with multiple indicators[J]. The Economic Journal,2004,114(495):441-465.
② TONG X S, FRAME J D. Measuring national technological performance with patent claims data[J]. Research Policy,1994,23(2):133-141.
③ 祁延莉,刘西琴. 核心专利识别方法研究[J]. 情报理论与实践,2016,39(11):5-9.

表 5.10　US5566337A 专利诉讼信息列表

原告	被告	司法管辖区
HTC Europe	苹果	欧洲
苹果	HTC Germany	欧洲
苹果	宏达国际电子(HTC)	欧洲
苹果,Next Software, Next Computer	摩托罗拉解决方案,摩托罗拉移动,摩托罗拉	美国
苹果	诺基亚技术	欧洲

（4）基于专利组合指标的识别方法

核心专利具有广泛应用的可能性和获取巨大经济效益的前景。因此,在识别核心专利的过程中,专利的潜在或者已被证明的经济价值一定是考量的重要指标。正因为核心专利经济效益前景巨大,所以申请人往往申请发明专利而不是实用新型或外观设计,进行多国申请而不是仅国内申请,在多个发达国家申请而不是仅在发展中国家申请,进行多项权利要求或多专利群联合申请而不是孤立的小范围保护,且专利权维持时间长而不是过眼烟云。除了上述指标外,还有几种方法可以综合起来识别核心专利。

根据上述核心专利的判别方法,可以发现,核心专利常常会有一些共性,如同族专利多、被引用次数多、权利要求项数多、诉讼次数多等。如果依据单一指标进行判断,其判别的结果常常会存在一些不足和问题。Innography 公司独创的专利强度评价指标是在专利权利要求数量(Patent Claim)、引用先前技术文献数量（Prior Art Citations Made）、专利被引用次数（Citations Received）、专利及专利申请案的家族（Families of Applications and Patents）、专利申请时程(Prosecution Length)、专利年龄(Patent Age)、专利诉讼(Patent Litigation)和其他(Other) 因素等 10 余个与专利价值相关的综合指标的基础上构建的专利评价体系[1]。该评价体系是 Innography 数据库的核心功能之一,其专利按强度可分为 10 级,强度越大越为核心专利。该功能可以帮助用户快速精准地从大量专利数据中筛选出核心专利,并评价专利价值。

以乳糖脱除技术为例,利用 Innography 专利分析软件中的专利强度指标来筛选核心专利。一般认为,专利强度在 70 以上的专利为核心专利。在乳制品乳糖脱除技术主要核心专利列表中(表 5.11),专利强度排名第一的专利(US7829130B2),采用了酶水解＋超滤、纳滤联用技术对乳制品的乳糖进行有效脱除,并且在核心专利列表中也多次出现采用联用技术对乳糖进行脱除的专利。由此可见,酶水解＋超滤、纳滤联用技术在低乳糖或无乳糖乳制品的生产过程中已成为一个重要的研发方向。

---

[1] 王旭,刘姝,李晓东.快速挖掘核心专利:Innography 专利分析数据库的功能分析[J].现代情报,2013,33(9):106-110,116.

表 5.11 乳制品乳糖脱除技术主要核心专利列表

序号	公开号	题目	专利权人	专利强度	方法
1	US7829130B2	Process for producing a lactose-free milk product	Fairlife, LLC	92	酶水解+超滤,纳滤
2	US7585537B2	Cheese and methods of making such cheese	Leprino Foods Company	92	酶水解
3	US7169428B2	Dairy compositions and method of making	Fairlife, LLC	91	超滤,纳滤
4	US8591981B2	Oligosaccharide mixture	Nestec S. a.	91	浓缩结晶
5	US7618669B2	Low-lactose partially hydrolyzed infant formula	Mead Johnson Nutrition Company	91	酶水解
6	US6372268B1	Wheyless process for production of natural mozzarella cheese	Kraft Foods Group Brands LLC	90	酶水解
7	US6875459B2	Method and apparatus for separation of milk, colostrum, and whey	Smartflow Technologies, Inc.	90	过滤,结晶
8	EP2207428B1	Process for producing lactose-free milk	Arla Foods Amba	90	超滤,纳滤
9	CN1976593B	Enzymatic process for obtaining increased yield of lactobionic acid	Hansens Lab	90	酶水解
10	US7955831B2	Purified lactase	Dsm Ip Assets B. v.	88	酶水解
11	CN101090635B	Beta-serum dairy products, neutral lipid-depleted and/or polar lipidenriched dairy products, and processes for their production	Fonterra Co. Operative Group Lt	88	超滤
12	EP1938695B1	Powder being rich in milk-origin complex lipids	Megmilk Snow Brand Co., Ltd.	88	酶水解
13	US5902617A	Enzyme supplemented baby formula	Pabst; Patrea L.	87	酶水解
14	US9282755B2	Heat stable concentrated dairy liquid and cream product	Koninklijke Douwe Egberts B. v.	87	超滤
15	EP2183976B1	Shelf-stable concentrated dairy liquids and methods of forming thereof	Koninklijke Douwe Egberts B. v., Nl	87	微滤,超滤

5.2.5 市场竞合关系分析

技术的发展与进步相辅相成,只有通过多方合作才能实现创新与突破。专利是反映技术发展战略的重要指标,对同一领域中不同专利权人的专利技术进行深入研究,可以进一步挖掘专利权人之间的竞争与合作关系,从而能够为企业调整其发展战略提供有价值的情报。

（1）如何识别技术竞争机构

研究专利权人之间市场竞合关系的第一步是对技术竞争机构的识别,体现在专利文献中就是对专利申请人信息进行分析。通过对专利申请人的申请数量进行排名和比较,可以快速挖掘出行业内重要专利申请人和竞争对手,也可以分析出自己与竞争对手相比的优势与差距,从而以为企业的发展策略、布局、识别竞争对象和合作对象等方面提供参考。

通过对专利申请人排名进行分析,可了解行业主要竞争者及其技术实力,以便开展有针对性的研发战略决策。对i线光刻胶技术领域的全球前10位申请人进行专利族申请统计(表5.12),专利族申请量排前10的依次是住友化学、东京应化、日立公司、富士胶片、信越化学、富士通、科莱恩、瑞翁、三星电子和IBM。从申请人的国别来看,申请量排名前10位的申请人中有日本企业7家,美国企业1家,韩国企业1家,瑞士企业1家,说明日本企业在该领域占据主导地位。全球专利申请量排名前5的公司全部来源于日本,其中住友化学是该领域专利申请数量最多的公司,达到了239项;其次为东京应化、日立公司、富士胶片和信越化学,分别为198项、174项、157项和96项。来源于瑞士的科莱恩申请了78项专利,来源于韩国的三星电子申请了75项专利,来源于美国的IBM申请了64项专利。前十名的申请人中没有来自中国的申请人,说明中国企业与日、美、韩、瑞的巨头企业相比存在较大的技术差距。

表5.12 i线光刻胶技术全球专利主要申请人

序号	国别	申请人	专利族数/项	专利申请数/件
1	日本	住友化学	239	304
2	日本	东京应化	198	315
3	日本	日立公司	174	215
4	日本	富士胶片	157	251
5	日本	信越化学	96	136
6	日本	富士通	87	99
7	瑞士	科莱恩	78	162
8	日本	瑞翁	76	81
9	韩国	三星电子	75	107
10	美国	IBM	64	84

i 线光刻胶技术领域全球申请量前 10 的申请人均较早涉足光刻胶领域,但技术高峰期并不相同。图 5.24 为 i 线光刻胶技术 1969—2021 年全球专利主要申请人申请趋势图,可以看出,1969—1982 年间,该阶段正处于 i 线光刻胶技术的研发初期,各申请人的申请量都维持在较低水平,均在 5 件以下。美国的 IBM 早在 1969 年就开始涉足 i 线光刻胶技术领域,申请高点出现在 1989 年,有 8 件专利申请,自 1994 年以后,年申请量持续维持在 5 件以下且仅有零星申请,说明在 i 线光刻胶技术领域,美国企业的研发投入已经大大降低。

在全球集成电路行业发展的背景下,i 线光刻胶技术进入开发期,i 线光刻胶技术领域相关专利申请开始出现大幅增长,1983—1996 年间出现第一个申请高峰,来源于日本的住友化学、东京应化、日立化学和富士胶片在该阶段的专利申请均远远领先于同期的美国和韩国企业。日立公司于 1976 年开始进入该领域,是涉足该领域最早的日本企业,东京应化、住友化学、富士胶片、富士通和瑞翁这五家日本企业也均在 20 世纪 80 年代中期前开始 i 线光刻胶的研发。住友化学在 1983—2013 年的 30 年间均是申请高峰期,年均申请量为 9 件。东京应化的申请高峰出现在 2000—2007 年,年均申请量在 19 件以上,2004 年到达申请高点 42 件。日立公司和富士胶片保持比较平均的申请量,日立公司的申请高峰出现在 2008 年和 2014 年,均为 17 件,富士胶片在 2018 年达到申请高点 23 件。瑞翁的申请高峰期集中在 1987—1996 年之间,之后仅有零星申请。富士通申请高峰集中在 1983—1992 年期间,但从 2008 年开始没有专利申请。说明进入 20 世纪 90 年代后,富士通和瑞翁均不再在该领域继续研发。韩国三星电子和日本的信越化学于 90 年代开始进入该领域,两者申请趋势比较相似,三星电子的申请高峰集中在 2006—2010 年期间,信越化学的申请高峰出现在 2012 年以后。瑞士的科莱恩仅在 1991—2004 年期间在该领域进行专利申请,申请高点出现在 1999 年,有 33 件专利申请,2005 年以后,该公司在 i 线光刻胶技术领域没有专利申请。

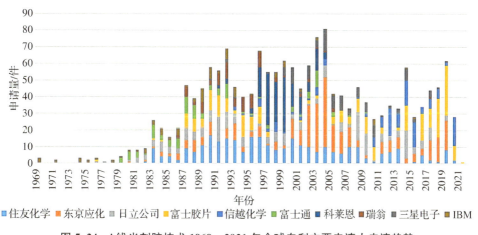

图 5.24　i 线光刻胶技术 1969—2021 年全球专利主要申请人申请趋势

(2) 基于技术差距的机构间竞合关系研究

竞争者气泡图是一种将技术、市场和专利本身的信息关联在一起分析的图,可以直观展现专利权人之间在技术实力和综合实力上的差距。图中不同颜色的气泡代表不同的专利权人,气泡大小则反映出专利数量的多少;气泡图横坐标表示专利权人的技术实力,气泡图纵坐标表示专利权人的经济实力,横坐标越大说明其专利技术性越强,纵坐标越大说明申请人综合实力越强。利用竞争者气泡图,可以清楚地展示行业内主要研发机构的经济实力和技术实力,从而为企业识别技术竞争与合作对象提供有效的决策支持。位于气泡图右下方的机构技术创新能力强,但综合经济实力弱,可作为技术输出方;位于气泡图左上方的机构技术创新能力弱,但综合经济实力强,可作为技术的接收方。因此,通常情况下,气泡图左上方和右下方的机构间是最容易产生技术合作的。

图 5.25 为半导体光刻胶技术全球专利申请量排名前 15 的主要研发机构竞争态势气泡图。通过分析半导体光刻胶技术全球主要申请人,可以发现,国外企业在专利技术上具有很强的优势,其中排名前 10 的主要研发机构全部为国外企业,且大部分位于气泡图的右侧,代表其专利技术性较强。日本富士胶片、信越化学、东京应化、住友化学、三菱公司以及美国的陶氏化学和 IBM 公司均位于图的右下方,横坐标位置靠右,显示出这 7 家企业在半导体光刻胶技术领域具有较强的技术实力,但纵坐标位置靠下,表明其具有技术输出的能力,是该领域研究者需要重点关注的竞争对手。在排名前 10 的申请人中,只有三星电子和日立公司位于气泡图的左侧,说明这两家公司的技术实力较弱。其中,三星电子位于气泡图的左上角,说明虽然其技术实力较弱,但综合实力雄厚,是主要的技术输入方。事实证明,三星电子在进行自身光刻胶研发的同时,也会进行相关项目的投资,2017 年三星创投(Samsung Ventures)、JSR、Intel Capital 等公司投资了 EUV 光刻胶先驱 Inpria。日本的日立公司、松下公司,韩国 SK 海力士公司,德国默克公司,瑞士的科莱恩公司以及中国台湾的台积电均位于气泡图的左下方,属于行业追随者,技术实力及综合实力均较弱。

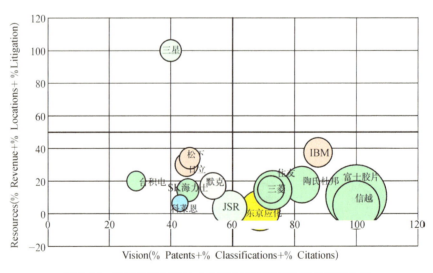

图 5.25　半导体光刻胶技术全球主要研发机构竞争态势分析

(3) 基于技术相似性的机构间竞合关系研究

机构间的技术相似性是机构技术情报分析的重要内容,技术相似的机构可以作为研发合作伙伴,但同样也可能是最有力的竞争对手。通过对机构间专利技术相似性的分析,可以为企业在全球范围内寻求技术竞争与合作对象提供有效的决策信息支持。如图 5.26 所示,通过对仿人机器人领域前 30 个专利权人所申请专利的 DWPI 手工代码进行字段互相关联操作构建 DDA 互相关联图谱,可以直观展现该领域主要研发机构的技术集中程度和技术重叠程度等信息。图谱中不同的专利权人机构用节点表示,通过比较机构间持有专利文献的 DWPI 手工代码来判断其技术的相似性程度。如果两个机构持有的专利具有相同的手工代码,则将二者用线连接,节点间的连线越粗,表示这些机构间技术的相似性程度很高。节点之间没有联系,则表示这些机构间相同的手工代码极少,也就意味着其研发重心不同。由图 5.26 可见,在仿人机器人领域,法国 Aldebaran Robotics 智能机器人研发公司和迪士尼公司、日本索尼公司、日本川田高知、日本科技厅、北京理工大学和浙江大学研发的技术相似性程度较高,其他机构的研发重点有所不同[1]。

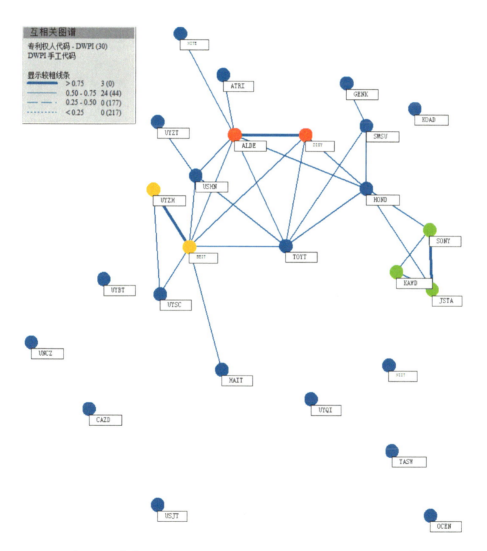

图 5.26 仿人机器人领域 TOP30 技术相似机构 DDA 互相关联图谱[1]

---

① 赵宁,翟凤勇,张玲,等. 基于 DDA 专利分析挖掘商业基础需求情报:以仿人机器人领域为例[J]. 新世纪图书馆,2019(6):30-36.

5.3 知识产权风险预警：抵御技术创新风险

随着共享单车陷入多家专利混战可能面临全国禁用、中国展商在德国展会上遭遇侵权纠纷、跨国公司频频就各种知识产权侵权问题向我国企业提起诉讼等大量知识产权侵权事件在新闻媒体上被宣传，越来越多的企业意识到专利风险一直贯穿于企业技术创新的全过程中，知识产权战争正逐渐成为未来商战的主题。然而，目前我国多数企业的知识产权管理策略仍然比较被动，掌握和运用知识产权信息的能力和水平不高，缺乏应对知识产权风险的有效机制。因此，建立一套完善的知识产权风险预警体系，可以帮助企业提前规避未来可能会面临的风险，正确应对已经发生的纠纷，从而确保技术创新的顺利完成。

国内外学者通过大量的实践案例，对专利信息与科技或经济活动的关系进行了广泛的研究，发现利用专利信息可以对技术发展、市场竞争变化、专利纠纷等情况进行精准预警。专利预警是指企业在生产经营的全过程中进行专利情报分析，对可能发生的专利风险进行提前警示与主动防御的机制[1]。当前，专利预警已成为现代企业应对日益激烈的商业竞争的重要手段。通过专利预警，对技术发展趋势、专利权人状况、专利保护地域等专利战略要素进行定性、定量分析，便于企业对所在行业领域内的各种发展趋势、竞争态势有一个综合了解，可以明晰自己的权利范围，同时掌握相关竞争对手的专利权范围，及时调整研发方案，规避专利侵权风险，并对可能有抵触的他人权利有清楚的认识，一旦发现侵权行为时采取相应解决措施。

从企业技术创新全流程的角度分析，专利预警主要包括以下三个方面：①避免研发重复的专利预警，即对技术发展过程中出现的研究热点、空白点和相似性技术进行预警和监控，如果自己可能涉及的技术点已存在专利密集布局，那么就应该及时调整研发方向，规避专利侵权风险。②监控竞争对手的专利预警，即对竞争对手的技术优势、技术规划策略、申请专利的最新动向、专利诉讼及运营信息等进行动态监控，以便企业根据竞争对手的专利动态，调整自身的研发方向和产品推广，更加合理地进行专利布局规划及专利保护。③产品市场化运营的专利预警，即通过对企业自身产品、工艺的相关性检索、评测，预警企业在新产品、工艺、技术上市过程中可能发生的专利侵权风险，并制定应对预案[2]。

5.3.1 避免研发重复的专利预警

企业的研发项目需要投入大量的人力、物力和财力，如果在研发过程中、甚至直到研发结束才发现国内外有其他机构已经在本领域进行了相关专利布局，必然会给企业带来巨大损失。如果在研发立项前和研发过程中能够密切监控领域内的专利风险，及时进行专利预警，就会明确哪些研发方向具有较高的重复研发风险，是否需要调整技术路线，如何从已有

---

[1] 张勇. 专利预警：从管控风险到决胜创新[M]. 北京：知识产权出版社，2015.
[2] 王玉婷. 面向不同警情的专利预警方法综述[J]. 情报理论与实践，2013，36(9)：124-128.

的专利布局中突破外围专利,避免重复研发给企业造成损失。因此,在项目研发阶段专利风险预警最主要的内容之一就是避免重复研发。避免研发重复的预警主要可以从技术发展趋势预警和相似性技术预警两个方面入手。

(1) 技术发展趋势预警

技术发展趋势预警是通过专利信息分析,对行业整体技术发展趋势、关键技术、技术空白点与专利密度等进行深入分析,预测未来技术发展变化和新兴技术的产生,警示企业可能面临的技术发展挑战和机会,辅助企业确定技术创新方向。技术发展趋势预警需要获取目标技术领域的专利数据,并采用专利地图法、文本挖掘法、技术功效法等多种分析方法进行专利预警分析。

专利地图以专利信息为基础,对专利文本中的词频进行聚类分析,生成主题词地形图,可以展示主题分布情况和技术热点的演进。利用专利地图可以考察现有的专利布局密集程度、当前研发活跃程度等,帮助决策者了解该领域的技术现状和发展动态,判断可能存在的侵权风险,确定项目是否立项,是否需要调整研发目标和技术方向[①]。例如,图 5.27 是全球干细胞研究领域专利申请分布热点地形图。图中被分析的专利文献样本用点来表示,内容相近的文献在图中汇聚成山峰,不同的山峰区域内包含的是某一特定技术主题中聚集的专利群,其重要程度用颜色加以区分,由浅咖啡色、灰色到白色,表示重要程度依次增强。由此可见,全球干细胞技术领域的研发密集区域主要集中在干细胞的培养基分化、核酸序列分析以及癌症治疗等方面,另外研究较多的还有造血干细胞、间充质干细胞、脐带血干细胞、多功能干细胞分化、组织再生与修复、表面组织移植等。在上述密集区内,专利数量越多,可能存在的地雷和陷阱就越多,壁垒也更加森严,这意味着这些领域的基本专利或核心专利外围可

图 5.27　全球干细胞研究领域专利申请分布热点地形图[②]

---

① 朱月仙,张娴,朱敏. 研发项目专利风险分析及预警方法研究[J]. 情报探索,2018(05):39-45.
② 殷媛媛,肖沪卫. 专利地图图形学及解读方法研究[J]. 图书情报工作,2010,54(S2):363-370.

能已经形成一定数量的相关度较高的专利网,如果企业选择在这些领域内进行项目开发就会面临较高的专利侵权风险。而与之相比,阿尔茨海默病的治疗、载体基因、DNA 重组、抗体特异性结合等领域的专利比较稀疏,显然在这里进行研发突破存在更大的可能性[①]。

(2) 相似性技术预警

相似性技术预警是根据项目预期得到的技术成果进行专利查新检索,根据检索结果从新颖性、创造性和侵权的可能性三个方面分析技术的风险,采取规避设计方案,避免重复性研发。例如,一家公司计划投资开发一种钛合金制备加工技术,最初的设计方案是采用水冷结晶器实现钛合金管、棒、板材可切换式连铸连轧。在项目立项前,该公司委托某机构对项目技术方案进行查新检索,以确认该技术在国内是否已有类似研究。通过查新检索发现,已有多家机构针对钛及钛合金制备装置或方法进行了专利申请,其中涉及采用连续水冷结晶器、水冷铜炉床、喷水冷却结晶器等冷却方法制备钛及钛合金,且已有文献述及采用水冷结晶器在氩气或惰性气体保护下实现钛及钛合金原材料的连续铸造,与该项目拟研发技术点非常类似。因此,建议项目委托人参考上述密切相关专利文献的技术特征,进一步调整研发方向,做好技术方案的规避设计。该公司在参考查新检索报告所提供建议的基础上,对拟研发项目技术方案中与现有技术相同的技术点进行了规避和调整,最终顺利完成了项目的开发并申请了相关专利。由此可见,通过对相似性技术的检索可以避免项目的重复研发、降低侵权风险。

5.3.2 监控竞争对手的专利预警

在这个以知识产权为核心的智能经济时代,利用知识产权诉讼打击竞争对手已经成为当代企业间竞争的常态。所谓知己知彼,才能百战百胜。竞争对手的监控与预警是指根据跟踪目的,利用计算机检索和市场调研等手段,就特定竞争对手的专利变化状况进行跟踪和监控,帮助企业第一时间了解竞争对手的研发动态,全面掌握竞争对手的技术特点及实力,推断其市场战略,并据此追踪技术发展动向、策划研发方向和制定正确的市场竞争策略等[②]。在实际预警操作过程中,需要针对重要竞争对手的市场占有情况、专利布局重点、研发竞争实力、近期活跃情况等各种信息进行详细分析,主要包含主要竞争对手的专利布局分析、主要竞争对手的市场战略分析、竞争对手之间的合作关系分析、竞争对手的专利动态变化监控等。

(1) 竞争对手的专利布局分析

锁定竞争对手后,就可以基于竞争对手的相关专利信息开展针对竞争对手的专利技术布局分析。利用专利分布图可以对竞争对手的研发产重心和技术实力进行评估,根据技术布局分析,可以全面准确地把握竞争对手技术研发的重点领域、技术优势、技术弱势等信息,从而判断竞争对手对自身企业所构成的技术威胁和发生侵权诉讼的风险,提前做好应对

---

① 殷媛媛,肖沪卫. 专利地图图形学及解读方法研究[J]. 图书情报工作,2010,54(S2):363-370.
② 李雪娜. 研发项目管理中的专利预警研究[D]. 大连:大连理工大学,2015.

措施①。

以全球护目镜领域主要竞争对手专利技术分布图为例,如图 5.28 所示,该图可以直观反映各专利权人在护目镜技术领域各研究方向的市场布局情况。如图所示,按照专利保护的主题将护目镜技术领域的专利划分为电焊护目镜、激光护目镜、镜带、镜架结构、镜片、涂层、新型护目镜、泳镜和运动护目镜九个大类。其中,镜架结构是目前最受关注的技术点,各专利权人都在该技术点上进行了专利布局,可见该技术点是目前护目镜领域的研究热点,也是市场争夺的焦点所在。除此以外,各公司都围绕着自己近年来的核心产品申请了相关专利保护,以保持在各自领域的领先地位。CHIANG HERMAN 公司的专利布局主要集中在泳镜领域(共 91 件),其次是镜架结构领域 34 件。AMERICAN OPTICAL 公司申请的专利则主要集中在镜架结构和运动护目镜两个类别,其镜架结构专利申请量为 64 件,是 8 个主要申请人中最多的。YAMAMOTO KOGAKU 公司和 3M 公司的专利布局比较均衡。YAMAMOTO KOGAKU 公司的专利申请分布在镜带、镜架结构、镜片、涂层、新型护目镜、泳镜和运动护目镜多个领域,其中运动护目镜专利申请 22 件,是 8 个主要申请人中申请运动护目镜专利最多的申请人之一。3M 公司则在电焊护目镜、镜带、镜架结构、镜片、涂层和新型护目镜领域均有布局,其新型护目镜专利申请 8 件,是 8 个主要申请人中申请新型护目镜专利最多的。UVEX 公司和 KOREA OGK 公司的专利布局主要集中在镜架结构和运动护目镜两个类别②。

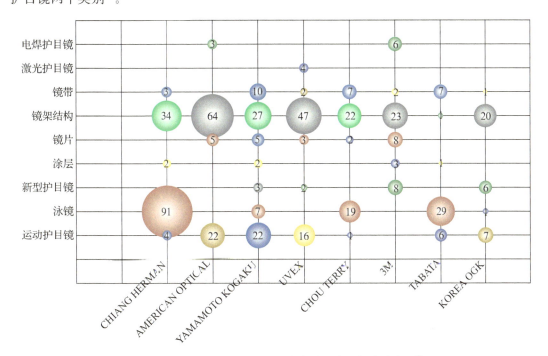

图 5.28　全球护目镜领域主要竞争对手专利技术分布图②

---

① 覃兴.运用专利分析进行竞争对手跟踪的方法研究[J].产业与科技论坛,2017,16(3):71-72.
② 陈新生.全球护目镜专利布局分析[EB/OL].(2020-03-02)[2020-03-26].https://mp.weixin.qq.com/s/lqXFdqQI9d9ooKBMz08pvA.

图 5.29 为澳大利亚必和必拓公司与中国金川集团公司在镍冶金提取技术领域的专利技术布局对比图,图中不同等高线上的蓝色标识代表必和必拓公司的专利布局重点,红色标识代表金川集团公司的专利布局重点。从图 5.29 中可以看出,必和必拓公司的专利申请主要集中在"红土镍矿、氧化矿、萃取"和"氯化、氧化、循环、富集"两个方向,而金川集团公司的专利申请主要集中在"电解、电积、提取"和"氯化、氧化、循环、富集"等几个方向,其中两家公司在"红土镍矿、氧化矿、萃取"和"氯化、氧化、循环、富集"两个方向上的专利申请均存在交叉。说明这两个技术方向是两家公司存在竞争的领域,需要在这两个技术方向上积极开展专利预警分析,防止侵权现象的发生①。

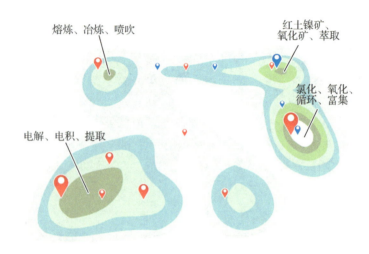

图 5.29　澳大利亚必和必拓以司和中国金川集团公司镍冶金提取技术领域的专利技术布局对比图①

(2) 主要竞争对手的市场战略分析

专利信息不仅蕴含了重要的技术信息和法律信息,同时也反映了企业所关注的目标市场和战略意图。由于专利文献"以公开换保护"以及"地域性保护"的属性,通常情况下竞争企业会在不同国家和地区申请专利,从这些专利申请的地域分布可以发现竞争对手所关注的国家或地区,这些国家或地区将可能成为或者已经成为其市场所在。因此,追踪竞争企业在全球的专利布局情况,恰恰能直观揭示其全球市场战略。

以 g 线全球半导体光刻胶技术为例,对该技术领域主要竞争机构的全球专利战略布局进行分析,如图 5.30 所示。日本的东京应化公司,非常重视在日本的本土申请,专利申请量为 151 件,占其全球专利申请量的 57.41%,同时也非常重视在韩国和中国的专利申请,申请量分别为 62 件和 23 件,占比分别为 23.57% 和 8.75%。同样来自日本的信越化学则是典型的技术输出型企业,海外布局专利量为 58 件,占其总申请总量的 59.18%,其在日本布局专利最多,申请量为 40 件,占比为 40.82%,其次为韩国和美国,申请量分别为 22 件和 16 件,占比分别为 22.45% 和 16.33%。富士胶片也是典型的技术输出型申请人,除了在本国的申请外,在欧洲专利局、韩国均有大量的布局,在这些国家和地区其申请的专利数量分别是 24 件和 9 件,占比分别为 20.17% 和 7.56%。日立公司、住友化学、JSR 和瑞翁则很重视

---

① 霍冠禹,庞云耀. 从专利信息洞察竞争对手战略布局[J]. 企业管理,2018(6):68-71.

保护本土市场,在本土布局专利最多,在其他国家和地区相对较少。而三星电子、富士通和IBM除了本土申请外,在海外布局比较均衡。

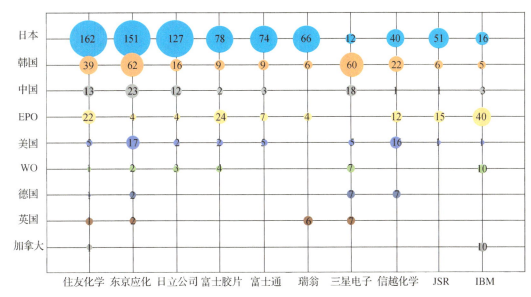

图 5.30　g线半导体光刻胶技术主要竞争机构的全球专利战略布局

(3) 竞争对手之间的合作关系分析

企业间的战略合作,特别是与竞争对手合作的模式近年来有加快的趋势。通过对重要专利申请人间的合作关系特点及开展合作的主要技术分支进行分析,有助于了解产业间的合作群,发现自己的竞争对手和合作对象。例如图 5.31 所示的竞争对手合作关系专利地图中,我们可以看到诺华公司和众多学术机构都有合作,比如中国武汉大学,此外,还有一些学术机构如哈佛、MIT 也在部分区域和诺华制药存在重合。这些企业与科研院校等机构之间

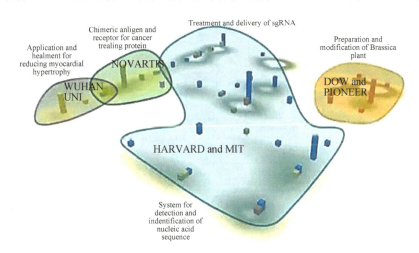

图 5.31　诺华公司专利申请合作关系图①

---

① 专利预警该怎么做? 小心五种常见知识产权陷阱! [EB/OL]. (2017 - 07 - 20) [2020 - 03 - 06]. http://www.sohu.com/a/158569276_603229.

的合作关系,对于其他在这一领域内的对手而言是危险的信号。因为,这也许意味竞争对手可能会从科研院所获得某项关键技术,从而迅速提高其在某一领域的技术水平。如果竞争对手与其合作机构位于产业链的上下游,则可以很好地透析出竞争对手的产品转移路线和市场战略①。

(4) 竞争对手的专利动态监控

企业的市场竞争策略通常是产品未动、专利先行。因此,监控竞争对手的专利信息变化情况,如监测对手新申请专利的研发方向、专利引证关系的变化、专利家族变化情况、专利诉讼信息、专利许可和转让等,是高效监控竞争对手的优选途径。下面以新增专利监测案例和专利法律状态变化监测案例为例进行说明。

竞争对手新增申请的专利所属领域与以往不同,意味着该对手市场战略的变化或即将有新的产品问世。如图 5.32 所示②,无创产前筛查(NIPT)公司早期(2003—2009 年)更偏重于胎儿游离核酸的富集方向,但随着时间的推移涉及该方向的有变革性意义的基础核心专利申请到 2012 年时已寥寥无几。而与之相反,从 2010 年起,涉及文库建设(如 WO2011090556)和生物信息学算法(如 WO2010033578)分析方向的改进型专利申请开始增多。从市场环境变化的角度分析发现,第二代测序技术的高速发展带来了测序成本的急速下降,从而推动了与基因测序产业相关临床医疗行业的飞速发展。得益于该利好,NIPT 公司在 2008 年以后转向与高通量测序技术结合更为紧密的文库构建和对测序产生的庞杂数据处理的生物信息学算法分析角度寻求发展。因此,通过分析竞争对手新增专利申请信息的变化,可以对对手的技术发展方向进行预测,进而在先进行外围专利的申请,避免自己的侵权问题,也可避免受制于他人;当竞争对手已经提交专利申请时,也可以通过提交可能影响对方专利新颖性或创造性的材料,从而阻碍对方的专利申请。

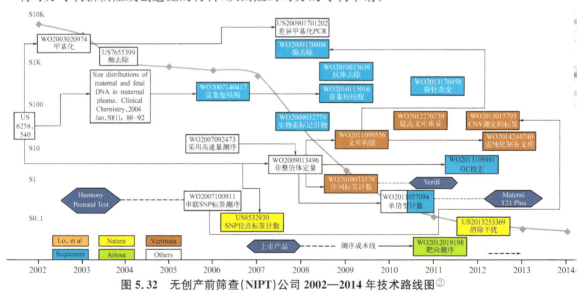

图 5.32　无创产前筛查(NIPT)公司 2002—2014 年技术路线图②

---

① 专利预警该怎么做?小心五种常见知识产权陷阱![EB/OL].(2017 - 07 - 20)[2020 - 03 - 06]. http://www.sohu.com/a/158569276_603229.

② 殷媛媛,肖沪卫.专利地图图形学及解读方法研究[J].图书情报工作,2010,54(S2):363 - 370.

专利法律状态是指一项专利或专利申请当前所处的状态,通过专利法律状态可以了解专利所处的审查阶段、专利是否获得授权、是否是有效专利、专利权的许可和转让情况、专利的诉讼情况以及其他法律状态相关信息。竞争对手专利法律状态的变化,在有些时候也可能会为企业带来潜在的商业机会。如在图 5.33 所示的雅培公司降糖药专利技术分布地图中,我们可以看见以黑点表示的雅培降糖药专利组合和以红点表示的即将到期的降糖药专利(非雅培公司的)。对于雅培而言,必须高度重视这些红点所在的专利。一方面,这些即将到期的专利可能会引导新的仿制药企业进入降糖药市场;另一方面,雅培也可以利用这些专利加强其降糖药领域的专利布局。无论怎样,这些红点预示了降糖药竞争格局可能会发生的巨大改变[①]。

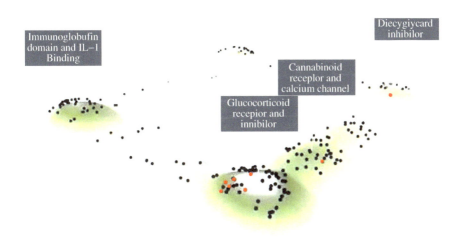

图 5.33　雅培公司降糖药专利技术分布地图[①]

5.3.3　产品市场化运营的专利预警

从技术创新的角度出发,研发项目的结束并不代表创新过程的终结,即使研发成果已经获得知识产权保护,也不代表其产品必然能获得商业上的成功[②]。例如,在产品上市销售、进出口过程中可能存在侵犯他人专利权的行为,以及产品参加展会、招投标过程也会产生侵犯专利权的许诺销售行为等各种情况,本节将上述情况统称为产品市场化运营阶段的知识产权风险。正所谓"知己知彼知天下,有为有畏有格局",在产品市场化运营阶段建立完善的知识产权风险防控与预警机制,对于企业规避产品侵权风险,维护企业市场经营安全意义重大。本节中所指的产品市场化运营阶段的专利预警主要包含针对产品投放市场的宏观专利预警和针对具体产品的专利侵权预警两个方面。

---

① 专利预警该怎么做? 小心五种常见知识产权陷阱![EB/OL].(2017-07-20)[2020-03-06]. http://www.sohu.com/a/158569276_603229.
② 樊永刚,宋河发.重大研究开发项目全过程知识产权预警研究[J].科学学与科学技术管理,2010,31(10):26-30.

(1) 针对产品投放市场的宏观专利预警

通过对产品所投放市场的宏观专利预警,可以帮助企业把握产品目标市场的专利布局宏观态势,了解基本竞争环境以及主要竞争对手的技术研发情况和专利布局,明确自身技术和产品定位,从而有针对性地构建产品市场战略。例如,表 5.13 展示了我国高铁技术在向海外市场输出时可能会遇到的知识产权侵权风险。由表 5.13 可见,我国高铁技术在向俄罗斯、匈牙利和印度尼西亚等国输出时,会面临较高的知识产权侵权风险,其主要竞争对手是西门子、庞巴迪、阿尔斯通、日本信号株式会社和日立集团等。存在侵权风险的技术领域主要集中在动车组技术领域的制动系统、转向架和牵引系统;通信信号技术领域的地面子系统、联锁子系统、调度集中 CTC 技术和车载系统等。需要重点防范上述企业的专利技术布局密集区域,规避专利侵权风险。而由于马来西亚、塞尔维亚和泰国等地区在高铁相关技术领域的专利申请量较小,我国高铁技术相关产品在向上述三国输出时所面临的知识产权侵权风险较小。因此,可将马来西亚、塞尔维亚和泰国等地区作为我国高铁技术相关产品主要的海外目标投放市场①。

表 5.13 我国高铁技术在海外的知识产权侵权风险识别①

序号	目标市场	需重点防范的企业	存在知识产权风险的技术领域	
			一级技术	二级技术
1	俄罗斯	西门子、庞巴迪	动车组技术	制动系统、转向架
			通信信号技术	地面子系统、联锁子系统、调度集中 CTC 技术
2	匈牙利	阿尔斯通、西门子、庞巴迪	动车组技术	转向架、制动系统和配套技术
			通信信号技术	联锁子系统和地面子系统动
3	印度尼西亚	日本信号株式会社、日立集团、西门子	动车组技术	网络控制、转向架和牵引系统
			通信信号技术	地面系统和车载系统
4	马来西亚、塞尔维亚、泰国	暂无	暂无	暂无

(2) 针对具体产品的专利侵权预警

在了解宏观层面的产品专利侵权风险之后,需要针对具体产品的技术方案在所投放的目标国家或地区进行专利侵权检索,从而找出可能会为产品带来高侵权风险的有效专利。进一步通过技术特征对比,初步判定该产品是否会对检索得到的高风险专利构成侵权,从而对潜在的侵权风险做好应对预案。例如,某公司生产一种赖氨酸(一种饲料添加剂),欲将其出口,委托相关公司进行产品出口前的专利信息检索,判断其产品是否存在知识产权侵权诉讼风险。根据委托单位提供的技术资料,提取关键词,进行专利信息检索,找到一批相关专

---

① 王晓刚. 基于全生命周期的高铁技术知识产权风险管理研究[D]. 北京:中国铁道科学研究院,2019.

利文献,经过筛选,提取高关联专利3篇,分别为EP733710、EP733712和EP796912号,涉及赖氨酸生产中使用的DNA、生产菌和赖氨酸的生产方法。通过将某企业赖氨酸的生产技术特征与上述3篇专利文献的权利要求进行对比分析,发现落入了对方的保护范围,存在侵权风险。但通过分析发现,对方的3篇专利文献均存在明显的无效理由,因此,该企业对上述3篇专利提出了专利无效请求,从而消除了障碍专利[①]。

5.4 知识产权战略布局:构建技术创新堡垒

随着我国知识产权战略的深入实施,国内企业也逐步认识到知识产权保护的重要性,纷纷将研发成果申请专利保护。然而,即使一些国内企业已经拥有了大量的专利,仍然没有实现对竞争者的制约,也没有获得更高的商业价值。究其原因,这些企业的专利布局普遍存在核心技术产业链覆盖不足、市场预见性差、缺乏长期规划等问题。这些缺乏规划的专利申请,犹如一盘散沙,无法提升企业专利的整体价值。由此看来,只有通过合理的知识产权布局才能克服企业在专利申请时的盲目性和零散性,最大限度地发挥专利集在市场竞争中的价值[②]。

知识产权布局(即专利布局)是一种有规划、有策略的专利战略部署行为,是指企业综合产业、市场和法律等因素,对专利进行有机结合,涵盖了与企业利害相关的时间、地域、技术和产品等维度,构建严密高效的专利保护网,最终形成对企业有利格局的专利组合的过程[③][④]。对企业来说,围绕自身核心技术制定专利布局策略,可以帮助企业克服专利申请的盲目性和零散性,提升专利资源利用效率和专利群的整体价值,切实有效地保护企业自主创新技术的领先优势;围绕竞争对手有针对性地进行专利布局,可以帮助企业掌握与强大的竞争对手抗衡的专利筹码,并通过交叉许可、专利诉讼等手段,获得市场准入机会并扩大市场占有率;围绕海外市场进行专利布局,有助于企业提前规避国际市场上的贸易壁垒,助力企业开拓海外市场;此外,围绕上游产品和下游产品开展的专利布局,可以帮助企业提高对上游厂商和下游厂商的议价能力及风险控制能力。由此可见,专利布局贯穿于整个专利战略的实施过程中,对于企业的创新发展起到切实有效的支撑作用。

有关专利布局模式的研究是近几年讨论的热点问题之一。1999年,瑞典查尔姆斯理工大学(Chalmers University of Technology)工业管理与经济学系欧维·格兰斯特兰德(Ove Granstrand)教授提出了地毯式专利布局(Blanketing and Flooding)等6种模式并被大家广

---

① 北京德权知识产权代理有限公司,华沛德权律师事务所.企业海外专利侵权预警分析[EB/OL].(2013-08-27)[2020-03-12].http://www.doc88.com/p-5921648866985.html.
② 李慧,朱玉华.浅谈企业如何做好专利布局规划[J].中国发明与专利,2017,14(8):66-69.
③ 国家中小微企业知识产权培训海南基地.中小企业专利管理实务:初级[M].北京:知识产权出版社,2016.
④ 王四珍.企业如何开展专利布局[J].经贸实践,2017(18):286-287.

泛引用,我国的一些学者也对专利布局的模式和方法进行了介绍和研究。然而,对于企业来说如何进行有效的专利布局设计并予以实现,切实有效地保护好自身的产品和技术,才是企业所密切关心的问题。专利布局的根本目标就是通过在一定的市场地域,围绕一定的产品和技术进行有针对性的专利部署。因此,本节围绕企业的自主创新技术和产品,从技术发展、技术防御、技术进攻的角度进行专利布局设计[1],更符合企业的实际需求。

5.4.1 技术发展型专利布局

技术发展型专利布局主要是指对原始创新要保护的主题和范围进行规划设计,以技术的发展与演进为导向,面向未来可能延伸的技术创新领域,扩大企业专利布局的覆盖范围,尽量消除他人通过专利规避设计来绕开企业专利的可能,形成具有较强保护范围的基础专利。

从技术学的角度看,一项技术的发展可以分为技术的纵向发展和横向发展两个方面。技术的纵向发展涵盖技术的进一步改进、替代技术的出现及技术领域的延伸;技术的横向发展涵盖技术面向不同的工艺、不同的材料、不同类型的产品、不同的应用领域、不同的制造设备等方面的延伸[2]。因此,企业在对基础专利进行布局时,需要从上述技术发展方向出发运用技术组合的方式,做好专利布局的计划,布置下严密的专利网,尽量不给竞争对手留下可乘之机[1]。

(1) 技术横向发展专利布局

图5.34是日本东丽公司碳纤维技术专利布局图。如图所示,东丽公司碳纤维技术的专利布局采用了技术横向发展的布局模式。首先,是对生产工艺的布局,东丽公司在1970年集中申请了52项关于生产工艺的专利,1983年前后对工艺进行改进实现了采用干喷湿法的纺丝模式,大大提高了碳纤维的性能以及质量的稳定性。随后,随着碳纤维复合成型技术的成熟,东丽公司在碳纤维复合材料发明方面申请了大量专利,开发了树脂基、碳基、陶瓷基、金属基、纸基或布基、橡胶基等多种复合材料产品。此外,碳纤维复合成型技术的发展也带了应用的多元化,东丽公司在碳纤维材料应用方面进行了积极的开发和布局,如1992年和1995年分别开发出用于民航客机舱体材料的T800H/3900-2预浸料和碳纤维预浸料,1996年又开发出具有超级电磁波屏蔽性的碳纤维增强笔记本底盘,1998年大规模生产压力容器、罗拉、管道等成型品,2010年开始向丰田公司(TMC)和富士重工公司(FHI)在日本量产的汽车车体供应碳纤维等。由此可见,东丽公司在占领碳纤维生产核心技术的同时,注重对碳纤维复合材料和应该用领域的不断开发,构建了工艺、产品、材料、应用领域全覆盖型的专利布局模式,形成了严密的专利布局网络,从而确立了东丽公司在碳纤维技术领域的垄断地位[3]。

---

[1] 袁真富.专利经营管理[M].北京:知识产权出版社,2011.
[2] 李慧,朱玉华.浅谈企业如何做好专利布局规划[J].中国发明与专利,2017,14(8):66-69.
[3] 冯洁,宋琳.碳纤维巨头东丽公司专利布局浅析[J].中国发明与专利,2014(2):40-45.

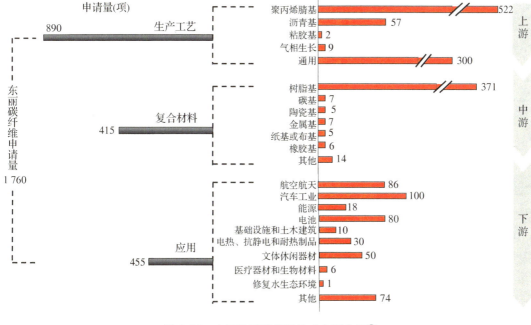

图 5.34　东丽公司碳纤维技术专利布局①

(2) 技术纵向发展专利布局

日本信越化学在半导体光刻胶技术领域的专利布局是典型的技术纵向发展布局模式。如图 5.35 所示，总体来说，随着半导体光刻胶技术的不断改进和更替，信越化学的专利布局主要经历了电子束光刻胶、KrF 光刻胶、干法 ArF 光刻胶、浸没式 ArF 光刻胶和 EUV 光刻胶等发展阶段。2010 年以后，信越化学的主要研究方向已经集中在先进的 EUV 光刻胶技术领域，并申请了多个 EUV 光刻胶核心专利。具体从每个阶段的专利布局来看，在对基础专利进行保护的同时，信越化学针对不同的技术问题和技术迭代需求进行了深入研究，不断对基础专利进行改进，沿着技术的纵向发展方向申请了一系列的核心专利。以 KrF 光刻胶的专利布局为例，信越化学在 1995 年申请了核心专利 US5624787A，该专利提出一种化学放大的正性抗蚀剂组合物。在此基础上，为了进一步提升此类抗蚀剂材料的分辨率和耐热性，信越化学在 1997 年申请了其在 KrF 光刻胶领域的核心专利 US5876900A。为了解决抗蚀剂图案倾向于呈现 T—顶部结构的问题，信越化学在 1998 年申请了核心专利 US6136502A。同年，为了提升该抗蚀剂材料的灵敏度，并降低曝光时间，信越化学申请了核心专利 US5759739A。为了改善含硅抗蚀剂上层的线宽可控性，并使驻波引起的侧壁波纹和图案坍塌最小化，信越化学在 2004 年申请了专利 US7303855B2。由此可见，信越化学非常重视对新技术的纵向开发与布局，通过不断抢占技术研发的空白点，快人一步获得市场先机。

---

① 冯洁，宋琳. 碳纤维巨头东丽公司专利布局浅析[J]. 中国发明与专利，2014(2)：40-45.

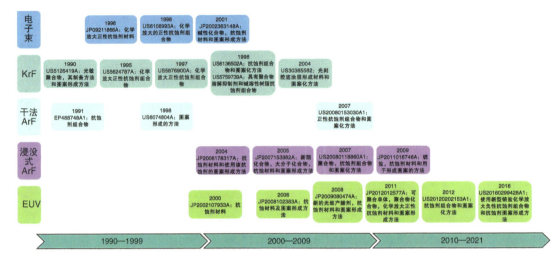

图 5.35　信越化学半导体光刻胶领域主要技术分支专利的技术发展路线

5.4.2　技术防御型专利布局

企业的基本专利在产业化的过程中,往往需要一系列的外围技术措施与之相配套。如果基本专利权人不注重外围专利的保护,一旦在基本专利技术内容公开后,就会有被他人抢先开发的风险,导致基本专利的权利人受制于他人。因此,产业技术的开创者往往会通过"专利布局"的构筑规划,在基本专利的周围开发许多外围专利或改进专利,将重要的核心技术进行层层的专利保护,形成完整体系的"专利堡垒",从而抵御竞争对手在企业重点产品和市场上发动的专利攻击行为,并为其在个别领域形成一定的专利反击力量提供专利筹码,尽量消除竞争对手在这些产品和市场上对企业的专利威胁。这也就是所谓的技术防御性专利布局[①]。

通过在基本专利周围开发外围专利,构建起牢固的专利保护网,消除竞争对手对基本专利的威胁是开展技术防御性专利布局的重要途径。日本本田公司的分布式绕组电机技术专利布局是典型的技术防御型专利布局案例。如图 5.36 和图 5.37 分别是本田公司分布式绕组电机技术的专利布局图和对集中式绕组电机改进方向示意图。本田公司在绕组电机领域的专利布局是典型的技术纵向发展式布局模式。本田公司于 2011 年起对分布式绕组电机进行布局,通过三篇同日申请(CN102891548B、CN102891547B 和 CN102891543B)作为基础专利对分布式绕组电机进行基础保护。本田公司并没有止步于对分布式绕组电机的基础保护,而是在原始设计的基础上进一步进行了改进并围绕其改进进行更加细化的专利申请布局。其中一个较为重要的改进就是将线圈杆的金属导体形状由圆形改为方形,此后的专利申请都是以该改进后的技术方案为基础方案进行的申请。对车用主驱电机最重要的指标就是功率密度,而提高功率密度就需要提高电机效率、增强散热性能和降低成本,可以看到本田公司的专利申请同样也是围绕这 3 个方面进行的。从改进的部位来看,对于定子线圈杆的改进较多,涉及提高效率、改善装配性能;其次是对端部结构进行的改进,主要涉及冷却性能和装配性能。从本田公司整个申请过程来看,遵循了先整体后局部的布局策略,先对整

---

① 李向恒,励精图治. 我国企业专利布局的多维审视[J]. 中小企业管理与科技(下旬刊),2018(6):77-78.

体结构进行专利保护,以获得最大的保护范围,并尽可能减少竞争对手绕过该专利的可能性。之后对于细节进行持续改进并加以保护,防止竞争对手在核心专利的基础之上进行针对性布局,阻碍己方的研发方向①。

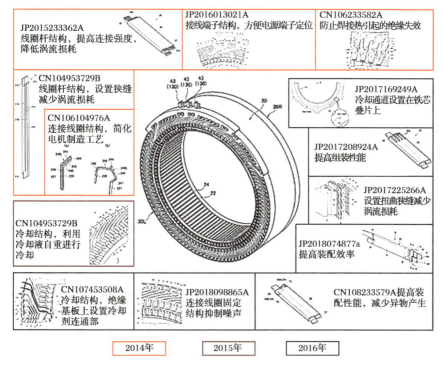

图 5.36 本田公司分布式绕组电机技术的专利布局图①

	改进方向			
部位	提高效率	增强散热性能	降低成本	其他
线圈杆	■		■	■
端部		■		■
铁芯		■		
其他			■	

图 5.37 本田公司对集中式绕组电机改进方向示意图①

5.4.3 技术进攻型专利布局

面向技术攻击的专利布局,与前述的专利布局在策略方向上恰恰相反,主要是通过进攻性的专利布局,来围堵、包围竞争对手的已有专利。针对竞争企业的核心专利进行外围专利布局,往往是企业在没有核心专利技术时所采取的专利布局方式。该方式主要从未来技术演进趋势预测、核心专利的改进和竞争对手专利布局漏洞三方面来考虑外围专利布局。通过专利布局对竞争对手的专利行使造成障碍,或者从对手的漏洞中找到突破其专利壁垒的

---

① 关婧如. 本田的专利布局策略,哪些值得我们借鉴呢?[EB/OL].(2018 - 11 - 27)[2020 - 05 - 06]. https://mp.weixin.qq.com/s/GR4dXK-FdfNMToWZkAqfIg.

机会,从而摆脱被动的发展局面①。

(1) 追随型技术进攻专利布局

面向技术攻击的专利布局可以采用追随型策略实现围墙式专利布局。追随型战略是指企业对竞争对手的优势技术、劣势技术和共同空白技术进行挖掘,并通过对竞争对手专利技术的改造和完善,在原有基础上创造出质量更高、性能更优的有所改进的产品或技术,以控制和占领市场的一种专利技术研发策略。上海中西药业股份有限公司的创新结构农药溴氟菊酯就是一个典型的例子。一项专利号为US-A-4199595的美国专利,公开了一种新型农药2-卤代烷基(氧基、硫代基、亚磺酰基或磺酰基)苯基链烷酸的间苯氧基苄基酯,与已知的拟除虫菊酯如扑灭司林、苯醚菊酯、丙烯菊酯等相比,该化合物表现出优异的残留杀虫活性,并且对于烟草小食心虫和蚊虫的防治具有突出的效果。中西药业的研究人员发现,在这项专利公开的化合物通式中,R取代基为氯和氢的化合物,但是没有公开R为溴的化合物,研究人员从这里找到了突破口,合成了R为溴的创新结构农药溴氟菊酯,并成功获得了专利权。溴氟菊酯的杀虫效果比国外同类产品好,并且毒性小,产品上市后获得了较高的市场占有率,成功突破了美国公司的专利壁垒②。又如,海尔集团研发人员通过对国内彩电专利技术的专题检索与分析发现,虽然国外厂商在彩电领域已经在中国申请了众多类型的专利,看似形成了严密的技术保护网,但其在彩电显示技术方面的专利保护依然存在一些漏洞。通过消费者调查显示,彩电显示屏开关机瞬间的闪烁射线,不仅会对消费者视力造成伤害,也是造成显示屏使用寿命缩短的最大因素。为此,海尔集团决定将技术研发重点放在对彩电屏显技术的改进上来,从而研制出了具有独特屏显技术的新型产品③。

(2) 包绕型技术进攻专利布局

面向技术攻击的专利布局也可以利用多个小专利包绕住竞争对手的重要专利,这些小专利本身的价值或许不高,但其组合却可以阻止竞争对手核心专利的商业化进程。例如,可以从技术不同用途的角度对对手基础专利的应用领域进行全面包围,即使对手掌握了核心专利,也无法进入下游的应用领域,核心专利无法转化成经济价值,也就失去了其存在的意义。在这种情况下,外围专利的所有者就可以通过谈判的方式,迫使基础专利所有者与其进行交叉许可,从而达到技术进攻的目的④。芳砜纶产品专利布局案例是这种包绕型专利布局的典型例子。20世纪60年代美国杜邦公司开发的芳纶纤维以其良好的耐热阻燃性能享誉全球。美国Digital Projection(DP)公司的耐高温材料产品在市场上一直处于垄断地位。随后,我国技术人员也自主研发出一种新的耐高温阻燃纤维材料——芳砜纶,于2004申请了"芳香族聚砜酰胺纤维的制造方法"的专利,这种芳纶纤维在耐热性、阻燃性、纤维加工性、舒适性、易染色性等方面均优于DP公司的产品。DP公司的商业情报系统很快发现了这一专利,DP首席科学家V.加巴拉对该公司进行访问考察,表达了收购的意愿,被该公司拒绝。

---

① 李向恒,励精图治.我国企业专利布局的多维审视[J].中小企业管理与科技(下旬刊),2018(6):77-78.
② 许俊浩.专利文献在新产品研发过程中的作用:企业利用专利文献之四[J].汕头科技,2008(2):57-64.
③ 肖沪卫,瞿丽曼,路炜.专利战术情报方法与应用[M].上海:上海科学技术文献出版社,2015.
④ 任声策.专利联盟中企业的专利战略研究[D].上海:上海交通大学,2007.

于是,DP 公司在收购失败后,迅速开展针对特氨纶公司的专利布局。2007 年 4 月至 12 月,DP 公司几乎同时提交了 14 件与芳砜纶产品相关的 PCT 专利申请,分别进入了美国、欧洲、中国、日本、韩国、加拿大等多个国家和地区,而这些区域也正是特氨纶公司市场份额较大的区域。从技术上看,DP 公司的专利申请不仅涉及芳砜纶纤维的制造方法,纤维布、纤维纸机器制造方法,还全面覆盖了耐热阻燃材料相关的防护器具、过滤器、耐火材料、高温过滤毡等多个下游产业链环节(图 5.38)。这就导致特氨纶公司所有的下游厂商如果使用其纤维生产产品,就会造成对 DP 公司权利的侵犯,因此其下游厂商只能购买 DP 公司生产的替代产品。DP 公司通过这一操作达到了封锁特氨纶公司的下游市场的目的。其实,DP 公司的专利运作在 2007 年就开始了,而特氨纶公司对此毫不知情。从这一专利围剿过程中,我们可以看到,国外企业在专利布局方面拥有丰富的实战经验,它们懂得如何利用专利布局来实现商业利益。而我们国内的大多数企业关注的焦点仍然停留在技术研发上,缺乏高瞻远瞩的眼光。这也是我国很多行业虽然在技术上达到了国际先进水平,但其产品在国际市场上的占有率却不高,处处受制于人的原因[①]。

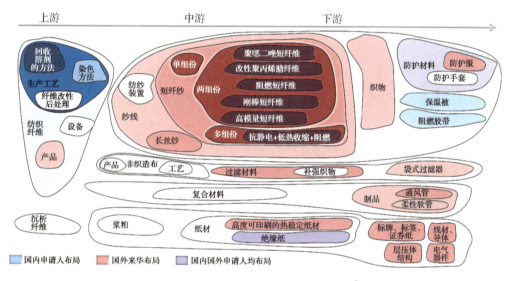

图 5.38 芳砜纶领域全产业链专利布局[①]

5.5 本章小结

创新是国家发展和民族兴旺的基石,也是企业谋求发展的推动力。随着我国创新型国家建设和国家知识产权战略的实施,知识产权信息已经成为国家战略性资源,在经济社会的发展中发挥着日益重要的作用。知识产权信息服务作为开展知识产权战略的重要手段,对技术创新和提升企业核心竞争力起到促进作用。本章首先以技术创新与知识产权信息服务

---

① 杨铁军.产业专利分析报告:第 14 册 高性能纤维[M].北京:知识产权出版社,2013.

的关系为切入点,深入探索了知识产权信息的内涵特征以及知识产权信息服务对技术创新的作用。随后,从知识产权信息服务的功能角度出发,分别从知识产权信息分析、知识产权风险预警和知识产权战略布局三个方面探索知识产权信息服务嵌入技术创新、助力创新发展的新思路、新方法和新模式。

在知识产权信息分析部分,通过技术发展时序分析、技术生命周期、技术区域分布等方法帮助企业充分了解相关技术领域中的专利技术发展现状、市场前景和未来发展趋势;通过技术主题挖掘、构建技术路线图和技术网络演化图等方法预测技术未来发展方向;通过技术功效分析、多维技术创新地图和核心发明人分析等方法识别技术创新机会和创新人才;通过专利被引情况、同族专利数量、专利法律信息分析以及专利组合指标分析等方法识别该领域核心专利技术;基于技术差距和技术相似性分析研究专利权人间的市场竞合关系,发现潜在技术竞争对手与合作对象。

在知识产权风险预警部分,从避免研发重复、监控竞争对手和产品市场化运营这三个角度将知识产权风险预警功能嵌入技术创新的全流程中。在研发立项阶段,通过对技术发展趋势的监控和相似性技术的检索预警,帮助企业选择正确的研发方向,避免因重复研发造成不必要的浪费和侵权风险。在研发过程中,密切关注竞争对手,通过对竞争对手专利布局、市场战略、合作关系和专利信息动态变化等情况的监控,全面掌握竞争对手的技术发展动向和市场策略,并据此调整企业自身市场发展战略。在产品市场化的过程中,通过对产品投放市场的宏观专利预警分析和针对具体产品的专利侵权预警分析,规避企业在产品上市销售、进出口过程中可能存在的侵犯风险。

在知识产权战略布局部分,提出了围绕企业技术创新的实际需求,从技术发展、技术防御、技术进攻的角度进行知识产权战略布局设计的理念。通过技术发展型专利布局,以技术演进趋势和行业发展态势为导向,通过对原始创新要保护的主题和范围进行规划设计,形成具有较强保护范围的基础专利。通过技术防御型专利布局,在基本专利的周围开发许多外围专利或改进专利,将重要的核心技术进行层层的专利保护,形成完整体系的"专利堡垒"。技术攻击型专利布局主要从未来技术演进趋势预测、核心专利的改进和竞争对手专利布局漏洞三方面来考虑外围专利布局。通过专利布局对竞争对手的专利行使造成障碍,或者从对手的漏洞中找到突破其专利壁垒的机会,从而摆脱被动的发展局面。

由此可见,知识产权信息服务已成为企业技术创新过程中的尖兵利器,是提升国家科技创新水平、促进社会经济发展的重要手段。然而,我国现阶段的知识产权信息服务的发展仍然存在着一些问题与挑战,知识产权信息服务体系尚未完善。在政府的大力支持和社会各界的大力推动下,如何加快知识产权信息与产业信息、技术信息、企业信息、经济信息的深度融合,构建完善的知识产权信息服务产业链,实现知识产权信息服务与企业技术创新过程的无缝对接,将成为我国知识产权信息服务业未来的发展方向。

知识产权信息服务与创新能力评价

当今世界竞争日趋激烈,国与国之间的竞争是综合国力的竞争,科技的竞争是其中最为重要的一部分。在科技创新的浪潮下,创新能力已经上升为国家核心竞争力。为了抓住机遇、迎接挑战,建设创新型国家成了我国有效应对未来国际竞争的重大战略选择。2006年,国务院在发布的《国家中长期科学和技术发展规划纲要(2006—2020)》中明确指出,今后15年,科技工作的指导方针是:自主创新、重点跨越、支撑发展、引领未来,并把提高自主创新能力摆在全部科技工作的突出位置。2016年中共中央、国务院发布的《国家创新驱动发展战略纲要》提出了以创新要素的集聚与流动促进产业合理分工,推动区域创新能力和竞争力整体提升,同时明确各类创新主体在创新链不同环节的功能定位,激发主体活力,系统提升各类主体创新能力。2020年9月22日,习近平同志在教育文化卫生体育领域专家代表座谈会上提到:"提升自主创新能力,尽快突破关键核心技术,是构建新发展格局的一个关键问题。"同年,习近平同志在科学家座谈会上提到:"要把原始创新能力提升摆在更加突出的位置,努力实现更多'从0到1'的突破。"

创新能力指创造具有经济、社会和生态价值的新发明的能力,它具有丰富的内涵与组成要素,通常可以以科技论文、专利、商标等科技创新产出作为衡量创新能力的指标。知识产权是为了依法享有智力劳动所创作的成果而设立的专有权利,知识产权信息记载了创新成果的技术信息、法律信息和经济信息,因此可利用知识产权信息构建相关评价指标,对机构或区域的创新能力进行分析和评价,为政府或机构的管理人员提供决策参考。

本章首先对创新能力的内涵和组成要素进行阐述,介绍了创新能力评价的维度和评价指标体系。其次重点梳理了知识产权信息相关评价指标,从国家、地区、机构和个人四个维度,介绍了所对应的基于知识产权信息的创新能力评价指标体系。最后通过两个实践案例来展示知识产权信息在创新能力评价中的具体应用。

6.1 创新能力评价

6.1.1 创新和创新能力

创新一词起源于拉丁语,本意包含更新、创造新的东西和改变。1912年,美国著名的经济学家熊彼特最早在《经济发展理论》一书中提出了"创新"及其在经济发展中的作用,并在随后的出版物中阐述了创新的定义和理论。熊彼特认为创新就是要"建立一种新的生产函数",即"生产要素的重新组合",随后又明确指出"创新"的五种情况,即采用新产品、采用新的生产方法、开辟新市场、掠取或控制原材料或半制成品的新的供应来源、实现任何一种工业的新的组织[1]。

20世纪50年代,美国管理学家彼得·费迪南·德鲁克(Peter Ferdinand Drucker)在管理领域引入"创新"概念,他指出创新是给予资源以新的创造财富能力的行为,包括技术和社会两个方面[2]。20世纪60年代,世界掀起了新技术革命的浪潮,美国经济学家沃尔特·惠特曼·罗斯托(Walt Whitman Rostom)在"创新"的基础上,又提出了"技术创新"的概念,随后学者们开始对技术创新进行了一系列的研究。在美国国家科学基金会(National Science Foundation,NSF)报告《1976年:科学指示器》中,将技术创新定义为将新的或改进的产品、过程或服务引入市场[3]。

1987年,英国经济学家阿兰·弗里曼(Alan Freeman)则认为创新是国家发展的关键动力系统,并首次提出"国家创新系统":国家创新系统是由公共部门和私营部门中各种机构组成的网络,这些机构的活动和相互影响促进了新技术的开发、引进、改进和扩散[4]。1994年,英国卡迪夫大学的菲利普·尼古拉斯·库克(Philip Nicholas Cooks)教授对区域创新系统进行了较早和较全面的理论及实证研究,他认为区域创新系统主要是由在地理上相互分工与关联的生产企业、研究机构和高等教育机构等构成的区域性组织体系,而这种体系支持并产生创新[5]。弗里曼和库克从系统观的角度阐述了创新的概念:创新是由创新系统的主体以及各主体之间的相互作用组成。

以上学者分别从生产经济、管理、系统等不同学科领域或角度阐释了创新的含义,本章的创新主要聚集于科技领域的创新,即贯穿于科学技术活动中的创新行为或活动,包括科学创新和技术创新。科学创新就是通过科学研究获得新知识的过程,如获得新结论、新观点和

---

[1] 程强,顾新,彭尚平.开发创新型科技人才的战略研究[J].科技与经济,2011,24(1):80-84.
[2] 廖文秋.高等学校科技创新能力评价研究[D].合肥:中国科学技术大学,2012.
[3] 罗守贵,高汝熹,陈枫,等.上海创建国际技术创新中心的战略研究[J].中国软科学,2003(11):123-127.
[4] 张霞.熊彼特与弗里曼的创新思想及其比较研究[D].郑州:郑州大学,2010.
[5] 刘曙光,徐树建.区域创新系统研究的国际进展综述[J].中国科技论坛,2002(5):33-37.

新理论；技术创新就是创造新产品、新工艺、新方法和开拓新市场等过程。综上，创新就是在创新构思、科学研究、生产制造、市场化等科技活动中创造出新知识、新产品、新工艺，开辟新市场、提供新服务的过程。

创新能力由创新和能力两个名词共同构成，能力是完成一项目标或者任务所体现出来的综合素质，创新能力可理解为从事创新活动或行为所具备的综合实力。关于创新能力，目前学界尚无统一的定义，大多从创新所具备的要素的角度来考察创新能力。创新的过程涉及创新主体、创新客体和一系列的创新支持要素。

创新主体是从事创新活动的人或社会组织。人是创新活动最直接的实践者，也是创新主体中的最小个体。在创新活动的不同阶段，从事创新活动的人根据不同的分工，承担着各自不同的职责，又由这些人组成不同职能的组织和机构，如高校、科研院所和企业。高校和科研院所的职责之一是科学研究，从事基础研究相关的创新活动；企业以市场为导向，更贴近用户需求，主要从事生产相关的创新活动。创新客体是创新主体所指向的对象，包括两大类，第一大类是具有新价值、新效用的新思想，是创新主体的思维产物；第二大类是具有新价值、新效用的新方法，是创新主体开展物质活动的产物[①]。

除了创新主体、创新客体，还需要诸如政策、资金、平台等保证创新活动持续开展的创新支持要素。现从投入产出的角度将与创新相关的要素划分为创新投入性要素和创新产出性要素(图6.1)。

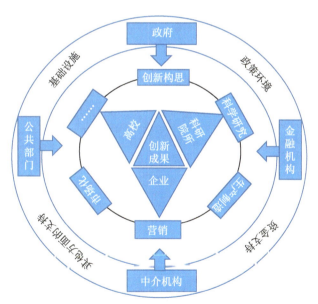

图 6.1　创新过程组成要素

(1) 创新投入性要素

创新投入性要素是创新活动的基础条件，其完整程度和优化配置程度影响着创新活动的开展和创新成果的产出。投入性要素越多，配置程度越高，创新主体具有从事创新活动的实力也越强。创新投入性要素包括人力资源、政策环境、基础设施、资金以及其他资源。

---

① 曹山河. 论创新主体与客体[J]. 湖南社会科学，2007(1)：11-13.

人力资源是创新能力投入性要素中最主要的要素，人力资源的数量和质量直接影响着创新产出的水平和效率。

创新政策是为了促进创新活动的产生和发展，规范创新主体行为而制定并运用的各项措施，涉及税收、金融、产业等各个方面，能够激发创新主体的创新活力；创新环境是指具备创新的外部条件和情况，包括经济、金融、市场、法律等因素。这些因素共同构成了影响创新的外部条件，创新环境是维持创新活力的根本，创新政策的目的是营造良好的创新环境，二者共同维护着新思想持续不断的输出，确保创新活动的持续进行。

基础设施是指为创新活动提供的便利条件，包括国家科技基础设施、教育基础设施、情报信息基础设施等，是创新活动必需的基本条件。

资金是指用于创新活动的资金，包括自主研发经费投入，用于引进国外技术、购买国内技术和对已有技术进行改造所需的费用等。资金的投入规模和配置结构对创新产出也有着直接影响。

其他资源包括金融机构、信息服务等中介机构为创新活动提供的各方面的支持。

(2) 创新产出性要素

创新产出性要素是指各创新环节产生的科技创新成果，是创新能力的最直接体现。成果通常是阶段性的，创新活动的各环节都会产生相应的成果。创新成果既包括类似实物产品的有形成果（如新产品），又包括无形的智力劳动成果。不同于有形的劳动成果可以被物权人直接支配，智力成果以一定的形式表现出来并赋予法律的保护，发展成为知识产权。

知识产权制度的建立，激励人们持续创造无形的新知识，它对创新的促进保障作用主要表现在以下三个方面：①知识产权是一种权力垄断。权利人可以获得巨大的经济利益，在利益的驱动下，权利人更愿意创造更多的智力劳动成果，从而促进创新活动的持续；②获得知识产权本身对成果创造者来说就是一种肯定和激励，这些成果是智力劳动者经过无数次失败和教训呕心沥血完成的，获得这份殊荣将会给创作者带来巨大的精神满足感和成就感，不断激发他们主动创造的积极性；③激励创新成果的有效扩散，以专利为例，专利获得授权的前提是公开，信息公开对技术发展来说是一件有意义的事，会促进领域内更多人投身到创新中。知识产权促进了创新，知识产权保护的是智力劳动成果，是一种创新产出，又是创新能力的直接体现。

通过以上对创新过程必备要素的解析，创新能力就是在外部环境的保障和助推下，创新主体利用现有的资源、平台和条件，从事科学技术研发和生产活动，创造新产品、新成果，并将其实现成果的转化、产业化的能力。创新能力既涉及人力资源、政策环境、基础设施、资金以及其他方面的资源组成的投入性要素，也涉及新科技成果、新产品、新工艺等产出性要素。

6.1.2 创新能力评价维度与指标体系

目前，学术界普遍通过解析创新能力的组成要素，并构造能够量化创新能力要素的指标体系来对创新能力进行评价。首先，确定评价对象。创新能力评价的评价对象多为创新主体或由各创新主体组成的创新系统，可分为区域、机构和人才三个不同层次。其次，根据对创新能力组成要素的解析，创新能力的评价通常从以下五个方面展开：①高层次专业人才、创新人才等人力资本;②创新政策、激励措施、知识产权保护等政策层面要素;③基础设施、交流平台等其他方面资源;④投资规模、经费补贴等资金投入;⑤论文、专利、新产品等创新产出。

评价可以是针对某一要素进行单方面评价,也可对要素组合进行全面性的、综合性评价。完整的创新过程是由创新构思、科学研究、生产制造、市场化等若干个环节组成,每个环节的特点不一样。如基础研究阶段偏向知识创新,体现科研创新能力;技术应用阶段体现技术创新能力。且不同类型的创新主体所处的创新环节也不同,高校和科研院所处于创新过程中的基础研发阶段,企业更多地处于生产制造和市场化阶段。因此,对创新能力的评价往往聚焦于某个或某些创新环节中。

基于以上分析,创新能力的评价可以从三个维度展开(图6.2),分别是评价对象规模、创新能力构成要素和创新环节,评价维度可以两两组合,以满足不同的评价要求和评价目的。

评价对象规模与创新能力构成要素的组合评价,能够反映同一层面创新主体或创新系统的资源分布情况,可以通过优化资源配置来实现系统均衡发展。

创新能力构成要素与创新环节的组合评价,可以反映出各个创新环节对资源的需求,通过合理配置资源提高投入产出效率。

评价对象规模与创新环节的组合评价,则反映了创新主体或创新系统的功能定位,可以通过统筹协调、错位发展实现在创新过程的最大价值。

通过不同目的创新能力评价,决策者可以了解创新主体的创新实力和竞争优势,有利于提高决策质量,优化创新资源的配置,规范创新管理工作。对创新主体而言,可以了解在同类竞争者中的位置以及自身实力,激发主体的创新热情和潜力,提高自身创新水平和效率。

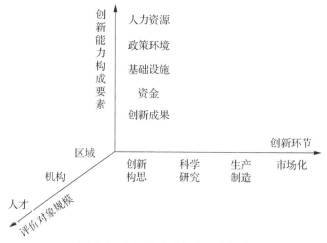

图6.2 创新能力评价的三个维度

构建指标体系是评价工作的基础和前提,针对某一具体评价目标,选取能够表征评价对象各方面特性的指标,对其进行量化处理,多个指标又形成具有内在结构的有机整体,共同对评价对象进行全面的刻画和表征。创新、创新能力的概念被提出以后,社会各界开始探索采用科学合理的评价指标体系来对不同规模的主体的创新能力的内涵进行诠释。

(1)区域创新能力评价指标体系

区域创新系统的提出,使得创新系统有了地理位置的内涵,区域按大小或行政级别可分为国家、省市或地区集群等。因此,区域创新能力评价就是对国家、省市或地区的创新活动及其相关组成要素进行评测。

1997年,经济合作与发展组织(Organization for Economic Co-operation and Development,OECD)推出了《国家创新系统》研究报告,提出一整套国家创新系统分析方法,以便政策制定者理解和建设国家创新系统[①]。同年,OECD开始发布《科学、技术和工业记分牌》,根据各国家的科学、技术和产业活动绩效,来确定各国的创新能力。此后,各个国家和一些国际组织从国家创新系统层面,对创新能力开展评价活动,并公开各国创新能力排行榜。2001年,欧盟委员会发布了《欧盟创新记分牌》(European Innovation Scoreboard,EIS),基于创新推动、企业活动和创新产出三大类指标来评价欧盟各国的创新能力,并按综合创新指数将其划分为创新领导型国家、强力创新型国家、中等创新型国家和一般创新型国家四大类。2009年开始,美国信息技术与创新基金会(The Information Technology and Innovation Foundation,ITIF)对世界主要经济体的创新能力进行评价,主要涉及经济活力、创新能力、知识型就业、全球化、数字经济5个方面[②]。

自1999年开始,中国科技发展战略研究小组从省、自治区、直辖市层面,对中国区域创新能力进行比较分析,每年推出一本《中国区域创新能力评价报告》,评价指标涉及知识创造、知识获取、企业创新、创新环境和创新绩效5个方面。除了政府和媒体公开发布的区域创新能力评价报告外,我国也有不少学者构建了区域创新能力的综合评价指标,对我国的省、自治区、直辖市的创新能力进行比较分析。甄峰等[③]从知识和技术两个角度来考察区域创新能力,并结合管理与制度创新和宏观经济、社会环境的指标,对沿海10个省市的创新能力进行了比较;刘凤朝等[④]以国内八大经济区为研究对象,从资源能力、载体能力、环境能力、成果能力和品牌能力5个维度对区域自主创新能力进行了评价;何亚琼等[⑤]创建了区域创新要素关系模型,囊括网络、投入、产出、行为主体能力4个方面,该模型重在考虑区域创新动态集成运作过程;康健等[⑥]将三螺旋模型中的企业分为服务型和制造型两类,并基于协同理论,引入复合系统协调度模型,对基于区域产业互动的三螺旋协同创新能力进行评价。

(2)机构创新能力评价指标体系

机构层面的创新主体包括企业、高校和科研院所。企业是推动创新创造的生力军,高校和科研院所作为培养创新人才的基地,也是孵化创新的主战场。通过对企业、高校等科研机构的创新能力进行评价,可了解企业、高校等科研机构在同类型机构中的竞争优势。

张颖等[⑦]从创新环境、企业家素质、企业创新策略、研发强度、推广能力5个方面构建了

---

① 何传启,张凤,李宁.面向知识经济时代的国家创新体系[J].国际技术经济研究,1998(4):30-35.
② 耿佳.国家创新能力评价指标体系优化研究:基于专利的视角[D].北京:北京邮电大学,2018.
③ 甄峰,黄朝永,罗守贵.区域创新能力评价指标体系研究[J].科学管理研究,2000,18(6):5-8.
④ 刘凤朝,潘雄锋,施定国.基于集对分析法的区域自主创新能力评价研究[J].中国软科学,2005(11):83-91,106.
⑤ 何亚琼,秦沛.一种新的区域创新能力评价视角:区域创新网络成熟度评价指标体系建设研究[J].哈尔滨工业大学学报(社会科学版),2005,7(6):88-92.
⑥ 康健,胡祖光.基于区域产业互动的三螺旋协同创新能力评价研究[J].科研管理,2014,35(5):19-26.
⑦ 张颖,张欣.我国中小企业技术创新能力指标体系的构建及评价方法[J].湖南工程学院学报(社会科学版),2005,15(3):9-12.

评价中小企业技术创新能力的指标系统;刘丹丹等[①]构建了区域企业科技创新能力指标体系,筛选了包括研发人员数、经费支出、研发机构数、研发项目数和新产品在内的14个指标,并对区域创新能力进行聚类分析;赵文彦等[②]从投入、研究开发、生产、产出、营销、管理创新和制度创新几个角度进行企业创新能力评价;章熙春等[③]构建了涉及创新资源、知识创造、知识流动、技术创新、成果转化、创新环境等方面的综合评价指标体系,以此评价高校科技创新能力;何颖波等[④]结合国防科研院所自身的特点,构建了共性能力与核心能力2个评估指标体系,共性能力评估指标体系是以创新资源、创新产出、科技影响力和创新管理为一级指标,核心能力评估指标体系则兼顾了知识或学术水平发展、技术革新以及工程应用或集成。

(3) 创新人才评价指标体系

创新驱动实质是人才驱动,人才是创新的第一资源。对创新人才的内涵进行讨论,并构建相关评价指标体系,为国家、企业和高校筛选更多具有创新意识和能力的人才提供了科学的方法。赵祖地等[⑤]从创新所具备的基本素质、知识技能和创新业绩3个方面构建了创新型人才的评价系统;吴欣[⑥]从创新知识、创新技能、创新品质、创新表现、团队领导能力5个方面构建了高层次创新型科技人才评价指标体系;张永莉等[⑦]将创新型人才的创新能力归纳为基础修养、知识技能和创新表现3个方面,其中基础修养是基础,创新表现是最高层次的能力,并基于此构建了相关评价指标体系;张晓娟[⑧]构建出产业导向的科技人才三级评价指标体系,一级指标包括道德素质、智能素质、学术水平和绩效水平。

以上学者从从事创新活动的个人所具备的思想意识、基础素质、知识水平、职业技能等隐性能力的角度对创新人才进行评价,另一部分学者则对某一机构或区域的创新人才进行评价,评价指标体系涵盖了环境、经费投入、人才结构等其他因素。如程东晓[⑨]将人员结构、研发经费、GDP等引入河北省创新型科技人才竞争力评价指标体系中,构建了人才实力、人才效益、环境引力3个一级指标;沈春光[⑩]研究了区域科技创新人才的成长规律和影响因素,并最终建立了以人才存量、人才效率、人才环境和人才可持续发展为一级指标的人才竞争力评价指标体系;严扬佩[⑪]构建了包含基础要素、投入要素、环境要素和成果4个维度的城市科技人才创新能力评价体系。

---

① 刘丹丹,朱家明,黄婷婷.区域企业科技创新能力聚类与评价[J].佳木斯大学学报(自然科学版),2017,35(4):705-708.
② 赵文彦,曾月明.创新型企业创新能力评价指标体系的构建与设计[J].科技管理研究,2011,31(1):14-17,9.
③ 章熙春,马卫华,蒋兴华.高校科技创新能力评价体系构建及其分析[J].科技管理研究,2010,30(13):79-83.
④ 何颖波,王建,李洛军,等.国防科研院所科技创新能力评价研究[J].科研管理,2016,37(3):68-72.
⑤ 赵祖地,左玥.创新型人才评价体系研究[J].杭州电子科技大学学报(社会科学版),2010,6(3):62-65.
⑥ 吴欣.高层次创新型科技人才评价指标体系研究[J].信息资源管理学报,2014,4(3):107-112.
⑦ 张永莉,邹勇.创新人才创新力评估体系与激励制度研究[J].科学管理研究,2012,30(6):89-93.
⑧ 张晓娟.产业导向的科技人才评价指标体系研究[J].科技进步与对策,2013,30(12):137-141.
⑨ 程东晓.河北省创新型科技人才竞争力评价研究[D].石家庄:河北科技大学,2010.
⑩ 沈春光.区域科技创新人才竞争力评价与预测研究[D].南京:南京航空航天大学,2011.
⑪ 严扬佩.城市科技人才创新能力评价指标体系与实证研究[D].深圳:深圳大学,2018.

从前文可以看出,面向区域、机构、人才创新能力评价的指标体系尽管各具特点,但均是从创新投入、创新产出两个方面对创新能力进行表征的。

表征创新投入的相关指标包括:创新人才学历和职称、企业家素质、科学家和工程师的比例等创新人才资源指标;地区经济发展状况、政策执行情况、政府扶持力度、企业融资环境等创新环境指标;基础研究投入、研究与发展经费支出等资金投入指标;国家重点实验室、大型仪器、基础网络等基础设施指标;投资金额、科技与技改贷款、公共服务支出、合作交流等其他资源投入指标。

表征创新产出的相关指标包括:论文、专利、商标等科技成果,以及科技成果奖励,科技成果转化率,新产品产值,技术出口额等。其中,论文、专利、商标等科技成果是一类最广泛使用的创新产出型评价指标。

6.2 基于知识产权信息的创新能力评价

在上一小节总结的众多创新能力评价指标中,产出性指标反映了创新实践的阶段性成果,是创新能力和水平最直接的体现,是创新能力评价的重要指标之一。除了新产品、新设计等实物以外,科技文献、知识产权成果等作为重要的信息和知识的载体已成为主要的创新产出,可作为重要的创新产出性指标。基于知识产权信息的创新能力评价是利用知识产权信息,构建能够表征其创造性、新颖性的指标体系。专利是知识产权的重要组成部分。据研究,世界上有90%—95%的最新技术首先反映在专利文献中。因此,专利文献作为记载最新技术信息的科技成果,已经成为衡量创新能力的重要尺度。

6.2.1 基于知识产权信息的创新能力评价指标

早在20世纪60年代,英国学者雅各布·施穆克勒(Jacob Schmookler)在《发明与经济增长》一书中,首次将专利作为创新指标[①]。接着,比约恩·洛伦斯·巴斯伯格(Bjørn Lorens Basberg)研究认为专利因包含技术和发明者等可比性信息,是衡量科技创新活动的重要依据[②];阿迟布格认为专利数是衡量创新能力最主要的指标,波特等认为国际专利量是一个最好最具有可比性的创新产出衡量指标[③]。专利作为衡量创新能力的指标,在国际上逐步形成了共识。世界知名的创新能力评价排行榜的部分指标也均是基于专利信息。如瑞士洛桑国际管理学院发布的《世界竞争力报告》,世界经济论坛(World Economic Forum)发布的《全球竞争力报告》,欧盟委员会发布的《欧洲创新记分牌》和世界知识产权组织、欧洲工商管理学院以及康奈尔大学联合发布的《全球创新指数》,均采用了专利相关指标。

---

① SCHMOOKLER J. Invention and economic growth[M]. Cambridge:Harvard University Press,1966.
② BASBERG B L. Patents and the measurement of technological change:A survey of the literature[J]. Research Policy,1987,16(2):131-141.
③ 宋河发. 自主创新能力建设与知识产权发展:以高技术产业为视角[M]. 北京:知识产权出版社,2013.

近年来,我国许多学者致力于基于专利信息的创新能力评价和专利相关指标的研究。刘洋等[①]构建了一个包括数量、质量、价值三大类的专利评价指标体系,数量类专利指标反映的是创新规模、总体发展情况,质量类专利指标反映的是创造性、新颖性的程度,价值类专利指标反映的是创新带来的实际或潜在利益。万小丽[②]将专利质量指标划分为专利引证指标、专利维持指标、专利范围指标以及其他指标;谷丽等[③]则将专利质量评价指标归纳为技术性层面、法定性层面和商业性层面的指标。

本节参考知识产权发展研究中心刘洋等人对专利评价指标的研究,将专利评价指标分为专利数量评价指标、专利质量评价指标及专利价值评价指标,具体如下。

(1) 专利数量评价指标

专利数量评价指标分为两种:一种是绝对数量,包括专利申请量、专利授权量、有效专利数量、失效专利数量等;另一种是相对数量,包括专利增长量、专利增长率等。

专利申请量是指向专利受理机构提交获取专利权请求的专利申请数量,通常包括发明专利申请量、实用新型专利申请量和外观设计专利申请量,反映了创新主体从事技术研发活动的积极性和活跃程度,是衡量创新能力高低的一个标准。

专利授权量是指专利申请后经过专利部门审查授予专利权的专利数量。由于并不是每个专利申请都能获得授权,因此专利授权量能够反映出创新主体的创新能力和技术水平的高低。

有效专利数量统计有效专利的总数,无效专利数量统计无效专利的总数。在专利授权的基础上,专利一直处于保护的期限内,且专利权人按时缴纳年费,此为有效专利。与之相对应,当专利超过法定期限,或专利权人未继续缴纳年费,专利失去有效性,此为无效专利。这两个专利数量指标均反映了创新机构对该技术的重视程度。

专利增长量是指新增的专利数量。专利增长率是指专利随时间变化而增长的百分比,即新增的专利数量/初始专利数量。专利增长量和增长率均反映了创新活动的强度和变化趋势。

(2) 专利质量评价指标

随着专利指标研究的深入,越来越多的学者认识到仅仅依靠专利数量来评价创新水平是不科学的,反映专利质量的指标逐步被引入创新能力评价中。专利质量评价指标大致可分三类:基于引证关系的专利质量评价指标、基于保护范围的专利质量评价指标和其他专利质量评价指标。

①基于引证关系的专利质量评价指标:引证关系是指专利之间的被引和引用的关系。基于被引的专利质量评价指标包括被引频次、专利h指数、即时影响指数、技术强度等。基于引用的专利质量评价指标包括引文数量、引证率、科学关联度、科学强度、技术循环周期等。

---

① 刘洋,瞿卫军,黄庆,等.专利评价指标体系(三):运用专利评价指标体系进行的地区评价[J].知识产权,2004(5):35-38.
② 万小丽.专利质量指标研究[D].武汉:华中科技大学,2009.
③ 谷丽,郝涛,任立强,等.专利质量评价指标相关研究综述[J].科研管理,2017,38(S1):27-33.

被引频次是专利被其他文献引用的次数,反映专利对其他文献的影响。被引频次越高,该创新成果对其他研发活动的影响力就越大,创新主体的创新能力也越强。

专利 h 指数是从文献计量学中引入的概念。h 指数是指某位学者论文集合中,所有文章按被引频次降序排列,其中前 h 篇文章的被引频次均大于或等于 h,其余文章的被引频次均小于 h。因此,专利 h 指数是指专利权人的专利集合中,所有专利按被引频次降序排列,前 h 件专利被至少引用 h 次,而其余专利被引频次均小于 h。专利 h 指数兼顾创新成果的数量和质量的因素,其值越高,表明该创新主体的专利申请量越多,被引频次也越高,反映创新主体在该技术领域内的研发效率和影响力。

即时影响指数是前五年专利的当年被引频次/该系统内前五年所有授权专利的当年被引频次的平均值。该指标考察的是近期技术发展趋势和近期创新活动的质量水平。

技术强度为专利数量与即时影响指数的乘积。该指标兼顾了专利数量和质量,综合考虑了创新活动的活跃程度和影响力。

以上基于被引频次的相关指标从专利影响力的角度客观反映了技术创新的质量,是衡量创新能力的角度之一。

引文数量是专利引用参考文献的数量,反映技术的关联性和延续性。有学者认为专利引用的相关文献越多,说明审查员参考的现有技术越多,那么该专利越难被证明无效,专利质量越高[①]。专利质量越高,说明技术创新的水平越高。

引证率为引用参考文献的专利数/专利总数,反映的是高质量专利所占比例,也反映了创新主体在某领域从事技术创新的连续性、进展程度、集聚程度。连续性越强、集聚度越高,说明对该技术的研究越深入,更易集聚原始创新能力。

科学关联度为专利引用的科学类论文数量/所拥有的专利总数,是专利篇均引用科技论文的数量,反映了技术人员对科学的重视程度;科学强度为专利数量与科学关联度乘积,该指标兼顾了科学基础和技术成果,反映的是科学与技术的总体关联程度。科学与技术是紧密联系的,科学研究成果能够促进技术创新,技术创新反过来又进一步促进科学的向前发展,两者之间相辅相成。因此,科学关联度和科学强度这两个指标均可衡量创新主体潜在创新能力。

技术循环周期是指统计所有专利引文的年龄,取其中位数。该指标反映了技术创新的速度,技术更迭速度越快,越能反映技术创新的活力。

② 基于保护范围的专利质量评价指标:保护范围又分为技术保护和区域保护。基于技术保护范围的专利质量评价指标有专利宽度、权利要求数量等。基于区域保护范围的专利质量评价指标有专利族大小、PCT 专利数量、三方专利数量等。

专利宽度指专利技术覆盖范围,可用专利文献中的 4 位国际专利分类号(即 IPC 小类)的数量来表征,反映专利技术跨技术领域的范围。权利要求数量就是专利文献中权利要求的数量。对于重要专利,专利权人围绕专利技术,采用精准的语言列出多项权利要求说明,以严格界定专利保护的技术范围以及与其他专利技术的区别,该指标反映创新主体对该技术的重视程度。

---

① 万小丽. 专利质量指标研究[D]. 武汉:华中科技大学, 2009.

专利族大小是指专利权人在不同国家或地区申请、公布的具有共同优先权的一组专利数量。PCT 专利数量是通过 PCT 途径递交国际专利申请的数量。这两个指标反映创新主体的潜在市场战略。

三方专利数量是指向美国专利商标局、欧洲专利局和日本专利局三方专利局提交申请并获得授权的专利的数量。三方专利通常具有较高的质量,提高了专利指标的国际可比性。

以上指标均体现了创新主体对技术的重视程度和市场战略,从侧面反映出受保护的技术的创新程度,也反映出创新主体的创新能力。

③其他专利质量评价指标还包括授权率、有效率、发明专利率等。

授权率等于授权专利量/专利申请量,有效率等于有效专利量/授权专利量,发明专利率等于发明专利量/专利总数。授权专利、有效专利和发明专利均被认为是质量较高的专利,因此,测算授权专利、有效专利和发明专利在专利集合中的比例,就是考察高质量创新产出的效率,是衡量创新能力的基本方法。

(3) 专利价值评价指标

除了专利质量评价指标,专利价值也是衡量专利技术水平的标准。专利价值通常指在商业活动中所体现出的经济价值。当创新主体预期专利在未来能够获得经济收益时,通过定期缴纳一定的费用来维持对技术进行专利权的保护,同时将专利技术投放市场以获得回报,或者通过专利权转让的方式获得收益。当该技术与市场需求不匹配并在未来也不能收回成本时,专利权人不再对专利权进行维护。因此,专利价值评价指标主要从基于有效维护的角度来设计,包括专利寿命、专利存活率、专利无效宣告率、专利届满率等。

专利寿命是指专利从申请日或者授权日起至无效、终止、撤销或届满之日的实际时间间隔,专利寿命越长,表明创新主体对其投入越多,该技术包含的技术创新性也越高,未来可获得更多收益。

专利存活率等于某时间段内授权的专利在一定时间之后仍然有效的数量/该时间段内专利授权量。专利权人对专利不断地投入维持其续存,该指标值越大,专利投入越多,反映出具有价值的专利比例也越高。

专利无效宣告率等于被宣告无效的专利量/专利授权量。与专利存活率相反的该指标值越高,专利投入越低,具有价值的专利比例越低。

专利届满率等于期限届满而终止的专利量/专利授权量,反映专利权人的专利技术总体水平,也可以在一定程度上反映创新主体在技术发展方向上的稳定性。

除此之外,衡量专利价值的主要指标还包括研发效率、专利自实施率、专利转移率等。

研发效率是一定的研发经费或人员数量所产出的专利数量,反映专利主体在一段时期内专利产出的成本效率。

专利自实施率是指专利权人自己使用授权专利的专利权进行生产经营活动,等于使用的授权数量/专利授权总数。该指标可衡量专利是否具有产业推广价值。

专利转移率为专利权发生转移或转让的专利数量/专利授权量,反映了专利的潜在价值。

以上指标衡量的是创新主体对技术的投入和利用,创新主体通过对受保护的技术的市场价值和未来预期收益进行预判,从而确定是否增减投入。这种预判的依据是技术的创新程度,因此，以上指标可以用来衡量创新主体的创新能力。专利评价指标汇总如表 6.1 所示。

表 6.1　专利评价指标汇总

评价角度	评价指标		指标说明
专利数量	绝对数量指标	专利申请量	受理技术发明申请专利的数量
		专利授权量	专利申请后经过专利部门审查后授予专利权的数量
		有效专利数量	专利申请被授权后，仍处于有效状态的专利的数量
		失效专利数量	失去专利权的专利的数量
	相对数量指标	专利增长量	本期专利数量－基期专利数量
		专利增长率	专利增长量/基期专利数量
专利质量	基于被引	被引频次	专利被其他文献引用的次数
		专利 h 指数	专利权人有 h 件专利且被后来的专利至少引用 h 次，剩下的专利被后来的专利引用的次数都少于 h 次
		即时影响指数	前五年专利的当年被引频次/该系统内前五年所有授权专利的当年被引频次的平均值
		技术强度	专利数量×即时影响指数
	基于引用	引文数量	该专利引用参考文献的数量
		引证率	引用参考文献的专利数/专利总数
		科学关联度	专利引用的科学类论文数量/所拥有的专利总数
		科学强度	专利数量×科学关联度
		技术循环周期	引用的所有专利的年龄的中位数
	基于技术保护范围	专利宽度	指专利技术覆盖范围，可用专利文献中的 4 位国际专利分类号（即 IPC 小类）的数量来表征
		权利要求数量	专利文献中权利要求的数量
	基于区域保护范围	专利族大小	专利权人在不同国家或地区申请、公布的具有共同优先权的一组专利数量
		PCT 专利数量	通过 PCT 途径递交国际专利申请的数量
		三方专利数量	向美国专利商标局、欧洲专利局和日本专利局三方专利局提交申请并获得授权的专利的数量
	其他	授权率	授权专利量/专利申请量
		有效率	有效专利量/授权专利量
		发明专利率	发明专利量/专利总数
专利价值	基于有效维护	专利寿命	专利从申请日或者授权日起至无效、终止、撤销或届满之日的实际时间间隔
		专利存活率	某时间段内授权的专利在一定时间之后仍然有效的数量/该时间段内被授权专利总数

(续表)

评价角度	评价指标		指标说明
专利价值	基于有效维护	专利无效宣告率	被宣告无效的专利量/专利授权量
		专利届满率	期限届满而终止的专利量/专利授权量
	其他	研发效率	一定的研发经费或人员数量所产出的专利数量
		专利自实施率	授权专利自实施的数量/授权专利量
		专利转移率	专利权发生转移或转让的专利数量/授权专利量

6.2.2 基于知识产权信息的创新能力评价体系

尽管专利传达的信息很丰富,专利指标的表现形式也很多样,但评价的目的性和数据可获得性仍然是评价工作应该遵循的原则。不同层面、不同目的下的创新能力评价,对专利指标的筛选也不尽相同,评价指标体系也有不同的呈现。本节将从区域、机构和人才的角度,对基于知识产权信息的创新能力评价体系进行阐述。区域创新能力评价又分为国家创新能力评价和地区创新能力评价。

(1) 基于知识产权信息的国家创新能力评价体系

世界权威组织站在宏观层面,对国家创新评价体系展开全方位的研究,具有代表性的包括《全球创新指数》《全球竞争力指数》《世界竞争力报告》《欧洲创新记分牌》和《国家创新指数报告》等,构建了包含知识产权信息相关指标的评价指标体系,如表6.2所示。

世界知识产权组织、欧洲工商管理学院和康奈尔大学于2007年起,每年联合发布《全球创新指数》,对全球120多个国家的创新能力进行评估。全球创新指数分为投入次级指数和产出次级指数。创新投入次级指数指标体系涉及5个方面:制度、人力资本和研究、基础设施、市场成熟度、商业成熟度;创新产出次级指数指标体系包括2个方面:知识和技术产出、创意产出。全球创新指数指标体系共包含80多个独立指标,其中涉及知识产权信息相关的指标有:专利数量(专利申请量、PCT专利申请量、实用新型申请量、外观设计申请量)、商标量与单位GDP的比值。

世界经济论坛的全球竞争力指数对全球100多个经济体生产力发展和经济繁荣程度进行评估。报告从基础条件、效能提升和创新成熟度3个层面衡量各经济体竞争力,共囊括12大项指标、104个次级指标。其中,涉及知识产权信息相关的指标有跨国合作专利数、专利申请量和商标申请量。

瑞士洛桑国际管理学院自1989年开始每年发布《世界竞争力报告》,主要从经济状况、政府效率、企业效率、基础建设4个方面展开评估,共涉及300多个指标。其中,涉及知识产权信息相关的指标有专利申请量、人均专利申请量、专利授权量、知识产权法例。

《欧洲创新记分牌》于2016年开始监测、评估、比较欧盟成员国、欧盟与世界其他主要国家的研究与创新绩效,评估体系包括框架条件、投资、创新活动和影响力4个方面,共包括10个一级指标和27个二级指标。其中,与知识产权信息相关的指标包括PCT专利申请量、商标申请量和设计申请量。

表 6.2　国家创新能力评价中知识产权信息相关指标

评价体系名称	评价角度及指标	涉及知识产权信息的相关指标
全球创新指数	分为投入次级指数和产出次级指数：创新投入次级指数包含制度、人力资本和研究、基础设施、市场成熟度和商业成熟度5个方面；创新产出次级指数包含知识和技术产出、创意产出2个方面。共涉及80多个指标	专利申请量、PCT专利申请量、实用新型申请量、外观设计申请量，以及商标量与单位GDP的比值
全球竞争力指数	包括基础条件、效能提升和创新成熟度3个层面的12大项指标，共104个次级指标	跨国合作专利数、专利申请量、商标申请量
世界竞争力报告	包括经济状况、政府效率、企业效率、基础建设4个方面，共涉及300多个指标	专利申请量、人均专利申请量、专利授权量、知识产权法例
欧洲创新记分牌	包括框架条件、投资、创新活动和影响力4个方面，共涉及10个一级指标和27个二级指标	PCT专利申请量、商标申请量和设计申请量

(2) 基于知识产权信息的地区创新能力评价体系

区域创新能力评价侧重对省、市域的创新能力进行比较，江苏知识产权研究与保护协会[①]从知识产权的角度设计了只包含专利相关指标的创新能力评价指标体系，包含专利创造、专利运用、专利保护和专利环境4个方面。专利创造又从专利创造数量、专利创造质量和专利创造效率3个角度来衡量，专利运用涉及专利运用数量和专利运用效果，专利保护则从专利行政执法和专利维权援助来表征，专利环境涉及专利管理环境、专利服务环境和专利人才环境，二级指标下又构建了40个三级指标，具体见表6.3。

部分学者构建了我国区域创新能力的综合评价指标，对我国30个省、自治区、直辖市的创新能力进行比较分析，采用专利相关指标包括专利申请及授权量、发明专利申请及授权量[②]、发明专利授权量占比、人均专利授权量、三种专利联合申请占比[③]、发明专利受理量、每百万人发明专利授权量、大中型工业企业实用新型及外观设计专利申请授权量[④]、发明专利授权量、每百万人平均发明专利授权量[⑤]。姜文仙[⑥]构建了涉及知识创造、知识流动、企业技术创新、环境及效益等方面的指标来评估广东省的科技创新能力，除专利申请量和专利授权量外，还采用专利申请年增长率等其他指标来衡量知识创造能力。崔新健等[⑦]将基于知识管理的区域创新能力评价框架应用于郑州市区域创新能力评价实证研究，一级指标包括知识创造、知识扩散、知识选择与知识应用，知识创造可用每万人发明专利拥有量及授权量、专利

[①] 江苏省知识产权研究与保护协会.江苏专利实力指数报告:2017[M].北京:知识产权出版社,2017.
[②] 付淳宇.区域创新系统理论研究[D].吉林:吉林大学,2015.
[③] 张天译.中国区域创新能力比较研究[D].吉林:吉林大学,2017.
[④] 赵娜娜.我国区域创新能力评价研究[D].兰州:兰州商学院,2012.
[⑤] 郭海轩.区域创新能力评价指标体系构建及分析方法研究[D].天津:天津大学,2016.
[⑥] 姜文仙.广东省区域科技创新能力评价研究[J].科技管理研究,2016,36(8):75-79.
[⑦] 崔新健,郭子枫,刘轶芳.基于知识管理的区域创新能力评价研究[J].经济管理,2013,35(10):38-47.

授权量、每百元科技投入产生的发明专利、发明专利增长率、发明专利授权增长率等专利指标以及其他指标来衡量。

除了综合性指标体系，另有部分作者和机构几乎仅依靠专利指标来筛选出具有创新能力的区域。美国高技术市场研究机构 24/7 Wall St. 经营一家金融新闻和舆论公司，利用美国专利商标局的数据，整理了美国最具创新力的城市清单，评选标准是每 100 000 个城市居民中获得的专利数量最多的城市。陆勤虎[1]从专利申请与授权量的历年分布、申请人（专利权人）的分布、专利密度（每万人口发明专利申请量、单位研发投入的发明专利申请量、单位国内生产总值的发明专利申请率）和专利 IPC 号分布的角度比较北京、上海、天津和重庆的创新能力。赵婉琳[2]以专利为视角，从创造能力、运用能力和支持环境 3 个角度构建了区域创新能力评价指标，对包含江苏省在内的 29 个省、自治区和直辖市的创新能力进行评估。专利创造能力可采用发明专利申请量、发明专利授权量、PCT 国际专利申请量、发明专利有效量、职务发明创造专利比例等指标来衡量，专利运用能力采用每万人口发明专利授权量、每亿元 GDP 投入的发明专利授权量等指标衡量，专利支持环境的二级指标包括专利申请代理机构数量、查处假冒专利结案数量等指标。

表 6.3　地区创新能力评价中知识产权信息相关指标[3]

评价体系名称	基于知识产权信息的相关指标体系
江苏专利实力指数	专利创造数量指标包含：申请量、授权量、发明专利授权量、PCT 国际专利申请量、战略性新兴产业专利授权量、有发明专利申请高企数占高企数总数比例。专利创造质量指标包含：发明专利授权量占比、有发明专利授权企业数占有专利授权企业数比例、高质量专利占授权发明专利比例、发明专利授权率、专利获奖数量。专利创造效率指标包含：每万人有效发明专利量、每百双创人才发明专利申请与授权量、每亿元 GDP 企业发明专利授权量、每千万元研发经费发明专利申请量、每亿元高新技术产业产值发明专利授权量和每亿美元出口额 PCT 国际专利申请量
	专利运用数量指标包含：专利实施许可合同备案量、专利实施许可合同备案涉及专利量。专利运用效果指标包含：专利运营和转化实施项目数、重大科技成果转化项目数、知识产权质押融资金额、专利密集型产业占 GDP 比重
	专利行政执法指标包含：查处专利侵权纠纷和假冒专利案件量、查处专利侵权纠纷和假冒专利案件量增长幅度、"正版正货"承诺企业数量。专利维权援助指标包含：12330 电话接听量、维权援助中心举报投诉受理量
	专利管理环境指标包含：知识产权专项经费投入、知识产权管理机构人员数、知识产权强省检索试点示范县（市、区）、园区数、企业知识产权管理标准化和战略推进计划数。专利服务环境指标包含：每万件专利申请拥有知识产权服务机构数、专利申请代理率、平均每名专利代理人申请专利代理数。专利人才环境指标包含：知识产权专业人才培训人数、知识产权工程师评定人数、通过全国专利代理人资格考试人数、知识产权高级人才数、有专利申请和授权的双创人才数

---

[1] 陆勤虎. 基于专利分析方法的区域科技创新能力比较研究[D]. 天津：天津大学，2009.
[2] 赵婉琳. 基于专利信息分析的区域科技创新能力评价研究[D]. 镇江：江苏大学，2017.
[3] 江苏省知识产权研究与保护协会. 江苏专利实力指数报告：2017[M]. 北京：知识产权出版社，2017.

(续表)

评价体系名称	基于知识产权信息的相关指标体系
美国最具创新力的城市	每 100 000 个城市居民中获得的专利数量[1]
其他评价指标体系	申请及授权量、发明专利申请及授权量[2]
	发明专利授权量占比、人均专利授权量、三种专利联合申请占比[3]
	发明专利受理量、每百万人发明专利授权量、大中型工业企业实用新型及外观设计专利申请授权量[4]
	发明专利授权量、每百万人平均发明专利授权量[5]
	专利申请量、授权量、专利申请年增长率[6]
	知识创造可用每万人发明专利拥有量及授权量、专利授权量、每百元科技投入产生的发明专利、发明专利增长率、发明专利授权增长率等专利指标[7]
	专利申请与授权量的历年分布、申请人(专利权人)的分布、专利密度(每万人口发明专利申请量、单位研发投入的发明专利申请量、单位国内生产总值的发明专利申请率)和专利 IPC 号分布[8]
	发明专利申请量、发明专利授权量、PCT 国际申请量、发明专利有效量、职务发明创造专利比例、每万人口发明专利授权量、每亿元 GDP 投入的发明专利授权量、专利申请代理机构数量、查处假冒专利结案数量[9]

(3) 基于知识产权信息的机构创新能力评价体系

相关组织、机构和个人对机构创新能力评价体系展开了研究,具体如表 6.4 所示。

美国知识产权咨询公司 CHI Research 运用文献计算方法,对科学论文和专利指标进行研究,首创了一套专利指标——专利记分卡,该套指标综合考虑了专利数量和质量两方面因素。为了解世界各大企业在美国市场的优劣势以及综合竞争力,自 2000 年起,《企业技术评论》杂志根据 CHI Research 公司的数据库,对各企业在美国的专利申请、授权、引用等情况进行汇总,定期发表专利记分卡排行榜结果。《企业技术评论》杂志还筛选出美国专利申请量最大的 150 家企业,采用专利数量、当前影响指数、技术强度、科学联系、技术生命周期 5 项指标对企业的创新能力进行评估。

全球专业信息服务提供商科睿唯安公司每年公布全球百强创新机构,评选使用了德温特世界专利索引(DWPI)、全球领先的科技创新解决方案汤姆森创新(Thomson Innovation)

---

[1] 24/7 Wall St. SPECIAL REPORT: America's Most Innovative Cities[EB/OL]. (2018-10-30)[2020-04-30]. https://247wallst.com/special-report/2018/10/30/americas-most-innovative-cities-2.
[2] 付淳宇. 区域创新系统理论研究[D]. 吉林:吉林大学,2015.
[3] 张天译. 中国区域创新能力比较研究[D]. 吉林:吉林大学,2017.
[4] 赵娜娜. 我国区域创新能力评价研究[D]. 兰州:兰州商学院,2012.
[5] 郭海轩. 区域创新能力评价指标体系构建及分析方法研究[D]. 天津:天津大学,2016.
[6] 郭海轩. 区域创新能力评价指标体系构建及分析方法研究[D]. 天津:天津大学,2016.
[7] 崔新健,郭子枫,刘轶芳. 基于知识管理的区域创新能力评价研究[J]. 经济管理,2013,35(10):38-47.
[8] 陆勤虎. 基于专利分析方法的区域科技创新能力比较研究[D]. 天津:天津大学,2009.
[9] 赵婉琳. 基于专利信息分析的区域科技创新能力评价研究[D]. 镇江:江苏大学,2017.

和德温特专利引文索引(Derwent Patensts Citation,DPCI),并构建了基于专利总量、专利授权率、全球性和基于引证的影响力4项指标的评价指标体系来跟踪各机构的创新活动。

路透社自2015年开始,每年公布全球最具创新力大学排名,旨在遴选出那些对科学技术作出重大贡献并为全球经济带来重要影响的大学。该评价榜单依托由论文和知识产权信息相关的指标构成的评价指标体系,其中,涉及知识产权信息相关的指标有专利数量、专利授权率、全球专利、专利被引用的频次、专利被引用的影响力、专利被引用的比例和论文被专利引用的影响力。

2005年,我国国家统计局基于全国经济普查数据、企业科技活动统计数据,设计了覆盖企业潜在资源、活动能力、产出能力和环境能力4方面能力的相关指标,对中国企业自主创新能力进行表征和评估。其中,与知识产权信息相关的指标有申请专利量占全国专利申请量的比例、拥有发明专利数量占全国拥有发明专利量的比例。

国内也有学者构建了基于专利信息的企业和高校创新能力的综合评价研究,如俞佳玉[1]构建了包含保障能力、投入能力、实施能力以及产出能力4方面能力的指标体系,以此对大中型工业企业技术创新能力进行评估,其中产出能力采用专利申请数量、专利申请质量(发明专利申请所占比重)、发明专利拥有量等指标来衡量;耿迪[2]以突出创新绩效指标为设计理念,构建高校科技创新能力评价指标,该指标体系包括高校科技创新投入、高校科技创新支撑、高校科技创新产出、高校科技创新效益4大板块,专利申请量、专利转让年收入可作为衡量高校创新产出和效益的指标之一。

更有学者仅以专利信息为研究视角,构造多元化的指标来表征机构的创新能力。陈良兴等[3]从专利文档中抽取专利数量指标和专利质量指标,建立企业技术创新能力评价体系,包括专利申请量、专利族大小、专利被引证率、专利技术范围、专利合作力度。刘培伟等[4]对东北三省医药高新技术企业的专利数据进行因子分析,将企业创新能力量化为创新活力、创新实力、创新存活力和创新潜力4个一级指标,二级指标立足于专利类型、数量、质量层面,以"量"与"率"相结合以测算,如各类型专利的授权量、授权率、有效率、增长量、增长率等。范莉莉等[5]以中国32家高校和科研院的高铁技术专利数据为样本,选取11个专利评价指标,除了最常用的专利申请量、授权量,还包括IPC数量、专利被引、h指数、G指数、有效专利平均年龄、平均专利族大小、专利实施率[(专利转让数+专利许可数+专利质押数)/专利授权量]等指标,并运用因子分析法对实证样本进行创新能力评价。邢战雷等[6]以陕西省高

---

[1] 俞佳玉. 江苏省大中型工业企业技术创新能力评价研究[D]. 苏州:苏州大学,2013.
[2] 耿迪. 高校科技创新能力评价研究[D]. 武汉:武汉理工大学,2013.
[3] 陈良兴,赵晓庆,郑林英. 基于专利信息分析的企业技术创新能力评价:以通信企业为例[J]. 科技与经济,2012,25(1):37-41.
[4] 刘培伟,隋娜娜,刘兰茹. 基于专利分析视角的医药高新技术企业创新能力评价研究[J]. 中国药业,2015,24(14):7-9.
[5] 范莉莉,王娜. 基于专利的中国高校及科研院所高铁技术创新能力评价[J]. 科技管理研究,2019,39(4):128-135.
[6] 邢战雷,马广奇,刘国俊,等. 专利分析视角下的高校科技创新能力:评价与提升[J]. 科技管理研究,2019,39(16):120-128.

校为研究对象,构建了基于专利数量、质量、强度和发展4个指标的综合评价体系,其中质量指标包含专利运用率、有效率、被引次数、存活率、失效年龄,强度指标包括专利强度、平均专利要求数、平均施引数和平均被引数,发展指标涉及专利授权率、申请增长率、技术生长度、成熟度和新技术特征值(技术生长率和技术成熟度推算)。南京工业大学基于专利技术的角度,对江苏52所本科院校的创新力进行量化研究,将在后面章节作详细说明。机构创新能力评价中知识产权信息相关指标具体如表6.4所示。

表6.4 机构创新能力评价中知识产权信息相关指标

评价体系名称	知识产权信息相关的指标
专利记分卡	专利数量、当前影响指数、技术强度、科学联系、技术生命周期
科睿唯安的全球百强创新机构	专利总量、专利授权率、全球性和基于引证的影响力
最具创新力大学排名	专利数量、专利授权率、全球专利、专利被引用的频次、专利被引用的影响力、专利被引用的比例、论文被专利引用的影响力
中国企业自主创新能力分析报告	专利申请量占全国专利申请量的比例、拥有发明专利数量占全国拥有发明专利量的比例
其他评价指标体系	专利申请数量、专利申请质量(发明专利申请所占比重)、发明专利拥有量①
	专利申请量、专利转让年收入②
	专利申请量、专利族大小、专利被引证率、专利技术范围、专利合作力度③
	各类型专利的授权量、授权率、有效率、增长量、增长率④
	专利申请量、授权量、IPC数量、专利被引、h指数、G指数、有效专利平均年龄、平均专利族大小、专利实施率[(专利转让数+专利许可数+专利质押数)/专利授权量]⑤
	基于专利数量、质量、强度和发展4个指标,每个指标又细分为: 质量指标包含专利运用率、有效率、被引次数、存活率、失效年龄 强度指标包括专利强度、平均专利要求数、平均施引数和平均被引数 发展指标涉及专利授权率、申请增长率、技术生长度、成熟度和新技术特征值(技术生长率和技术成熟度推算)⑥

---

① 俞佳玉.江苏省大中型工业企业技术创新能力评价研究[D].苏州:苏州大学,2013.
② 耿迪.高校科技创新能力评价研究[D].武汉:武汉理工大学,2013.
③ 陈良兴,赵晓庆,郑林英.基于专利信息分析的企业技术创新能力评价:以通信企业为例[J].科技与经济,2012,25(1):37-41.
④ 刘培伟,隋娜娜,刘兰茹.基于专利分析视角的医药高新技术企业创新能力评价研究[J].中国药业,2015,24(14):7-9.
⑤ 范莉莉,王娜.基于专利的中国高校及科研院所高铁技术创新能力评价[J].科技管理研究,2019,39(4):128-135.
⑥ 邢战雷,马广奇,刘国俊,等.专利分析视角下的高校科研创新能力:评价与提升[J].科技管理研究,2019,39(16):120-128.

(4) 基于知识产权信息的创新人才评价体系

以知识产权信息为视角,学者们对各类人才的创新能力展开了评估。赵伟等[1]对科技人才进行划分,根据基础研究类人才、工程技术类人才、创新创业类人才的不同特征,构建了基于知识、技能、影响力、创新力、驱动力和管理能力的不同类型创新型科技人才评价指标体系,其中创新技能可通过拥有知识产权数量来量化,如知识产权申请、授权情况,工程技术类和创新创业类人才还需考察知识产权应用情况。

郑展等[2]和李瑞等[3]分别构建了工程技术类科技人才评价指标体系,包含知识水平、技能水平以及其他综合素质和能力的指标。前者采用专利申请和授权量作为专利指标,并根据专利的状态和级别进行评分;后者采用的专利指标不仅包括专利的申请和授权情况,还包括其他知识产权(如软件著作权、植物新品种权及其冠名权、布图设计权或者集成电路布图设计权)的申请和授权情况。

庞弘燊等[4]构建了分类分级的高校人才评价体系,涵盖了研发、研发影响力、教学、平台参与、学术活跃、学术合作6方面的指标,为教学型、科研型、科教型3类人才设置了不同的指标权重。在指标的设置上,可采用国内外专利申请数与授权数来衡量自然科学学科人才的科研活动水平,并采用专利被引频次、专利获奖情况、专利转让转移情况作为衡量这部分学者的科研影响力的因素之一,以及学生获国内外专利情况作为引进人才的学生指导能力的指标之一。

赵宁等[5]基于专利信息,构建了技术创新人才评价指标体系,以专利申请量、专利授权量、专利授权率、第一发明人申请量、专利领域数、合作专利数和专利平均合作发明人数量来衡量技术创新规模,以专利被引、引证率、h指数、G指数、平均专利权数量、国际同族专利数量来衡量技术创新质量,以专利有效量和有效率来衡量技术创新管理,最终对智能机器人领域技术创新人才和团队进行评价,以识别出该领域的创新引领者。

6.3 区域创新能力评价实证

区域创新能力评价是将包含企业等研发部门、政府和机构等中介部门组成的区域看成独立的创新系统,比较、分析不同区域的创新能力大小。区域创新能力评价实证以国家为分

---

[1] 赵伟,包献华,屈宝强,等.创新型科技人才分类评价指标体系构建[J].科技进步与对策,2013,30(16):113-117.

[2] 郑展,张剑,赵煜嘉.工程科技人才评价指标体系构建与分析[J].科技管理研究,2017,37(22):71-78.

[3] 李瑞,吴孟珊,吴殿廷.工程技术类高层次创新型科技人才评价指标体系研究[J].科技管理研究,2017,37(18):57-62.

[4] 庞弘燊,王超,胡正银."双一流"大学建设中人才引进评价指标库及指标体系构建[J].情报杂志,2019,38(03):67-74.

[5] 赵宁,石磊,翟凤勇,等.基于专利信息评价和挖掘智能机器人领域技术创新人才:主成分分析法(PCA)的视角[J].科技管理研究,2019,39(17):160-165.

析对象，对不同国家的创新能力进行比较。

自 2006 年开始，科学技术部下属的中国科学技术发展战略研究院立足于全球的宏观视角下，对各个国家的科技创新活动和创新水平进行调查和研究，并自 2011 年以来每年发布一版《国家创新指数报告》，旨在了解世界各国在科技创新领域中的发展水平，帮助中国了解自身的优劣势以及与其他国家的差距，助力我国创新型国家的建设。本节选取《国家创新指数报告 2020》为案例进行详细介绍。

6.3.1 评价对象

《国家创新指数报告 2020》立足全球视野，对各个国家的研究与发展经费进行统计，计数各国研究与发展经费占全球科技研发投入的总量的比例，最终筛选出 40 个国家作为评估对象，这些国家的研究与发展投入占全球科技经费投入的比例均超过 95%。

6.3.2 数据来源

秉持公开透明、客观以及通用的原则，《国家创新指数报告 2020》的基础数据均来自全球各国权威机构或是采用了世界官方组织的公开数据，如世界银行的发展指标、经济合作与发展组织的科技指标、世界知识产权组织的专利统计数据、世界经济论坛的全球竞争力报告数据、美国国家科学基金会的科学与工程指标、美国科睿唯安的 SCI 文献数据，以及中国科学技术信息研究所、国家统计局、国家知识产权局等公开发布的相关数据。

《国家创新指数报告 2020》的评价结果以 2018 年的统计调查数据为基础。

6.3.3 评价指标体系

《国家创新指数报告 2020》从创新资源、知识创造、企业创新、创新绩效和创新环境 5 个角度对国家创新能力进行评估，共设有 5 个一级指标和 30 个二级指标。指标的设置采用了定量和定性相结合的方法，定量指标反映的是创新规模、质量与效率，定性指标反映的创新外部环境因素，具体如表 6.5 所示。

创新资源是创新活动所需要的人才、资金、基础设施等方面的资源，反映了国家对创新活动的投入以及创新条件的水平。研究报告采用研究与发展经费投入强度、研究与发展人力投入强度、科技人力资源培养水平、信息化发展水平和研究与发展经费占世界比重来表征创新资源。

知识创造主要是指科学技术的产出成果，通过论文和专利来衡量。二级指标包括学术部门百万研究与发展经费科学论文被引次数、万名研究人员科技论文数、有效专利数量占世界比重、百万人口发明专利申请数和亿美元经济产出发明专利授权数。

企业创新考察了企业创新活动的强度、效率和自主创新水平。二级指标包括三方专利数占世界比重、企业研究与发展经费与增加值之比、万名企业研究人员 PCT 专利申请数、综合技术自主率和企业研究人员占全部研究人员比重。

创新绩效反映的是国家创新活动的经济、社会、生态绩效、产业转型升级的投入与产出情况，报告采用劳动生产率、单位能源消耗的经济产出、知识密集型服务业增加值占 GDP 比重、高技术产业出口占制造业出口比重和知识密集型产业增加值占世界比重来衡量。

创新环境是指影响创新主体进行创新活动的各种外部环境,如国家规划、政府决策、经济环境等。报告采用知识产权保护力度、政府规章对企业负担影响、宏观经济稳定性、职业培训质量、市场垄断程度、风险资本可获得性、员工收入与效率挂钩程度、产业集群发展状况、企业与大学研究与发展协作程度以及创业文化来衡量。

表 6.5 国家创新指数评级指标体系①

一级指标	二级指标	一级指标	二级指标
创新资源	研究与发展经费投入强度	创新绩效	劳动生产率
	研究与发展人力投入强度		单位能源消耗的经济产出
	科技人力资源培养水平		知识密集型服务业增加值占 GDP 比重
	信息化发展水平		高技术产业出口占制造业出口比重
	研究与发展经费占世界比重		知识密集型产业增加值占世界比重
知识创造	学术部门百万研究与发展经费科学论文被引次数	创新环境	知识产权保护力度
	万名研究人员科技论文数		政府规章对企业负担影响
	有效专利数量占世界比重		宏观经济稳定性
	百万人口发明专利申请数		职业培训质量
	亿美元经济产出发明专利授权数		市场垄断程度
企业创新	三方专利数占世界比重		风险资本可获得性
	企业研究与发展经费与增加值之比		员工收入与效率挂钩程度
	万名企业研究人员 PCT 专利申请数		产业集群发展状况
	综合技术自主率		企业与大学研究与发展协作程度
	企业研究人员占全部研究人员比重		创业文化

在以上 30 个二级指标中,包含 6 个专利评价指标,1 个知识产权相关的指标,如表 6.6 所示。在知识创造一级指标,有效专利数量占世界比重是指处于一国拥有有效状态的发明数量占世界专利总量的比例,反映了技术储备的规模和自主创新能力;百万人口发明专利申请数是 国发明专利申请量与全部人口数量的比值,反映了技术创造活力,亿美元经济产出发明专利授权数是一国的国内发明授权量与 GDP 的比值,反映了自主创新能力和技术产出效率。

在企业创新一级指标中,三方专利数占世界比重是指一国在全球三方专利总量中所占比重,其中,三方专利指在欧洲专利局和日本专利局及美国专利商标局都提出了申请的同一项发明专利。万名企业研究人员 PCT 专利申请数是指一年内 PCT 专利申请总量与企业研发人员中研究人员的比值。两个指标均考察了专利技术的国际竞争力。综合技术自主率是自主研发经费投入的比例与发明专利授权数的比例的均值,即 100×研究与发

---

① 中国科学技术发展战略研究院.国家创新指数报告 2020[M].北京:科学技术文献出版社,2021.

展经费/(研究与发展经费+技术引进费用)与 100×国内发明专利授权数/(国内发明专利授权数+国外发明专利授权数)的平均值,反映了国家产业技术自给能力。

在创新环境一级指标中,采用了定性指标来衡量,其中通过受法律保护程度来定性划分知识产权保护力度。

表 6.6　国家创新指数指标体系中的知识产权信息相关指标[①]

一级指标	二级指标	指标说明
知识创造	有效专利数量占世界比重	一国拥有有效状态的发明数量占世界专利总量的比例。有效专利是指本国人所拥有的仍处于有效状态的发明专利数量,反映一个国家的企业技术储备规模和自主创新能力
	百万人口发明专利申请数	一国发明专利申请量除以全部人口数量,反映一国的技术创造活力
	亿美元经济产出发明专利授权数	一国的国内发明专利授权数量除以GDP(以汇率折算的亿美元为单位),反映一个国家自主创新能力和技术产出效率
企业创新	三方专利数占世界比重	一国在全球三方专利总量中所占比重。三方专利指在欧洲专利局、日本专利局及美国专利商标局都提出了申请的同一项发明专利。该指标用来衡量国家技术创新能力和国际竞争力
	万名企业研究人员 PCT 专利申请数	一年内 PCT 专利申请总量与企业研发人员中研究人员的比值,主要反映一国企业创新投入的效率和创新产出的质量及其技术国际竞争力
	综合技术自主率	100×研究与发展经费/(研究与发展经费+技术引进费用)与100×国内发明专利授权数/(国内发明专利授权数+国外发明专利授权数)的平均值,反映了国家产业技术自给能力
创新环境	知识产权保护力度	知识产权保护(1=弱和不受法律保护,7=强或得到法律保护)

6.3.4　2020 年度国家创新指数评价

国家创新指数是为了监测我国创新型国家建设的进程,基于计算出的 40 个国家创新能力综合得分以及各分指标得分,既横向对比分析中国创新能力在世界中的位置,也纵向预览了中国创新能力在近年来的变化。

(1) 创新指数整体水平

国家创新指数对各国的创新表现进行了层次划分,将排名前 15 位的国家划分为第一集团,排名第 16—30 位的国家为第二集团,排名第 31—40 位的为第三集团。在 2020 年国家创新指数评价中,第一集团、第二集团主要为发达经济体和少数新兴经济体,第三集团多为发展中国家。2018 年中国创新指数排名位居第 14 位,较 2017 年上升了 1 位,是唯一进入第一集团的发展中国家,如表 6.7 所示。

[①] 中国科学技术发展战略研究院.国家创新指数报告 2020[M].北京:科学技术文献出版社,2021.

表 6.7 国家创新指数 2018 年排名[①]

排名	第一集团	排名变化	排名	第二集团	排名变化	排名	第三集团	排名变化
1	美国	0	16	卢森堡	1	31	希腊	0
2	日本	0	17	挪威	−1	32	罗马尼亚	1
3	韩国	0	18	冰岛	1	33	俄罗斯	−1
4	瑞士	0	19	奥地利	−1	34	斯洛伐克	0
5	瑞典	2	20	比利时	0	35	土耳其	0
6	丹麦	−1	21	澳大利亚	0	36	南非	0
7	德国	−1	22	斯洛文尼亚	1	37	墨西哥	0
8	以色列	0	23	加拿大	0	38	阿根廷	2
9	荷兰	0	24	意大利	1	39	印度	0
10	英国	0	25	西班牙	1	40	巴西	−2
11	芬兰	1	26	捷克	1			
12	法国	1	27	新西兰	−5			
13	爱尔兰	1	28	葡萄牙	0			
14	中国	1	29	匈牙利	1			
15	新加坡	−4	30	波兰	−1			

回溯 2000—2018 年中国在国家创新指数排名情况,创新指数的整体发展呈上升趋势。2008 年之前创新指数排名迅速上升,从最初的第 38 位上升至 21 位。2008 年的次贷危机导致全球经济低迷,中国在科技创新领域的表现未受影响,创新指数排名一直保持稳步攀升的趋势,2018 年已提升至第 14 位,如图 6.3 所示。

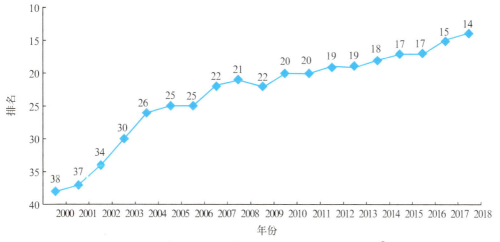

图 6.3 中国国家创新指数 2000—2018 年排名变化[①]

从创新指数的分指标来看,中国在知识创造方面的创新发展最为明显。2006 年该指标中中国排名第 34 位,2016 年已迅速上升至第 7 位,这主要得益于近年来中国在论文发表、专利申请上的活跃表现,中国已成为科研产出大国。其次排名上升速度比较突出的是创新资源,从

---

① 中国科学技术发展战略研究院. 国家创新指数报告 2020[M]. 北京:科学技术文献出版社,2021.

2006 年第 32 位上升至 2018 年第 18 位,这是由于国家在科技领域投入大量物力、人力和财力,信息化水平也相对较高。2006—2018 年,得益于中国近年来知识高技术产业、知识密集型产业的发展,创新绩效排名上升了 13 位。另外,创新环境排名提升了 9 位,企业创新排名提升了 6 位。总体来看,中国创新能力在各维度均取得了不同程度的进步,如表 6.8 所示。

表 6.8 中国国家创新指数一级指标指数 2006—2018 年变化情况[①]

年份	创新资源	知识创造	企业创新	创新绩效	创新环境	国家创新指数排名
2006	32	34	17	28	28	25
2007	33	34	13	28	27	22
2008	33	33	12	25	23	21
2009	31	32	18	24	16	22
2010	30	29	15	18	18	20
2011	30	24	15	14	19	20
2012	30	18	15	14	14	19
2013	29	19	13	11	13	19
2014	27	12	12	11	19	18
2015	28	8	11	12	20	17
2016	25	7	11	18	16	17
2017	19	7	11	15	20	15
2018	18	7	11	15	19	14

金砖五国(巴西、俄罗斯、印度、中国和南非)作为世界新兴市场的代表,受到了国际的广泛关注。除中国外,金砖国家 2018 年的排名均在 30 名之后,处于第三集团。从创新指数的各分指标来看,中国各项指标的得分均最高,全面处于优势地位,如图 6.4 所示。总体看来,在发展中国家阵营中,中国创新能力的水平相对较高。

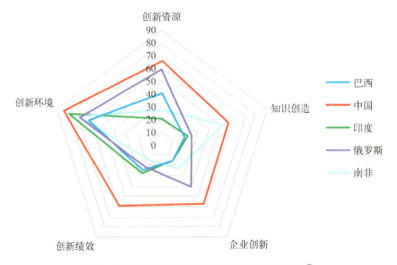

图 6.4 金砖国家一级指标 2018 年得分对比[①]

---

① 中国科学技术发展战略研究院.国家创新指数报告 2020[M].北京:科学技术文献出版社,2021.

(2) 创新资源评价

创新资源涵盖了全社会对创新的投入力度、创新人才资源的储备状况,以及创新资源的配置结构,是一个维持创新活动的基本保障。创新资源分指数采用R&D经费投入强度、R&D人力投入强度、科技人力资源培养水平、信息化发展水平和R&D经费占世界比重5个二级指标,分别从人、财、物三方面对国家创新资源配置能力进行评价。

创新资源分指数2018年排名前20位的国家如图6.5所示,亚洲发达国家领先优势明显,韩国、以色列、日本和新加坡均居于第一集团,且韩国、以色列、日本位列前五,第一集团其余国家均为欧美发达国家。中国处于第二集团,位列第18位,较去年上升1位。金砖国家(除中国外)在创新资源投入方面普遍落后。

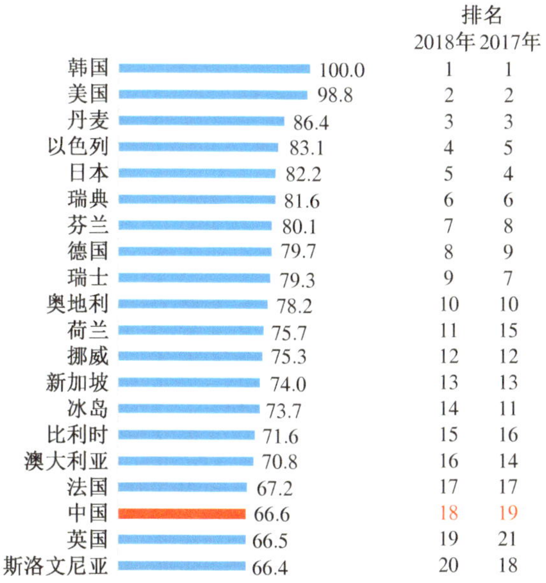

国家	分值	2018年排名	2017年排名
韩国	100.0	1	1
美国	98.8	2	2
丹麦	86.4	3	3
以色列	83.1	4	5
日本	82.2	5	4
瑞典	81.6	6	6
芬兰	80.1	7	8
德国	79.7	8	9
瑞士	79.3	9	7
奥地利	78.2	10	10
荷兰	75.7	11	15
挪威	75.3	12	12
新加坡	74.0	13	13
冰岛	73.7	14	11
比利时	71.6	15	16
澳大利亚	70.8	16	14
法国	67.2	17	17
中国	66.6	18	19
英国	66.5	19	21
斯洛文尼亚	66.4	20	18

图6.5 创新资源分指数2018年、2017年排名(世界前20国家)[①]

中国在创新资源分指数排名中的变化较大,从2000年第38位上升至2018年第18位,图6.6为中国在5个二级指标方面的国际排名变化趋势。2018年进入世界前15位的指标有3个,其中2个领先指标与研发经费投入相关,研究与发展经费占世界比重排名第2位,研究与发展经费投入强度排名第14位。反观与人力资源相关的2个指标的排名相对落后,研究与发展人力投入强度排名第33位,科技人力资源培养水平排名第36位。信息化发展水平的变化较大,从2017年的第16位提升到了第10位。

由此可见,中国在创新资源配置上发展不均衡。研究与发展经费投入规模十几年来一直处于世界前列,研究与发展经费投入强度也稳步提升。但在人力资源投入方面,虽然科技人力资源总量和研发人员总量已处于世界领先位置,但高等教育毛入学率和研发人力投入强度2个指标的表现不佳,国际排名多年来一直处于落后位置,没有较明显的转变。

[①] 中国科学技术发展战略研究院.国家创新指数报告2020[M].北京:科学技术文献出版社,2021.

图 6.6　中国创新资源分指数构成指标 2000—2018 年的世界排名变化[①]

(3) 知识创造评价

知识创造采用科技论文和专利来表征,是衡量科技成果的重要指标,是创新能力最直接的体现。知识创造分指数采用学术部门百万研究与发展经费科学论文被引次数、万名研究人员科技论文数、有效专利数量占世界比重、百万人口发明专利申请数、亿美元经济产出发明专利授权数 5 个二级指标以评估国家知识创造和应用水平。

在 2018 年知识创造评价中,韩国、日本和美国保持领先的位置,中国国际排名连续 2 年位居第 7 位,其余排名前 20 位的国家大部分为欧美发达国家,如图 6.7 所示。在金砖国家中,除了中国表现抢眼以外,2018 年南非也进入第一集团,排名第 11 位。

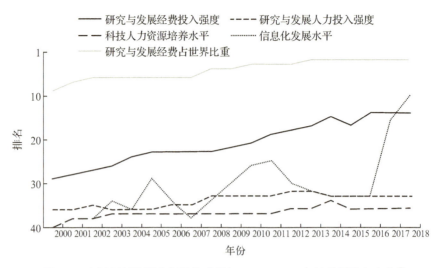

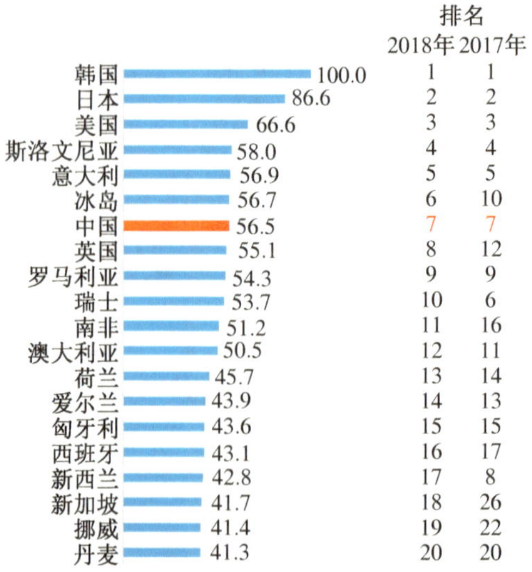

图 6.7　知识创造分指数 2018 年、2017 年排名(世界前 20 国家)[①]

[①] 中国科学技术发展战略研究院. 国家创新指数报告 2020[M]. 北京:科学技术文献出版社,2021.

知识创造分指数的5个二级指标主要反映了论文和专利的产出规模和效率,图6.8显示了中国知识创造分指数构成指标的国际排名变化趋势。从中国5个二级指标在国际中的排名来看,与专利相关的3个指标排名靠前,与论文相关2个指标排名落后。有效专利数量占世界比重、百万人口发明专利申请数和亿美元经济产出发明专利授权数3个指标已连续5年排名稳居世界前5位。

从二级指标的变化趋势来看,与2000年相比,各指标具有不同程度的上升。百万人口发明专利申请数的提升幅度最明显,从2000年第35位上升到2016年第4位;亿美元经济产出发明专利授权数排名较2000年以来上升了12个位次。可见中国的专利产出规模和效率较高,中国已成为名副其实的专利大国。而学术部门百万研究与发展经费科学论文被引次数和万名研究人员科技论文数排名上升速度较慢,排名处于相对落后的位置,由此可见中国的国际论文产出效率和整体影响力有待进一步提升。

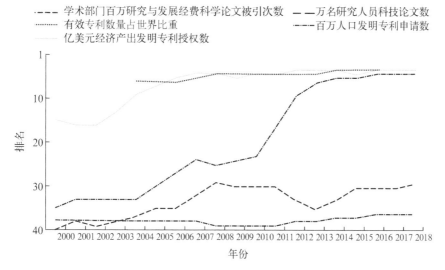

图6.8 中国知识创造分指数构成指标2000—2018年的世界排名变化①

(4) 企业创新评价

企业处于研发、生产和经营的第一线,尤其是科技型、知识型企业是技术创新的主力军,是创新系统中重要的创新主体。企业创新水平的高低是衡量国家创新能力的重要指标。企业创新分指数采用三方专利数占世界比重、企业研究与发展经费与增加值之比、万名企业研究人员PCT专利申请数、综合技术自主率和企业研究与发展研究人员占全部研究与发展研究人员比重5个指标。

企业创新分指数2018年排名前20位的国家如图6.9所示,日本、韩国和以色列等亚洲国家表现抢眼,均排名前5,中国排名第11位,其余前20位国家均为欧美发达国家。金砖国家在企业创新中的排名差异较大,除中国处于第一集团外,俄罗斯处于第二集团,巴西、南非和印度排名落后。

---

① 中国科学技术发展战略研究院.国家创新指数报告2020[M].北京:科学技术文献出版社,2021.

图 6.9 企业创新分指数 2018 年、2017 年排名(世界前 20 国家)[①]

中国的企业创新分指数自 2010 年进入第一集团后排名一直有所上升,但至 2018 年仍未进入前 10,已连续 4 年保持第 11 的位次。从 2018 年中国的 5 个二级指标在国际中的排名来看(图 6.10),三方专利数量占世界比重、综合技术自主率和企业研究人员占全部研究人员比重处于第一集团,分别居第 4 位、第 12 位和第 11 位。企业研究与发展经费与增加值之比的排名较上年下降一位,居第 16 位。万名企业研究人员 PCT 专利申请数的排名较 2017 年提升 2 个位次,居第 20 位。

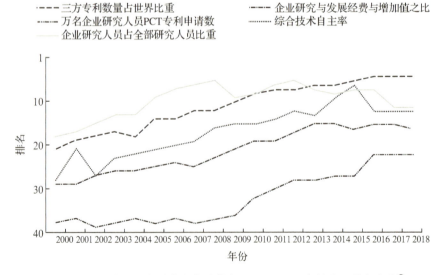

图 6.10 中国企业创新分指数构成指标 2000—2018 年的世界排名变化[②]

中国 PCT 国际专利申请总量在 2017 年已跃居世界第 2 位,2019 年超过美国跃居首位,而从产出效率看,万名企业研究人员 PCT 专利申请数指标的国际排名相对靠后。从 5 个二

---

① 中国科学技术发展战略研究院.国家创新指数报告 2020[M].北京:科学技术文献出版社,2021.

级指标的变化趋势来看,中国的企业研究人员多年来一直处于持续增长态势,但 2017 年中国企业研究人员的增速出现明显下滑,导致其占全部研究人员比重下降显著,国际排名下降了 4 个位次。2018 年的指标虽有明显回升,而国际排名仍与上年相同。

(5) 创新绩效评价

创新绩效是一个国家开展创新活动所产生成果和影响的集中表现。创新绩效分指数采用了劳动生产率、单位能源消耗的经济产出、知识密集型服务业增加值占 GDP 比重、高技术产业出口占制造业出口比重、知识密集型产业增加值占世界比重 5 个指标,以衡量创新活动的产出水平和对经济的贡献程度。

创新绩效分指数 2018 年排名前 20 位的国家如图 6.11 所示,排名前 5 名的国家是美国、爱尔兰、瑞士、卢森堡和新加坡。中国处于第一集团,排名第 15。除中国以外的金砖国家,创新绩效排名均相对靠后。

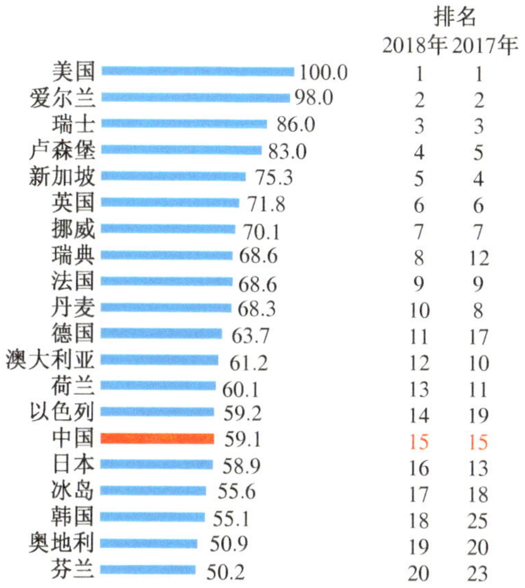

国家	得分	2018年排名	2017年排名
美国	100.0	1	1
爱尔兰	98.0	2	2
瑞士	86.0	3	3
卢森堡	83.0	4	4
新加坡	75.3	5	4
英国	71.8	6	6
挪威	70.1	7	7
瑞典	68.6	8	12
法国	68.6	9	9
丹麦	68.3	10	8
德国	63.7	11	17
澳大利亚	61.2	12	10
荷兰	60.1	13	11
以色列	59.2	14	19
中国	59.1	15	15
日本	58.9	16	13
冰岛	55.6	17	18
韩国	55.1	18	25
奥地利	50.9	19	20
芬兰	50.2	20	23

图 6.11 创新绩效分指数 2018 年、2017 年排名(世界前 20 国家)[①]

2018 年,中国创新绩效分指数在 5 个一级指标中得分最高,排名与上年相同。表征创新绩效的 5 个二级指标排名在 2018 年与 2017 年相比出现了不同程度的变化(表 6.9)。单位能源消耗的经济产出(第 36 位)、知识密集型产业增加值占世界比重(第 2 位)这 2 个指标排名与上年相同,劳动生产率(第 38 位)的排名较上年提升 1 个位次,高技术产业出口占制造业出口比重(第 3 位)的排名较上年下降了 1 个位次。知识密集型服务业增加值占 GDP 比重(第 28 位)较去年出现下降。5 个指标排名上的不平衡表现说明,中国创新绩效的突出表现主要依靠高技术产业产出规模和技术产出总量来拉动,在转变经济发展方式和实现产业转型升级方面仍面临非常大的压力。

---

① 中国科学技术发展战略研究院.国家创新指数报告 2020[M].北京:科学技术文献出版社,2021.

表 6.9 中国创新绩效分指数构成指标 2001—2018 年的世界排名[①]

年份	劳动生产率	单位能源消耗的经济产出	知识密集型服务业增加值占 GDP 比重	高技术产业出口占制造业出口比重	知识密集型产业增加值占世界比重
2001	39	35	35	14	7
2002	39	36	35	10	7
2003	39	38	35	6	7
2004	39	39	34	6	7
2005	39	39	34	6	6
2006	39	40	34	6	5
2007	39	40	34	6	5
2008	39	38	35	6	3
2009	39	37	34	4	3
2010	39	36	30	3	3
2011	39	36	29	3	2
2012	39	36	23	2	2
2013	39	36	20	2	2
2014	39	36	20	3	2
2015	39	36	12	6	2
2016	39	36	12	2	2
2017	39	36	12	2	2
2018	38	36	28	3	2

(6) 创新环境评价

创新环境是提升国家创新能力的重要基础和保障。创新环境分指数选取了以下 10 个二级指标：知识产权保护力度、政府规章对企业负担影响、宏观经济稳定性、职业培训质量、市场垄断程度、风险资本可获得性、员工收入与效率挂钩程度、产业集群发展状况、企业与大学研究与发展协作程度以及创业文化。

在 2018 年创新环境分指数排名中，前 5 名的国家是瑞士、美国、新加坡、荷兰和芬兰，中国处于第二集团，排名第 19 位，如图 6.12 所示。从金砖国家创新环境整体来看，除中国外，印度和南非也处于第二集团，俄罗斯和巴西处于第三集团。

[①] 中国科学技术发展战略研究院.国家创新指数报告 2020[M].北京:科学技术文献出版社,2021.

图 6.12　创新环境分指数 2018 年排名（世界前 20 国家）[①]

2018 年，中国的创新环境分指数得分较上年有所提高，排名第 19 位，较上年提升 1 个位次。自 2005 年以来，中国创新环境分指数整体处于波动状态，2005—2009 年，在小幅波动后一路走高，2009 年后的排名波动明显，最高位次出现在 2013 年，为第 13 位。在创新环境下设的 10 个二级指标中，中国 2018 年排名进入前 15 的指标只有 2 个，分别是政府规章对企业负担影响和风险资本可获得性。其他指标排名均位于第二集团，知识产权保护力度指标相对于其他指标排名处于落后位置，如表 6.10 所示。

表 6.10　中国创新环境分指数构成指标 2007—2018 年的世界排名[①]

指标	2007	2008	2009	2010	2011	2012	2013	2014	2015	2016	2017	2018
知识产权保护力度	35	30	21	28	28	27	25	32	33	28	29	30
政府规章对企业负担影响	10	6	5	7	6	3	6	9	9	7	8	8
宏观经济稳定性	2	5	1	5	4	3	4	4	6	11	26	26
职业培训质量	28	29	32	30	33	30	33	34	33	32	25	24
市场垄断程度	30	34	28	28	28	27	22	24	21	22	18	18
风险资本可获得性	33	28	12	11	12	8	5	11	9	7	7	7
员工收入与效率挂钩程度	7	5	12	4	28	5	9	18	20	17	17	16
产业集群发展状况	18	15	12	12	16	18	18	18	16	19	20	19
企业与大学研发协作程度	22	20	22	24	26	25	25	25	23	22	22	22
创业文化	16	12	6	8	8	3	4	4	6	6	21	19

---

① 中国科学技术发展战略研究院. 国家创新指数报告 2020[M]. 北京：科学技术文献出版社，2021.

通过以上对国家创新指数各维度的分析可知,中国的创新资源投入水平不断提升,尤其是研究与发展经费投入处于国际领先地位,信息化发展水平进步显著,但研究与发展人力投入强度表现不佳;中国在知识创造方面的领先位置保持不变,专利产出优势明显,论文产出效率有待提升;在企业创新方面,中国处于较稳定的状态,PCT专利申请跃居世界首位,但研究人员投入增速放缓;在创新绩效方面,中国排名相对稳定,知识密集型产业优势突出,但转变发展方式面临较大压力;在创新环境方面,知识产权保护相对落后,环境改善有较大提升空间。

6.4 机构创新能力评价实证

机构创新能力评价是将机构看成独立的创新系统,比较、分析不同机构创新能力的强弱。

江苏是我国的教育大省、教育强省,在国内各种大学排行榜中,江苏省内均有大学在其中占有一席之地。为了解江苏省高水平大学的国际竞争力,尤其是技术创新能力,南京工业大学知识产权信息服务中心受江苏省教育评估院的委托,于2018年12月对江苏52所本科院校2010—2016年的技术创新能力进行了量化研究,以期为江苏省建设一批具有国际竞争力的高水平大学提供决策参考。本节以江苏本科院校创新能力评价为例,从评价对象、数据来源、评价指标体系和评价结果4个部分来介绍机构创新能力评价的具体实践。

6.4.1 评价对象

针对江苏内51所(昆山杜克大学是一所由美国杜克大学和中国武汉大学合作创办的非营利高等教育和研究机构,由于专利申请数量为0,故不在本次评估的研究对象中)本科院校展开技术创新能力的评价。

6.4.2 数据来源

江苏高校创新能力评价中中国专利申请、授权、实施及PCT国际专利申请的数据来源于国家知识产权出版社的专利信息服务平台,中国专利的引文数据来自incoPat科技创新情报平台。数据范围为2017年12月19日前公开的51所江苏本科院校2010—2016年申请的专利数据。

6.4.3 评价指标体系

一家高水平的技术创新机构应当具备高水平的技术研发能力和管理运营能力。创新能力评价将从技术创新规模、技术创新质量、技术影响力、技术运营水平4个维度对江苏51所本科院校进行对比分析,具体评价指标如表6.11所示。

表 6.11 江苏高校创新能力评价指标体系

维度	指标名称	指标内容及相关计算公式
技术创新规模	专利申请量	包括主体发明专利、实用新型专利、外观设计专利的总专利申请数量
	技术分布	主体 IPC 数量,以大类为分类标准,每个申请数量大于等于 20 件的 IPC 大类计数为 1 个
	创新活跃度	专利五年增长指数,即测算主体专利申请数量在 5 年时间内变化的百分率,计算公式为:第 6 年某高校所有专利申请总量/前 5 年某高校所有专利申请平均量
技术创新质量	专利授权率	主体专利授权量与专利申请量的比值
	专利有效率	主体有效专利量与专利授权量的比值(不包括在审专利)
	发明专利申请率	主体发明专利申请量与专利申请量的比值
	发明专利授权率	主体发明专利授权量与发明专利申请量的比值
技术影响力	国际影响力	主体 PCT 国际专利申请量
	当前影响指数	主体在前 $N-1$ 年授权专利的被引频次之和与第 N 年授权专利数量的比值,和所属的某更大范畴的系统前 $N-1$ 年授权专利被引次数之和与第 N 年授权专利数量的比值的比较,一般以前 5 年为标准进行计算,计算公式为:(某高校前 5 年获得授权的发明专利被引次数/第 6 年该高校获得授权的发明专利量)/(江苏省 51 所本科院校前 5 年获得授权的发明专利被引次数/第 6 年江苏省 51 所本科院校获得授权的发明专利量)
	技术实力指数	主体授权专利数量与当前影响指数的加权,计算公式为:当前影响指数×某一个高校第 6 年发明专利申请量
技术运营水平	专利实施量	主体实施专利数量(专利转让数+专利许可数+专利质押数)
	专利实施率	主体实施专利数量(专利转让数+专利许可数+专利质押数)与专利授权总量的比值

6.4.4 评价结果

江苏本科院校技术创新能力评价构建了基于技术创新规模评价、技术创新质量评价、技术影响力评价和技术运营水平评价的创新能力评价指标体系,并选取江苏本科院校 2010—2016 年申请的专利数据进行实证分析,以此来观察江苏高校创新能力各维度的表现。

(1) 技术创新规模评价

技术创新的规模可以是数量上的体现,也可以是范围上的辐射。江苏本科院校技术创新能力采用发明、实用新型和外观设计三种类型的专利的申请量总和来衡量"量"的规模,同时结合专利五年增长指数来考察规模的扩增情况。专利五年增长指数是指专利申请量在 5 年内的变化率,即 2016 年某高校所有专利申请总量/2011—2015 年某高校所有专利申请平均量。当指数大于 1 时,在测定时间内,专利申请量呈持续性增长,数值越大,专利增长速度越快,创新扩增的规模也越大。技术创新规模在范围上的辐射通过计算技术分布的领域范围来实现,即主体所有专利的 IPC 数量,数量越大,说明技术创新的覆盖范围越广,技术的基础性、综合性越强。

从专利申请量来看(图6.13),18%的高校专利申请量在5 000件以上,其中达到万件专利申请量的高校有3所,分别为东南大学、江南大学和中国矿业大学,江苏大学、河海大学、南京航空航天大学、苏州大学、南京理工大学、常州大学6所大学专利申请量也在5 000件以上;47%的高校专利申请量在1 000件以下,本科院校间差距很明显。专利技术的发明创造和学校的学科设置有着一定的关系,理工科类的本科院校在技术创新方面有着明显的优势。

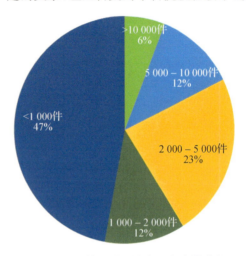

图6.13 江苏本科院校专利申请量分布

从IPC个数看51所本科院校的创新技术分布情况(图6.14),与专利申请量指标所反映的情况相似,9所高校的IPC个数大于50,其中有2所高校的IPC个数大于100;IPC个数低于10的有24所高校。东南大学、江苏大学、中国矿业大学的IPC个数均在100左右;河海大学、江南大学、南京航空航天大学、苏州大学、南京理工大学、南京信息工程大学的IPC个数在50以上;常州大学的IPC个数为44,结合专利申请量的数据分析,上述10所高校的技术创新规模在江苏本科院校中处于领先地位。

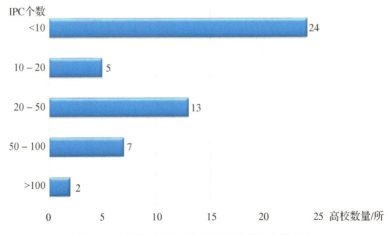

图6.14 江苏本科院校专利申请IPC个数分布

通过专利五年增长指数来评估江苏本科院校技术创新的活跃度(图6.15),51所本科院校中,43所高校专利五年增长指数都大于1,占比84.3%,说明江苏本科院校的技术创新速度总体呈增长态势;专利五年增长指数大于2的有14所高校,即这14所高校在这段时期内专利申请量涨幅明显,其中宿迁学院、淮阴师范学院、盐城工学院、泰州学院、南京医科大学5所高校专利五年增长指数高达3。这说明自2010年以来,江苏本科院校专利申请数量总体呈上升态势。

但值得注意的是,增长指数的计算必须考虑到基数问题,如若早期专利申请量过高,会导致五年增长指数偏低。对比专利申请量排名靠前的江苏大学、河海大学、南京航空航天大学、苏州大学和南京理工大学5所高校,南京航空航天大学(增长指数1.74)、河海大学(增长指数1.72)、南京理工大学(增长指数1.56)、江苏大学(增长指数1.49)、苏州大学(增长指数1.32)在技术创新方面一直保持着持续增长的态势。

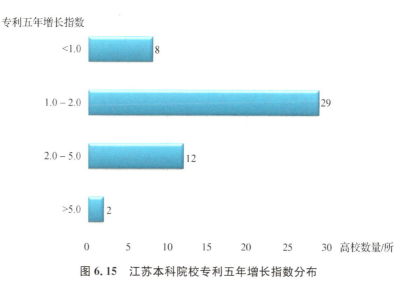

图6.15 江苏本科院校专利五年增长指数分布

(2) 技术创新质量评价

专利质量的评价一直是学者们关心的热点问题,从专利申请量上来看,江苏是一个专利大省,但"量"大的背后创新质量如何呢? 在江苏本科院校技术创新能力评价中采用专利有效率、专利授权率、发明专利申请率和发明专利授权率来衡量创新质量。专利有效率是有效专利量与专利授权量的比值,专利授权率是专利授权量与专利申请量的比值,二者反映了创新主体技术创新质量的总体水平。发明专利是技术含量较高的一种专利类型,故经常通过发明专利来衡量专利质量,发明专利申请率是发明专利申请量与专利申请总量的比值,发明专利授权率是发明专利授权量与发明专利申请量的比值,二者反映技术创新的质量和市场价值。

在计算创新质量的指标时发现,"四率"的计算都与专利申请总量大小密切相关,由于江苏本科院校之间专利申请量相差很大(从1.7万件到低于10件),因此为了较为客观地评价江苏本科院校技术创新质量,只对2010—2016年专利申请总量超过2 000件的本科院校进行对比和排序(表6.12),以期能真实反映江苏本科院校的技术创新质量水平。

根据相关专利法律规定,维持专利有效的费用是随着维持时间的增长而增长的,对于质量不高的专利,维持的必要性很小,所以专利有效率能较为直接地反映专利的质量和市场价值。江苏科技大学的专利有效率达 63.81%，在江苏本科院校中排名第一，金陵科技学院、南京信息工程大学、河海大学、苏州大学、南京航空航天大学、南京林业大学、南京工业大学、常州大学、扬州大学、南京邮电大学、江苏大学的专利有效率均在 50% 以上，分列2—12 位。

表 6.12　江苏本科院校 2010—2016 年专利"四率"排行表

学校名称	专利有效率	专利有效率排名	专利授权率	专利授权率排名	发明专利申请率	发明专利申请率排名	发明专利授权率	发明专利授权率排名
常州大学	51.64%	9	40.82%	21	95.42%	1	37.98%	14
东南大学	49.88%	13	62.29%	10	74.00%	10	49.04%	7
河海大学	57.94%	4	64.28%	7	68.28%	15	47.69%	9
江南大学	30.75%	21	62.84%	9	54.71%	17	32.08%	21
江苏大学	50.14%	12	61.05%	11	78.52%	7	50.40%	4
江苏科技大学	63.81%	1	57.05%	14	88.45%	4	51.44%	2
金陵科技学院	58.87%	2	82.54%	1	26.29%	21	33.61%	18
南京大学	48.51%	17	50.18%	18	90.97%	3	45.24%	12
南京工程学院	40.06%	20	73.86%	4	40.72%	20	35.81%	16
南京工业大学	54.75%	8	56.60%	15	82.70%	6	47.52%	10
南京航空航天大学	56.84%	6	57.83%	13	83.03%	5	49.21%	6
南京理工大学	42.26%	19	47.03%	19	78.41%	8	32.45%	20
南京林业大学	56.25%	7	63.81%	8	70.66%	13	48.79%	8
南京农业大学	48.70%	16	58.00%	12	77.30%	9	45.67%	11
南京信息工程大学	58.09%	3	74.99%	3	45.25%	19	44.73%	13
南京邮电大学	50.16%	11	40.84%	20	92.74%	2	36.21%	15
南通大学	49.25%	14	65.05%	5	71.49%	12	51.11%	3
苏州大学	57.70%	5	64.50%	6	70.19%	14	49.43%	5
盐城工学院	48.97%	15	54.50%	16	67.41%	16	32.51%	19
扬州大学	51.63%	10	53.43%	17	71.71%	11	35.05%	17
中国矿业大学	44.08%	18	75.87%	2	50.48%	18	52.21%	1

专利申请量大,但授权量较小,说明低质量的专利充斥其中,故授权率的大小可衡量创新的质量。从专利授权率上来看,金陵科技学院的专利授权率达82.54%,在江苏本科院校中排名第一,中国矿业大学、南京信息工程大学、南京工程学院、南通大学、苏州大学、河海大学、南京林业大学、江南大学、东南大学、江苏大学的专利授权率均在60%以上。

在专利的3种类型中,发明专利被认为是技术含量最高的一种专利,发明人需将这种技术方案向专利局提出申请,并通过对新颖性、创造性和实用性的严格审查才能获得授权。因此高校的发明专利申请率也可以在一定程度上反映出高校技术创新的质量。常州大学、南京邮电大学、南京大学的发明专利申请率均在90%以上;江苏科技大学、南京航空航天大学、南京工业大学的发明专利申请率均在80%以上;江苏大学、南京理工大学、南京农业大学等8所本科院校的发明专利申请率均在70%以上;专利有效率和专利授权率排名很高的金陵科技学院,其发明专利申请率只有26.29%,说明该院校的专利申请以实用新型专利为主,发明专利申请率偏低。总体而言,江苏本科院校的发明专利申请率偏高,即高校专利的技术含量还是有保障的。

发明专利的技术含量较高且发明专利的审核在三种专利中最为严格,因此通过发明专利授权率也可以对高校的技术创新质量进行评价。中国矿业大学、江苏科技大学、南通大学、江苏大学四所大学的发明专利授权率均超过50%;其余专利申请量在2 000件以上的本科院校的发明专利授权率均在30%—40%。

(3) 技术影响力评价

江苏是专利大省,也是专利强省,但其专利技术对其他创新主体的辐射范围和程度如何?技术影响力可作为评估创新能力的视角,创新能力比较强的主体在领域内具有较高的威望,其技术对其他主体的影响力也相对较强。江苏本科院校技术创新能力采用国际影响力、当前影响指数和技术实力指数作为技术影响力的二级指标。国际影响力可采用PCT申请量来衡量,反映主体技术创新在国际上的影响力。当前影响指数是指前$N-1$年授权专利的被引次数之和与第N年授权专利数量的比值,和所属的某更大范畴的系统前$N-1$年授权专利的被引次数之和与第N年授权专利数量的比值的比较,一般以前5年为标准进行计算。当该指数大于1时,说明该技术具有较大影响力,反之则说明影响较小。技术实力指数是在当前影响指数的基础上,计算授权专利数量与其加权,反映了某一领域/区域范畴内,创新主体授权专利技术的总体水平。

从国际影响力上来看,中国矿业大学共申请PCT 285件,是唯一一家PCT申请量超过200件的高校;PCT申请量为100—200件的高校有5所,分别为东南大学、苏州大学、江南大学、南京大学、江苏大学;15所高校PCT申请量低于10件,23所高校PCT申请量为0,如图6.16所示,由此可见,江苏本科院校之间的创新技术国际影响力相差很大。

当前技术影响指数(CII)是专利引用类评价指标,是衡量某一个系统/产业内创新机构之间专利技术影响力的相对值。当CII为1时,即所对应的创新机构在测定时间内的专利平均被引用率和同期整个系统的专利平均被引率一致;CII为1.1,表明该机构在测定时间内专利平均被引率比同期整个系统的专利平均被引率高10%。CII与时间具有较强的关联度,机构最近连续几年的专利被引频次下降时,那么机构当年的CII值势必同步下降。通过

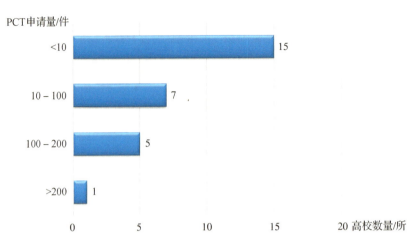

图 6.16 江苏本科院校 2010—2016 年 PCT 专利申请量分布

2010—2015 年的引文数据计算出江苏本科院校 2016 年当前技术影响指数(表 6.13),常熟理工学院 2016 年当前技术影响力最高,其 CII 为 6.09,排名第一;徐州工程学院、淮海工学院、南京农业大学、淮阴师范学院、淮阴工学院、江南大学、南京财经大学、南京邮电大学、南京师范大学、南京工业大学这 10 所高校的 CII 大于 2,即这些大学 2016 年当前技术影响力在江苏高校中处于上游。

表 6.13 江苏本科院校 2016 年当前技术影响指数排行表(CII≥1)

排名	学校名称	2016 年 CII	排名	学校名称	2016 年 CII
1	常熟理工学院	6.09	16	江苏大学	1.64
2	徐州工程学院	2.68	17	中国药科大学	1.55
3	淮海工学院	2.5	18	常州大学	1.47
4	南京农业大学	2.44	19	中国矿业大学	1.46
5	淮阴师范学院	2.37	20	南京中医药大学	1.45
6	淮阴工学院	2.24	21	南京大学	1.42
7	江南大学	2.21	22	南京林业大学	1.28
8	南京财经大学	2.19	23	扬州大学	1.27
9	南京邮电大学	2.09	24	南京信息工程大学	1.25
10	南京师范大学	2.07	25	南京医科大学	1.18
11	南京工业大学	2.03	26	盐城师范学院	1.15
12	东南大学	1.8	27	徐州医学院	1.15
13	南京航空航天大学	1.76	28	河海大学	1.02
14	苏州科技大学	1.75	29	南京工程学院	1
15	苏州大学	1.73			

技术实力用于评估创新机构的专利技术组合力量。技术实力指数值越大表示该创新机构在相应系统/产业内的技术实力越强。在江苏本科院校中，2016 年技术实力最强的是东南大学，其技术实力指数高达 2 308.37；江苏大学、江南大学、南京航空航天大学的技术实力指数均超过 1 000，分列 2—4 名；中国矿业大学、苏州大学、河海大学、南京工业大学、常州大学、南京大学的技术实力指数在 600 左右，位居前 10；但有半数高校的技术实力指数明显偏低，均低于 100，即江苏本科院校之间创新技术影响力差距较大，如图 6.17 所示。

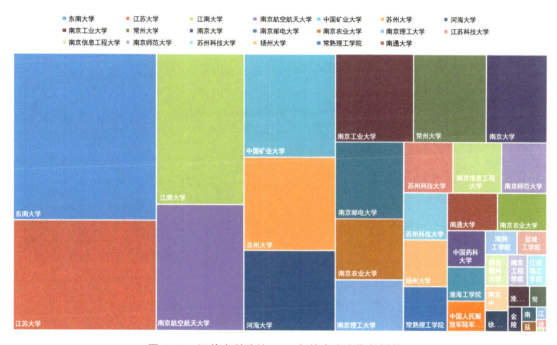

图 6.17　江苏本科院校 2016 年技术实力指数树状图

（4）技术运营水平评价

专利在研发和申请之后，不少专利处于"沉睡"状态，只有当专利具备一定的技术和经济价值时，创新主体才会花费时间、精力对其进行运营和管理，使其"活"起来。专利的实施则是利用专利直接获得经济利益的方法，是创新活动的最终目的之一，因此可以对专利的实施情况进行量化以衡量主体的创新能力。江苏本科院校创新能力评价中采用专利实施量和专利实施率来衡量技术运营能力，专利实施量包括专利转让数、专利许可数和专利质押数，专利实施率则是专利实施量与专利授权总量的比值。

对江苏本科院校的专利实施量进行统计（图 6.18），南京邮电大学的专利实施量为 1 373 件，遥遥领先；江南大学、东南大学、江苏大学、常州大学、南京信息工程大学的专利实施量均在 500 件以上，分列 2—6 位；苏州大学、南京大学、中国矿业大学、南京航空航天大学、河海大学的专利实施量均超 300 件，紧随其后。就专利实施类型来看，江苏本科院校的专利实施方式多为专利转让和专利许可，专利质押的数量十分微小。

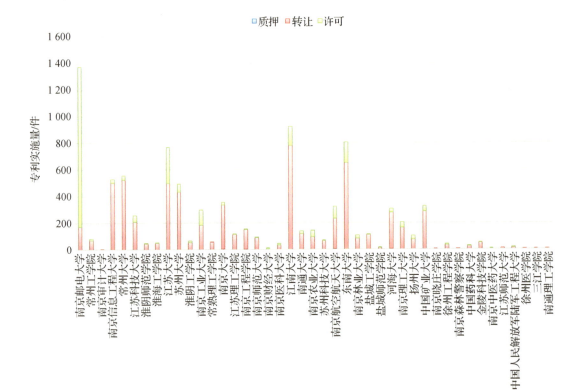

图 6.18　江苏本科院校 2010—2016 年专利实施量分布

图 6.19 是江苏本科院校 2010—2016 年专利实施率分布情况,南京邮电大学一枝独秀,其实施率为 40.19%;常州工学院、南京信息工程大学、常州大学的专利实施率在 10% 以上;专利实施率在 5%—10% 之间的本科院校有 18 所,专利实施率在 5% 以下的本科院校有 20 所。考虑到专利实施率的计算和专利申请总量相关,因此综合考虑专利申请量和专利实施率两个专利评价指标,发现南京邮电大学、南京信息工程大学、常州大学、江苏大学、苏州大学、南京工业大学及南京大学这 7 所大学的专利技术管理和运营水平在江苏本科院校中处于上游。

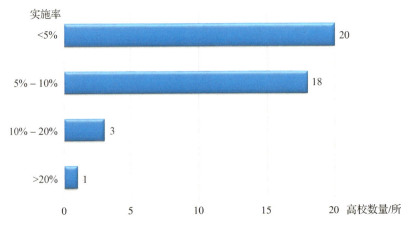

图 6.19　江苏本科院校 2010—2016 年专利实施率分布

6.5 本章小结

为深刻了解各创新主体的创新能力的水平以及与其他创新主体之间的差距,对创新能力的评估工作提出了更高要求。本章首先论述了创新能力评价相关内容,包括阐述了创新能力的组成,讨论并梳理了创新能力评价的指标体系;接着从知识产权信息的角度对创新能力进行评价研究,介绍相关指标和指标体系;最后从国家和机构层面,分别介绍了基于知识产权信息的创新能力评价的案例。

在创新能力评价部分,基于创新过程,介绍与创新相关的创新主体、创新客体和创新支持要素。从投入产出的角度对这些要素进行归类,阐述各要素与创新的关系。并基于对创新相关要素的解析,介绍了创新能力组成要素。随后,介绍创新能力评价的维度和评价指标体系。并以区域、机构和创新人才为评价对象,介绍区域、机构和创新人才的创新能力评价的指标和指标体系。

通过对创新能力评价指标的梳理发现,知识产权信息(尤其是专利信息)已成为创新能力评价的重要视角。在基于知识产权信息的创新能力评价部分,详细介绍一系列专利评价指标,并介绍包含专利评价指标的国家、地区、机构和创新人才的创新能力评价体系。

在案例分析部分,以中国科学技术发展战略研究院发布的 2020 年国家创新指数和南京工业大学知识产权信息服务中心的江苏本科院校创新能力评价为例,从评价对象、数据来源、评价指标体系等角度介绍了如何展开创新能力评价,并从评价结果中了解各评价对象的创新能力水平以及同其他评价对象之间的差距,为创新能力的建设提供参考。

综上所述,知识产权信息为创新能力评价提供了重要视角。基于知识产权信息的创新能力评价工作大部分服务于管理层和决策层,可为创新发展方向提供指导性建议。通过对知识产权信息的深入挖掘和深刻理解,可以为不同对象提供高增值性的信息服务,力争为我国科技创新事业各环节提供信息支撑。

7 科技创新中的知识产权信息服务平台

知识经济骤然兴起,各种创新性智力创造层出不穷,知识产权申请量和注册量急剧增加,知识产权信息服务行业稳中向好,但也面临着区域服务能力不均衡、行业之间需求差别较大、信息壁垒难破、供需信息对接困难、对中小微企业倾斜力度不足等挑战,亟须进行顶层设计,快速布局知识产权信息服务工具的使用及软件的开发应用,满足知识产权信息服务对技术、市场及应用的融合等长远性需求。

一直以来,国家把知识产权信息服务的信息化建设,视为全国信息化水平的检验指标。2006年12月31日科技部发布《关于提高知识产权信息利用和服务能力 推进知识产权信息服务平台建设的若干意见》。意见指出,要加快知识产权信息服务平台建设[①]。其中通过构建知识产权信息库、完善平台运行机制、加强知识产权信息服务平台与其他平台的支撑融合建设是提升信息利用和服务能力的重要路径。可见,知识产权信息服务平台在知识产权强国战略实施以及知识产权全链条建设中起着不容忽视的作用。因此,在整合全国各服务平台的资源的前提下,把互联网、大数据等技术手段作为知识产权发展、保护及应用的保障力量,以科技创新服务为内容,建设符合科技创新发展需求的服务平台,是助力知识产权强国建设和知识产权战略实施的必然要求。

本章将以服务平台的重要性为切入点,根据当前我国现有服务平台的发展状况,探究现存问题和短板,重点针对科技创新需求,设计平台建设方案,并在理论模型的基础上,对专利导航平台、创新管理平台、综合服务平台以及交易运营平台等应用平台进行构建与功能介绍,希望能为服务平台的建设与发展提供些许参考,同时坚持发挥现有信息服务的优势,完善平台功能,提升中心平台的服务效率,促进科技创新发展。

---

① 冯晓青,杨利华,付继存.国家知识产权文献及信息资料库建设研究:理论探讨与实证分析[J].中国政法大学学报,2014(2):36-58,159.

7.1 知识产权信息平台:从单边服务到多边融合

知识经济环境下,知识产权不断赋能经济社会高质量发展。随着新兴技术的快速迭代,科技创新活动呈现出跨界化、多维化和网络化协作特点,从知识产权转移转化到产业化,显示出多元化、复杂化和不确定性,知识产权以助力技术创新和科技应用为主旨,为技术的转化和扩散提供了基础条件。然而,技术的创新及产业化并非一个企业或政府就能够独立实现的,而应依赖于众多企业、科研机构以及所有的知识产权信息服务机构,致力于某一技术领域,结合各单位自身优势打造知识产权信息服务创新生态系统,在合作中促进技术创新和产业发展的高度融通。

大数据时代的到来,使得知识产权信息资源的组织和利用形式发生变革,与此同时,数据的多源性和服务需求的差异性,使得知识产权信息服务在数据的集成性和多维性等方面捉襟见肘,在服务的精准性、全面性和综合性等方面也显现出了一定的不足。当前,知识产权信息服务尚未有效适应科技创新发展的要求,依旧处于曲折中前进的状态,各服务环节融合困难,数据来源单一,服务模式以单项业务的叠加为主,在整合集成组织、数据、技术、需求和管理资源等方面尚显不足,限制了知识产权信息服务的效果、效率和价值的发挥,不能一站式实现多层次、个性化的知识产权信息服务。

如今,个性化、异质化、丰富化和融合化的信息服务已经成为用户新的需求趋向,服务多边融合的肇始,则寄希望于知识产权信息服务平台功能集成化的实现。服务平台将成为服务的主流范式,为知识产权信息服务挖掘出新的发展理念和发展格局,用户需求和服务的融合,客观上改变了信息服务的方式,以及科技创新的方向和趋势。

科技进步与经济发展迫切要求知识产权信息服务做好前瞻布局、坚持融合发展,把服务贯穿于知识产权的创造、运用、保护和管理的全过程,为用户提供专利、商标、著作权、商业秘密、域名、地理标志、植物新品种、集成电路布图设计以及特定领域知识产权等各类相关服务。目前,我国知识产权信息服务机构在专利检索、科技查新、专利预警等单项服务方面取得了不错的进展,并逐渐由单一服务向以数据资源和服务力量优化整合的多边融合服务迭代更新,在服务方式上趋向于平台集成化,把平台作为发展利器,把服务作为第一要务,坚持双轮驱动,立足实现科技创新推动经济高质量发展。

7.1.1 知识产权信息服务平台为科技创新赋能

2015 年,国务院常务会议通过了《关于促进大数据发展的行动纲要》(以下简称《行动纲要》)。《行动纲要》指出,大数据成为推动经济转型发展的新动力,重塑国家竞争优势的新机遇,提升政府治理能力的新途径[①]。《行动纲要》实质上是要求科技创新水平的加速跨越,扭转资源配置难优化、自主创新及再创新潜能难挖掘、技术产业对接难实现等不利

---

① 赵延斌,刘子闻.大数据视野下的社会治理[J].上海信息化,2016(1):42-44.

局面。知识产权信息资源的有机集成和整合,加速了各创新主体明确功能,借助于大数据技术的支撑,实现科技创新发展的路径突破。良好的知识产权服务为文化发展提供环境保障,引领世界科技文化创新融合。做好知识产权事业是促进科技文化进步的定海神针,是科技创新高质量发展的必然要求。

(1) 知识产权信息服务平台是科技创新的基础支撑

知识产权相关数据比比皆是。我们常见的有专利、商标、版权、地理标识、植物新品种等直接的知识产权数据,也有与知识产权相关的政策、产业、经济、法律等商业情报数据①。知识产权是科技创新的基础,也是科技创新的表现形式之一。借助知识产权大数据思维,可以及时全面地了解和洞察技术的研究深度及发展趋势,服务政府科学决策,完善产业数字化转型,激发科技创新创造,促进企业稳健发展,高效率地对知识产权信息进行深度挖掘与动态更新,助推"中国制造"向"中国创造"转型升级。

知识产权信息由经济、技术、法律等各个领域具有前沿性、基础性、战略性的信息资源构成。在数字化、网络化迅速发展中,知识产权信息服务平台及相关系统的开发运用情况彰显着一个国家或一个地区信息服务能力。知识产权信息服务平台的内容涵盖了知识产权信息检索、布局研究、风险预警、战略制定与管理咨询、专利技术分析和法律事务,知识产权数据加工、翻译、专题数据库建设等信息加工服务,知识产权申请、注册、登记等代理服务,知识产权的交易、推广、评估、投融资、证券化、托管、公证、培训等服务②。目前我国知识产权信息服务的网络平台和检索平台有了一定程度的发展,但信息服务集成平台和服务软件的开发尚处于初级阶段,服务形式多以被动式服务为主,且服务内容较为基础,尚不能实现促进创新发展的优质资源供给,公众缺乏便捷、高效的知识产权信息获取路径。

(2) 知识产权信息服务平台是对科技创新的必要性探索

随着我国科技创新发展速度的不断提升,传统的知识产权信息服务已难以满足时代高速发展下的用户需求。全面加强新技术研究工作理念逐渐被重视和深化,完善知识产权信息服务体系可以为科技创新成果的资源整合、个性化服务、深度服务和有效管理提供良好的模式创新和制度支撑。

① 知识产权信息服务平台是用户需求智慧感知的基础

针对用户需求的挖掘与测度成为对接用户并最终提供精确服务的关键。不同的机构具有不同的职能和使命,同一机构中不同的职员的职责不同,对平台的服务需求也不尽相同。面对"千人千面"的精准服务需求,亟须进一步提高需求和服务的有效对接。在大数据环境下,知识产权信息服务用户更加复杂,对服务的全面性、精准性和时效性的期望也会变得更高。知识产权信息服务平台通过计算机技术对多源异构的数据进行优化整合,建立数据孪生系统,并对其进行深入融合分析,实现用户需求与信息服务之间的叠加映射,以此构建用户需求的智慧感知系统。系统平台能够有效挖掘和跟踪用户需求,并针对用户的个性化需

---

① 李瑞芳. 运用大数据思维助力知识产权发展:基于党政领导干部视角[J]. 河南科技,2018(36):23-25.
② 晁蓉,黄筱玲,邹艺. 高校图书馆知识产权信息服务需求调查与竞争力提升路径研究[J]. 图书馆学研究,2020(21):45-55.

求进行分类别、多层次、多维度的精准服务，使得基础服务与深度服务相得益彰。

②知识产权信息服务平台是信息资源获取机制的核心

我国知识产权信息分散于众多的知识产权相关单位，这导致信息分散且流动性能不足，部分有价值的信息散落在不同的职能部门，很难被公众获取，且大量数据处于休眠状态。这些分散在各单位的休眠数据具有可观的单项价值，通过数据的整合，能够释放出巨大的额外价值。知识产权信息服务平台一方面通过整合各个知识产权管理部门的职责，对各部门掌握的数据信息加以整合，形成完整的知识产权信息资源数据库；另一方面，通过信息集成技术及时公开更新的数据信息，给公众提供查询服务，以保证信息的时效性、动态性以及精准性，立足国家发展的高度，结合当前经济社会发展、产业布局情况，科学规划知识产权战略布局。知识产权信息服务平台利用国家的力量和优势加速信息的开发和应用，把更具价值的信息服务切实提供给广大用户，为我国的科技创新探寻新的发展契机。

总之，规范的知识产权信息服务平台，为用户获取信息提供便捷高效的端口，有效解决机构、行业之间"信息壁垒"的弊端，实现信息的有序化传递、信息价值链的高端延伸，也为科技工作者的创新突破提供不竭动力。

③知识产权信息服务平台是深度服务的实现路径

传统的知识产权信息服务仅仅满足于内容型服务，包括商标、软件著作权、版权、植物新品种权在内的信息服务业务却很少涉足，针对信息的增值分析（或服务）尚显不足，网站的服务功能需要拓展，且服务方式比较单一，缺少用户导向的人文关怀，信息检索功能不够强大，这些都成为困扰科技创新发展的桎梏。

伴随着互联互通的信息服务平台的建立，知识产权将迎来规模化和个性化相统一的服务，打造国家的科技产业发展的动力引擎，为信息的优化组合、深度关联、综合分析等深层次服务提供平台支持，补足信息流动短板，完善信息服务环境，精准抢占科技产业发展先机，协调科技创新发展。

④知识产权信息服务平台是全信息化过程管理的窗口

知识产权信息服务平台实现了从提案、撰稿、核稿、送件、管理到用户对接等知识产权全信息化全过程管理，解决了专利提案过程不透明，进度无法查看，信息对接脱节，核稿过程、核稿结果无法记录等问题，进一步降低了管理风险，节约了人力成本，提高了信息服务的管理能力。

知识产权信息服务平台促使知识产权成果的申请申报与审批流程实现动态配置和管理，规范专利在线申报、审批、技术文档下载、缴费提醒、著作权管理、体系管理、专利检索、统计分析、商标管理、域名管理等专利信息模块，贯穿商标专利生命周期管理，为知识产权管理工作带来了便捷与创新，同时也为科技发展赋能助燃。

信息技术让知识产权信息服务的各方力量逐步从独立走向联合，虚实交融，共生共进。知识产权信息服务平台面向知识产权强国战略，以实现科技创新为发展目标，融合信息化、平台化与知识产权信息服务，促进了传统信息服务模式的转型，同样也改变了知识产权资源的整合形式、服务模式以及管理手段。科技的发展要求知识产权信息服务功能趋向多元化、便捷化，知识产权从"数字化"走向"数据化"的同时，信息技术深度融合下的知识产权信息服务平台，将数据和服务业务融合在一起，在平台的基础上重构知识产权信息服务在科技创新中的核心价值和核心竞争力,打通各个行业间的数据,从而进行数据共享、业务融合,精准连接用户与服务者,实现知识产权信息服务从"单边服务"模式走向了"多边融合"模式。

因此,本章以大数据共享、开放、融合为指导思想,以科技创新为目标,以整合资源拓展服务渠道为抓手,以信息技术为保障,着力构建大数据智能化知识产权信息服务平台,强化信息供需对接能力,不断挖掘知识产权信息潜能,加强知识产权全链条服务的软件设施建设,打通多源数据融合。

7.1.2 以用户需求为导向的知识产权信息服务平台

在互联网时代数据是"王道",其重点在于数据储存与传输,但大数据时代的重点是在存储与传输的基础之上,对数据进行集成、挖掘、分析与转换,并以数据的广泛应用为最终目标。这不仅为技术发展带来了新机遇,也为知识产权信息服务模式和服务水平增添了新的挑战。一方面,相关数据信息爆炸性的增长,无疑对数据存储、传输、挖掘和分析提出了更高的挑战,通过相关服务平台的流动和传播,可实现用户对信息的自由获取;另一方面,借助服务平台,优化服务供给,精准洞察用户需求,识别服务路径,牵引资源对接,平衡供需两端,可为知识产权信息价值的转移转化提供有力支撑。

(1) 基于用户需求的知识产权信息服务平台基本概念

在我国知识产权强国战略的建设中,信息服务平台以其强大的挖掘能力、精准的分析水平、丰富的服务功能等特性,为科技创新提供全流程、全方位服务。当前,新一轮科技革命和产业转型升级方兴未艾,学科领域间的交叉融合不断拓宽加深,人工智能、云计算、区块链、物联网与大数据等新兴技术赋能升级,导致用户对知识产权信息服务的需求已经从简单的相关文献服务、专利申请服务、商标注册服务、版权登记服务等单边服务,上升为以用户需求为中心的多边融合,围绕知识产权的创造、运用、保护、管理、转移转化进行功能开发,立足科技创新资源供给,实现精准资源匹配,满足个性化定制。具体说来,知识产权信息服务平台是指科技创新主体通过一种大开放、大研发、大数据的模式,实时掌握并全面动态感知、刻画和响应用户需求,把更多的服务机构融合在一起,依托检索、加工等手段对数据进行处理,在一定的制度机制的保障下,面向企业、相关服务机构提供一套集确权、维权、障碍化解、整体布局和 IP 商业化等于一体的以用户需求为导向的知识产权一站式信息服务平台。

(2) 基于用户需求的知识产权信息服务平台建设目标

如今,知识产权的创造、运用能力成为国家核心竞争力的重要评价指标。整合优化知识产权信息,实现资源共享,可以实时掌握科技发展的动态和趋势,指引和完善创新思路,科学宏观地制定科技创新发展战略,加速研发过程,指导研发方向,做好专利规避,提升科研起点和创新层次。

全面提升知识产权信息整合及服务能力的过程中,还存在着种种问题,具体表现为以下五个方面:第一,信息资源建设主体众多,重复建设现象普遍,跨专题的数据库间的有效拼接较少,没有形成集成效应,共享理念薄弱;第二,科技创新主体对知识产权信息的服务价值认识不清晰,运用能力不强,服务内容鲜有人知,造成了数据资源、人才资源、服务资源的极大浪费;第三,专业的服务人员不足,且相应的培训较少;第四,多源异构的海量数据与用户的需求产生冲突,加之服务主体的分散,服务与需求的一致性得不到保证;第五,现有的数据库建设和相关的服务还不能有效应对科技创新的不确定性和复杂性,且用户获取具有权威性、全面性的知识产权信息尚存在一定的困难。

本书认为解决以上问题,要发挥我国社会主义制度能够集中力量办大事的优势,注重对用户需求的精准感知,加强对知识产权信息资源的价值挖掘和服务能力提升,进一步优化科技资源配置。因此,主要从以下四个目标给予考虑:

首先,通过信息服务平台集成融合信息资源,形成集多源数据信息汇聚、加工与应用于一体的分布式数据服务平台,完善信息服务体系;其次,基于信息加工程度、服务对象、服务需求及建设主体等,满足不同用户、不同需求,构建公益性服务和商业化运行相结合的服务机制;再次,针对企业、科研机构、高等院校、服务机构等用户多维度的需求,设计个性化服务模式;最后,加强与科学文献、科技成果信息、科学数据、标准信息等科技信息间的优势互补,更好地满足科技创新活动的信息需求。

(3) 现有知识产权信息服务平台的分类

当下,科技创新背景下的知识产权信息服务平台层出不穷。首先,从信息服务性质角度分类来看,主要基于科技创新需求下的服务平台除了门户网站、用户认证、新闻通知、平台介绍等常规模块外,与知识产权信息服务相关的功能模块一般有以下六个子平台[①]:文献资源保障平台、公共信息服务平台、行政管理信息服务平台、专业机构服务平台、情报机构服务平台、专题信息服务平台。其次,从知识产权信息服务主体角度分类来看,知识产权信息服务包括公共事业型知识服务平台、行业型信息服务平台、学术型信息服务平台、区域型信息服务平台等。再次,从信息服务客体角度分类来看,知识产权信息服务包括专利信息服务平台、商标信息服务平台、版权信息服务平台等。

目前,在知识产权信息的各类服务中,专利的作用尤为重要,因此,在服务平台构建中,更加注重专利层面的信息服务。本章将从知识产权信息服务全流程出发,明确全链条服务的不同用户对知识产权信息服务的需求,以服务全生命周期为逻辑支撑,基于技术产品的研发、在研专利的申请、现有专利的维权等需求构建专利导航平台,主要包括专利导航平台以及主题专利导航库;基于产品研发和售后服务,构建创新管理平台,主要包括科学技术研发平台、技术创新研究平台、创新服务技术平台、技术服务公共平台四种基本技术平台;基于专利申请代理、专利权质押贷款、专利分析与预警、专利战略制定等相关服务构建综合服务平台;基于专利的转移转化、收购托管、交易流转、质押融资等构建知识产权交易运营平台。平台的功能围绕知识产权信息服务全流程,保证了服务资源和转化资源的融合,通过用户与服务者之间的供需精准对接,实现服务的专业化和高效化,努力以科技服务促进高质量发展。

---

① 张发亮,刘君杰.基于用户需求的区域知识产权公共信息服务平台框架研究[J].情报探索,2019(7):52-58.

7.2 知识产权信息服务平台设计:让价值最大化

创新驱动发展战略背景下,知识产权信息服务平台的建设是科技创新发展的着力点,其目标是满足各类知识产权用户在知识产权创造、保护、运用和管理等过程中所产生的服务需求,聚集知识产权信息资源和服务资源,通过信息技术深化数据应用,实现信息数据的共享互通,为用户提供可靠完善的信息服务。我国现有的平台的建设和运行,大幅度提升了信息服务水平,但存在服务内容和方式滞后的现象相对普遍、专业数据库资源不足和分析能力薄弱、信息服务供需信息不对等、服务能力不平衡等问题[①],在一定程度上制约了信息服务业务的纵向发展。

因此,本节在厘清知识产权信息服务平台对科技创新发展价值及功能需求的基础之上,针对信息公共服务平台面临的挑战,对知识产权信息服务平台的设计思路和设计方案进行分析和讨论,为我国知识产权信息服务平台的建设和进一步优化提供一些参考。

7.2.1 知识产权信息服务平台的设计背景

知识产权信息服务平台是信息服务的手段与工具,依托大数据技术,对知识产权数据资源进行集聚开发,有效缓解了数据孤岛、主体分散、供需无法有效对接的问题,从而降低服务成本,完善知识产权信息服务管理模式和体系。我国现阶段针对省、市、区等各个层级均设立了服务平台,能够满足用户的基本信息服务需求,但仍旧面临着资源利用不充分、服务形式较传统、服务内容偏基础、平台功能不完备等问题[②],特别是在深度文本分析的处理水平方面亟待提升,与国外专利信息服务平台存在一定的差距。

(1) 知识产权信息服务体系有待完善

知识产权信息服务发展迅速,体系建设问题不容忽视。目前,我国产业机构普遍缺乏信息服务对科技创新至关重要的思想理念,在信息的集成和利用上联动不足,缺乏主动性和积极性。公共性知识产权信息服务机构在服务应用的深度和广度上尚需深度挖掘;知识产权的公共服务和商业服务发展参差不齐,且公益属性和市场属性界定模糊,服务流程和服务标准还不明晰,信息服务在服务质量上存在明显差异。综上所述,我国产业主管部门要把提高知识产权信息服务质量作为科技创新发展的重点,加深对信息服务的内容探索,进一步拓展信息的传播路径,构建多元主体协同服务网络,打造政府、高校、企业、用户等多元主体组成的共享共治共建的服务格局。

---

① 张发亮,刘优德,胡媛,等. 区域知识产权公共信息服务平台"三级四维"运行机制研究[J]. 图书馆学研究,2018(20):69-77.
② 桂国庆,周松,林俊岳,等. 基于云计算的知识产权基础信息公共服务平台建设研究[J]. 井冈山大学学报(自然科学版),2018,39(1):48-53.

高水平、高质量的知识产权相关服务,对产业主管部门的知识产权战略定制水平、服务人员的综合素质都提出了更高的要求。知识产权专业人才不仅需要具备技术、营销、管理和法律等多学科交叉的复合型知识背景,还要具备技术创新动态分析与跟踪能力以及商务沟通能力。目前,我国的知识产权专业人才无论在质量上还是数量上均存在较大缺口,其主要来源是高等院校的法学学科专业,学科交叉培养仍处于探索阶段,从以理论教育为主的模式转型为以实践能力培养为主的教学模式困难重重。我国现有的知识产权人才培养体制机制不能完全支撑科学技术的高质量发展要求,由各级知识产权部门开展的培训课程是行业人才培养的主要形式,且相关培训的市场化活力不够,社会和企业的供需对接效率不足,相关工作的社会推广度和知名度较弱,导致职业影响力偏低,因此,难以招纳到应用型、复合型的高端人才。因此,我国知识产权信息服务的高质量发展和服务体系的完善正面临挑战。

(2) 知识产权信息资源开放共享和深度开发利用偏低

知识产权信息开放共享已是大势所趋,当下亟待提升开放和共享的程度。数据共享、云计算等现代化信息处理技术手段是信息服务质量提升的关键因素。我国针对信息服务的专项公共财政投入不足,且公众对信息资源的认识相对薄弱,服务人员的主动性不足,现有信息平台与经济社会发展水平存在一定的差距。除此之外,基础信息资源的开放共享的数量、质量、及时性和便利性都有待提升。按照《国家知识产权战略纲要》的战略措施部署,各地结合自身情况,建设知识产权信息数据库,但是在实践中,缺乏顶层设计,没有明确的规划和定位,对数量的追求导致了重复与无序的建设,出现了很多"为建设而建设"的形式工程。同时,数据库的维护、更新、性能优化不及时,信息利用率低,用户体验得不到保障。

数据库相对独立,信息跨域流通受阻,整合程度影响了资源开发深度。专利信息资源主要在不同类型的数据库中,以图书、公报、期刊、报纸、研究报告、法律法规、政策、法院判例等形式存在,因此,势必要解决数据之间的融合和对接问题;大数据技术和相关工具未能充分利用,有价值的信息不能被及时快捷地传播和利用,知识产权信息资源的应用率与效益偏低[1]。

(3) 知识产权高端信息服务供需不平衡

当前,我国知识产权信息服务的市场化发展缓慢,以商业运营为主的信息服务类型较为单一,市场机构在数量和质量发展优势还不明显,商业化、市场化的运行机制有待完善,在国际市场甚至国内市场上都缺乏竞争优势;在服务应用上,缺少开展技术含量高的深度服务的能力与资源精准对接的渠道;在行业领域内,还未能出现处于核心地位和引领行业发展的龙头企业,更没有巨量数据规模化聚集、业务水平顶尖、在全球具有绝对影响力和公信力的行业巨头。然而,用户需求持续升级,呈现出个性化、智能化、深度化等特性,且服务的形式也在快速演变,从而使得知识产权信息服务平台对用户高端服务需求的捕捉、对新需求内容的

---

[1] 冉从敬,马丽娜.高校知识产权信息服务平台价值共创:过程、机制与路径[J/OL].图书馆论坛,2023(1):103-111.

满足与平衡达到前所未有的难度。

（4）现有平台对用户需求的挖掘不彻底，平台功能还需拓展

已有平台服务多以信息展示为主，服务功能相对有限，服务层次有待提高，需进一步围绕知识产权的创造、运用、保护、管理、转移转化等服务环节，对平台功能进行开发，以满足用户需求为服务的宗旨。第一，丰富资源供给，协同高校、科研机构、知识产权相关机构提供专业化的服务，与此同时，对信息上传接口进行有限授权，科研工作者可以通过端口把专利信息上传至平台，并通过窗口呈现给用户。第二，精确资源的供需匹配，一方面平台面向用户提供满足在线咨询和实时输入服务需求的入口，用户在进行咨询之前，表明服务需求，系统匹配相应业务的专家予以答复；另一方面为了加强企业科技成果的转移转化，平台将专利推荐以及专利价值评估鉴定纳入服务范围。第三，满足用户的个性化服务需求，以"线上＋线下＋专家"的服务模式，通过数据平台，实现服务需求的有效捕捉与深度挖掘，专注服务效率与服务质量的提升，践行以用户为中心的服务理念。

在此背景下，高质量的知识产权信息服务已经成为企业高速发展的必要手段，在大量知识产权信息中聚焦、关联出最有价值的信息，帮助企业掌握自身研发水平，从不同维度全面了解相关领域发展态势，掌握竞争对手的专利布局和技术水平，挖掘技术空白点，提升企业的研发效率，有效满足企业对深度服务的需求。目前，知识产权信息服务主体间的合作互联障碍重重、产业技术需求与科技成果对接困难、科技成果的转化率相对较低等问题严重制约了我国科技创新发展。

7.2.2 知识产权信息服务平台的设计要点和原则

针对我国科技创新发展形势下的知识产权信息服务需求，提出构建满足用户在知识产权各个环节中的信息资源与服务需求的信息服务平台，旨在利用信息化的手段，促进知识产权信息资源和服务力量的有序整合，提升信息资源开放共享和深度挖掘分析能力，推动高端信息服务供需平衡，实现现实需求与接口的高效对接。基于知识产权信息服务供需和平台的数据来源两方面，结合设计原则进行平台构建。

（1）用户需求

在当前网络环境下，信息服务正在由文献资源主导型转向用户主导型，不同用户群体在知识产权的创造、保护、利用和管理等各个环节中具有不同的信息服务特点和服务需求。一方面，知识产权信息服务的用户类型可以根据服务特点分为基础用户、一般用户和重点用户。基础用户是指仅需要简单检索服务和基础咨询服务的用户，也可称为临时用户，具有数量大、范围广、内容简单、服务形式单一的特征，对信息服务的便捷性和可获得性有较高要求；一般用户是知识产权信息服务的主要用户，根据服务内容分为从事知识产权相关的机构和人员、科研工作者、参与知识产权活动的机构和人员，其具有服务范围广、服务内容和形式多样、对信息服务效率有较高要求的特点；重点用户是知识产权信息服务的核心用户，主要为大型企业和研发机构、政府部门、重点行业产业，其对信息服务的专业性、主动性、个性化、

深层次具有较高的要求,为其提供高质量、高价值的信息服务,对推动知识产权事业发展和科技创新具有显著意义。

另一方面,学者张发亮等[①]在梳理、调研相关文献和国内主要知识产权信息服务平台服务内容的基础之上,将用户的知识产权信息服务需求按照知识产权活动阶段进行了归纳。其中,用户在知识产权创造阶段主要需要市场分析、查新查引、预警、信息传递、事务咨询等方面的知识产权信息服务;用户在知识产权保护阶段需要预警、质押融资、托管、法律援助、评估鉴定、交易代理等方面的知识产权信息服务;用户在知识产权运用阶段主要需要评估鉴定、产品分析、市场分析、领域跟踪与分析、专利预警等方面的知识产权信息服务;用户在知识产权管理阶段主要需要专利管理、战略布局、系统开发与维护、人才培养、情报收集等知识产权信息服务。

(2) 数据来源

大数据时代,信息服务平台需要多种科技创新资源数据的支撑,数据涉及创新知识产权服务链条的所有环节。数据来源主要包括用户需求数据来源和知识产权数据来源。数据驱动下的用户需求数据除了用户提交的需求数据之外,还包括用户在科技创新活动过程中在互联网上产生的浏览借阅等数据,把这些隐性数据和实际显性数据进行关联,可以掌握不同用户在不同阶段对知识产权信息服务所呈现出来的多元化、个性化、便捷化的需求特点。知识产权数据来源包括相关立法文献与条例、知识产权司法审判案例、知识产权机构(审判机构、行政机构、教学科研机构、商业服务机构等)文献与信息、论著及教育培训文献与信息、重大事件文献与信息、知识产权人物信息、确权文献及信息等,并收录美、日、英、法及世界知识产权局、欧洲专利局等国家、地区和组织的专利文献信息,以及各地区重点行业、地方特色产业专利数据以及重点企业专题数据等。

(3) 设计原则

平台的设计原则遵循资源动态关联原则、用户需求原则、共建共享服务原则以及多元化服务原则。

①资源动态关联原则

平台的建设应当基于数据信息的动态性,面对知识产权及其各类相关信息的传播速度不断暴增,知识产权相关数据信息量持续激增,信息服务平台数据库需要做到实时更新,以确保数据库的价值。知识产权数据具有高度的复合性的特点,导致了文献与文献间、数据与数据间存在较强的内在联系。在知识产权信息服务平台建设框架中,应把相关的基本数据库与知识产权的使用、转让、效用、侵权行为等相关的大数据库,根据各业务之间的关系,建立起相关的网络连接,确保平台数据的开放性和功能的扩展性,以实现知识产权的申报、审查、授权、使用、转让、服务、反馈、维权等各个环节的快速切换以及业务的连贯性。

---

① 张发亮,刘君杰.基于用户需求的区域知识产权公共信息服务平台框架研究[J].情报探索,2019(7):52-58.

②用户需求原则

构建数据驱动型知识产权信息服务平台,立足于为用户提供更全面、更便捷、更权威的数据信息,为用户多样化的服务诉求提供端口。就知识产权信息服务平台而言,该平台用户可分为三类:一类是参与知识产权活动的相关机构、人员,主要以高校、科研机构、科研团队和科研人员等用户为主;一类是从事知识产权管理与服务的机构及相关人员;一类是以科研工作者、情报分析/市场分析人员为主,通过对知识产权数据信息进行统计分析,以期了解技术领域发展趋势的用户。不同用户在知识产权的不同活动过程中对信息的服务需求不同,服务种类更是不计其数,覆盖知识产权的全生命周期,这就要求平台通过不同用户的特征,匹配用户当前阶段所需的服务信息,在平台上进行定点推送或主动咨询,并合理控制信息推送的数量和时间。因此,数据驱动型知识产权信息服务平台的设计与建设,必须围绕用户需求创新平台功能和服务模式。

③共建共享服务原则

知识产权信息服务平台是为了满足用户的服务需求,而仅依靠政府力量难以实现,且服务内容归属于学科交叉的范畴。因此,它需要用户、知识产权专家、技术专家和信息管理专家通力合作,着力打造知识产权数据驱动型服务平台,催生"互联网+平台+服务"创新服务模式,坚持共建共享原则,建立一个包括政府、行业联盟和市场商业化服务的数据驱动型知识产权信息服务平台,充分整合多方资源,凝聚优势力量,形成一个全流程、宽领域、深服务的服务体系①。

④多元化服务原则

在知识产权信息服务过程当中,单一的服务管理模式已不能满足用户对服务的基本需求。在科学管理、科学服务的前提下,知识产权信息服务平台应逐渐转向多模式、多功能以及深服务的复合型服务体系,使得服务模式趋向多元化发展,具体包括专利、商标、版权(著作权)、软件、集成电路等的设计、代理、申请、授权、转让、鉴定、评估、认证、咨询、检索、转化、孵化、融资与产业化服务、维权、起诉等,从而形成数据驱动型知识产权信息服务平台,实现知识产权全生命周期内容覆盖。

(4)平台功能需求

知识产权信息服务平台用户有高新产业企业、行政管理机构、知识产权从业人员、研发机构科研人员、普通大众人员等,各用户多样性的服务需求、服务特征、服务模式,要求信息服务平台针对不同用户的多元需求精准提供相应服务。

根据用户在服务内容、服务性质、服务深度等方面的多样化需求,可以将信息服务分为四个业务方向,分别是公共性信息服务、行政性信息服务、专业性信息服务、深层次信息服务,下文针对四个业务方向的需求进行概述。

①公共性信息服务。公共性信息服务是针对普通大众提供的基础性服务,包括政策和

---

① 刘进军,傅立云,王岩.高校知识产权信息服务平台现状调查与分析[J].大学图书情报学刊,2022,40(1):104-108.

法律法规、文献信息检索、文献传递、事务咨询、人才培养等内容。它是知识产权信息服务的基础保障，没有涉及到个性化和专业化等方面的要求，所以，在平台功能设计时可采用自助式服务满足普通大众对基础性公共信息服务的需求，不仅可以减少人力资源的投入，还能有效提升服务效率和服务质量，实现知识产权基础信息服务的网络化、远程化。应确保此类服务资源能够轻易获取，服务内容更新及时，全面精准，服务界面尽量做到简易化。

②行政性信息服务。行政性信息服务包括知识产权申请、交易、保护及从业资质考核等行政管理过程。它要求服务机构能够明确服务程序、规范服务标准等，服务人员在提供相关服务过程中，做到程序化、流程化和标准化。因此，要求信息服务平台要建立清晰的运行流程、简明便捷的用户界面。

③专业性信息服务。专利研发过程中涉及的专利咨询、专利代理、法律与金融服务、专利维权，以及专利交易与应用过程中涉及的价值评估、专利预警等信息服务都可以被称为专业性信息服务。专业的服务人员可以对增值性、个性化服务使用商业化运行模式。这也对服务人员提出了更高的要求。首先需具备知识产权的学科背景和工作经验，同时还要对相关专业技术有一定的掌握与理解，熟知法律、市场等相关知识。只有这样，服务人员才能在专业性信息服务中做到游刃有余。

④深层次信息服务。信息服务机构在做好普适性服务以外，还应积极开展更具价值的嵌入式、深层次的信息服务，即围绕重要用户提供深层次服务，对用户的潜在需求进行深度挖掘，将服务嵌入用户的科研团队，做好科研跟踪，在针对知识产权全链条提供个性化的信息资源和服务的同时，也要积极主动对接科研团队，对其潜在服务需求进行迅速研判和高效对接联动，拓展数据资源，做好技术跟踪与预警。通过需求整合、服务推荐、信息分析、专家指导等多维度的主动服务方式，深层次信息服务连接供求两端，让知识产权供给者和服务需求者能够各取所需，契合知识产权事业高质量发展的现实需要，这也是实现科技创新发展的不竭动力。因此，深层次信息服务的开展要求服务人员在熟悉用户需求的同时，还能主动挖掘出用户的潜在需求。

7.2.3　知识产权信息服务平台的设计方案

基于科技大数据背景下用户对知识产权信息服务的需求，结合现实挑战、平台的构建原则、服务需求类型等，讨论和提出知识产权信息服务平台的总体架构和平台功能架构，以期打造不同数据库或不同系统间的融合系统，推进知识产权信息服务工作走向自动化、智能化和高效化，实现数据资源的价值最大化。

（1）知识产权信息服务平台的总体架构

知识产权信息服务平台架构设计采用云平台多层级架构体系，从基础设施支撑、数据库管理、目录服务到数据交换体系，规划并搭建出知识产权信息服务平台。同时支持及运行文献传递、分析评估、交易运营、技能培训、科普推广等应用模块，实现系统应用的全面联动，全方位赋能系统的运行管理。构建的知识产权信息服务平台主要框架结构如图 7.1 所示。

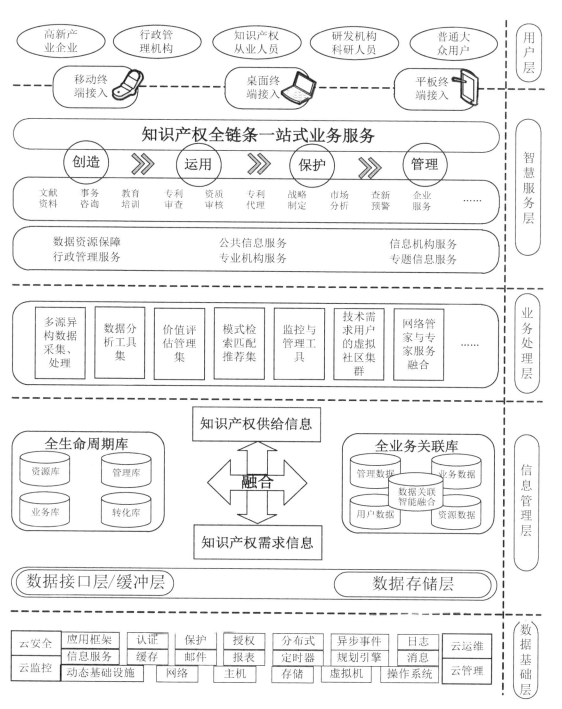

图 7.1 知识产权信息服务平台主要框架结构

在总体架构中,依据层级间的职能及相互关系,本书将整个系统自下而上分为五个层次,分别为数据基础层、信息管理层、业务处理层、智慧服务层和用户层。

①数据基础层

在系统的最底层是数据基础层,也是提供数据支撑的源数据层。通过云安全、云监控、云运维及云管理进行运行,有效获取数据信息。数据基础层根据数据的用途被分成三个部分,分别为检索资源数据库、检索辅助数据库和应用数据库。其中,检索资源数据库是整个系统数据来源及调用的核心,系统中所有的多类型知识产权服务资源性数据都由该数据库提供,如文献传递、科技查新、分析报告、专利申请、软件著作权信息、专利托管、鉴定评估、专利布局、专利预警等。检索辅助数据库主要是通过检索功能来实现信息的调用以及浏览等,该数据库中主要包含的是专利摘要附图数据、法律状态数据、IPC数据。应用数据库是用于存储系统中所有业务逻辑的数据库,记录用户日志等业务数据,同时还记录系统的相关参数配置。

②信息管理层

信息管理层是对基础数据层初步筛选和存储的数据进行处理,属于信息服务平台的核心层,包括全业务关联库和全生命周期库,为知识产权信息服务供需对接及数据安全提供保障。一方面,信息管理层进行大数据实时分析与决策等数据自配置处理工作,为知识产权供需信息融合提供技术支持,实现供需信息与全生命周期库和全业务关联库之间的数据融合;另一方面,通过信息资源的动态管理,完成系统的动态规划,实现知识产权信息的动态监控,保障数据资源的安全性。

③业务处理层

业务处理层处在整个平台中枢地位,知识产权信息服务系统涉及的业务都在此处理。业务处理层通过集中的服务管理平台,处理来自信息管理层的服务请求,对信息管理层筛选和配置的数据进行深层次的处理,并确保数据在不同节点间进行传输、分流、汇聚等操作。

④智慧服务层

智慧服务层是业务处理层的实现支撑,直接面向用户,为用户提供服务。智慧服务层的主要功能是向用户提供基础设施服务以及相关的应用程序服务,将各个知识产权信息服务平台的各种业务和信息资源通过统一的云平台呈现给用户,围绕知识产权创造、运用、保护及管理所涉及的相关服务需求,提供最简单、最便捷的操作页面,实现知识产权信息服务的供需平衡,为用户提供知识产权全链条一站式的信息服务。

⑤用户层

用户层是平台使用者。知识产权信息平台立足于开放、多元、共享,根据不同需求的用户群体开放不同的数据应用和功能,将高新产业企业、行政管理机构、知识产权从业人员、研发机构科研人员、普通大众用户集结在一起,通过平台整合知识产权信息资源,聚合人力资源,为用户提供高质量、有保障的快捷服务的端口。

(2)知识产权信息服务平台的功能架构

知识产权信息服务平台建设的最终目的是针对用户在创造、保护、运用与管理等主要活动中,为用户提供便捷高效的信息服务。基于平台功能需求及现存问题,结合科技创新背景下的平台总体架构,根据服务模块、服务要求、服务模式与服务性质的不同,构建基于知识产权全链条,满足科技创新发展需求的知识产权信息服务平台主要功能架构,如表7.1所示。

表 7.1　知识产权信息服务平台功能架构

过程	用户	服务模块	服务功能
知识产权创造	企业 高校 科研机构 科技研发人员	文献资源保障平台	基础文献资源
			产业行业特色资源
			文献检索、查新
			文献传递
		申请平台	基础咨询
			资助申请
			申请状态查询
			代理业务
			检索查新
知识产权保护	企业 高校 发明人 科研机构 专利权人	运营平台	托管服务
			专利预警
			质押融资
		维权保护平台	投诉举报
			法律援助
			诉讼咨询与代理
			诉讼融资
			数字资产确权
		交易平台	推广宣传
			评估鉴定
			信息检索
			交易代理
知识产权运用	企业 高校 科研机构	转化平台	评估鉴定
			产品分析、市场分析
			领域跟踪与分析
			产权许可
			产权转让
	大众 科技研发人员 政府研发机构 行业产业协会	信息交流平台	政策法规咨询
			决策咨询
			资源查询
			统计分析、专利情报研究
知识产权管理	大众 企业 高校 科研机构	管理平台	专家信息管理
			战略制定
			维权打假
			学习培训

知识产权信息服务平台的构建应结合服务对象所属产业,本着资源动态关联原则、用户需求原则、共建共享服务原则以及多元化服务原则,针对知识产权信息服务全链条服务,构建由多元服务主体、多类服务资源集聚整合的专业化、多功能的知识产权信息服务平台,使其成为知识产权信息服务需求主体和供给主体双方可方便交流、精准对接的智慧型服务平台,真正为需方、供方、中介服务方等提供"专业化、低成本、无假日"的知识产权信息服务平台,激发科技创新潜力与活力,促进科技成果转化落地。

知识产权信息服务平台的主要功能包括:

①文献信息查询和获取:基于大数据、云计算处理技术,对文献信息资源进行整合,为用户提供高效便捷的产业行业特色资源、文献检索及文献获取等功能。

②知识产权申请服务:为用户提供相关知识咨询,包括资助申请、状态查询、代理服务、检索查新等知识产权信息基础服务。

③知识产权运营服务:对产业科技创新各环节涉及的知识产权提供托管服务、专利预警、质押融资,并引导产业用户根据需求进行知识产权运营服务,促进科技成果转移转化,为各产业高质量发展提供支撑。

④知识产权维权保护服务:借助平台为企业、高校、科研单位等用户提供专业的法律援助、诉讼咨询与代理、诉讼融资等服务,并为用户提供举报入口。通过推送、咨询等方式,加强企业对知识产权保护的意识,减少侵权行为和被侵权的风险。

⑤知识产权转化交易服务:平台集成了科技成果转化和知识产权交易中"政策、交易、金融、服务"全链条的所有要素,通过平台,搭建投资者、研发者、生产者、营销者之间的沟通桥梁,并充分利用线上线下相结合的O2O模式,集成企业、高校、科研单位、技术经纪人、专家等多类业务信息资源,跟踪成果产出,加速成果转化。

⑥互动沟通服务:根据用户多样化的知识产权信息需求,在平台上提供专业信息服务人员与用户的沟通交流渠道,用户可通过该功能直接就政策法规、决策咨询、资源查询、统计分析及专利情报研究等相关信息与对口服务人员进行咨询交流。同时,平台也开设专家视频咨询及在线指导窗口,搭建起用户与专家的沟通桥梁。

⑦知识产权培训服务:帮助用户通过平台进行在线学习基础知识、专利检索、专利分析和利用等相关内容的操作,提高用户知识产权意识和知识产权技能。

⑧用户个人账户管理功能:提供用户在平台的行为轨迹记录,以及定制、收藏等功能,供用户进行个性化的操作,不断提升和优化用户体验。

⑨用户管理功能:高校图书馆可通过后台对注册用户进行数据调取和分析,为专利信息服务提供决策参考。

大数据、互联网等技术促进了知识产权信息资源的共享程度和获取便捷性,不断弥合服务与需求间的差距,促进高质量知识产权信息服务向纵深发展。科技创新背景下知识产权信息服务平台功能齐全、系统响应及时、服务供需对接精准,使得越来越多的政府、高校、科研机构、企业和个人更加积极地参与到知识产权数据的开放和共享中,从而实现知识产权信息在政治、经济、文化、社会、创新等层面的价值被广泛地关注和深度地挖掘,同时,也促进了平台、系统、服务体系的价值提升。

7.3 专利导航平台:先进产业的领航图

当前,我国经济发展进入新常态,经济结构不断优化升级,从要素驱动、投资驱动转向服务业发展及创新驱动[1],必须加快实施创新驱动发展战略和知识产权战略,有效运用专利制度提升产业创新驱动发展能力,加快调整产业结构,以知识产权构筑产业核心竞争力。《中国制造2025》提出要加强制造业重点领域关键核心技术知识产权储备,构建产业化导向的专利组合和战略布局,要求我们必须合理运用产业决策的新方法,通过知识产权手段尤其是专利导航来推动创新制度,真正实现导引产业发展。

专利导航始于2013年的国家知识产权局专利导航试点工程,旨在尝试以专利信息资源利用和专利分析为基础,把专利运用嵌入产业技术创新、产品创新、组织创新和商业模式创新,引导和支撑产业科学发展[2],通过发挥专利信息分析对产业运行决策的引导作用,发挥专利制度对产业创新资源的配置作用,提高产业创新效率和水平,防范和规避产业知识产权风险,强化产业竞争力的专利支撑,提升产业创新驱动发展能力。通过专利导航,专利制度和产业创新被有效地连接在了一起。

专利导航试点工程启动后,随着后续工作的稳步推进,国家知识产权局将原本的国家专利协同运用试点单位从行业协会扩充为行业协会、产业知识产权联盟、高等学校和科研机构四类,从产出源头到转化终点全方面覆盖,支撑产业创新的全流程,专利导航平台也应运而生[3]。早期的专利导航平台是为企业或科研机构提供的,具有一定的行业特色,能够远程开展特色化服务。随着信息技术的发展,如今的专利导航平台普遍运用大数据技术,转变为能够深度融合专利信息分析和产业运行决策、精准分析技术和产品及其上下游产业链条以确保企业和科研机构在研发和产业布局中占据有利竞争地位的信息平台,成为企业和科研机构创新发展的长期有效支撑。

7.3.1 专利导航平台的架构与功能设计

(1) 专利导航平台的用户与需求分析

专利导航平台主要面向高新产业企业、研发机构科研人员以及知识产权从业人员,提供专业性的知识产权信息服务,通常要求用户有一定的专业技术背景和知识产权相关经验。这类平台的用户需求主要集中在技术产品的研发、在研专利的申请、现有专利的维权等事宜,因此需要与技术、产品、专利相关的上下游知识产权数据,以便随时进行专利信息检索、专利态势分析和监测预警等自助操作。除去部分政府建设的开放性导航平台,大多数专利

---

[1] 赵阳阳. 浅析经济新常态下中小企业融资问题[J]. 对外经贸,2015(8):98-99,152.
[2] 李琪,陈仁松. 浅谈专利导航产业发展的方法和路径[J]. 中国发明与专利,2015(8):21-23.
[3] 胡姝阳. 专利导航:开拓知识产权强企之路的"指南针"[N]. 中国知识产权报,2016-11-23(5).

导航平台的使用都是有偿的,部分用户也会直接委托知识产权服务机构开发、建立和维护仅供内部使用的导航平台。

以高新企业用户的新产品开发项目为例:在项目立项初期,企业用户建立专利导航平台,开发对应于项目的专利数据库并进行专利信息分析,以能够完整掌握全球市场和技术发展概况,找到产品和技术切入点并确定研发方向,避免重复研发;在研发项目期间,专利导航信息能够帮助企业用户掌握技术分布态势,对研发项目竞争对手的专利技术申请、公开、布局等情况实时监控,及时调整自身研发路线和方向;在创新成果产出后,专利导航能够帮助企业有效避免专利侵权纠纷争议,做到知识产权风险规避和防控;在市场化阶段,专利导航平台能够通过专利信息分析和大数据技术,挖掘出行业的实际需求,以市场为导向,有目的性、有针对性地开展专利布局和实施,使科技成果与产业、企业需求有效对接。

在专利导航平台数据库的基础上,用户往往还需要对应于导航平台的配套分析服务。这类服务具有高度个性化、专业化特点,主要针对企业和科研机构,从未来研发方向和专利市场布局两个角度做出针对性分析,帮助企业和研发机构正确规划技术路线,同时通过预警机制规避竞争对手间潜在的侵权风险。

(2) 专利导航平台的架构

专利导航平台的总体架构设计依据高可用性、可管理性、可扩展性、安全性的设计原则,基于云平台多层级架构体系,将原始数据、数据库管理以及分类目录服务和数据交换体系全部统一纳入云平台主框架,同时支持分类目录专利检索、IPC 分类号检索、专利分析、专利预警等,后台系统统一管理多项组件(图 7.2)。

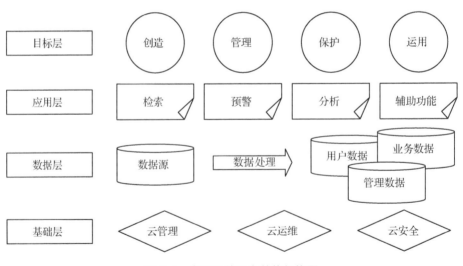

图 7.2 专利导航平台整体架构图

结合专利导航平台的总体架构,依据各构件的职能和相互的依赖关系进行划分,可将逻辑架构分为数据源层、数据处理层、服务层和业务应用层四个部分。各层之间以数据流为驱动,密切联系,相互协作,实现专利导航平台数据的清洗、分类、加工、分析与应用,其逻辑架构如图 7.3 所示。

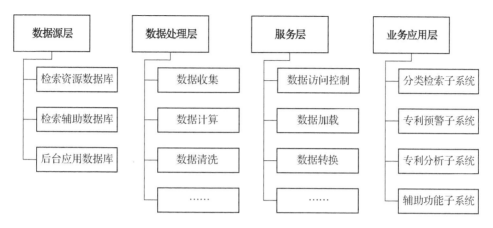

图 7.3 专利导航平台逻辑架构图

①数据源层

数据源层确定了专利导航平台所使用的全部数据范围,为导航平台的具体导航项目建设提供所有数据的支持,根据专利数据的特性划分为检索资源数据库、检索辅助数据库和后台应用数据库。检索资源数据库包括了专利导航平台中所有的著录项数据,支持着管理层、分析层和应用层中的各类功能;检索辅助数据库主要为管理层、分析层和应用层的相关功能提供支撑;后台应用数据库则用于存储平台的业务逻辑、业务流数据、用户配置参数等。

②数据处理层

数据处理层主要完成实时数据的收集、查询、计算、清洗、转换、整合、汇总等业务。通过数据处理,消除数据源层原始数据的冗余和错误,便于实现数据的统一规范化管理。

③服务层

服务层是后续业务应用层的实现支撑,其主要职能是在数据端和用户端之间提供交互服务,实现业务应用层功能,具体包括数据访问控制、数据抽取、数据转换、数据加载、数据分类、数据存储、流处理、业务规则管理等。专利导航平台的服务层主要负责对数据处理层和业务应用层之间的处理命令和请求进行上传下达,以实现人机交互功能的连通。

④业务应用层

专利导航平台的业务应用层是具体应用的实现端口,对接其下的服务层,接口设计相对易于扩展、维护和替换。该层是用户的主要交互对象,提供具有功能的所有人机交互界面,包括分类检索子系统、专利预警子系统、专利分析子系统以及辅助用户功能子系统。分类检索子系统为用户提供了如常规检索、表格检索、专家检索等检索方式,并配有筛选、分类、查询工具集。专利预警子系统帮助用户标记重点关注专利,并提供监控和预警功能。专利分析子系统提供可视化分析工具,直观展示用户检索结果。辅助用户功能子系统为用户提供检索工具、收藏夹管理、用户个性化选项等内容。

(3) 专利导航平台的功能设计

在对用户和用户需求进行了充分分析的基础上,根据专利导航平台架构和逻辑架构,结合专利导航业务的特点,可以将专利导航平台分解为分类检索子系统、专利预警子系统、专利分析子系统和辅助用户功能子系统四大部分(图 7.4)。

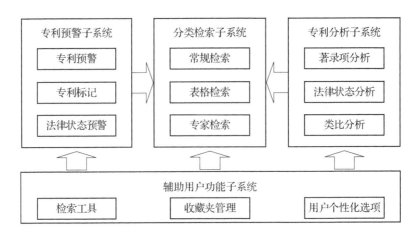

图 7.4 专利导航平台总体功能设计结构图

①分类检索子系统

分类检索子系统是专利导航平台的核心子系统,考虑到专利导航平台一般为内部使用的自建平台,在建设时通常已经预设了针对具体导航项目的分类目录,用户可直接进行目录查询和检索。此外,为了满足用户的潜在需求,兼容各类检索目的和使用习惯,专利导航平台大多会提供包括常规检索、表格检索、专家检索等检索方式,并提供历史检索式查询等功能。尽管有着各种各样的检索方式,检索功能在业务流程上均可划归为以下步骤:选择目标数据库,选择检索方法,输入检索条件或检索式,执行检索,反馈检索结果。

选择目标数据库:常规平台通常简单地按照数据来源将目标数据库划分为国内和国外(中文或外文)两种,在这一级下再根据专利文献类型划分为发明专利、实用新型专利、外观设计专利。

选择检索方法:用户根据检索目的自由选择检索方式,例如常规检索、表格检索、专家检索、法律状态检索、IPC 检索等。

输入检索条件或检索式:用户在相应检索栏目中输入待检索的内容和条件,系统根据用户选择的检索方式和输入的检索条件构造生成检索式,或者由用户在专家检索页面中直接输入完整检索式。

执行检索:系统根据检索式从数据库中拉取相应数据,返回检索结果。

反馈检索结果:系统将检索结果反馈在交互界面,用户选择查阅。

②专利预警子系统

专利预警子系统是在用户使用检索功能后,对特定的检索结果进行标记和长期记录的重要子系统,与专利分析子系统相互独立。专利预警子系统包括专利预警、专利标记、法律状态预警等功能。

③专利分析子系统

专利分析子系统是在用户使用检索功能后,对检索结果进行进一步分类和分析的重要子系统,与专利预警子系统相互独立。通过分析功能,用户可以得到经过处理的可视化呈现的检索结果。专利分析子系统可执行包括著录项分析、法律状态分析、类比分析等在内的多种分析功能。

④辅助用户功能子系统

辅助用户功能子系统为用户提供了在检索过程中可能使用到的包括 IPC 表在内的检索工具、收藏夹管理、用户个性化选项、下载等功能,满足各类用户的需要,充实导航平台功能,提高用户的使用效率和系统的便捷性。

7.3.2 案例:江苏省产业技术研究院医疗器械专利导航库

江苏省产业技术研究院是江苏省政府直属的新型研发机构,成立于 2013 年 12 月,目前已在先进材料、能源环保、信息技术、装备制造、生物医药等领域布局建设了 56 家专业研究所,与江苏省细分领域的龙头企业共建了 131 家企业联合创新中心。2016 年,江苏省产业技术研究院承担国家"面向生物医药和医疗器械行业的科技服务业试点"工作,南京工业大学作为合作单位协助其建设了全球医疗器械专利导航库(2018 年建成),为江苏省内医疗器械行业的健康长效发展提供服务。

在导航库建设之初,项目组对医疗器械行业的整体概况和国内外行业技术发展现状进行了全面梳理,深度调研了医疗器械行业的市场规模、产业环境和专利现状,从科研资源分布、技术实力对比、现有专利布局、地理区域优势和政策支持导向等方面进行了详细分析。导航库建设期间,项目组基于用户关注的技术领域,站在专利分析的宏观角度,进行申请趋势、地域分布、技术构成、研究热点和优势竞争者等检索,结合江苏省医疗器械行业的实际情况,通过查阅文献、实地走访、专家面谈等方式确定了具体的导航目录,在三级分类的基础上,增补近百个下级分类;同时,结合业内榜单和用户访谈结果确定了国内外各 20 个研发机构作为竞争预警对象,确保专利导航平台能够从医疗器械行业常规和高精尖领域两方面真正为企业和科研院所提供针对性服务①。

江苏省产业技术研究院医疗器械专利导航库紧扣用户需求,通过分析产业现状,梳理产业发展中的常见问题,结合产业创新的政策资源,利用专利与产业竞争格局的特征关系,深度融合专利信息和产业、政策、法律、经济信息等,明晰产业发展方向,找准区域定位,优化创新资源配置,切实发挥了专利导航的决策支撑作用。

(1) 用户需求分析

医疗器械行业涉及医药、机械、电子信息、生物工程材料、材料科学等众多领域,综合了各种高新技术成果,结合传统工业与生物医学工程,汇集电子信息技术和现代医学影像技术,是一个典型的多学科交叉、知识密集、资金密集型的新兴产业,具有行业壁垒高、波动小、集中度不断提升等特点。想要服务好医疗器械行业的科研机构和高新企业,必须深入调研了解用户需求,帮助科研机构和高新企业有目的性、有针对性地开展研发工作。

项目组采用问卷和实地走访两种形式开展了为期半年的调研工作。首先圈定江苏省产业技术研究院下辖涉及医疗器械行业的研究所和企业,设计通用问卷并送达各机构的研发部门,对其具体研究方向、目前关注的技术领域和竞争对手进行信息采集。通过对回收的问卷进行统计和分析,项目组初步确定了用户在仿生器官与器官芯片、生物医用材料、医学影

---

① 沈玲玲.面向产学研合作的高校图书馆信息服务工作思考[J].江苏科技信息,2020,37(27):11-13,23.

像与大数据、体外诊断、生物化工/微生物学、医用机器人领域、激光光电技术、生物传感、3D打印等技术领域的专利分析需求,以及对于罗氏、奥林巴斯、达安基因等竞争对手的专利预警需求,并基于此设计了包含9个大类、20余个小类的初版导航目录。

随后,项目组又对东南大学-南京生物材料与医疗器械研究所、工业生物技术研究所、常州先进制造技术研究所、生物医学工程技术研究所、中国科学院苏州纳米技术与纳米仿生研究所、江苏集萃智能制造技术研究所有限公司等多家机构进行了实地走访调研,收集它们对于初版导航目录的意见和建议,并在调研结果的基础上对导航目录进行了修改和细分。依照用户反馈的问题和需求,项目组重点增补了前沿领域医疗器械和生物医用材料两个大类的三级分支,最终形成了包含9个大类、近百个小类的导航目录和包括40家国内外研发机构的竞争目录,并基于此构建了全球医疗器械专利导航库。

(2) 平台架构

医疗器械专利导航库的总体架构同样依据高可用性、可管理性、可扩展性、安全性的设计原则,采用基于云平台的多层级架构体系,其逻辑架构划分为数据源层、数据处理层、服务层和业务应用层四个部分。

① 数据源层

医疗器械专利导航库的数据源基于国家知识产权出版社南京工业大学专利信息服务平台,涵盖中国、美国、日本、德国、英国、法国、瑞士、世界知识产权组织和欧洲专利公约组织(简称"七国两组织")以及俄罗斯、意大利、西班牙、非洲地区、东南亚地区等近百个国家和地区组织的专利原始信息(详细数据范围见表7.2)。

表7.2 医疗器械专利导航库的数据范围

国家和地区及组织名称	提供数据范围
中国专利	1985年9月10日至今
美国专利	1978年1月至今
日本专利	1978年1月至今
英国专利	1978年1月至今
法国专利	1978年1月至今
德国专利	1978年1月至今
瑞士专利	1978年1月至今
世界知识产权组织专利	1978年1月至今
欧洲专利公约组织专利	1978年1月至今
俄罗斯专利	1978年1月至今
非洲地区专利	1978年1月至今
奥地利专利	1978年1月至今
澳大利亚专利	1978年1月至今
意大利专利	1978年1月至今

(续表)

国家和地区及组织名称	提供数据范围
瑞典专利	1978年1月至今
加拿大专利	1978年1月至今
西班牙专利	1978年1月至今
阿拉伯专利	1978年1月至今
东南亚地区专利	1978年1月至今
其他国家和地区专利	1978年1月至今

数据库对接国家知识产权出版社，与国家知识产权局数据库同步更新。

②数据处理层

数据处理层主要是对原始数据进行加工和处理，包括数据收集、查询、计算、清洗、转换、整合、汇总、统一格式等，是对数据源层的优化管理。

③服务层

服务层支撑后续业务应用层的功能，对于数据源层和数据处理层的访问控制、数据抽取、数据转换、数据检索、数据加载、数据分类、数据存储、流处理、业务规则管理等均属于该层，该层是人机交互功能实现的主要依托。

④业务应用层

业务应用层具有多个功能模块，其中目录导航作为专利导航平台最重要也是最有特色的功能之一，在产业导航目标的实现中起着至关重要的作用。由于医疗器械行业涉及医药、机械、电子信息、生物工程材料、材料科学等众多领域，综合了大量高新技术和成果，有着相对宽泛的技术边界。为确保专利导航平台能够根据江苏省医疗器械行业的实际情况为企业和科研院所提供有针对性的高效优质服务，项目组对医疗器械行业的整体概况和技术现状进行了全面调研，从科研资源分布、技术实力对比、现有专利布局、地理区域优势和政策支持导向等方面进行了详细分析和初步分类后，继而通过查阅文献、实地走访、专家面谈等方式确定了具体的三级导航目录和近百个下级分类，并根据用户需求，结合业内榜单和访谈结果确定了国内外各20个研发机构作为竞争预警对象。完成分类后，项目组对每一级分类的产品和技术梳理出关键词，辅以IPC号构建具体检索式，最终建成导航目录。

同时，医疗器械专利导航库围绕导航目录，建设了分类检索子系统、专利预警子系统、专利分析子系统。分类检索子系统允许用户对导航目录范围以外的全部后台数据进行多种方式的检索，专利预警子系统和专利分析子系统则允许用户在导航目录范围内进行具体专利的标引、预警、分析等。

(3) 功能设计

项目组在对用户和用户需求进行了充分分析的基础上，结合平台架构和逻辑架构，设计了简洁明快、用户友好的界面，同时将导航目录、系统功能区、结果展示区三个功能模块嵌入其中。

医疗器械专利导航库主页为江苏省产业研究院内网登录入口,如图 7.5 所示。

图 7.5　江苏省产业技术研究院医疗器械专利导航库主页

输入用户名和密码后,页面会自动跳转至导航库标签页,点击进入后加载使用界面。使用界面主要分为三个区域,左侧为内嵌检索系统的导航目录,包括技术导航模块和研究机构导航模块,右侧顶端为系统功能区,包括专利预警子系统、专利分析子系统和辅助用户功能子系统,其他区域为结果展示区(图 7.6)。

图 7.6　江苏省产业技术研究院医疗器械专利导航库使用界面

①导航目录

导航目录是医疗器械专利导航库的核心功能之一,也是项目组建设初期的主要工作内容。项目组将导航目录分为技术导航部分和研究机构导航部分,其中技术导航部分基于江苏省产业技术研究院关注的技术领域,就专利分析的宏观角度,进行申请趋势、地域分布、技术构成、研究热点和优势竞争者等检索,结合江苏省医疗器械行业的实际情况,初步确定将医疗器械划分为前沿领域医疗器械、生物医用材料以及常规医疗器械三个大类(图 7.7)。前沿领域医疗器械包括分子影像技术与设备、分子诊断与生物传感、医用机器人三大类;生物医用材料包括生物医用高分子材料、生物医用金属材料、生物医用陶瓷材料、生物医用纳米材料、生物医用复合材料、生物医用可降解材料、3D 打印生物医用材料、生物医用液晶材料八大类;常规医疗器械涉及常规临床医疗器械,医用光、声、核物理治疗器械,临床检验、诊察及监护器械,医用康复器械,中医器械和医用软件六大类。

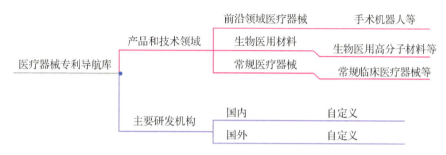

图 7.7　医疗器械专利导航库三级目录树

研究机构导航部分则是结合业内榜单和访谈结果确定了国内外各 20 个研发机构作为竞争预警对象,包括医疗器械领域国内外知名的龙头企业如强生、罗氏、华大基因等,用户可点击具体目录进入并浏览该分类下全部专利。为便于检索操作,导航库默认将输出结果以中文专利和外文专利分别展示,点击分类名称前的"中""英"标签即可实时切换结果显示。

②检索子系统

医疗器械专利导航库除了自带检索系统的导航目录以外还设有独立的检索页面,提供语义检索、表格检索、逻辑检索、法律状态检索、IPC 分类检索、专家检索,对于检索结果可进行辅助的二次检索、过滤检索、同义词检索。检索结果列表每页显示数量为 10 个。检索结果排序方式可以在检索结果显示页面上进行多种选择,检索结果列表信息显示范围可以调整。具体的中国和外国专利文摘信息可以直接打印输出,也可以直接导出为纯文本格式,同时系统提供历史检索表达式的保存和检索记录历史功能。

③系统功能区

系统功能区提供收藏、著录项下载、tiff 图下载、代码化下载、著录项批量下载、专利分析、专利预警、法律状态预警、专利类型筛选、法律状态筛选、结果排序等功能,用户可根据需要选择部分或全部专利,导入专利分析子系统进行实时专利分析。专利分析子系统能够将所选专利数据转换为直方图、折线图、饼图等进行直观可视化展现,并具有导出图片表格功能。

④结果展示区

结果展示区默认按公开日降序排序检索结果,直接展示专利的名称、摘要、类型、法律状态、部分著录项等信息,并提供附图。点击专利名称可进入专利详情页面,中文专利详细内容包括标题、著录项、摘要、摘要附图、主权项、权利要求书、说明书、说明书附图、法律状态、同族专利和专利引证数据,外文专利详细内容包括标题、著录项、摘要、摘要附图、说明书链接和同族专利。

该平台在上线后得到了用户的一致好评,为服务企业创新、引导产业发展、促进创新成果转移转化提供了可能。

7.4 创新管理平台:给决策者的白皮书

知识产权创新管理是包含知识产权创新战略制定、制度设计、流程监控、运用实施、人员培训、创新整合等一系列管理行为的系统工程,贯穿于知识产权创造、保护和运用的各个环节。创新管理主要有两方面的任务:一是服务研发工作,分析现有知识产权信息,对未来技术发展方向做出预测,避免盲目立项和重复研发,提升技术起点,缩短开发周期,节省开发费用,规避和防范侵权风险,保护研发中的创新成果;二是评价研发成果,寻找高价值专利进行深入研究和转化。因此,知识产权创新管理平台有类似权威官方发表的白皮书,用完整的流程、清晰的数据向机构管理人员展示创新成果和价值,成为高层决策者的重要参考。

出于此类服务平台的自由度和多样性考虑,目前国内对于管理科学和技术创新的服务平台的名称、定义和创建方法尚无共同的理解和主张。周康等[①]认为,创新管理平台可分为产品研发和售后服务两大类,根据其资源优势和服务目标,可分为科学技术研发平台、技术创新研究平台、创新服务技术平台、技术服务公共平台四种基本技术平台,结合平台服务的共享性能,可分为综合功能平台和分类功能平台等。本书将知识产权创新管理平台定义为面向企事业单位、高校、科研院所,基于计算机技术、大数据技术和网络技术,汇集创新成果统计、创新成果评价、知识产权运营和实施、战略决策等功能,围绕知识产权全生命周期的信息化综合服务系统。

7.4.1 创新管理平台的架构与功能设计

(1) 创新管理平台的用户与需求分析

作为研发产生的创新成果,知识产权不仅具有重要的经济价值和战略意义,也是评价研究价值和创新能力的重要指标,影响着研发秩序、资源分配和整个行业的健康发展。而知识产权从研发到产出的全生命周期都离不开管理过程,因此创新管理平台的用户是创造主体,包括研发人员、管理人员和一般企业(单位)员工。随着创新驱动发展战略的实施,无论是企业还是科研机构都对知识产权有了越来越高的重视,创新管理平台的用户一方面需要对知识产权的产出过程进行管控,另一方面也需要在对知识产权进行统计分析的基础上,梳理和

---

① 周康,杨芳,李媛媛.供给侧改革背景下吉林省科技创新管理服务平台的建设[J].中国管理信息化,2019,22(21):157-159.

筛选自身的高水平、高价值专利,有针对性地给予后续深入研究和产出扶持。

知识产权创新管理平台的具体用户需求主要取决于其所在主体选择的知识产权战略。对于企业主体来说,知识产权的主导战略主要可以归纳为维系竞争优势和创造竞争优势,且两者随技术发展阶段的变化和竞争重点的转移可以互相转化。

选择维系竞争优势战略的企业相对而言更加注重企业在产业环境中的位置,力求扩张技术保护范围,构建知识产权防护壁,延续自身相对于产业内其他企业的竞争优势,此时创新管理更多的是服务于管理人员,体现管理和评价需求,针对企业现有的知识产权提出合理的布局方案,通过横向对比产业内的其他龙头企业,有取舍地根据研发项目的创新性和预期收益进行资源分配,稳固自己的竞争优势。

选择创造竞争优势战略的企业则注重培育其他企业难以模仿的内部资源,通过寻找技术创新点,突破现有的行业瓶颈,抓住新的发展机遇。此时创新管理的用户主要是对知识产权有一定了解的技术人员,需求倾向于知识产权信息的深度挖掘,需要从技术角度分析和梳理现有知识产权,挖掘新的发展点。

对于高校或科研院所来说,知识产权的战略目标是实现成果的转移转化,因此创新管理平台同时服务于创新链条上的科研管理人员、知识产权服务人员和技术研发人员,相对来说泛用性更高,大部分同时包含了知识产权信息服务和知识产权管理服务。一些创新管理平台还加入了糅合机器群体智能和专家群体智慧的人机协同智能模式,以补全创新管理平台的知识发现功能。对于这一类创新主体来说,知识产权管理平台是创新决策的重要催化剂,管理部门能够通过它准确掌握本单位的知识产权全景,科学管理现有知识产权成果,合理利用知识产权创造价值,同时为行业带来新的发展切入点。

(2) 创新管理平台的架构

创新管理平台的基本架构基于知识产权管理过程构建①,包括五个层次:数据层、技术支持层、发现层、服务层和用户层。创新管理平台基本架构如图7.8所示。

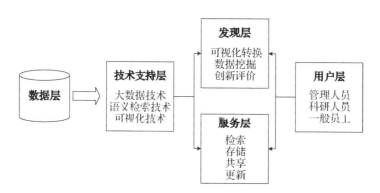

图7.8 创新管理平台基本架构图

①数据层

数据层划定了创新管理平台的数据范围,处于最底层,为技术支持层、发现层、服务层和

---

① 郭亚军,寿菲菲."互联网+"背景下航空工业企业技术创新知识管理平台架构与技术[J].经济研究导刊,2018(21):16-18.

用户层提供全部的数据支持。创新管理平台的数据层与其他平台有着比较明显的差异,不同于其他平台数据的多而泛,创新管理平台的数据范围往往是小而精,优先整合机构自身的知识产权数据,重点标引关键技术和发明人等信息,数据本身的质量和精准度都较高。也有少量创新管理平台会集成或内嵌国内外知识产权信息的检索系统,此时数据层会与导航平台较为类似。

②技术支持层

技术支持层通过糅合大数据、语义检索、可视化等技术将数据层、发现层以及服务层的供需进行对接,为知识产权信息的存储与管理提供解决方案。对于技术人员来说,技术支持层提供的大数据技术和语义检索功能能够有效地抓取技术创新点,挖掘核心技术,分析数据库中的各类技术文档的使用价值,预测后续研发效果。而对那些对技术细节了解不多的管理人员而言,可视化技术方便他们通过图表直观了解技术现状,做出评估结论。

③发现层

发现层主要是从数据层的知识产权相关信息中提取出隐含的、事先未知的、存在潜在效用并能被人理解的模式的特定过程,一方面能够帮助技术人员从知识产权信息中寻求问题的解决办法,另一方面也帮助管理人员基于现有的知识产权信息对项目或成果进行评估。

④服务层

服务层主要用于实现对知识产权创新成果进行管理的过程,常见的包括过程式管理和结果式管理两种,一般企业用户较常使用两者结合的手段,而科研机构和高校用户较多使用后者。过程式管理跟随研发进程,从研发概念起始阶段建立知识产权档案,根据研发过程的推进不断补充新的数据,直到形成知识产权成果为止,此后进入结果式管理。结果式管理主要是对已有的知识产权成果集中归纳,进行基于机构主体的统计、分析和评估。创新管理平台的服务层通过对底层知识产权数据进行数据转换、分类、存储、集成来实现管理功能,并反馈到用户层完成人机交互。

⑤用户层

用户层主要承担着用户和系统之间的通信功能,根据不同的用户需求设计,自由度非常高。创新管理平台的主要用户包括管理人员和科研人员,也可能会包括普通的企业员工。根据不同的需求,创新管理平台提供的信息展示、命令语言和反馈机制也不尽相同。

(3)创新管理平台的功能设计

创新管理平台的功能设计不同于专利导航平台,主要根据用户个性化需求定制,没有必须达到的设计要求。创新管理平台的功能主要包括以下三类。

①信息展示与发布功能

信息的展示与发布是所有创新管理平台都会包括的功能,也是最基本的功能之一,通常根据用户人群的不同进行选择性展示。对于一般性企业员工用户,发布的主要是与其工作相关、权限匹配的项目信息和少量技术信息;对于研发人员,发布的主要是项目的详细信息和核心技术;对于管理人员,发布的主要是数据图标、评估信息以及知识产权资产信息。信息的交流方式与保密性根据行业和企业单位自身的性质有所区分。

②评估与创新发现功能

该功能主要面向平台的核心用户即研发人员和管理人员,在信息展示的基础上集成现有数据信息,经过一定的逻辑加工后进行二次发布以实现评估和创新发现的目的。数据加工的方式根据用户需求自行选择,相对来说具有较高的自由度。

③交易与成果转化功能

与该功能相关的知识产权主要是专利和商标,将有价值但暂时无法直接转化的专利和商标等通过创新管理平台进行展示和公开能够帮助用户拓宽转化渠道,促进知识产权系统运营。但该功能需要同外网进行交互,存在一定的信息泄密风险,大部分企业创新管理平台并不具备该种功能。

除此之外部分平台还具有档案记录、数据存储、项目管理等功能,一些单位或企业的创新管理平台与 OA 系统对接或直接嵌入,具有较强的泛用性。

7.4.2 案例:高校专利竞争力分析平台

2015—2020 年间,南京工业大学图书馆连续承接江苏省高等学校数字图书馆(JALIS)"下一代图书馆服务平台——专利竞争力分析平台(科技创新影响力)"一期、二期项目,建成了在全省乃至全国范围内对高校的创新实力进行量化评估的推广服务平台。2020 年,该平台在 219 个信息服务案例中脱颖而出,作为知识产权信息服务平台化运行的典范,成为全国知识产权信息服务中 5 个高校国家知识产权信息服务中心优秀案例之一。

作为知识产权信息服务数字化平台助力高校科研管理决策的典型,高校专利竞争力分析平台以国家知识产权局公开的中国高校专利信息数据为数据源,从申请机构、年代、数量、专利技术领域等角度,对发明专利、实用新型专利和外观设计专利等不同类型专利进行总体分析,并在此基础上对比各个高校在专利方面的竞争力,让高校科研管理和决策部门通过该平台能够了解掌握本校的总体创新能力水平、科技成果转移转化水平和科研运营能力,实现对现有知识产权尤其是专利的量化评估,全面提升本校的科技创新管理能力,为科技创新工作提供有力保障。该平台已与江苏省高等学校数字图书馆(JALIS)门户平台对接,在江苏省高校图书馆推广使用。

(1) 用户需求分析

在平台建设之始,南京工业大学高校国家知识产权信息服务中心围绕江苏省内用户的需求,采用访谈和问卷的形式进行了调研,调研对象主要是省内知名高校的专利信息服务部门和管理部门。结果表明专利信息服务部门趋向于平台具备数据管理、分析检索、可视化等功能,而管理部门除了对高校自身的创新能力有评估需求以外,还希望了解本校在全省乃至全国同类高校中的发展状况和现有水平,以帮助本校制定符合自身实际情况的激励政策和创新战略。

(2) 平台架构

基于用户需求,高校专利竞争力分析平台的设计集专利数据库、检索平台、可视化分析工具、专利报告于一体，是一个综合性的创新管理平台，具有开放式、便捷性、时效性、安全性、稳定性的特点。高校专利竞争力分析平台基本架构如图7.9所示。

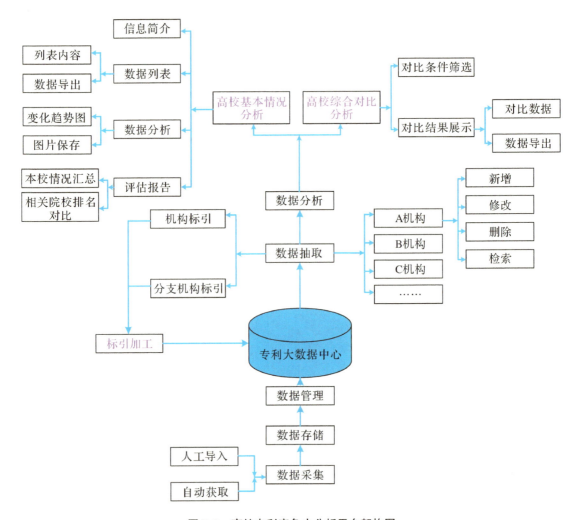

图7.9　高校专利竞争力分析平台架构图

①数据层

高校专利竞争力分析平台数据来源于国家知识产权出版社，采用远程自助服务模式，后台批量导入专利信息数据，并存储于数据仓库，通过数据标引加工系统和程序标注索引对数据进行有效管理，形成专利大数据中心。

②技术支持层

技术支持层在专利大数据中心原始数据的基础上进行数据抽取，对著录项等信息进行了详细的标引加工，通过机构现用名和曾用名标引、分支机构标引，在后台的大数据中心对专利的申请人进行标签化，归类到具体高校子库，并在子库中实现数据检索、新增、删除、修改等功能。

③服务层

后台对抽取数据进行清洗后，服务层根据筛选条件对有效数据进行分析，包括高校基本情况分析、高校综合对比分析,形成网页可视化窗口和专利竞争力评估报告,从专利角度科学评估各个高校的科技创新影响力。

④用户层

用户层采用网页设计,将检索平台和分析平台集成在网页页面上,通过可视化方式向用户直观展示高校的创新管理成果。

(3) 平台功能设计

平台功能设计基于对全国高校专利现状进行的深度调研,对高校的发明、实用新型和外观设计专利的评价指标进行了总结和对比,从申请机构、年代、数量、专利技术领域、发明专利占比、技术关键词、PCT 数量、专利引证情况等角度进行多层次可视化分析,展示高校在专利方面的科技创新影响力。

为方便用户操作和使用,平台设计和构建了两大功能模块,即检索平台和分析平台。检索平台以国家知识产权局公开的高校专利信息数据为数据源,对全国高校名称进行了加工标引,允许用户进行方式多样的检索;分析平台以本校产出的专利文献为研究对象,通过对专利信息的深度加工和挖掘,进行专利申请、授权态势、专利类型等方面的分析,内容包括当前学校的专利拥有量、专利引证评价、创新优势学科、活跃学科发明人、技术关键词、PCT 申请等,并可与相关高校进行对标,分析纵横向发展趋势,生成动态专利竞争力评估报告(图 7.10)。

①检索模块

检索模块包括后台数据库和检索界面,现有超过 200 万条全国高校专利数据。平台利用大数据技术,通过计算机和人工标引对专利

图 7.10 高校专利竞争力分析平台功能设计图

信息进行深度加工和挖掘,将专利数据中出现的机构、分支机构的所有名称(包括曾用名)分别与该机构、分支机构标准中文名称建立映射关系,在系统中做好管理归类,并进入专利大数据中心,提高用户检索或分析统计某机构专利时的查准率和查全率。用户可通过简单检索、高级检索、分类号检索、表达式检索、批量检索等多种方式,结合专利类型、申请人、国家、申请日、法律状态等著录项对专利进行检索和筛选(图 7.11)。

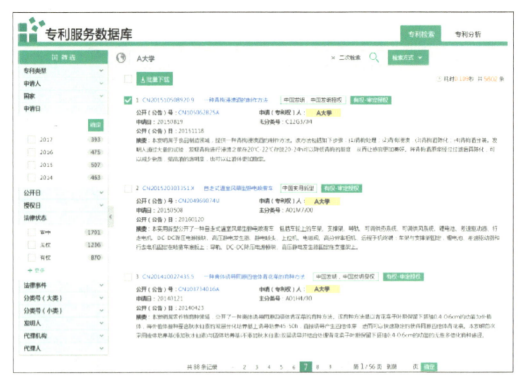

图 7.11 专利竞争力分析平台检索界面

②分析模块

分析模块首页为高校入口界面,通过对专利信息的深度加工和挖掘,以可视化图标的方式将本校专利的总体情况、授权情况、合作情况、技术分布和主要发明人直接呈现给用户,让科研管理人员能够清晰、准确地掌握本校专利竞争力的具体情况(图 7.12)。

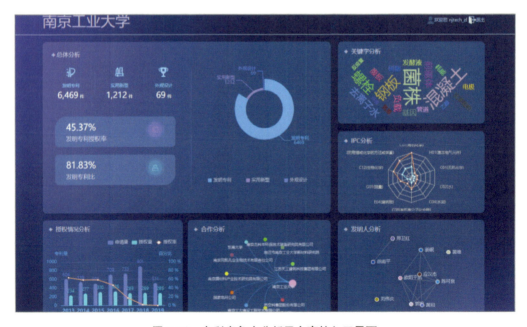

图 7.12 专利竞争力分析平台高校入口界面

目前平台可对用户所在高校的专利数量与类型、专利申请、授权态势、专利运营情况、专利技术分布、专利发明人、专利引用情况等方面进行分析和可视化展示,具体分析功能如下:

总体分析:展示了用户高校的专利总体情况分析,包括发明专利、实用新型专利、外观设计专利的申请情况、法律状态、授权情况以及运营情况的概况,无需重复检索,方便用户高校一览本校专利全貌,体现本校的创新能力和科技实力,实时了解本校专利资源情况和创新能力水平(图7.13)。

图7.13 专利竞争力分析平台总体分析界面

授权情况分析:以折线直方图形式综合展示用户高校的发明专利授权状况,包括发明专利申请及授权年度趋势分析、发明专利授权率年度趋势分析以及发明专利存续期统计,可根据需求自定义时间段,能够体现本校创新能力的总体变化趋势,掌握本校的创新发展总体态势,了解本校成果产出情况(图7.14)。

图7.14 专利竞争力分析平台授权分析界面

运营情况分析:以折线直方图形式综合展示用户高校的发明专利运营状况,包括发明专利授权及实施年度趋势分析、发明专利实施率年度趋势分析以及实施专利合作情况分析,可根据需求自定义时间段,能够体现本校的创新效率和对创新能力的重视程度,直观反映本校科技成果转移转化水平和科研运营能力(图 7.15)。

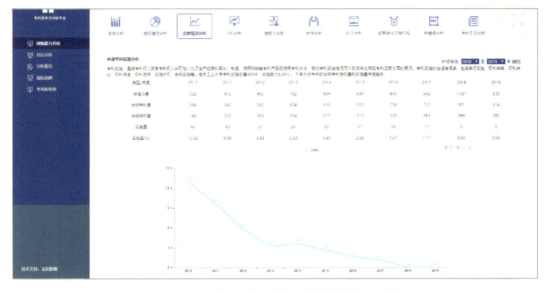

图 7.15　专利竞争力分析平台运营情况分析界面

IPC 分析:以雷达图和列表形式展示用户高校的热门技术领域 IPC 分析,提供 IPC 导航和包括申请、授权、授权率等数据在内的 IPC 大类统计,能够体现本校的优势学科分布和活跃创新领域,帮助科研管理人员发掘本校创新优势学科以及成果转化重点挖掘领域(图 7.16)。

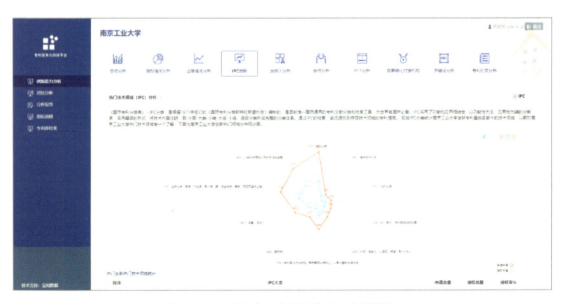

图 7.16　专利竞争力分析平台 IPC 分析界面

发明人分析:以表格和社会关系网络图直观展示用户高校的活跃专利发明人及创新团队状况,提供发明人关系图和发明人的专利申请、授权、实施状况统计,能够体现本校较为活跃的发明人和创新团队及其创新能力,帮助科研管理人员发掘本校的创新型科技人才以及成果转化优秀带头人和课题组(图7.17)。

图7.17　专利竞争力分析平台发明人分析界面

合作分析:从专利申请和实施的合作情况出发,展示用户高校的专利对外合作状况,提供对外合作机构的专利申请、授权、授权率统计,能够体现本校创新合作伙伴及其创新水平和科技实力,了解本校以成果转化为导向的创新能力水平(图7.18)。

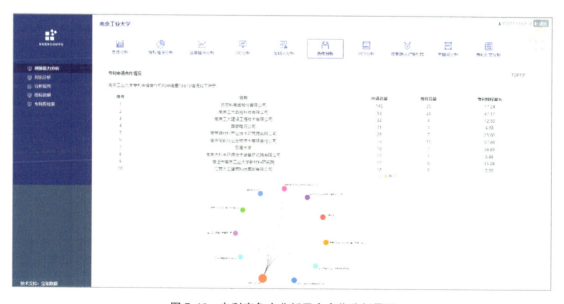

图7.18　专利竞争力分析平台合作分析界面

PCT 分析:以条形图和饼图的形式展示本校的 PCT 申请情况和进入国家阶段情况,聚焦高价值专利,多角度提供全生命周期的知识产权保护,推动高价值专利的转移转化(图 7.19)。

图 7.19　专利竞争力分析平台 PCT 分析界面

成果转化对接机构:从 IPC 和关键词角度推荐该领域的成熟研发机构,为成果转化提供下游目标,关注专利全生命周期,打通从研发到生产的转化途径(图 7.20)。

图 7.20　专利竞争力分析平台成果转化对接机构分析界面

关键词分析:从关键词角度出发,以表格和词云形式可视化呈现本校的优势学科和研究热点,挖掘本校的专利研发链,为重点学科的创新发展提供数据支撑(图 7.21)。

图 7.21　专利竞争力分析平台关键词分析界面

专利引文分析：专利引文分析界面上提供机构被引统计、被引年度趋势图、技术被引分析、高被引发明人、高被引专利等内容，为高校科研管理部门挖掘本校的高被引、高价值专利提供信息（图 7.22）。

图 7.22　专利竞争力分析平台专利引文分析界面

为帮助用户了解对标高校情况，寻找差距，专利竞争力分析平台设置了竞争力对比模块，用户可根据地域、学校类型、学校级别等分类方式，选择比对目标高校，后台筛选数据后与本校进行多方位比对。对比模块包括以下四个项目。

创新活跃度：从专利申请、授权情况等方面对比所选高校和本校的总体创新能力，提供专利申请、授权总量以及申请年度变化趋势的统计，可根据需求自定义时间段，提供 IPC 覆盖率的对比分析，展示不同高校间的创新活跃度、创新能力、创新氛围、创新学科间的差异，客观评估本校的创新环境(图7.23)。

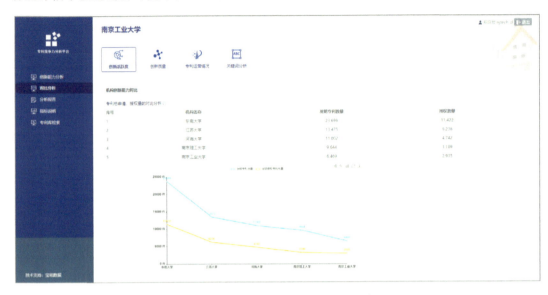

图7.23 专利竞争力分析平台创新活跃度对比界面

创新质量：提供发明专利比、授权率、授权率年度趋势以及有效率的统计，可根据需求自定义时间段，方便对比所选高校和本校的创新质量和创新效率，客观评估本校的创新能力水平(图7.24)。

图7.24 专利竞争力分析平台创新质量对比界面

专利运营情况：以专利实施和存续情况反映本校和对标院校的知识产权运营能力和科技成果转移转化水平，提供专利实施数量、实施率以及存续率统计，客观评估本校的创新成果和创新效率(图7.25)。

图 7.25　专利竞争力分析平台专利运营情况对比界面

关键词对比：从关键词角度出发，可视化呈现本校与对标院校的优势学科和研究重点，挖掘本校热点专利研发链，为走差异化创新发展路线提供数据支撑（图 7.26）。

图 7.26　专利竞争力分析平台关键词对比分析界面

在前两个重要功能模块的基础上，平台还附带报告功能，可以基于本校数据，一键生成专利全景白皮书，全方位多角度展示本校创新发展和成果转化概况，减少重复劳动，为本校创新建设提供数据支持。高校专利竞争力分析平台通过提供基础数据和分析结果，帮助高校从专利角度掌握自身的科技创新能力，帮助学校师生更有效地进行技术创新和专利授权，实现了对高校的专利创新竞争力绩效评定和量化分析，为学校制定科研管理政策和提高科研水平提供情报信息和参考依据。

7.5 综合服务平台:创新萌芽的培养基

知识产权综合服务平台是为公众提供知识产权相关服务和交流渠道的信息平台,具有高度集成化的基本特点。由于其涵盖知识产权申请、管理、查询、评估、交易、投融资、维权、培训等多种内容的服务,且服务对象范围大、覆盖面广,涉及的知识产权种类丰富,惠及诸多独立创作者和小微企业,对于国家创新战略的全面实施具有巨大的推动作用,可以说是全民创新萌芽的培养基和催化剂。目前我国的知识产权公共服务还处于早期发展阶段,如何探索构建科技资源共享的利益传导机制,在全社会形成资源共享、共同受益的局面,提高科技资源的配置效率等,是我国知识产权综合服务平台亟须解决的核心问题[①]。

7.5.1 综合服务平台的架构与功能设计

(1) 综合服务平台的用户与需求分析

综合服务平台与其他几种平台最大的区别在于服务对象。不同于面向知识产权从业者的专利导航平台以及面向管理者和研发人员的创新管理平台,综合服务平台的主要用户是普通大众,提供的是无差别基础性公共信息服务,包括知识产权相关的政策文件、法律法规、信息获取、咨询服务、维权培训等内容。从平台的建设角度来看,此类平台的个性化程度和专业性要求都不高,主要提供一些基于网络的自助信息服务。因为用户的数量和覆盖面远超其他平台,不可能针对每一个用户的需求进行平台设计,建设者更应该关注服务的可获得性、全面性、准确性、时效性、交互性、无障碍性等普适需求。

以投入运行的国家知识产权公共服务网为例,平台体系建设以系统化、模块化、智能化为核心,提供商标、专利、地理标志、集成电路布图设计等业务的网上办理,与各部委数据实现互联共享,与各地信息公共服务平台互联共享,提供数据开放、查询检索、研究分析等各类基础服务。除了信息检索功能外,平台还提供政务服务功能,对接国家统一政务服务平台和国家"互联网+监管"系统,实现政务服务的智能化。

除了国家平台,地方各级政府和知识产权局也建设了许多各具特色的知识产权公共服务平台。地方平台主要是从本地用户的需求出发,为中小企业提供专利申请代理、专利信息检索、专利权质押贷款、专利分析与预警、专利战略制定等相关服务,力图打通知识产权运营服务全链条,构筑知识产权综合服务完整闭环。

---

① 孙明贵. 借鉴国际经验发展我国知识产权公共服务平台的思考[J]. 企业经济,2018,37(10):5-10,2.

（2）综合服务平台的架构

知识产权综合服务平台系统架构可采用基于云平台多层级架构体系，从多终端支持、数据库管理到目标服务及数据交换体系进行统一部署，搭载专利检索分析、专利交易转化、专利维权保护、专利培训宣传等多种应用组件[①]。知识产权综合服务平台架构图如图7.27所示。

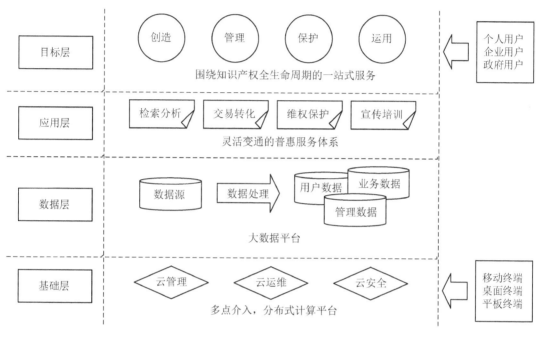

图7.27 知识产权综合服务平台架构图

①基础层

基础层在平台开发早期即已完成，知识产权综合服务平台利用目前常见的分布式计算云平台设计，采用多点接入方式，针对多种终端开发构建统一的应用集成系统，整合平台的各类系统服务，实现数据云管理、交互云运维和系统云安全。

②数据层

数据层是知识产权综合服务平台的核心，也是平台建设的基础部分，是其他服务系统功能实现的依赖。结合综合服务平台的用户需求，数据层的数据库应当包括：知识产权基本数据库，包含如全球专利、商标、版权等数据资源；符合地方特色的专题数据库，如对现有专利、商标、版权的数据进行分类后建设的战略性产业专题数据库；政务信息数据库，如提供政务服务信息的政务公开系统；知识产权法律数据库，如涉诉案例库、企业信用库、举报投诉信息库、证据信息库等；成果转化数据库，如知识产权信息的展示和交易数据库；专家智库；知识产权项目信息库等。

---

① 艾娜. 杨凌农业知识产权公共服务平台的设计与实现[D]. 成都：电子科技大学，2019.

③应用层

在系统的最外层,提供用户交互业务服务,包括检索分析子系统、交易转化子系统、维权保护子系统等,具体应用功能可根据地方经济特色决定。检索分析子系统应当能够向用户提供基础的专利检索分析功能,以及专利相关信息的多功能工具集。交易转化子系统应当能够向用户提供具有交易融资功能的托管平台,并保障买卖双方的金融安全。维权保护子系统应当能够让用户对现有知识产权法律法规和诉讼案例进行查询,提供包括法律援助在内的人工线下服务。

(3) 综合服务平台的功能设计

综合服务平台主要以社会公众和创新创业主体需求为导向,提供便利化、高质量的知识产权信息公共服务,因此其功能主要是在信息功能上聚焦基础数据免费或者低成本开放共享,聚焦基本检索分析工具免费或者低成本供给,聚焦知识产权信息公共服务主干网络、重要节点和专业机构建设。综合服务平台的功能设计可以根据主导地方经济发展的特色产业进行规划选择,形成对产业集群内的中小微企业的重点帮扶,基本功能主要应当包括以下三种。

①信息服务功能

信息服务功能是综合服务平台最基础的功能之一,即为用户提供免费或低价的知识产权信息检索和分析工具,允许用户自建技术/产品数据库,具体服务项目包括知识产权咨询、预警、分析、培训等免费或收费服务(表7.3)。

表7.3 综合服务平台信息服务功能展示

知识产权咨询服务	知识产权预警服务	知识产权分析服务	知识产权培训服务
知识产权保护咨询	自建行业专题数据库	导航库建设	知识产权技能培训
查新检索	知识产权状态监测	产业发展动态监测	业务托管服务
著录项检索	侵权纠纷规避	知识产权法律援助	……
法律法规咨询	……	海外侵权分析	
侵权检索		……	
……			

②知识产权投融资功能

2015—2018年,国家陆续发布一系列文件,要求加快促进知识产权与金融资源融合,通过发行债券、资产证券化、以专利许可收益权进行质押融资等,更好地发挥知识产权对经济发展的支撑作用,为市场主体提供多样化的知识产权金融服务。综合服务平台可以通过集中政策投资、民间资本投资或风险投资等不同投资机构,提供知识产权产业化的融资服务,有助于高价值专利实施。

③其他功能

综合服务平台的其他功能包括:中介服务功能,平台可作为中介服务机构的服务载体,为知识产权市场的交易行为做监督和担保;专利储备功能,平台可作为对收储、托管专利进行动态管理和运营的载体;托管服务功能,平台可包括网上交易平台、专利价值分析辅助平台和知识产权运营管理平台,帮助用户对知识产权潜在经济价值进行简单判断;培训服务功能,平台可针对不同用户人群,提供在线或线下的知识产权科普或深层次教育培训服务。

7.5.2 案例:国家知识产权公共服务网

(1) 平台概况

随着公众知识产权意识的不断增强、对知识产权公共服务的需求日益增长,国家知识产权局公共服务司建设了国家知识产权公共服务网[1],于 2020 年投入试运行,向公众提供便捷、高效的知识产权公共服务(图 7.28)。

图 7.28 国家知识产权公共服务网主页[1]

国家知识产权公共服务网具有集成度高、针对性强、一体化程度高、地方特色鲜明等特点。平台实现了专利、商标、地理标志、集成电路布图设计的申请、缴费、检索查询、数据下载等一站式服务,融合了知识产权公共服务资源,聚焦公众及创新创业主体的关注热点,针对用户定制个性化配置。此外,平台还提供近千家全国知识产权公共服务网点一体化可视化查询,并配套了高效便捷的地图式导航。为了更好地融入下层服务地方,平台接入了 27 个省、直辖市和自治区的地方端,结合各地原有的公共服务基础提供具有地方特色的多层次信息服务。

---

[1] 国家知识产权公共服务网[EB/OL].[2021-01-29]. http://ggfw.cnipa.gov.cn:8010/PatentCMS_Center/?ivk_sa=1024320u.

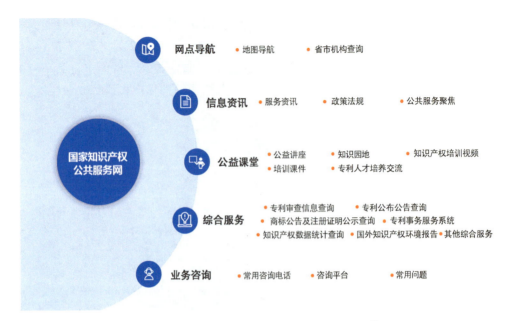

图 7.29 国家知识产权公共服务网主体架构图[①]

(2) 主要功能介绍

国家知识产权公共服务网提供在线服务，另有网点导航、信息资讯、公益课堂、综合服务、业务咨询和意见反馈等多个模块，其中在线服务作为主打项目，提供检索查询、数据下载、注册申请、缴费服务、代理查询、维权保护、加快审查和文献服务等多项业务。

①检索查询业务。检索查询业务可进行专利信息的检索和基础分析，以及商标注册申请信息查询及地理标志相关内容检索。平台提供专利检索及分析系统、国家重点产业专利信息服务平台、商标查询系统和地理标志产品检索系统四个检索系统。专利检索及分析系统依托丰富的数据资源，向公众提供了简单、方便、快捷的专利检索与分析功能，提供包括高级检索、导航检索等多种检索模式，以及分析功能和多种工具，用户注册后即可直接登录访问；国家重点产业专利信息服务平台是为国务院十大重点产业提供公益性专利信息服务的集成化专题数据库系统，在内容上涵盖有关技术创新重点领域的国内外数十个国家的专利文献信息，在功能上针对科技研发人员和管理人员，具备一般检索、分类导航检索、数据统计分析、机器翻译等多种功能；商标查询系统为社会公众提供商标注册申请信息查询，其中包含商标近似查询、商标综合查询、商标状态查询、商标公告查询、错误信息反馈、商品/服务项目查询等栏目，用户通过商标查询可提高商标注册的通过率，避免与他人已申请的商标构成近似；地理标志产品检索系统提供用户检索与地理标志相关内容的功能，例如查看有关地理标志的通知公告、法律法规，查看申请受理进度的入口平台，查看国际互认互保以及一些检索查询的入口。

②数据下载业务。数据下载业务提供国内和国外主要数据服务网站入口，可进行国内外专利数据的批量下载。平台提供了专利数据服务试验系统、专利数据资源管理系统和商

---

① 国家知识产权公共服务网[EB/OL].[2021-01-29]. http://ggfw.cnipa.gov.cn:8010/PatentCMS_Center/? ivk_sa=1024320u.

标网上服务系统三个数据服务站以及包括美国专利商标局、欧洲专利局、日本特许情报机构（Japan Patent Information Organization，JAPIO）、韩国专利信息研究院（Korea Institue of Patent Information，KIPI）等在内的国外主要数据服务网站入口。专利数据服务试验系统能够提供国内外专利基础数据和更新数据的FTP下载服务，目前主要包括中国、美国、欧洲、日本和韩国等国家和地区的各类专利基础数据资源共计34种，用户可以自行注册并选择资源，与数据管理部门签署协议后即可获得30个自然日的试验数据服务。专利数据资源管理系统主要是面向各地知识产权局提供统一的专利数据资源下载平台，不对个人用户开放。商标网上服务系统依托于中国商标网，用户可以注册并登录该网站进行商标数据的批量下载。

③注册申请业务。注册申请业务提供专利申请、商标注册、地理标志申请、集成电路布图设计申请的导航，在给出中国专利电子申请网、PCT电子申请网、商标网上服务系统、地理标志申请网、集成电路布图设计电子申请平台网站链接的同时提供包括办事指南、审批流程、相关事项说明在内的指南或文件文本，方便用户了解和查询申请流程中的相关事宜。

④缴费服务。缴费业务提供专利电子申请网上缴费系统、专利缴费信息网上补充及管理系统以及商标网上服务系统的导航，根据用户的具体需求可分别登录中国专利电子申请网、专利缴费信息网上的补充及管理系统和中国商标网完成缴费相关事项。

⑤代理查询业务。代理查询业务可通过专利代理管理系统和商标备案代理机构查询系统查询代理机构和代理师相关信息，同时提供专利代理师资格考试系统报名入口。专利代理管理系统为专利申请人/专利权人提供权威、实时、免费的与专利代理相关的事务查询功能，其中包含专利代理机构查询、专利代理师查询、年度报告公示查询、经营异常名单公示查询、严重违法名单公示查询，其中涉及代理业务的办理需要用户注册并登录才能使用此服务。商标备案代理机构查询系统提供商标申请代理机构相关信息的查询功能，其中包含备案代理机构名单（不含律所）、备案代理机构名单（律所）、代理机构注销备案名单、代理机构已停止经营名单、行政处罚信息查询等内容。专利代理师资格考试系统则是向参加专利代理师资格考试的人员提供包括报名、审核、缴费、查询成绩等在内一站式服务的平台。

⑥维权保护业务。维权保护业务针对国内和海外用户分别提供了中国知识产权维权援助线上服务平台和海外知识产权信息公共服务平台"智南针"两种选择。中国知识产权维权援助线上服务平台包括门户网站和微信公众号（中国知识产权维权援助）。权利人和社会公众可以登录平台查询各地方知识产权维权援助机构的名录和联系方式，线上填写维权援助申请事项，选择受理机构，及时查询维权结果，也可通过平台了解各地维权援助政策、工作动态、典型案例、维权知识等①。而"智南针"作为海外知识产权信息公共服务平台，一站式囊括了海外知识产权法律法规库、海外知识产权环境概览库、海外知识产权实务指引库、海外专利申请费用流程信息库、产业知识产权分析报告、各国地区知识产权相关年报等

---

① 林露.知识产权维权援助服务已经实现全国整合[J].河南科技,2020(15):6.

海量信息①。使用者只需要浏览智南针网或者智南针微信服务号即可轻松获取全部信息。此外,平台还提供维权援助机构和专家库名单、政策法规文件查询、经典案例等相关信息。

⑦加快审查业务。加快审查业务主要是为了更好地满足创新主体"快确权"的需求,提供加快审查的政策介绍和办事指南。

⑧文献服务业务。文献服务业务提供专利文献信息公共服务、专利信息研究交流、专利信息利用促进、全国专利信息人才培养与交流等相关服务。文献服务提供全国专利信息公共服务资源,专利文献咨询台回答与专利文献信息相关的问题,例如专利文献相关指示、如何检索专利文献、如何查询专利法律状态等,同时读者可以通过当面、信函、电话、传真、电子邮件等多种方式提出专利文献信息委托需求。此外,文献服务业务还提供国家知识产权局专利局专利文献部面向社会公众的免费培训讲座和课程服务。

图 7.30　国家知识产权公共服务网在线服务功能设计图②

⑨网点导航。网点导航提供了包括省级知识产权信息公共服务骨干节点、专利审查协作中心、技术与创新支持中心(TISC)、综合业务受理窗口、商标审查协作中心、全国专利文献服务网点、商标业务受理窗口、知识产权保护中心、知识产权快速维权中心、知识产权维权援助中心、高校国家知识产权信息服务中心、国家级专利信息传播利用基地以及其他知识产权服务机构在内的全国知识产权公共服务机构的网点分布和网点地图,并提供地域、经济区域的导航搜索。

⑩信息资讯。信息资讯主要包括服务资讯、政策法规、公共服务聚焦三个栏目和人民网

---

① 中国知识产权报社.海外知识产权信息服务平台智南针[EB/OL].(2018-03-21)[2021-01-19]. http://society.people.com.cn/n1/2018/0321/c418370-29881207.html.

② 国家知识产权公共服务网[EB/OL].[2021-01-29].http://ggfw.cnipa.gov.cn:8010/PatentCMS_Center/?ivk_sa=1024320u.

知识产权专栏,提供最新最快的权威信息。

⑪公益课堂。公益课堂提供公益讲座、知识园地、人才培养等服务,用户可以在线观看培训视频和培训课件。

⑫综合服务。综合服务提供多样化的知识产权统计查询服务,例如专利审查信息查询提供中国专利审查信息查询服务和多国发明专利审查信息查询服务,可以查询中国国家知识产权局、欧洲专利局、日本专利局、韩国知识产权局、美国专利商标局受理的发明专利审查信息[①],为用户提供基本信息、费用信息、审查信息(提供图形文件的查阅、下载)、公布公告信息的查询,提供复审无效口审公告及决定查询;专利公布公告查询可查询出著录项目、摘要或简要说明等数据;IPC/LOC 分类查询可通过在分类查询入口输入关键词或分类号获得相关分类号或分类号的含义;事务数据查询可通过选择专利类型、事务数据类型、申请号、事务数据公告日、事务数据信息进行查询;商标公告及注册证明公示查询可查询商标的公告信息、商标公告的详细信息、商标注册证明公示等;知识产权数据统计查询提供国家知识产权局业务工作的数据统计;国外知识产权环境报告可查询美国、欧盟、日本、韩国、东盟十国、金砖国家、中东以及拉美等 73 个国家、4 个区域组织的相关法律政策、司法制度、执法情况、知识产权典型案例和服务机构等。此外,综合服务还提供专利审查评议平台、全国专利信息公共服务资源、各国专利信息检索资源以及中国专利文献权威文档等。

⑬业务咨询。业务咨询提供专利、商标、地理标志、集成电路布图设计等知识产权的申请、注册、维权等相关业务咨询,以及各级咨询电话、咨询平台和常见问题解答说明。

7.6 交易运营平台:资本市场的试金石

知识产权交易运营的本质,是以知识产权为运营对象,通过市场化运作的手段,将知识产权尤其是专利的创造、布局、运筹、经营嵌入企业的产业链、价值链和创新链的运作过程中,促进优化企业创新资源的整合和资源配置结构,从而实现市场经济价值最大化的行为[②]。以知识产权中的专利运营为例,其模式主要涉及专利的布局、组合、托管、转让、许可、融资、作价入股、构建专利池、形成技术标准、专利诉讼等,其中一些方式并不直接和市场挂钩,但仍是知识产权运营中不可或缺的重要环节。

然而,由于知识产权是一种无形资产,在眼前价值和未来效益都难以界定的情况下,无法采取一般商品的定价方式去衡量。因此,在知识产权转化为金融货币的过程中,各类交易运营平台成为资本市场检验知识产权实际价值的试金石。如今,我国正走出一条以知识产权利益分享机制为纽带、以知识产权交易运营平台为载体的知识产权运用之路,有效提升知识产权对国家经济社会发展的贡献度,成为知识产权服务经济发展的重要体现。

---

① 程刚. 大数据环境下科技型中小企业创新发展的知识服务体系研究[J]. 情报理论与实践,2016,39(3):42-46.

② 陈泽峰,卢少琼. 浅谈企业专利管理[J]. 佛山陶瓷,2019,29(7):37-39.

7.6.1 交易运营平台的架构与功能设计

(1) 交易运营平台的用户与需求分析

和其他平台不同,交易运营平台的主要用户是专利的所有人和投资方,满足的是市场经济供需对接需求。2006年国家知识产权局开始实施《全国专利技术展示交易平台计划》,展示交易中心的定位以公益性为主,通过积极探索服务模式,为专利技术供需双方特别是非职务发明人和中小企业及中小投资人提供具有高诚信、低成本的常设展示交易场所[①]。2007年12月6日,国家发展改革委、科技部、财政部、国家工商总局、国家版权局、国家知识产权局就曾联合发布《建立和完善知识产权交易市场的指导意见》,旨在促进知识产权交易市场规范发展,构建市场主导与政府推动相结合、重点布局与协调发展相结合的多层次知识产权交易市场体系[②]。2011年,天津滨海国际知识产权交易所作为我国首家知识产权交易所挂牌上市,但运营情况不佳,主要是普遍存在的信息不对称、刚需不足等问题导致研发方与市场对接不畅,阻碍了专利的有效流通。

2014年,国家知识产权局会同财政部启动支持建设知识产权运营服务体系的系列行动,先后实施了运营机构培育、重点产业知识产权运营基金和质押融资风险补偿基金等项目,在北京、西安、珠海启动建设国家知识产权运营公共服务平台和特色试点平台。2017年,包括国家知识产权运营公共服务平台在内的多家特色试点平台建成并上线运行。2018年5月初,财政部办公厅、国家知识产权局办公室联合发布《关于2018年继续利用服务业发展专项资金开展知识产权运营服务体系建设工作的通知》,旨在指导创新资源集聚度高、辐射带动作用强、知识产权支撑创新驱动发展需求迫切的重点城市开展知识产权运营服务体系建设,促进知识产权与创新资源、金融资本、产业发展有效融合。

稍早的知识产权运营平台主要由国家知识产权局牵头。第一个全国性知识产权运营平台——国家知识产权公共运营服务平台在2014年由国家知识产权局会同财政部共同发起,由华智众创(北京)投资管理有限责任公司(国家知识产权局中国专利技术开发公司、知识产权出版社、中国专利信息中心共同出资成立)建设,总部设在北京市昌平区TBD云集中心,2017年4月26日上线,主要支持专利转移转化、收购托管、交易流转、质押融资、专利导航等业务。

与国家平台配套的国防军工特色平台——中国军民融合平台于2015年由财政部和国家知识产权局共同发起,由西安科技大市场创新云服务股份有限公司建设,总部设在陕西省西安市高新区,2017年2月24日上线,主要支持知识产权技术成果交易转化和知识产权服务业务,包括专利信息检索、专利信息分析、专利预警、专利导航、重大经济活动知识产权评议、价值评估、知产金融、专利申请、专利转让许可、专利维权、专利质押融资、军工四证受理、军民融合政策解读、解密国防专利数据深加工等。

与国家平台配套的金融创新特色平台——华发七弦琴国家知识产权运营公共服务平台

---

① 操秀英.新模式求解知识产权交易难题[J].发明与创新(大科技),2019(2):30-31.
② 陈蕾,徐琪.知识产权交易市场发展的国际镜鉴[J].高科技与产业化,2019(11):66-71.

于 2014 年底由财政部与国家知识产权局批复设立,由横琴国际知识产权交易中心有限公司(珠海华发投资控股集团有限公司、横琴金融投资集团有限公司共同出资成立)建设,总部位于广东省珠海市横琴自贸片区,2017 年 6 月 19 日上线运行,主要支持知识产权资产评估、知识产权运营、知识产权服务、知识产权创业项目、创业辅导及投融资服务、研发服务、设计产业服务、知识产权支撑型商品等业务。

除此之外,还有国家知识产权运营公共服务平台国际运营(上海)试点平台、国家知识产权运营公共服务平台高校运营(武汉)试点平台、中国(南方)知识产权运营中心、中国汽车产业知识产权投资运营中心等一系列由国家知识产权局批复设立的运营平台和运营中心。在政策带动下,我国已经初步形成了以"平台+机构+资本+产业"为基本结构的知识产权运营服务体系,知识产权交易平台如雨后春笋,开始初步形成一个良性发展的产业链条。

(2) 交易运营平台的架构

出于交易运营平台涉及经济行为的特殊性考虑,现有的知识产权交易运营平台普遍采用线上线下双向建设的模式①,知识产权交易运营线上平台主要提供信息咨询、价值评估、质押融资、托管备案、跟踪售后等线上流程服务,线下主要开展资金流量较大的信贷融资业务。知识产权交易运营平台架构设计如图 7.31 所示。

图 7.31 知识产权交易运营平台架构图

数据层位于系统最底层,为其上各层提供包括知识产权库、创新需求库、人才资源库、服务机构库、法律政策库和基金库在内的多种原始数据支持。控制层主要完成对数据层原始数据的采集、清洗、抽取、转换和访问等业务。业务层是平台的核心架构,可以根据实际需求和建设方案合理安排业务分类和模块建设,在保障信息咨询和金融交易功能的基础上开发多样性的增值服务。交互层是直接与用户对接的部分,考虑到目前各类电子设备的发展,建议从 Web、App、桌面应用等多角度入手开发平台客户端,兼顾各类场景下的平台应用。

(3) 交易运营平台的功能设计

我国的知识产权交易以市场主导与政府推动相结合为基本原则,涉及立法司法、配套政

---

① 尹俊玲."互联网+"背景下知识产权交易平台建设研究[D].合肥:中国科学技术大学,2018.

策、社会服务、人才培养等一系列流程,因此交易运营平台的建立也应当兼顾"平台+机构+资本+产业"的运营方针,以特色化和多样化的运营模式拓展市场,雇用专业实力雄厚的运营企业维护市场秩序,通过高质量的产品格局和国际化的市场定位,借助创新的电子化管理系统,保障知识产权交易的健康持续发展。

从现有平台的实践经验来看,交易运营平台的一个重要功能需求是大数据技术,互联网整合了知识产权信息资源、创新资源和服务资源,平台应当能够释放这些大数据存量,精准定位供需。交易运营平台的另一个重要功能需求是金融功能,除了合理利用政策的基金支持外,还要吸引社会资本,推行专利产品许可交易新模式,开展与交易联动的质押融资新服务。知识产权交易运营平台的功能设计和展示如图 7.32 和表 7.4 所示。

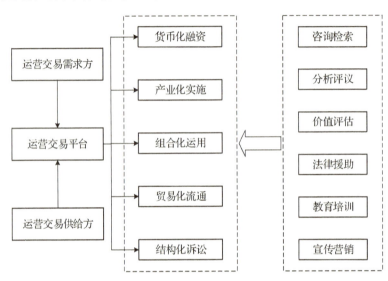

图 7.32　知识产权交易运营平台功能设计图

表 7.4　知识产权交易运营平台功能展示

功能名称	功能描述
货币化融资	平台与各大商业银行及证券公司、担保公司、保险公司等融资服务机构建立长期的战略合作关系,提供一站式的质押融资、专利保险服务,实时评估知识产权收益和风险,为客户开启知识产权资本化运作
产业化实施	平台展出知识产权项目实施需求,搭建供需通道
组合化运用	加大知识产权集群建设,构建专利联盟和专利池,双方或多方进行横向许可或纵向许可,促进知识产权传播和利用,实现经济价值最大化
贸易化流通	以商城形式提供知识产权求购和出售信息,并完成交易流程。在这一过程中,知识产权数据信息安全、服务诚信信息管理、风险防控及信用评价制度的建立健全是极其重要的
结构化诉讼	采用主动诉讼的策略,占据知识产权法律高地,通过知识产权谈判、和解、诉讼等获取侵权补偿

7.6.2 案例：华发七弦琴国家知识产权运营公共服务平台

(1) 平台概况

2014年12月18日，财政部、国家知识产权局在珠海横琴自贸片区首设国家知识产权运营公共服务平台金融创新（横琴）试点平台（下称七弦琴国家平台）[1]，该平台是国家知识产权运营"1+2+20+N"体系的重要组成部分，由华发集团控股的横琴国际知识产权交易中心负责建设运行[2]。2017年6月19日，七弦琴国家平台正式上线。相比于其他运营平台，七弦琴国家平台创新地推出了"自营、联营、他营"相结合的商业模式，旨在打造一个聚集创新人才、创新业务、创新资源、创新要素的知识产权生态系统。其中，自营是指七弦琴国家平台根据市场需求和自身能力，由七弦琴国家平台自身提供相关服务，包括知识产权交易、企业知识产权顾问服务、知识产权金融创新业务、高端知识产权培训、政策研究解读、代办处的相关业务等；联营是指七弦琴国家平台与联营合作伙伴共同在平台开设服务网店，以双品牌进行运作，实现优势互补，利益共赢，七弦琴国家平台主要负责业务来源和服务质量，与联营伙伴一起分享服务产生的收益，并承担服务过程中可能产生的风险；他营则是指机构、个人会员在七弦琴国家平台上开展知识产权各类第三方服务，他营机构需提供详细的机构介绍和证明材料及人员履历、资质、能力、经验介绍，个人会员需要通过培训或者上传相关证明材料，获得相应的服务资质。

在这三种运营模式中，联营合作是七弦琴国家平台主推的经营模式。高层次联营伙伴为平台提供了一流的知识产权服务资源，有利于七弦琴国家平台提供高标准的知识产权服务交易，从而将其打造成为集聚创新人才、创新业务、创新资源、创新要素的生态系统。目前，七弦琴国家平台共开设47家联营合作店铺，提供专利申请、无效、诉讼、知识产权运营、导航分析等服务。除了积极推广联营合作模式，七弦琴国家平台还广泛开展战略合作，与27家企事业单位建立战略合作伙伴关系。

(2) 主要功能介绍

华发七弦琴国家知识产权运营公共服务平台主要设置了"IP电商、IP金融、挂牌交易、大数据、时间标志"五大板块，服务对象主要是知识产权中的商标权、专利权和著作权，以公共服务、专利导航分析、知识产权咨询、维权、培训、运营交易、知识产权拍卖、高价值专利培育、项目辅导、跨境交易、金融创新等功能为核心（图7.33）。

在平台的战略定位中，目前正在开展的知识产权金融创新与知识产权跨境交易是最具特色和创新性的功能。知识产权金融板块中，七弦琴国家平台积极参与知识产权质押融资"珠海模式"的建立，与珠海市知识产权质押融资风险补偿基金、合作商业银行、担保公司、保险公司等机构成立珠海市知识产权质押贷款服务联盟，负责对联盟开展的所有知识产权质押贷款业务进行全流程的服务及跟踪、组织对拟质押的知识产权出具评估报告、办理知识产权质押手续，并对已质押的知识产权进行日常状态监控，对出现风险的贷款项

---

[1] 华发七弦琴国家知识产权运营公共服务平台[EB/OL].[2020-01-29].https://www.7ipr.com.
[2] 李利君.中国产权交易市场30年大事记（五）[J].产权导刊,2019(10):52-55.

目借助自身交易平台优势进行处置。此外,七弦琴国家平台还积极筹建华金七弦琴知识产权投贷联动基金,一期募集资金1亿元已经落实,目前正在推进基金设立相关程序。基金主要开展知识产权运营交易、重点产业专利池构建以及债权投资、股权投资等工作。

图 7.33 七弦琴国家平台主页①

跨境交易板块中,"国际运营"业务是重点,为保证服务效率和质量,七弦琴国家平台积极推进国际合作,开展国际知识产权培训,组织国家展会、论坛以及会议,提升平台的影响力。以由内到外、由外到内相结合的思路,组织提供国际知识产权服务,重点开展知识产权申请、保护、诉讼、咨询以及资本化等服务,为中国企业走出去提供海外护航,为外资企业在境内经营提供合法保护。而在国际知识产权交易方面,七弦琴国家平台正努力将其打造成为全球知识产权资产集散地,利用自身的区位优势,针对中国港澳台地区,以及葡语、拉美系国家开展业务,随后拓展到欧洲、美国、日本、韩国等发达国家和地区,最终业务覆盖全球范围。

平台主要功能的实现依托于大数据板块和电商板块。大数据板块包括了大量重要的信息资源,其中数据资源包括常规专利数据、专利审查过程数据、运营数据、评估数据、诚信数据资源,政策资源包括中央登记资源、管理或公示的资源数据、研究和制定促进运营平台建

---

① 华发七弦琴国家知识产权运营公共服务平台[EB/OL].[2020-01-29]. https://www.7ipr.com.

设和发展的各类政策数据以及专利运营相关配套政策体系数据；人才资源包括丰富的审查员、行业专家、运营专家资源，并配套以多级化的运营人才资源储备和调用机制；服务资源围绕知识产权运营服务事项整合不同深度的公共服务资源，提供交易服务、评估服务、金融服务、专利导航法律服务信息；基础设施资源提供满足运营平台正常运转的场地和办公环境，提供优选专利运营、服务机构办公场所以实现核心层专利运营生态圈落户聚集，提供专利运营平台初期运维支持。

  电商板块是实现平台基础功能的基本模块，包括资产和服务交易。资产交易支持以专利、商标、版权、域名四类知识产权资产为标的的在线交易，其基本操作程序为：IP 资产权利人或是经权利人授权的第三方运营机构在七弦琴国家平台开设店铺，发布、推广拟出售 IP 资产，买家通过七弦琴国家平台搜索、浏览已发布 IP 资产信息，选定目标资产后提交订单并付款至七弦琴国家平台资金监管账户，七弦琴国家平台办理或是买卖双方在平台监管下办理资产交割手续，手续完成后平台打款至卖家账户。其中买卖双方可对问题交易发起退款、退货请求，买家在交易结束后也可对卖家服务进行评价。

  此外，具备专利运营师资质的个人也可以到七弦琴国家平台开设店铺。专利资产权利人通过七弦琴国家平台在线发起专利运营委托，专利运营师在线接受委托，为权利人提供专利运营服务。

  服务交易则是垂直整合行业资源，为需方提供全方位、一站式、高品质的知识产权服务，涵盖设计创新前段，知识产权产出、保护、运营、金融和投资等各个环节。供方可以是平台联营的服务提供商，也可以是任何有能力提供服务的第三方服务提供商。具体服务包括：专利申请、无效、诉讼服务；商标（版权）申请、无效、诉讼服务；知识产权运营；知识产权信息分析与管理咨询服务；知识产权资产评估；知识产权培训；知识产权创业项目投资；应用类技术研发；设计服务；知识产权政策法规研究；创业项目融资服务；投资基金或银行产品服务等。

7.7 本章小结

  知识产权信息服务平台是为科技创新发展提供信息服务的重要载体。随着大数据与信息技术的不断发展与进步，知识产权信息服务平台应用范围和功能在不断扩展与完善。传统的知识产权信息服务难以应对知识产权申请量和注册量快速增长的发展趋势，知识产权信息服务平台应时而生，促进知识产权信息服务从"单边服务"转变为"多边融合"，实现知识产权信息资源的价值最大化。

  本章基于用户需求，对知识产权信息服务平台的实现与具体应用进行了详细概述。首先，梳理问题与挑战。科技创新背景下知识产权信息服务现状中存在信息服务主体分散、地区差异、行业差距、基础信息公开不够充分、产学研信息沟通不畅、对中小企业支持力度不足等问题，现有平台面临资源内容不充分、服务形式较单一、服务内容较基础、平台功能不完备等挑战。其次，构建理论模型。重点针对科技创新需求对平台建设方案进行深入研究,基于平台构建原则,结合多种用户需求,详细地介绍了平台各个功能模块的实现过程,主要分为平台总体架构与平台功能架构。最终,以专利导航平台、创新管理平台、综合服务平台以及交易运营平台等实际应用平台为例,面向用户需求,对平台的架构及功能设计进行详细的阐述。本平台的构建为打通不同知识产权领域之间的"信息壁垒",实现各类基础信息的规模化流动提供参考,为科技创新工作者开拓出巨大的发展空间,挖掘出更多的可能性。

知识产权信息传播

知识产权信息传播是一种以知识产权为信息源的传播活动，其目的是提高社会大众的知识产权信息素养。知识产权信息传播贯穿于知识产权信息服务的全流程，两者相辅相成，每一次知识产权信息传播活动都伴随着一次知识产权信息服务过程，相应的，每一次知识产权信息服务流程也必然衍生出一系列知识产权信息传播活动。知识产权信息传播支撑着知识产权信息服务提供者、知识产权信息需求者及潜在应用者间知识产权信息的交流和共享，有效的知识产权信息传播机制能够提升创新群体的创新活力，并不断刺激公众产生更新颖、更丰富和更高质量的知识产权信息服务需求，从而促进知识产权信息服务质量的提高和效能的发挥。

由于知识产权信息具有服务科技创新的天然属性，知识产权信息传播过程亦是知识产权信息服务过程。与普通信息传播相比，知识产权信息传播的概念内涵更丰富，知识产权信息传播模型的架构及运行机制更具特色。本章首先介绍了信息传播的概念、传播理论相关知识和大众传播"5W"传播理论模型；然后根据知识产权信息作为"信源"的特点，阐述了知识产权信息传播的概念和原则，基于"5W"传播理论模型构建了知识产权信息传播模型，重点介绍了知识产权信息传播模型的架构及其运行机制，提出了"主体建设"和"客体运用"两个重要概念，从多层面、多角度论述了主体建设（或客体运用）的内涵、主体建设（或客体运用）的形式及作用；最后通过列举知识产权信息传播案例，对主体建设的方式和客体运用的形式进行了实证分析。

8.1 知识产权信息传播的概念和相关理论

知识产权信息传播是指一种以知识产权信息为信源的信息传播行为,厘清信息传播的概念及相关传播学理论,是明晰知识产权信息传播概念及原则、构建知识产权信息传播模型及研究知识产权信息传播机制的理论基础。

8.1.1 信息传播的概念和理论

(1) 信息传播的概念

信息传播是传播学理论的重要概念,信息及其传播是构成信息传播的最大基本要素。我国信息学领域的著名专家钟义信教授对信息的定义是"信息是事物存在方式或运动状态,以这种方式或状态直接或间接的表述"。换句话说,所谓信息就是对客观事物运动状态和变化的实质内容的记录,反映的是客观世界中各种事物的运动状态和变化,表征的是客观事物之间相互联系和相互作用。而"传播"是传播学中的基本概念①,基本含义是表达某种或几种事物之间有目的性的信息传递活动。

综上,信息传播的最基本含义就是信息的流动。

信息为什么要"传播"呢?换句话说,信息为什么要流动呢?信息是对客观事物运动状态和变化的实质内容的记录,信息如果不进行传播,就只能成为依附于某种载体上的固态的、静止的记录内容,不能进行流动和共享,更不能为大众所使用,其潜在的技术、经济或文化价值完全不能转化为实际的生产力。而信息传播就是把这种固态的、静止的信息"激活",使其得以被大众获取并利用,最终实现信息的综合价值。

可见,信息传播就是通过信息的流动激活信息潜在价值的过程。本书前文已经充分论证了知识产权信息是支撑科技创新和社会进步的一种信息,要真正发挥出知识产权信息服务科技创新和社会进步的效能,就必须要激活知识产权信息。大量的知识产权信息被创造出来后,必须通过知识产权信息传播,使其进行流动和共享,才能成为服务科技创新的一种信息资源。下文重点介绍适用于知识产权信息传播模型构建的相关传播理论。

(2) "5W"传播理论模型

1948年,美国著名的政治学家哈罗德·拉斯韦尔(Harold Lasswell)在《社会传播的结构与功能》中首次提出信息传播过程及其五个基本构成要素,成为传播过程研究的经典模式,简称"5W"传播模型,即 Who(传播者)、Says what(讯息)、In which channel(媒介)、To whom(接受者)、With what effect(效果)②,并且按照相应的结构顺序排列,具体过程如图

---

① 施拉姆,波特. 传播学概论[M]. 2版. 何道宽,译. 北京:中国人民大学出版社,2010.
② 马费成,宋恩梅,赵一鸣,等. 信息管理学基础[M]. 3版. 湖北:武汉大学出版社,2018.

8.1 所示。

图 8.1 拉斯韦尔"5W"传播理论模型[①]

根据拉斯韦尔的"5W"传播理论模型,美国著名传播学家梅尔文·德弗勒(Melven Defleur)在《大众传播通论》中,将大众传播分为如下 5 个环节:

①不同发布目标(目的)的传播者根据自己的利益驱动成为信息的发布者,开始向不同的受众发起信息的传播;

②由传播者或者委托专业的中介机构根据传播者的要求编制、加工不同含义的信息(内容),以便把传播者的意图和信息传达给目标受众;

③发布者或者中介制作者选择合适的媒介将这些信息发送,迅速、源源不断地向各类受众传播出去;

④受众有选择地或有条件地接受这些信息或者部分信息片段;

⑤每个接受者都根据自己体会的含义来理解所选择的信息,而这种含义与传播者所要表达的含义可能一致,也可能偏离,并受到这些理解的影响,也就是说,传播活动产生了某种效果[①]。

拉斯韦尔的"5W"理论模型最初忽略了反馈在传播活动中的作用,但它明晰了传播活动中的基本要素组成及架构,也成为后来大众传播理论其他模型的研究基础。近代学者们在此基础上对大众传播模型进行了进一步的优化和补充,从而演绎出近代传播的基本模型。近代传播学者认为,大众传播不是孤立的存在,而是一个体系,并且是一个系统的集合,这个系统包括传播者、资讯、媒介、受众、传播效果和反馈等基本子系统[②]。因此,本章以补充了"反馈"子系统的大众传播"5W"模型为基础,研究知识产权信息传播模型构建及知识产权信息传播机制。

8.1.2 知识产权信息传播的概念和原则

(1) 知识产权信息传播的概念

知识产权信息包括一切知识产权所传递出的技术、经济、法律、政治等信息。从传播学角度看,知识产权信息传播是知识产权信息在创新需求者与知识产权信息服务提供者之间传递、交换和共享的过程;从对信息的"激活"功能角度看,知识产权信息传播就是激活知识产权信息,使之能够作用于创新群体,发挥信息服务功能,指导和支撑创新群体的创新活动。因此,知识产权信息传播就是根据创新需求,将知识产权信息中所蕴含的潜在的技术和经济价值转化为实际生产力,推动科技创新、产业升级和社会进步的一种信息传

---

① 李彬.大众传播学[M].北京:中央广播电视大学出版社,2000.
② 胡正荣.媒介管理研究:广播电视管理创新体系[M].北京:北京广播学院出版社,2000.

播活动。

知识产权信息传播概念与一般信息传播概念相似,同时由于知识产权信息自身服务科技创新的功能属性,知识产权信息传播具有高于一般信息传播的要求。不同信息传播活动间的本质区别就在于传递的"信源"不同,"信源"不同会导致信息传播的路径、媒介、受众及效果都产生较大的差异。因此,要明晰知识产权信息传播的概念,首先要厘清知识产权信息与其他信息相比具有哪些区别特征。

知识产权信息不是供社会大众消遣的娱乐信息,而是支撑创新创造的重要科技资源,是服务社会发展、解决重大需求的创新利器。知识产权信息与一般信息相比,其特殊性主要体现在以下四个方面。

①知识产权信息对信息传播者的信息素养要求更高

由于知识产权信息具有服务创新创造的显著特征,知识产权信息传播者必须具备更高的信息素养,能够快速、准确、全面地获取并利用创新所需的知识产权信息,并能够从不同层面和角度来挖掘、加工、分析知识产权信息,为创新需求提供合理的解决方案,充分发挥知识产权信息服务支撑创新创造的服务效能。因此,知识产权信息的传播者应当是专门从事知识产权信息服务的特定机构或团体,具备稳定的人员团队和开展知识产权信息传播业务的能力。

②知识产权信息对传播渠道的时效性和规范性要求更高

传播媒介是信息流动的渠道,与一般信息传播类似,知识产权信息也需要通过某种传播渠道得以流动。知识产权信息是各领域最先进创造性劳动成果的客观反映,解决的是当下社会所面临的最迫切的创新难题,因此,知识产权信息从信息创造到信息运用具有很强的时效性特征,如果不能快速及时地传递给目标受众,那么就成为不具有新颖性或创造性的"过时信息",无法发挥支撑创新创造的作用。随着因特网、自媒体、各类社交平台等新媒体的出现,人们获取信息的媒介环境发生了翻天覆地的变化。在新媒体时代,互联网已经在很大程度上取代了传统纸媒,传播速度极大提高,信息传播方式也由单向输出转变为双向互动,为了适应新媒体时代的特征,互联网成为知识产权信息传播中的主要传播渠道。另外,知识产权信息是一种专业性信息,它不仅要求媒介的信息制造者、加工者具有较高的科技素养,而且要求媒介的消费者(目标群体)也具有较高的接受知识产权信息的能力。如果在一个娱乐性强的媒介上传播知识产权信息,传播效果肯定是低效,甚至是无效的。因此要求知识产权信息的传播媒介具有较高的规范性,以实现信息的精准投放和有效传播。

③知识产权信息对信息接受者的精准性要求更高

知识产权信息的自然属性决定了其目标受众是具有强烈创新意识和创新需求的群体,它们会主动地、有针对性地并持续地收集、整理和利用知识产权信息,进行创新、创造活动,并利用知识产权信息来保护自己的创新成果。因此,相比于一般信息的受众,知识产权信息的受众群体目标范围更精准。

④知识产权信息对信息传播效果及反馈的可追踪性都有更高要求

知识产权信息的传播效果及反馈机制越好,目标受众的知识产权信息素养越高,其在新一轮创新活动中作为新的信息需求者,就会产生更精准、更丰富和更高质量的创新需求,从而间接刺激了更高质量知识产权信息的生产。传播效果及反馈机制的有效运行能够激发整个创新生态的活力，促进知识产权信息传播的良性循环发展。

综上所述，相对于普通信息来说，知识产权信息的需求更明确，信息提供者的专业程度更高，信息的目标受众（信息需求者及潜在应用者）更有针对性，信息的创新服务功能更明确，传播效果及反馈可追踪性更高。本章从传播的基本定义出发，结合知识产权信息的特点，给出知识产权信息传播的概念：知识产权信息传播是指特定的知识产权信息服务机构或团体，以互联网作为信息传播渠道，根据创新群体的创新需求，向目标群体提供能够开展信息服务的知识产权信息，从而支撑创新活动的开展，提高大众的知识产权信息素养，激发整个社会的创新活力，并刺激创新群体进一步产生更新颖、更丰富和更高质量创新需求的一种信息传播。

（2）知识产权信息传播的原则

知识产权信息作为一种信息资源，一方面能够促进科技创新战略的实施，另一方面，其本身具有经济、技术以及法律属性，很容易受到侵犯。大众对知识产权信息的使用，其正误或善恶完全取决于大众的伦理道德和价值取向。在讨论知识产权信息传播过程时，了解和遵循相关的信息伦理道德，有助于营造保护知识产权的文化氛围，促进大众更好地获取及利用知识产权信息，保障知识产权信息传播活动的良性开展。

1976年美国应用伦理学家沃尔特·曼纳（Walter Maner）正式提出了"计算机伦理学"一词，进入20世纪80年代末，随着网络的大量使用，计算机伦理学进入第二代，被称为"信息伦理学"。在我国，已有许多学者对信息伦理进行了研究。吕耀怀[1]认为，所谓信息伦理，是指涉及信息开发、传播、管理和利用等方面的伦理要求、伦理准则、伦理约束，以及在此基础上形成的新型伦理关系；沙勇忠[2]认为，信息伦理学主要研究社会信息生产、组织、传播与利用等信息活动中的伦理要求与伦理规范，以及在此基础上形成的信息伦理关系；赵乃瑄[3]在《实用信息检索方法与利用》一书中提出信息伦理道德是指在信息开发、传播、检索、获取、管理和利用过程中，调整人与人之间、人与社会之间的利益关系，规范人们的行为准则，指导人们在信息社会中做出正确的或善的选择和评价。

知识产权信息传播是以知识产权信息为信源的传播活动，其传播原则首先要建立在一般信息伦理道德的基础上，再结合知识产权信息传播的特点。本章认为知识产权信息传播还应遵守如下五项准则。

①公正原则

知识产权信息是国家层面的重要科技支撑点，其传播的内容和传播的方式必须公开、公正，才能发挥知识产权信息最科学、最高效、最有利的作用。

②公益原则

知识产权信息服务于科技创新，其根本目标是提高大众的知识产权信息素养，因此，其传播具有天然的社会公益性。知识产权信息服务于社会，在更广的范围内为公众服务，所以

---

[1] 吕耀怀.信息伦理学[M].长沙：中南大学出版社，2002.
[2] 沙勇忠.信息伦理学[M].北京：国家图书馆出版社，2004.
[3] 赵乃瑄.实用信息检索方法与利用[M].北京：化学工业出版社，2008.

知识产权信息传播也具有一定的公益属性。

③有效原则

由于知识产权信息的传播者和接受者相较于普通大众传播有所差异,对其传播效果的要求和反馈控制更高,更看重知识产权信息的服务功效和需求质量。

④收敛原则

由于知识产权信息自身特点,其传播不是单纯的广而告之。知识产权信息是服务于科技创新的特殊资源,对适用行业、技术专业等有要求。因此,知识产权信息的传播必须遵守收敛原则,不能无条件扩散。

⑤追踪原则

知识产权信息传播受众相较于一般的大众传播更具有针对性,对传播效果的精度和深度要求更加高,必须对传播过程和传播效果进行及时跟踪反馈,以提升传播效果,发挥信息传播效能。

总之,知识产权信息是可识别、可传递、可互动且公开的信息,但公开并不意味着没有任何约束。知识产权信息的生产是为了"用公开换保护",在一定的规则和范围内,其传播是有效且收敛的,应当遵守以上五项原则。

8.2 知识产权信息传播模型构建

本节在传统"5W"传播理论模型基础上,结合知识产权信息传播的特征,构建了知识产权信息传播模型,并深入探讨其传播机制。研究知识产权信息传播模型及其传播机制,对提高知识产权信息"激活"程度、提升知识产权信息服务效能、激发创新群体的活力具有重要意义。

8.2.1 知识产权信息传播模型及传播机制

(1) 知识产权信息传播模型

知识产权信息传播属于大众传播的范畴,具有"5W"传播理论模型的五大要素。同时知识产权信息服务科技创新的天然属性,使得知识产权信息传播模型中各要素具有更具体的指向和更丰富的含义,并强调了反馈环节,详见图8.2。

从图8.2看出,知识产权信息传播是知识产权信息服务提供者、知识产权信息需求者及潜在应用者间知识产权信息的交流和共享,每次知识产权信息传播活动都是一次知识产权信息服务过程,知识产权信息传播模型中的各要素均是知识产权信息服务过程的参与者。各要素代表的具体含义如下。

①知识产权信息传播的"传播者"是指知识产权信息服务提供者,具备更高的信息素养,不仅能够获取创新所需的知识产权信息,还能够通过信息服务为创新需求提供解决方案,例如政府相关知识产权行政部门、高校及科研机构相关部门、各类知识产权联盟、企业及各行

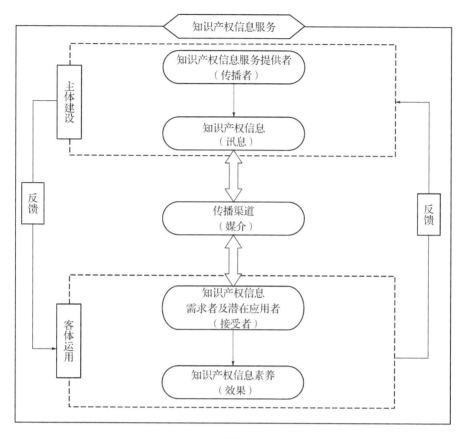

图 8.2 知识产权信息传播模型

业协会、各类知识产权信息服务机构等,它们各自面向不同群体提供类型不同的知识产权信息服务。

②知识产权信息传播的"讯息"是指知识产权信息服务中利用的各类知识产权信息,例如著作权信息、专利信息、商标信息、域名信息等,其内容、表现形式与信息服务提供者精准匹配。

③知识产权信息传播的"媒介"是指知识产权信息的载体。不可否认,在一些特定的场景中使用到的,例如宣传手册、知识产权分析简报等传统纸媒仍然是知识产权信息的载体形式之一。但相对于传统纸媒,互联网具有实时性更高、双向交互性更好、资源共享率更高、展现形式更丰富、信息传递效率更高而信息获取成本更低等诸多优点,可以满足知识产权信息对时效性和规范性的高要求,已经成为目前知识产权信息传播的主要渠道,例如各国专利局官方网站、各类知识产权数据库、各类政府公共服务平台、各类信息服务机构微信公众号和官方微博等。

④知识产权信息传播的"接受者"是指知识产权信息需求者及潜在应用者,例如在校大学生、高校及科研院所的科研人员、企业的研发人员及知识产权管理人员等,他们都是具有强烈创新意识和创新需求的群体。他们既是信息服务的作用者,也是信息服务需求的创造者。他们接受知识产权信息服务利用相关知识产权信息来完成自身的创新创造活动,同时产生新的信息服务需求。

⑤知识产权信息传播的"效果"是指知识产权信息需求者及潜在应用者知识产权信息素养的高低,反映为创新群体是否能够掌握和运用知识产权制度,是否能够熟练使用知识产权制度的各种工具,例如专利申请、商标注册和地理标志申请的流程和方法,技术交底书和专利申请文本的撰写,各种知识产权信息数据库的检索及使用,专利信息分析报告的撰写等。

同时,知识产权信息传播模型中加入了反馈环节,形成了知识产权信息传播的循环发展格局。知识产权信息需求者及潜在应用者完成了已有的创新需求后,自身的信息素养无形中得到了提高,就会激发出更丰富、更精准、更高质量的新的创新需求,这种新的创新需求又会进一步催生出新一轮的知识产权信息服务,从而衍生出新一轮的知识产权信息传播,如此循环往复。

综上,在知识产权信息传播各要素和反馈环节的共同作用下,形成了知识产权信息传播和知识产权信息服务相互支撑、共同促进的良性循环发展格局。

(2) 知识产权信息传播机制

知识产权信息传播机制即知识产权信息传播模型中各要素的组合结构及作用形式。在传统的"5W"传播理论模型中,各要素之间本身是相对独立的存在,不存在绝对的一一对应关系。但在知识产权信息传播模型中,五大要素在传播过程中体现出程度不同的关联紧密度和对应关系,主要体现在以下两个方面。

①知识产权信息服务提供者与其传播的知识产权信息间存在更加紧密的对应关系,二者共同推动着知识产权信息传播活动顺利地启动和执行,决定了知识产权信息服务功效的发挥。

前文已经讲到,知识产权信息传播者在知识产权信息传播中扮演了愈加重要的角色,他必须具备较高的知识产权信息素养,够准确理解知识产权信息中所涵盖的技术、经济、法律和政治内容,并能针对信息需求者及潜在应用者的创新需求,对知识产权信息进行精准的加工,使之成为具有服务创新功能的被"激活"的信息,支撑技术进步和社会发展。也就是说,知识产权信息服务提供者不单单是获取和传递信息,同时也是知识产权信息服务的发起者和执行者。知识产权信息服务提供者制作和发布的信息是其开展相应信息服务的基础和保障。因此,知识产权信息服务提供者与其传播的知识产权信息间存在更加紧密的对应关系,两者的目标方向必须高度一致,才能共同推动知识产权信息传播活动顺利启动和执行,发挥出知识产权信息的服务功效。

②知识产权信息需求者及潜在应用者所具备的信息素养高低对信息传播活动的反馈作用非常明显,直接验证了知识产权信息传播活动的有效性及可持续性。

在一般信息传播中,信息的接受者不一定是该信息的使用者,两者可以是彼此独立的,因此,信息接受者及其信息接受效果间的反馈作用并不显著,换句话说,就是信息接受者对信息的接受效果并不影响信息传播过程本身的继续开展。例如,某超市在搞商品促销活动时分发活动海报,即使有人收到活动信息却不去超市,并不影响超市促销活动的继续开展。然而,在知识产权信息传播中,知识产权信息的接受者和使用者是融合为一个整体的。因为知识产权信息的接受者就是知识产权信息的需求者及潜在应用者,他们是一类有创新需求或创新意识的特定群体,他们获取相关知识产权信息来支撑自身的创新活动,并在创新创造活动中提升自身的信息素养。这种传播效果的反馈的作用非常明显,由于信息接受者的知识产权信息素养提高了,他们在创新创造过程的任何阶段都极有可能会萌生出更新、更丰富、更高质量的知识产权信息需求,这进一步催生了新一轮知识产权信息服务的开展,如此反复,形成了持续开展知识产权信息传播的原动力,也促进了知识产权信息服务质量的不断提高。因此,知识产权信息需求者及潜在应用者和他们具备的信息素养高低,直接验证了知识产权信息传播活动的有效性及可持续性,并间接影响了知识产权信息服务的高质量发展。

从以上两点可以看出,在知识产权信息传播中,知识产权信息服务提供者与其制作发布的信息之间的关联紧密性,直接影响了整个传播活动能否顺利启动并发挥信息服务功效;而知识产权信息需求者及潜在应用者和他们具备的信息素养两要素间的反馈作用,直接影响了整个传播活动是否有序执行并良性循环发展。这两方面相互呼应,共同对整个传播过程的开启、执行、完结及延续产生影响。因此,这两方面是保障知识产权信息传播活动有序运行、充分发挥知识产权信息服务效能的关键组合单元。

因此,本章以"5W"传播理论为基础,把知识产权信息传播模型优化为三个要素单元,如图 8.3 所示,即由知识产权信息服务提供者及其制作发布的知识产权信息两要素组合的主体建设单元、传播媒介单元和由知识产权信息需求者及潜在应用者和他们所体现出的信息素养两要素组合构成的客体运用单元。主体建设、传播媒介、客体运用这三个单元间的信息流动及相互作用构成了知识产权信息的传播机制。

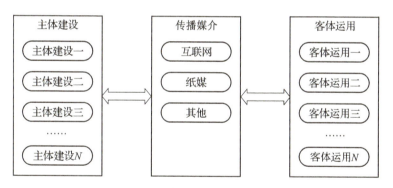

图 8.3　知识产权信息传播机制

知识产权信息传播机制的架构更加简明、精炼,传播半径更小,对优化传播路径、减少传播损耗、降低传播成本、提高传播效率、避免传播时滞有着直接和明显的效果。下文着重讨论知识产权信息传播的关键单元环节,即主体建设和客体运用的内涵、作用及具体内容。

8.2.2　知识产权信息传播的主体建设

（1）主体建设的概念

在一般信息传播领域,传播主体和传播者是等同的,信息传播者就是传播主体,它是信息传播活动的源头和发起者,而它所传播的信息与传播者本身可以是彼此独立的,并不存在绝对的对应关系。而在知识产权信息传播中,传播活动过程本身亦是知识产权信息的服务过程,信息传播者是信息服务的发起者,而仅有传播者是不能够开展相应信息服务的,它必然是信息提供者及其制作发布的信息共同作用下的产物。信息提供者制作发布的信息是开展信息服务的客观基础和保障,信息发起者制作发布的信息与信息提供者间存在一一对应的紧密联系,对整个信息传播活动起到了重要的引导作用。

本书将知识产权信息服务提供者及其制作发布的知识产权信息两要素组合的结构单元称为知识产权信息传播的主体,将该结构单元自身的建立、发展和完善称为知识产权信息传播的主体建设。

(2) 主体建设的作用和意义

主体建设将信息提供者及其制作发布的信息有机融合在一起,使得信息提供者对传播的内容更容易把握和运用,有效减少传播过程的信息损耗和时间延时,避免了知识产权信息的低效发布。做好知识产权信息传播的主体建设,能够让整个知识产权信息传播过程更高效、更专业、更简洁、更精准,提高知识产权信息传播的效率和效能,为创新创造奠定坚实的基础。

知识产权信息传播的主体建设,是知识产权信息传播的开端,引导了信息传播的方向,扩大了信息传播的辐射力,保障了信息传播的精准性。

(3) 主体建设方式

根据主体建设的概念可以清楚地知道,主体建设的方式是由知识产权信息服务提供者和其制作发布的信息这两大要素决定的。因此,主体建设方式有两种类型:第一种是知识产权信息服务者的建设,例如建立健全知识产权信息公共服务体系、各类知识产权信息传播基地、各类知识产权联盟等;第二种是制作及发布能够用于信息服务的各类知识产权信息,例如发布知识产权政策法规,开展专利文献信息服务,进行技术或产业专利战略分析等。

8.2.3 知识产权信息传播的客体运用

(1) 客体运用的概念

知识产权信息传播活动启动的前提是要有创新需求,因而要保证信息传播活动的良性循环,就要保障有源源不断的高质量的创新需求产生。创新需求是创新群体在从事创新创造过程中产生的,创新需求的质量直接取决于创新群体的信息素养的高低,而创新群体信息素养的高低反映的正是信息传播活动效果的高低,并且创新群体的信息素养也会通过反馈机制反作用于其本身,从而产生的新的创新需求,然后又影响着新一轮知识产权信息传播活动的开展效果,如此反复。只有良性循环发展的知识产权信息传播,才能间接催生出高质量的知识产权信息的服务,真正发挥出知识产权信息所蕴含的生产力。可见,知识产权信息需求者及潜在应用者和信息素养两要素的反馈作用,共同影响和制约着知识产权信息传播活动的有效性及可持续性。

(2) 客体运用的作用和意义

客体运用将知识产权信息需求者及潜在应用者和他们所体现出的信息素养作为有机整体,和主体建设部分相呼应,使得需求、信息和服务三者高度契合,极大地避免了信息传播的失误或失灵,实现了信息服务的精准和有效,促进了信息传播过程的整体优化和升级,推动了信息服务质量的提高。做好知识产权信息传播的客体运用,积极配合主体建设部分,能够充分保障创新活动的完整性和连续性。

知识产权信息传播的客体运用是制约知识产权信息传播能否良性循环发展的关键环节。客体运用精准和有效反馈,不仅影响到知识产权信息传播活动本身的可延续性,也潜在影响了创新群体的创新热情和创新活力,对全社会创新氛围的营造和创新活动的开展有着深远的影响。

(3) 客体运用形式

客体运用是知识产权信息传播活动的作用对象和作用效果两要素对主体建设部分接受、互动和反馈的综合体现,客体运用形式包括培育目标受众群体和提高传播效果两个方面。因此,客体运用形式有两种类型:一类是开展知识产权信息素养教育,培育具有创新意识、创新需求和创新能力的目标受众群体,例如知识产权信息素养通识教育、知识产权信息专题培训等;另一类是开展各类知识产权主题活动,提高信息传播的效果,例如全球范围内的世界知识产权日主题活动、我国的全国知识产权宣传周主题活动和创客嘉年华活动等[1]。

8.3 主体建设之一:知识产权信息公共服务体系

8.2.2中已经明确指出:知识产权信息传播的主体建设是指信息服务提供者及其制作发布的信息这两个要素组合而成的结构单元自身的建立、发展和完善。由此可知,信息服务提供者及其制作发布的信息是主体建设的基础和前提。知识产权信息公共服务体系是以政府为主导的重要的知识产权信息传播的主体建设形式,表现为由国家相关行政部门负责制定、规范和发布知识产权信息,统筹规划全国开展知识产权信息服务网络建立等重要职能工作。

近年来,我国的知识产权信息公共服务体系不断完善,发展至今已初步形成了一个以政府机构为主导、以高校及科研院所为补充、行业协会参与的格局[2]。本节重点论述以政府为主导的知识产权信息公共服务体系。

---

[1] 孙超,李霞.高校图书馆为大学生创客提供一站式服务探索[J].图书馆论坛,2015(10):57-61.
[2] 李喜蕊.论中国知识产权信息公共服务体系的构建与完善[J].黑龙江社会科学,2014(2):111-118.

8.3.1 知识产权信息公共服务体系

（1）知识产权信息公共服务体系介绍

政府是知识产权信息公共服务体系建设的主导，通过制定和组织实施相关法律、制度及规定，促进知识产权信息公共服务网络的建立健全和工作的宣传推广。知识产权信息公共服务体系强调政府作为信息服务提供者的社会职能，以政府知识产权信息公共服务部门为依托，完成知识产权信息公共服务体系的顶层设计；以维护公共利益为目的，利用公共权力或公共资源，满足社会经济发展和技术创新需求，强调在创造、运用、保护管理及服务的全流程中提供知识产权信息服务。

（2）知识产权信息公共服务体系的建设方式

2021年印发的《知识产权公共服务"十四五"规划》中提到："十三五"时期，知识产权公共服务顶层设计进一步完善。近年来，我国知识产权公共服务体系建设扎实推进，立体化、多层级的知识产权信息公共服务体系初步形成，公共服务骨干节点覆盖率持续提升，公共服务的主渠道作用日益凸显。目前，91%的省（自治区、直辖市）、副省级城市、计划单列市设立知识产权公共服务机构开展专利、商标信息服务，27%的地级市设立了综合性知识产权公共服务机构，向全社会开放专利基础数据34种、商标基本信息5 100多万条[1]。知识产权信息传播利用效能不断提高，基础数据开放力度、信息利用意识和能力持续提升。

截至2022年3月31日，全国已设置58家知识产权信息公共服务主干网络节点机构、101家技术与创新支持中心（TISC）、80家高校国家知识产权信息服务中心、88家国家知识产权信息公共服务网点、13家省级知识产权信息公共服务网点、53家知识产权保护中心、28家知识产权快速维权中心、76家知识产权维权援助中心、7家专利审查协作中心、5家商标审查协作中心、32家综合业务受理窗口、266家商标业务受理窗口、119家全国专利文献服务网点、12家国家级专利信息传播利用基地和240家其他知识产权服务机构[2]（表8.1）。

表8.1 全国知识产权公共服务体系机构设置[2]（截至2022年3月31日）

知识产权公共 服务机构设置	公共服务职能	数量/个
知识产权信息公共服务 主干网络节点机构	以地方专利信息服务中心为抓手，注重发挥专利信息服务功效，协调构建全国专利信息公共服务体系，助力地方科技创新和经济发展	58

---

[1] 国家知识产权局关于印发知识产权公共服务"十四五"规划的通知[EB/OL].（2021-12-31）[2022-01-20]. http://www.cnipa.gov.cn/art/2022/1/7/art_562_172686.html.

[2] 全国知识产权公共服务机构[EB/OL].[2022-03-01]. http://ggfw.cnipa.gov.cn:8010/PatentCMS_Center/node/110.

(续表)

知识产权公共服务机构设置	公共服务职能	数量/个
技术与创新支持中心（TISC）	检索各类文献信息资源、技术信息,开展各类数据库使用培训,提供专利新颖性检索,为企业提供技术跟踪、技术预警、工业产权法律风险预测、企业管理战略及成果转化等服务	101
高校国家知识产权信息服务中心	依托高校技术、文献信息和人才资源,为知识产权的创造、运用、保护、管理提供全流程服务,拓展知识产权公共服务体系,促进高校产学研协同创新,助力高校成果转化,支撑知识产权强国战略的实施	80
国家知识产权信息公共服务网点	面向各类社会创新创业团体、机构或个人提供知识产权信息公共服务,包括高校、科研院所、公共图书馆、科技情报机构、行业组织、产业园区生产力促进机构以及相关市场化服务机构等,是全国知识产权公共服务体系的重要组成部分	88
省级知识产权信息公共服务网点	面向各类社会创新创业团体、机构或个人提供知识产权信息公共服务的省级公共服务机构	13
知识产权保护中心	以新一代信息技术和高端装备制造业为重点,提供专利快速预审、快速维权导航运营等工作。保护中心推动建立以专利导航为引领、以快速预审和快速维权为保障、以专利运营为目的的知识产权快速协同保护服务链条,发挥知识产权对高精尖产业发展和科技创新中心建设的支撑和促进作用	53
知识产权快速维权中心	知识产权快速维权是知识产权支撑创新发展的新途径,它贯通国家知识产权局和各地方政府,将快速确权与快速维权有机结合,将行政保护与司法保护有效衔接,激发了企业的创新活力,并刺激更多社会创新资源的加入	28
知识产权维权援助中心	知识产权维权援助中心行政上隶属各市知识产权局,业务上接受国家、省、市局指导,主要负责构建和管理知识产权维权援助服务网络,组织合作单位和专家开展知识产权维权援助工作,提供知识产权分析论证,接受知识产权举报投诉。援助中心致力于构建成为一个维护行业和区域经济安全,维护知识产权权利人合法权益和社会公众利益的公共服务平台	76
专利审查协作中心	负责对专利申请进行分类和实质审查,对PCT国际申请进行国际检索和初审,参与发明、实用新型、外观设计的复审和应诉,为国内企事业单位提供涉及专利申请和保护的相关信息咨询	7
商标审查协作中心	接受国家知识产权局商标局委托,开展商标注册受理、咨询、审查和相关法律法规宣传咨询等服务	5

(续表)

知识产权公共服务机构设置	公共服务职能	数量/个
综合业务受理窗口	主要业务包括专利申请文件的受理、费用减缓请求的审批、专利费用的收缴、专利实施许可合同备案、办理专利登记簿副本及相关业务咨询服务	32
商标业务受理窗口	地方商标业务受理窗口负责指定区域内商标注册申请受理、规费收缴，并接收、审核商标注册申请文件，对符合受理条件的商标注册申请确定申请日。受理窗口同时还代发商标注册证，提供查询和咨询等服务工作	266
全国专利文献服务网点	各专利文献服务网点要为社会各类创新主体提供专利文献资源获取、信息咨询、公共教育等基础公益服务，是全国专利信息传播利用工作体系的基础节点	119
国家级专利信息传播利用基地	立足专利信息传播和利用工作的特点和现有经验，借鉴国内外的先进经验，研究制定适用于专利信息传播利用的途径和方法，从建设服务体系、健全工作机制、设计服务主体、优化服务资源、扩展服务内容、创新服务方式等角度对于专利信息传播和利用工作提出了科学合理的、可操作性强的规划和建议	12
其他知识产权服务机构	—	240

8.3.2　知识产权信息公共服务内容

国家知识产权局是负责我国知识产权工作开展的重要政府职能机构，其主要职责为制定和组织实施国家知识产权战略、保护知识产权、促进知识产权运用、知识产权审查注册登记和行政裁决、建立健全知识产权信息公共服务体系等。其中，建立健全知识产权信息公共服务体系是国家知识产权局的重点工作之一。本节将系统介绍国家知识产权局开展的知识产权信息公共服务，主要包括以下四个方面。

(1) 建设知识产权信息传播与利用基地

目前，知识产权信息传播与利用基地建设主要体现为专利信息传播与利用基地建设，它是知识产权公共服务体系网点的深入布局和延伸。2018年度全国专利信息传播利用工作计划中明确指出：专利信息传播与利用基地的工作职能包括完善专利信息传播与利用工作体系的建设和协调发展，引导并增强创新主体利用专利信息的能力，优化专利信息人才的培养，丰富专利信息数据资源及工具等。专利信息与利用基地建设的根本目的是培养基地、站点及服务网点人员的能力素质，提升专利文献服务网点的服务能力以及企业利用专利信息的能力，开发适用于创新型企业的特色专利信息服务产品，提升企业的技术创新优势和市场竞争潜力。知识产权信息传播与利用基地建设为创新活动的开展提供了高质量的信息服务支撑。

(2) 建设知识产权公共服务平台

国家知识产权局面向社会公众提供公共服务的一个重要内容是进行公共服务平台建设,其中国家知识产权局公共服务网①是一个功能齐全、服务全面的知识产权公共服务平台(图 8.4)。该平台为社会公众提供网点导航、通知公告、公益课堂、综合服务、业务咨询、公共服务管理等服务模块。

图 8.4　国家知识产权局公共服务网①

其中,全国知识产权信息服务网点导航模块为公众提供了全国知识产权信息服务网络网点信息,详细公布了公共服务主干网络节点机构、技术与创新支持中心(TISC)、高校国家知识产权信息服务中心、国家及省级知识产权信息公共服务网点、知识产权保护中心、知识产权快速维权中心等共计 1 178 家知识产权信息服务机构的名称、工作职能、机构数量、机构地址、机构联系方式等信息。

通知公告模块为公众提供知识产权信息相关的查询服务,设有服务咨询、政策法规、公共服务聚焦和人民网知识产权专栏入口等服务内容,及时发布国家重大知识产权政策、法规、文件等信息,推送知识产权信息公共服务聚焦杂志。

图 8.5 展示了公益课堂模块,该模块为公众提供公益讲座、知识园地和知识产权培训视频专栏,为公众提供知识产权信息知识及技能培训。其中,公益讲座专栏提供例如专利申请文件撰写与修改实务、企业专利管理与信息利用、商标注册便利化改革等多主题的公益讲座;知识园地专栏向公众介绍了知识产权基础信息数据规范,例如专利制度、文献号、公报、说明书等专利信息基础知识;知识产权培训视频专栏采用视频授课的方式,课程涵盖知识产权基本知识、法律知识、战略规划、信息检索与利用、国内外现状与发展形势五大方向,例如开设从实审角度谈高质量撰写申请文件、知识产权信息服务优秀案例分享、商标注册申请、高价值专利挖掘与布局等课程。同时公益课堂模块中提供了知识产权远程教育平台的进入接口,为公众提供了更加丰富的知识产权培训服务。

---

① 国家知识产权局公共服务网[EB/OL].［2022-01-20］. http://ggfw.cnipa.gov.cn:8010/PatentCMS_Center.

图 8.5 国家知识产权局公共服务网公益课堂模块①

综合服务模块为公众提供了中国专利审查和多国发明专利审查的查询服务、专利公布公告查询服务、商标公告及注册证明公示查询、专利事务服务系统、知识产权数据统计查询服务、国外知识产权环境报告查询及其他综合服务。

业务咨询模块为公众提供了常用的专利、商标、集成电路布图设计、专利代理等信息服务业务的咨询电话,还有专利申请流程、专利文献、商标注册、商标评审等业务如何办理的咨询入口,以及一些专利知识、专利申请和商标申请中常见问题的查询网址。

国家知识产权局公共服务网为社会公众提供了多角度、多层次、多渠道的知识产权信息公共服务内容,也为各类创新群体提供了系统、规范和便捷的创新渠道,创造了有利于创新创造的环境。

(3) 开展知识产权文献信息服务

专利信息最能反映技术研发的热点和路径,是创新创造活动中最重要、最常使用的一类

---

① 国家知识产权局公共服务网[EB/OL].[2022-01-20]. http://ggfw.cnipa.gov.cn:8010/PatentCMS_Center.

文献信息资源。国家知识产权局专利文献信息公共服务部①平台网站开设专利文献咨询、委托服务，设置公益讲座、资源查询和实践、人才培训和知识园地等信息专栏，为创新群体的创新活动提供了涵盖专利文献信息资源的获取、检索及分析利用和专利信息人才的培养等全面的信息服务内容。

（4）开展知识产权信息培训

中国知识产权培训中心②是中国唯一由国务院批准的知识产权信息专业人才培训机构（图 8.6）。中国知识产权培训中心从全社会创新创造活动需求出发，开展普适性的知识产权信息教育，培养在创造、运用、保护、管理、服务等全过程中发挥效能的专业人才，为从事知识产权信息服务的各类人员提供系统、规范、有效的基础型培训，普及知识产权知识和宣传知识产权文化。

图 8.6　中国知识产权培训中心网站

图 8.7 所示为中国知识产权远程教育总平台，该平台是由中国知识产权培训中心承担建设的，基本形成了覆盖全国主要地区和行业的知识产权教育培训网络。中国知识产权远程教育总平台的教学课程超过 150 门，培训内容涵盖了知识产权基础知识、信息检索方法、运营管理实务、申请维权、诉讼及代理业务的办理流程、公共服务和行政管理等模块，课程设计系统化、模块化、专业化。平台采用线上注册、网络选课、在线学习的培训模式，是我国知

---

① 专利文献信息公共服务部[EB/OL].［2022-01-20］. https://www.cnipa.gov.cn/col/col1438/index.html.
② 中国知识产权远程教育总平台[EB/OL].［2023-03-31］. http://elearning.ciptc.org.cn/public/index.

识产权从业人员提升知识产权信息素养的优质、权威、免费的公共资源①。

图 8.7　中国知识产权远程教育总平台课程②

---

① 杨铁军.知识产权服务与科技经济发展[M].北京:知识产权出版社,2010.
② 中国知识产权远程教育总平台[EB/OL].[2023-03-31]. http://elearning.ciptc.org.cn/public/index.

建立健全知识产权信息公共服务体系和丰富完善其服务内容,保障了知识产权信息服务提供者的专业性和权威性,也保障了知识产权信息服务中信息的系统性和规范性,为知识产权信息传播活动的开展奠定了坚实的基础。

8.4 主体建设之二:各类知识产权联盟

各类知识产权联盟是对知识产权信息公共服务体系的重要补充,也是一种重要的主体建设方式。知识产权联盟以有共同创新需求的目标受众为依据,将服务于特定创新群体的知识产权信息服务提供者以联盟的形式联系在一起,构建了服务特定目标受众的知识产权信息提供者的集合,建立了联盟成员获取知识产权信息服务的"专享"渠道。在知识产权联盟中,作为创新群体的联盟成员之间的信息流动和共享更高效、更精准,为联盟成员的科技创新活动节省了大量的时间和精力,无形中提高了创新活动的质量和效率。

8.4.1 知识产权联盟概述

(1) 知识产权联盟介绍

知识产权联盟是从事知识产权集体保护的民间社会团体,由一定数量的企业、高校、科研院所按所在区域或行业组成[1]。其中,企业是社会进步重要的经济主体,企业对知识产权信息及信息服务有着巨大的需求,但目前我国企业的自主创新能力与国外相比,仍存在一定的差距。而高校及科研院所掌握着大量的创新要素,但由于体制原因,高校的科研活动并不以市场需求及产业发展方向为依据,科研活动产出的大量知识产权成果,特别是高价值成果大部分无法得到有效转移转化,造成大量的科研资源和人力资源的浪费或重复研究。所以,知识产权联盟的建立能够起到协同创新、优势互补、互通有无的作用,使创新要素在企业、高校及科研院所之间共享、增值,促进技术交流和进步。

(2) 知识产权联盟的类型

知识产权联盟的建立能够实现创新参与主体多元化、创新行为过程标准化以及创新成果的聚合、优化与提升功能,是融合技术创新输出方、服务连接体以及终端用户的有机整体[2]。知识产权联盟的主要任务包括建立合适的知识产权信息运用、管理制度,提高联盟成员的知识产权意识和利用水平,推进政策、法规的落实,促进知识产权信息国内与国际的共享和交流,最终在整个联盟中普及知识产权信息教育和营造知识产权保护文化氛围。

在知识产权联盟的主体建设中,高校和企业都可以成为信息服务的提供者。高校在

---

[1] 杨静,戚昌文.建立知识产权联盟初探[J].科技进步与对策,2000,17(12):93-94.
[2] 董玉鹏.基于协同创新的高技术产业知识产权联盟组织与行为模式研究[J].人大法律评论,2018(2):260-274.

知识产权联盟建设中的重点是建立能够制定和规范高校知识产权信息服务的内容和标准，发挥高校支撑科技创新活动作用的信息服务模式和机制。本书将由高校作为信息服务提供者的知识产权联盟称为高校知识产权信息服务中心联盟，本章8.4.2将详细论述。

企业也是信息服务的提供者，企业在知识产权联盟建设中的重点是建立提高企业核心竞争力，降低市场风险，增强成果转化的信息服务模式和机制，促进企业成员间的技术进步和成果转化。本书将由企业作为信息服务提供者的知识产权联盟称为产业知识产权联盟，本章8.4.3将对其进行重点论述。

8.4.2 高校知识产权信息服务中心联盟

（1）高校知识产权信息服务中心联盟介绍

高校集中了大量的创新资源，拥有丰富的创新平台和高素质科研人员及团队，是目前科技创新的主要场所之一；同时，伴随着经济改革的深化，高校在产学研合作经济中占据了越来越重要的地位。为了发挥高校知识产权信息服务对科技创新的重要支撑作用，国家陆续发布了《国务院关于新形势下加快知识产权强国建设的若干意见》《"十三五"国家知识产权保护和运用规划》《国家教育事业发展"十三五"规划》等一系列政策，2018年又印发了《高校知识产权信息服务中心建设实施办法》，明确在高校中设立知识产权信息服务中心，并承担开展知识产权信息服务、培养知识产权人才等工作。

截至2022年3月，全国已有80家高校国家知识产权信息服务中心挂靠图书馆成立。同济大学于2018年2月成立"知识产权信息服务中心"，挂靠图书馆，是全国首家成立该中心的高校。高校国家知识产权信息服务中心依托图书馆学科与情报分析核心团队，开展了知识产权信息素养培训、技术发展态势分析、高价值专利成果分析等服务，为学校创新创业教育、科研项目研究以及科技成果管理提供个性化服务，助力学校人才培养与一流大学建设。例如2019年3月入选首批高校国家知识产权信息服务中心之一的同济大学，多年来与校内各单位协同，与上海国际知识产权学院、创新创业学院以及科研管理部、文科办等各单位共同推动中心的建设与发展，整合优质资源，凝聚各方力量，探究信息素养教育内容和形式的创新，不断拓展知识产权信息服务的范畴。

南京工业大学也是2019年成功入选首批高校国家知识产权信息服务中心的高校之一。南京工业大学图书馆自2010年开始开展知识产权信息服务，建有"国家知识产权培训（江苏）基地专利数据中心"，2017年获批"江苏省高校图书馆专利信息传播与利用基地"，2018年正式成立了"南京工业大学知识产权信息服务中心"，提供贯穿科研立项、科学研究、专利申请和成果转化全过程的知识产权信息服务，为促进高校创新发展、推动知识产权强省建设提供有力支撑。南京工业大学高校国家知识产权信息服务中心在知识产权信息服务工作方面积累了大量的经验并取得了显著的成绩。依托专业的知识产权信息服务团队和丰富的知识产权信息资源，建有南京工业大学专利云平台专利数据库，并开展预警、定题检索、机构竞争力分析等多项专利信息服务。中心网站还开设"知产课堂"专栏普及专利信息基础知识，开设"科普速递"专栏及时发布校内外知识产权相关活动信息（图8.8）。

图 8.8　南京工业大学高校国家知识产权信息服务中心①

（2）高校知识产权信息服务中心联盟的建立

2019 年在全国知识产权公共服务工作会议上的工作报告中提到：要加强与有关部门的合作，充分发挥技术与创新支持中心（TISC）、高校国家知识产权信息服务中心的示范引导作用，积极推进高校科研院所、图书情报机构、国防知识产权部门等单位建设知识产权信息服务网点，发挥知识产权信息服务网点作用，支持同类型知识产权信息公共服务机构之间形成协作网络。在此背景下，随着高校知识产权信息服务中心建设的深入，2018 年 6 月，由同济大学牵头成立"全国高校知识产权信息服务中心联盟"②，目的在于制定和规范高校知识产权信息服务的内容和标准，充分发挥高校在学科研究和国家知识产权战略实施中的支撑作用，以"共建共享、平等互利、合作共赢"为原则，旨在强化联盟高校在人才培养、科研立项、服务能力提升等多方面的交流共享，共同推进高校图书馆知识产权信息服务的发展与完善。

（3）高校知识产权信息服务中心联盟的建设内容

高校知识产权信息服务中心联盟的建立是为了依托高校的科技和人才资源，发挥高校支撑科技创新活动作用，促进创新要素向社会流动。具体而言，高校知识产权信息服务中心联盟的建设内容体现在以下三个方面。

①建立高校知识产权信息服务中心联盟网站

建立高校知识产权信息服务中心联盟网站（图 8.9），为联盟成员间的信息交流和共享提

---

① 南京工业大学高校国家知识产权信息服务中心［EB/OL］.［2022-01-20］. https://ipsc. lib. njtech. edu. cn.
② 高校知识产权信息服务中心联盟［EB/OL］. 2022-01-20］. https://auipis. tongji. edu. cn.

供了快捷通道。网站上会定期发布联盟年会信息、知识产权培训班信息、联盟成员的知识产权相关活动信息等，这些举措对于联盟成员间的交流互动、联盟成员知识产权信息服务业务水平提升和联盟发展起到了良好的促进作用。

图 8.9　高校知识产权信息服务中心联盟网站①

②定期举办高校知识产权信息服务中心联盟年会

定期举办的高校知识产权信息服务中心联盟年会是促进联盟成员间沟通交流的盛会，在此期间，联盟成员间可以分享成功的信息服务案例，探讨联盟发展中面临的重大问题，研究联盟发展的创新模式等，为联盟的高质量建设提供了很好的平台。

在2018年第一届高校知识产权信息服务中心联盟年会暨学术研讨会上，与会专家们强调了知识产权信息服务对国家经济发展和社会建设的重要性，肯定了高校知识产权信息服务中心是高校图书馆服务实力的体现，并对高校知识信息服务中心成为高校人才培养与科学研究的支撑地和知识产权信息服务人才的聚集地提出了希望。成立一年来，联盟积极与

---

① 高校知识产权信息服务中心联盟[EB/OL].[2022-01-20]. https://auipis.tongji.edu.cn.

教育部、国家知识产权局有关部门进行沟通,探讨如何推进各高校知识产权信息服务中心的业务交流与服务规范体系建设,研究高校知识产权信息服务的需求及规律,促进高校知识产权信息服务的运用与发展,商讨高校图书馆跨地域的交流与合作,同时积极推进高校知识产权信息服务人才培训体系的建立和完善,探索符合我国高校知识产权信息服务的模式,共享先进经验与优秀案例。

图8.10展示的是2019年高校知识产权信息服务中心联盟年会暨第二届培训研讨会。

图8.10　2019年高校知识产权信息服务中心联盟年会及培训现场①

---

① 高校知识产权信息服务中心联盟站[EB/OL]. [2022-01-20]. https://auipis.tongji.edu.cn.

联盟内各成员馆馆长或分管馆领导除了商讨高校知识产权信息服务中心联盟如何进一步开展相关服务、努力提升联盟内高校知识产权信息服务的效能、促进联盟成员间的业务交流和培训外，同时举办了以专利信息为核心内容的知识产权专题培训研讨会。培训研讨会以实质性提升高校知识产权信息服务中心的服务能力为宗旨，邀请了专利信息服务研究及实践方面的业内专家，以理论结合实践的方式进行授课。具体授课内容如下：首先，在理论学习中讲授了专利信息检索、利用、分析评议的理论、方法和流程；针对具体案例，介绍高校专利信息服务及分析评议工作开展的特点、要求、思路、方法和重点难点；向与会人员进行了专利信息实务操作中主要工具和分析软件的使用方法培训。其次，理论学习后，对专利信息检索、数据处理、分析方法、图表制作等涉及的操作技巧进行实际的演示与演练。最后，培训完成后，对参加培训的人员布置了作业，以小组为单位完成一份简单分析报告，汇报过程和内容，最后由专家进行点评，并为培训代表颁发了结业证书。此次培训研讨会是联盟以学促研，鼓励各中心共同参与、共同承担的特别举措。通过培训，参会人员明确了新时代、新形势下高校专利信息服务的新特点和新要求，掌握了开展满足高校主要需求的各类专利信息检索、利用和分析评议工作的具体流程、操作方法和实用技巧。

③加强联盟成员自身的知识产权信息服务建设

联盟成员的自身建设和发展对联盟的知识产权信息服务建设的整体质量起到了基础和支撑作用。例如，电子科技大学知识产权信息服务中心成立于2018年，2019年入选全国首批"高校国家知识产权信息服务中心"，同年中心正式获得世界知识产权组织（WIPO）在华技术与创新支持中心（TISC）承办资质。电子科技大学知识产权信息服务中心的网站上提供的服务内容包含专利信息检索、信息咨询、专利资源获取与导航、知识产权教育培训、典型案例展示、知识产权主题活动展示等。

电子科技大学知识产权信息服务中心非常重视知识产权信息传播工作的开展和创新，在知识产权信息素养教育及培训方面做了很多创新性工作。中心创新地建立了一套丰富、完整的知识产权信息人才培养体系，开展了涵盖知识产权基础、知识产权情报分析与知识产权管理三大知识模块的知识产权教育培训课程。其中，知识产权基础模块包括知识产权基础知识、知识产权制度与法律、专利文献获取与解读、知识产权资源介绍等核心课程；知识产权情报分析模块包括专利技术领域现状分析、侵权与新颖性判定、研究前沿、核心文献挖掘与分析等核心课程；知识产权管理模块包含知识产权侵权判定与保护、专利文件撰写、专利申请与审查、专利布局策略、专利投融资识别与风险管控、专利转移转化、知识产权与创新创业等核心课程。电子科技大学知识产权信息服务中心还以嵌入课堂的形式进行信息素养通识教学。中心现已开设"知识产权管理""知识产权与信息检索""信息检索与利用""学术资源的使用和分析"和"法律智能信息检索"等线下课程，其中"知识产权管理"和"知识产权与信息检索"2门课程已经分别在中国大学MOOC、中国知识产权远程教育总平台上线。

同时，电子科技大学知识产权信息服务中心根据培训对象特点，采取独立组织、与学院或学生社团合作举办、与区域知识产权服务机构合作等多种方式，在培训层次、培训主题等方面深入探索，以开设课程、系列讲座、举办活动等形式灵活地开展知识产权专题培训和通识教育。中心面向各学院、学科及科研团队定期举办嵌入式专题讲座，讲座内容涉及知识产权基础知识、分析与利用、管理与运营多个知识层面，也会根据实际需求提供讲座定制服务。

同时,中心在每年的世界知识产权日期间,会举办包括创意作品展览、信息检索大赛、知识竞赛、线上课程、有奖问答、论坛分享等多种形式的"知识产权进高校,电子科技大学专利展示周"系列活动,对知识产权信息意识培育起到了积极作用。

电子科技大学知识产权信息服务中心在知识产权信息传播方面的经验为我国高校知识产权信息服务中心日后开展相关工作提供了宝贵的参考,对于提升我国高校知识产权信息传播整体效能起到了很好的示范作用。

8.4.3 产业知识产权联盟

(1) 产业知识产权联盟介绍

要了解什么是产业知识产权联盟,就要首先了解什么是产业联盟。

产业联盟(Industry Alliance)是市场主体为某一目的或目标以协议形式建立的相互协作的组织或合作模式,企业之间或企业与其他组织之间为实现某种目标而建立短期或长期的联盟是市场经济环境下的常见形式。产业联盟的建立是为了解决产业共性问题,特别是产业创新中单个企业无法解决的产业问题或者无法抵御的产业风险,联盟组织的设立可以帮助企业克服其在规模、自主研发能力以及文献信息资源等方面的不足。《中共中央 国务院关于深化体制机制改革 加快实施创新驱动发展战略的若干意见》①以及国务院颁布实施的《中国制造2025》②等国家政策文件中都明确提出:产业联盟建设是为了加快协同创新、深化知识产权运用,支持和鼓励构建以企业为主导、产学研合作的产业技术创新战略联盟和知识产权联盟建设。

从产业联盟的建设内容可以看出,产业知识产权联盟的建设是产业联盟的一个重要建设方向,是提升联盟中企业创新能力的重要举措。在此背景下,产业知识产权联盟得到了快速发展③。

关于产业知识产权联盟的定义,本书参考了2015年国家知识产权局印发的《产业知识产权联盟建设指南》④(以下简称《指南》),《指南》中提出,产业知识产权联盟是以知识产权为纽带、以专利协同运用为基础的产业发展联盟,是由产业内两个以上利益高度关联的市场主体,为维护产业整体利益,为产业创新创业提供专业化知识产权服务而自愿结盟形成的联合体,是基于知识产权资源整合与战略运用的新型产业协同发展组织。从这个定义中可以清晰地看出,产业知识产权联盟的建设更强调为联盟成员提供专业化知识产权信息服务,激活联盟企业成员的创新活力,发挥信息服务对企业创新创业的支撑作用。

在经济全球化的今天,构建产业知识产权联盟已经不再单纯为了帮助企业分担风险、降

---

① 中共中央 国务院关于深化体制机制改革加快实施创新驱动发展战略的若干意见[EB/OL]. (2015-03-13)[2022-01-20]. http://www.gov.cn/gongbao/content/2015/content_2843767.htm.
② 国务院关于印发《中国制造2025》的通知[EB/OL]. (2015-05-19)[2022-01-20]. http://www.gov.cn/zhengce/content/2015-05/19/content_9784.htm.
③ 陆介平,王宇航. 我国产业知识产权联盟发展及运营态势分析[J]. 中国工业评论,2016,(5):42-47.
④ 产业知识产权联盟建设指南[EB/OL]. (2015-04-28)[2022-01-20]. http://www.cnipa.gov.cn/art/2015/4/28/art_437_43313.html.

低成本,更重要的是作为企业增强创新能力和联合发展的重要组织形式。构建产业知识产权联盟,可以使企业间的创新资源进行水平式双向或多向流动,在某一技术领域形成较大的合力和影响力,提升联盟中企业的自主创新能力和市场竞争力。同时,产业知识产权联盟的建设能够为联盟成员间提供定制化、精准化、专业化的知识产权信息服务,营造有利于企业创新创造的良好氛围,激发企业成员的创新活力。从长期来看,产业知识产权联盟能够有效地提高联盟成员的知识产权信息意识和利用能力,刺激联盟成员持续产生创新需求,提高创新需求质量,最终促进了整个产业的优化升级。

(2) 产业知识产权联盟的建立

在知识经济时代,自主知识产权已经成为当今企业参与国际竞争的核心武器,在这种背景下,产业知识产权联盟的重要性日益凸显。近几年我国产业知识产权联盟建设风起云涌、发展迅速。据国家知识产权局统计[①],截至 2018 年 1 月 22 日,备案在册的产业知识产权联盟共计 105 个,分布在 11 个省和北京、上海、重庆 3 个直辖市,产业涉及智能制造产业、农牧产业、食品检测产业、交通运输产业、化工新材料产业、机电产业、生物制造产业、医药产业、物联网产业、光电产业、特殊船舶及海洋工程配套产业、通信产业、新能源产业、黄金珠宝加工产业、冶金产业、知识产权管理、旅游产业等多个创新领域。其中部分产业联盟为国家专利协同试点单位,详见表 8.2。

表 8.2 部分产业知识产权联盟名单[①](截至 2018 年 1 月 22 日)

序号	备案编号	推荐单位	联盟名称
1	国知联备 2015001	北京市知识产权局	北京市智能卡行业知识产权联盟
2	国知联备 2015002		北京市音视频产业知识产权联盟
3	国知联备 2015003		北京食品安全检测产业知识产权联盟
4	国知联备 2015004		中关村能源电力知识产权联盟
5	国知联备 2015006		北京市抗肿瘤生物医药产业知识产权联盟
6	国知联备 2015010		北京现代农牧业知识产权联盟
7	国知联备 2015012		北京轨道交通机电技术产业知识产权联盟
8	国知联备 2015013		北京热超导材料产业知识产权联盟
9	国知联备 2016023		中国集成电路知识产权联盟
10	国知联备 2016024		移动智能终端知识产权联盟
11	国知联备 2016026		北京高端精密机电产业知识产权联盟
12	国知联备 2016027		中药大品种知识产权联盟
13	国知联备 2017001		中国矿业知识产权联盟
14	国知联备 2017008		智能制造产业知识产权联盟

---

① 备案在册的产业知识产权联盟名单(截至 2018.1.22)[EB/OL]. (2018-01-22)[2022-01-20]. https://www.cnipa.gov.cn/art/2018/1/22/art_437_43310.html.

(续表)

序号	备案编号	推荐单位	联盟名称
15	国知联备 2017015	上海市知识产权局	电机及系统专利联盟
16	国知联备 2017016		微创伤类医疗器械专利联盟
17	国知联备 2015014	辽宁省知识产权局	营口市汽车保修检测设备行业专利联盟
18	国知联备 2015015	吉林省知识产权局	化工新材料产业知识产权联盟
19	国知联备 2015016	江苏省知识产权局	新医药技术创新知识产权联盟
20	国知联备 2015017		膜产业知识产权联盟
21	国知联备 2015018		江苏省物联网知识产权联盟
22	国知联备 2015019		泰州市特殊钢产业技术创新与知识产权战略联盟
23	国知联备 2015020		南京光电产业知识产权联盟
24	国知联备 2015023		江苏省机器人及智能装备制造产业知识产权联盟
25	国知联备 2015024		大气污染防治知识产权联盟
26	国知联备 2015026		中国船舶与海洋工程产业知识产权联盟
27	国知联备 2015027	浙江省知识产权局	湖州市电梯产业知识产权联盟
28	国知联备 2016020		杭州高新区(滨江)物联网产业知识产权联盟
29	国知联备 2017012		中国低压智能电器产业知识产权联盟
30	国知联备 2017014		浙江省龙游通讯天线产业知识产权联盟
31	国知联备 2015029	山东省知识产权局	山东省石墨烯产业知识产权保护联盟
32	国知联备 2015030		国家化工橡胶专利联盟
33	国知联备 2015033		济宁市工程机械产业知识产权战略联盟
34	国知联备 2015035		枣庄高新区锂电新能源产业知识产权创新联盟
35	国知联备 2015038		地下埋设物智能化管理知识产权联盟
36	国知联备 2016003		山东省知识产权运营联盟
37	国知联备 2016005		中国黄金珠宝加工产业知识产权联盟
38	国知联备 2015039	河南省知识产权局	南阳市汽车零部件产业知识产权联盟
39	国知联备 2015040		中国冶金辅料(保护渣)产业知识产权联盟
40	国知联备 2015041		漯河市食品产业知识产权战略联盟
41	国知联备 2015042	湖南省知识产权局	轨道交通装备制造业专利联盟
42	国知联备 2015043	广东省知识产权局	LED 产业专利联盟
43	国知联备 2015045		中国彩电知识产权产业联盟
44	国知联备 2015046		深圳市工业机器人专利联盟
45	国知联备 2016008		深圳市医疗器械行业专利联盟
46	国知联备 2016009		新能源标准与知识产权联盟
47	国知联备 2017002		广东省环保产业知识产权联盟
48	国知联备 2018002		广州医药产业知识产权联盟
49	国知联备 2018002		深圳市金银珠宝创意产业知识产权联盟

(续表)

序号	备案编号	推荐单位	联盟名称
50	国知联备 2016017	海南省知识产权局	海南省热带特色高效农业知识产权联盟
51	国知联备 2018003		海南省互联网产业知识产权联盟
52	国知联备 2018004		海南省旅游业知识产权联盟
53	国知联备 2018005		海南省医疗健康产业知识产权联盟
54	国知联备 2015048	重庆市知识产权局	超声治疗医疗器械产业知识产权联盟
55	国知联备 2015049		重庆市摩托车产业知识产权联盟
56	国知联备 2015050	四川省知识产权局	四川省高效节能照明及先进光电子材料与器械技术创新和知识产权联盟
57	国知联备 2015052		四川省眉山"东坡泡菜"产业专利联盟
58	国知联备 2015054		宜宾市香料植物开发利用产业知识产权联盟
59	国知联备 2015055		四川省广汉石油天然气装备制造产业专利联盟
60	国知联备 2015056	中国电子材料行业协会	光纤材料产业知识产权联盟

(3) 产业知识产权联盟的建设内容

产业知识产权联盟的重点任务是为联盟企业提供个性化、定制化、专业化的知识产权信息服务,精准助力企业技术研发和成果转化,提高企业市场竞争力,从而推动整个产业的优化升级。具体来说,产业知识产权联盟开展的建设内容体现在以下两方面。

①积极建设联盟网站,提供一站式的知识产权信息服务

产业知识产权联盟通过自身网站,为联盟成员提供一站式的知识产权信息服务,包括定期发布行业相关的重大知识产权政策、产业知识产权分析报告、产业技术专利分析报告、产业科技成果汇编、产业相关知识产权培训信息等内容,为联盟成员提供贯穿知识产权创造、运用、保护和管理全流程的知识产权信息服务,深化和突出产业知识产权联盟的创新效应,促进产业优化升级。

以中国船舶与海洋工程产业知识产权联盟[①](简称"中船联",国知联备 2015026)为例,该联盟成立于 2015 年 12 月 18 日,其核心任务是促进知识流动和实现技术转移,特别是专利资源的共享[②]。"中船联"建立了系统的信息通报机制。联盟网站(图 8.11)开设有"联盟资讯"专栏,会定期发布行业新闻、相关项目或研究计划申报通知、产业最新进展的科研快讯及联盟自身发展和活动动态;网站开设的"政策法规"专栏,及时发布产业发展相关的国家政策及法律文件,为联盟成员快速、准确获取产业相关信息提供了权威、专业、便捷的渠道。

---

① 中国船舶与海洋工程产业知识产权联盟[EB/OL].[2022-01-20]. http://zcl.just.edu.cn.
② 王桂平,陆介平,宋旼珊.浅谈中国船舶与海洋工程产业知识产权联盟运行模式[J].湖北经济学院学报(人文社会科学版),2017,14(5):21-23.

图 8.11 "中船联"网站政策法规专栏①

"中船联"还建立了完善的业务交流机制。"中船联"网站开设了"联盟项目"专栏,为联盟成员从文献信息资源获取利用、协同创新和交流培训等多角度提供知识产权信息服务。其中,知识产权服务针对产业发展和布局升级,通过产业调研,提供了产业发展所涉及诸多产业链的专利分析报告,同时通过统计分析产业技术路线、全球产业发展态势、国际主要竞争对手以及核心技术等,撰写产业技术分析简报,使得联盟成员能够及时掌握产业的国内外技术发展前沿和知识产权动态;协同创新服务会定期汇总产业链中各技术领域的最新成果及阶段性成果汇编,增强联盟成员间的资源共享,促进产业技术创新和成果转化;交流培训服务会发布产业相关的知识产权信息培训通知,为联盟成员增强知识产权保护意识、提升知识产权信息利用能力提供了快通道。

"中船联"通过构建联盟网站,为联盟成员提供一站式、定制化的知识产权信息服务,为中国船舶与海洋工程产业整体布局的优化和联盟成员自身的创新能力提升提供了基础和保障。

②构建专利池,参与知识产权运营服务平台建设

专利池是一种由专利权人组成的专利许可交易平台,能消除专利实施中的授权障碍,促进技术的推广应用,显著降低交易成本。在企业研发的技术创新中,技术标准的制定已经是当今产业竞争的核心,专利是技术标准的重要载体,专利池的形成可以有效避免技术标准带来的竞争壁垒,为产业发展提供基础和保护。在产业知识产权联盟中专利池的构建和管理关系到联盟企业的利益,影响了整个产业的技术推广和市场发展。产业知识产权联盟构建专利池,参与知识产权运营服务平台建设,能够帮助联盟企业构建有利于自身的技术研发和技术推广的技术标准,增加联盟企业在市场竞争中的主动性和竞争力。

对于企业而言,知识产权运营非常重要,是帮助企业"找出路"的关键环节。因此,产业知识产权联盟通过参与知识产权运营服务平台建设的方式,为联盟成员的知识产权运营提

---

① 中国船舶与海洋工程产业知识产权联盟[EB/OL].[2022-01-20]. http://zcl.just.edu.cn.

供途径。以高端装备制造产业知识产权联盟①为例,该联盟由清华大学天津高端装备研究院牵头,重点汇聚东丽区高端装备制造相关企业以及区外行业龙头企业。该联盟参与了天津东丽区知识产权运营服务平台②的建设,该平台围绕新一代汽车技术、高端装备制造、生物医药、新材料等重点发展产业领域,组建包含新材料、医疗器械、中国汽车、智能装备、高端装备制造五大重点产业的知识产权联盟,以促进同行业企业在知识产权保护与运营中形成合力,提高企业的行业竞争力(图 8.12)。

图 8.12　东丽区知识产权运营服务平台②

---

① 高端装备制造产业知识产权联盟[EB/OL].[2022-01-20]. http://zscq.scjgj.tjdl.gov.cn/industrialAlliance/detail.jhtml?id=5.
② 东丽区知识产权运营服务平台[EB/OL].[2022-01-20]. http://zscq.scjgj.tjdl.gov.cn/.

高端装备制造产业知识产权联盟在该平台上为成员提供了由 54 项专利构成的专利池，使联盟成员能够共享对企业研发方向有帮助的专利信息，在核心技术的研发上取得突破，在参与市场竞争的过程中，可以绕过国外的专利池或者加入专利池以获得交叉许可，促进高端装备制造产业的整体发展。

各类知识产权联盟的建立是以高校和企业为不同的信息服务提供者，采用个性化、精准化满足各自服务对象创新需求的方式，丰富公共服务的内容，扩大知识产权信息服务的辐射范围的过程，这也是重要的知识产权信息传播主体建设形式。

8.5 客体运用之一：知识产权信息素养教育

创新创造活动依靠的是具有创新意识的创新群体，而创新群体能够从事创新活动并产生创新成果，必然需要有效的创新需求和较强创新能力的支撑。知识产权信息素养教育是广泛培育目标受众创新意识、激发其创新需求、提升其创新能力的最基础、最直接手段，也是知识产权信息传播客体运用的重要形式之一。

8.5.1 知识产权信息素养教育概念及形式

（1）知识产权信息素养的概念

知识产权信息素养是获取和利用知识产权信息的一种信息素养，因此，要明晰知识产权信息素养的概念，首先须了解信息素养的概念。信息素养（Information Literacy，IL）概念最早出现在 1974 年美国信息产业协会主席保罗·泽考斯基（Paul Zurkowski）的报告中，又称信息素质、信息能力等，目前普遍认可的信息素养定义是美国图书馆协会（American Library Association，ALA）于 1989 年在发表的信息素养研究报告中首次提出的，报告中认为信息素养是"人们必须能够确定何时需要信息，并具备有效获取、评价和利用所需信息的能力"。

在信息引领技术发展的今天，知识产权信息作为一种重要的科技创新资源，对社会发展和技术进步具有非常重要的作用。同时，科技创新的日新月异和信息资源的急剧扩张使得知识更新迭代速度大大加快，如何能快速准确地获取知识产权信息、利用知识产权信息解决创新创造中的问题至关重要，即具备知识产权信息素养是从事创新创造的基础和保障。国内目前对于知识产权信息素养还未形成一致的定义。李泽红等[①]在对信息素养与知识产权素养的比较研究中表述"知识产权素养是人们了解什么是知识产权以及如何运用知识产权解决问题的能力"，总结出知识产权素养由知识产权意识和知识产权运用能力构成。

---

① 李泽红,陈平形.信息素养与知识产权素养比较研究[J].高校图书馆工作,2008,28(6):26-29.

吴红等[1]认为知识产权意识和知识产权运用能力是知识产权素养的两个主要内容,而教学计划、教学内容与方法、导师和学习动机是影响知识产权素养提升的关键因素。刘彩霞[2]认为知识产权素养是一种了解知识产权知识,管理、评价、保护和创造知识产权的综合能力。综上,本书把能够运用知识产权制度的各种工具获取知识产权信息、综合评价和分析已经收集信息的正确性和完整性、利用已收集到的信息解决创新活动中问题的能力称作知识产权信息素养。

(2) 知识产权信息素养教育的形式

鄂丽君等[3]调研了 49 家高校图书馆,归纳出组织专题讲座、设置相关课程、举办培训会和专题宣传活动等是高校图书馆开展知识产权素养教育的主要形式;徐春等[4]选取 60 家已经成立了 1—2 年的高校国家知识产权信息服务中心作为研究对象,发现它们开展知识产权信息素养教育的主要途径是设置学分课程、开设培训讲座、推送知识产权微课程和组织知识产权素养竞赛等;孟祥保等[5]从多角度研究了国内外开展科学数据素养的基本模式,包括建立科学数据资源导航、开设科学数据素养通识教育、举办学科专题数据素养培训。综上所述,笔者认为通识教育和各种形式的专题培训是开展知识产权信息素养教育的两大主要形式,8.5.2 和 8.5.3 将对这两种知识产权信息素养教育形式进行重点论述。

8.5.2 知识产权信息素养通识教育

(1) 知识产权信息素养通识教育概述

知识产权信息通识教育是大规模培育创新意识、激发创新需求、提升创新能力的基础手段。根据张晓娟等[6]调研国内外高校的信息素养实践的结论,通识教育和整合教育是国内外高校信息素养教育的两种基本模式,早在 20 世纪 50 年代美国就开设了文献检索课,随后各国纷纷将信息素养融入教育体系范畴中。我国从 20 世纪 80 年代开始普及文献检索课,到 1984 年由教育部正式发文确立在我国高校开设该课程[7]。文献检索课起到拟定信息素养的培养目标和建立信息素养指标体系的关键作用,有助于帮助学生从信息理论、思维模式、信息伦理、学术修养等宏观层面建立起信息意识,成为开展信息素养通

---

[1] 吴红,常飞,李玉平. 基于鱼骨图和 AHP 的研究生知识产权素养影响因素分析[J]. 图书情报工作,2011,55(20):44-47,81.

[2] 刘彩霞. 高校图书馆工科大学生知识产权素养提升策略研究:以天津科技大学为例[J]. 图书馆工作与研究,2022(5):66-75.

[3] 鄂丽君,马兰. 高校图书馆知识产权素养教育研究[J]. 图书馆工作与研究,2020(4):106-111,128.

[4] 徐春,张静,孟勇. 高校图书馆知识产权信息素养教育现状及发展对策研究[J]. 图书馆学研究,2021(24):22-30.

[5] 孟祥保,李爱国. 国外高校图书馆科学数据素养教育研究[J]. 大学图书馆学报,2014,32(3):11-16.

[6] 张晓娟,张寒露,范玉珊,等. 高校信息素养教育的基本模式及国内外实践研究[J]. 大学图书馆学报,2012,30(2):95-101.

[7] 丛敬军,杨威. 从文献检索课教学到信息素质教育[J]. 情报资料工作,2003(2):73-75.

识教育的重要载体。因此,信息素养教育就是从文献检索课设置开始,并且是高校研究和实施信息素养教育的主要场所,高校文献检索课是我国探索和实施信息素养通识教育的基础途径。

知识产权信息作为一种重要的文献信息资源,渗透在生活方式变革、工业产品研发、产业技术革新和市场经济发展等多方面,对社会发展和技术进步具有非常重要的作用。同时,在信息引领技术发展的今天,信息资源的急剧扩张使得知识更新迭代速度大大加快,如何能快速准确地获取知识产权信息、利用其解决创新创造中的难题至关重要。因此,培养具备较高知识产权信息素养的人才已成为当今信息素养教育的重要任务之一。下文将重点介绍我国高校通过文献检索课开展知识产权信息素养教育的情况。

(2) 高校知识产权信息素养通识教育

知识产权信息素养培养不是单纯指具备知识产权信息获取和利用能力,而是以支撑创新创造为最终目的,全面掌握各类信息搜集、分析及应用的综合能力。知识产权信息素养教育嵌入在普适性的信息素养通识教育之中,高校文献检索课仍是开展知识产权信息素养通识教育的重要平台之一。目前,文献检索课已经将知识产权信息素养教育作为该课程的重点教学内容,通过介绍信息理论基础知识、信息资源获取及利用技巧,重点培养学员的信息素质、信息资源获取、分析及处理的方法、创新方法等,使学员具备一般的科研思维和专业的检索技能,提高学员利用信息解决问题的实际应用能力,提升学员以知识产权信息素养为核心的综合信息能力。

文献检索课的开设形式和课程设置取决于信息素养教育的培训目标和培训对象的实际需求。课程基于各类文献资源,但不是资源的堆积,也不是仅仅针对某个具体数据库的操作,而是侧重于普适性检索方法的掌握和特殊性检索系统的学习,它是提高学习者信息获取能力,帮助学习者开展自主学习、拓展知识、完善知识结构的工具型课程,是终身学习的有力助手。王玉芳等[①]介绍了复旦大学图书馆"信息素养与科学发现"通识教育课的开展情况,该课程体系的设立以选题为出发点(表8.3),注重激发学生的研究热情和求知欲,启发学生发现问题和解决问题的科研思维,培养学生触类旁通的检索思维,引导学生多学科的融合,增强学生的社会责任感。

表8.3 复旦大学以选题为基点的学术探究课程体系[①]

课程结构	学术探究目标	信息素养教学要点	学时
导论与基础	1. 认识科学研究与信息素养 2. 检索的基本原理	1. 科研的过程及各阶段的信息需求 2. 信息素养概述、信息合理合法使用 3. 信息类型、检索基本术语	4

[①] 王宇芳,李晓玲,符礼平,等. 通识教育视野下的本科生信息素养教学改革[J]. 图书情报工作,2011,55(11):86-89.

课程结构		学术探究目标	信息素养教学要点	学时
学术探究进程	初选研究领域	1. 概览学科分支(例:内分泌-胰岛疾病) 2. 寻找交叉领域(例:眼耳鼻喉科) 3. 选择研究分支(例:糖尿病视网膜病变)	1. 学科分类体系与导航 2. 结果分析-学科分组 3. 综述检索I(分类导航+"进展"等关键词检索、逻辑算符) 4. 综述阅读I(概览:寻找兴趣、评估能力)	4
	寻找选题切入点	1. 全面检索相关综述 2. 把握研究背景信息 3. 了解研究热点、新兴研究点、可拓展领域、空白点 4. 研究价值分析 5. 调整、明确选题(例:抗氧化物酶在糖尿病视网膜病变中的作用) 6. 了解术语,检索词确定	1. 综述检索II(自由词、规范词等主题语言检索、检索限定等) 2. Web、电子书、事实及数值检索 3. 结果分析-关键词、基金、作者、机构分组 4. 基金项目网站查询 5. 引文分析报告 6. 综述阅读II(精读:课题的研究历程、体系框架、趋势、问题、术语等) 7. 文献与知识管理	10
	课题信息全面调研	1. 全面、深度掌握课题的研究资料 2. 归纳研究成果、思路方法等 3. 知道如何规范表述见解 4. 完成自选课题的信息调研报告	1. 检索策略(检索途径、语言、算符、技术巩固与提高、检全/检准调整) 2. 会议、学位论文、标准等检索 3. 引文检索(经典文献、先驱与继承) 4. 核心信息源跟踪(核心期刊、核心网站、核心作者、核心机构) 5. 学术与写作规范	16

南京工业大学图书馆长期面向本科生、研究生开设了"专利信息分析与预警""专利情报理论与实践""专利文献检索""信息检索"等系列课程。同时,该校文献课教师团队在信息检索基础知识和方法的基础上,结合本校化工专业特色,编写了适用于各类本科生和研究生的文献检索课的教材《实用信息检索方法与利用》作为教材(图8.13)。

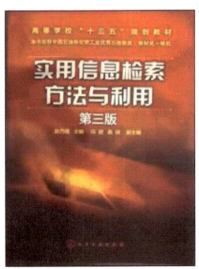

图8.13　南京工业大学文献检索课教材

南京工业大学文献检索教学团队面向本科生开设了16个学时的文献检索课,其中包含4个学时的上机实践课。理论授课内容包括信息检索通论、信息伦理道德概述、知识产权基础知识介绍、图书及期刊基础知识及检索方法、各类特种文献(例如专利、学位论文、标准文献)资源介绍及检索方法、化工类数据库(例如 Elsevier SDOL、CA、EI 等)使用及检索技巧介绍、信息评价与分析方法和检索实例等模块。上机实践课是对课堂学习到的理论知识的实践环节,授课老师会让学生选取自身专业学习中遇到的科研问题或者感兴趣的科研方向,运用信息检索的思维和方法进行实践,进一步巩固理论知识,提升实际应用能力。

南京工业大学文献检索教学团队面向研究生开设了 22 个学时的文献检索课,相比于本科生,研究生的自主科研能力要求更高,科研活动也更专业。因此,文献检索课教师团队根据本校研究生的实际需求设计授课内容,包括如何运用信息检索课去解决学习、生活和工作中的问题,如何分析和利用检索到的文献资源,如何甄别筛选免费的网络资源和掌握常用学术网络信息资源,如何优化检索策略,如何阅读科技文献和掌握文献管理的方法及工具,掌握学术论文的写作规范,熟悉和掌握重要中外文文献资源检索工具(例如 Springer 、Elsevier 全文数据库、引文索引数据库、EI 数据库、Scopus 数据库、WOS 数据库、CSSCI 数据库等)及其检索方法等内容。研究生文献检索课侧重于培养学生解决科研问题的实际能力,助力其科研活动,并为今后进一步的学习奠定良好的信息素养基础。

除了传统的线下文献检索课,国家精品课程在线学习平台 MOOC(慕课)是我国开展信息素养通识教育的线上重要平台。线上开展信息素养通识教育不受空间和地域的限制,并可以实现教育资源的共享,极大地拓宽了信息素养通识教育的受众范围,丰富了信息素养通识教育的形式,为大众信息素养的培育增加了便捷性。武汉大学图书馆黄如花老师团队从 2014 年起开展"信息检索"MOOC 课程①,除本校师生外,还面向所有具备基本的计算机操作和上网技能的网民开放该课程,着重介绍可免费获取的各种信息资源,以期扩大信息素养教育的受众范围和社会影响力,培养社会大众的信息意识,提高社会创新群体的信息思维水平和通过信息检索解决各方面问题的能力。图 8.14 展示了武汉大学"信息检索"MOOC 部

讲	节	知识点		讲	节	知识点
第1讲 绪论	1 课程简介	为什么要开设这门课程		第10讲 信息检索拓展你的课堂	1 检索某一概念的定义	免费的百科全书、在线词典、某专业词汇的检索
	2 授课对象	教学的内容及教学方法			2 查找课堂教学相关的资料	查找课程相关的课件,免费教材,免费参考资料
	3 上期回顾	回顾上期信息检索MOOC的情况			3 多媒体资料为教、学增色	课程相关的多媒体资料的检索、免费知名家"请到课堂来"资料的检索
	4 新学期计划	新学期的一些变动与计划			4 免费请专家为您授课	问答工具的检索与利用
	5 什么是信息检索:电影《搜索》为您揭晓	什么是信息素养,信息检索的相关术语,信息检索的定义			5 管理自己的教学素材	综合利用各种素材进行教学
	6 信息检索:世界电影共同关心的主题	关于信息检索的外国电影		第11讲 信息检索在论文写作和项目申报中的应用	1 信息检索的主要应用领域	企业新产品开发、竞争情报、专利申请、科研项目申请、政府与管理咨询
第2讲 如何利用信息检索提高生活质量	1 带你省钱	如何找到便宜机票,0元机票,免费住星级酒店还要高标,如何轻松地货比三家			2 科技查新的重要性	避免选题重复的必须环节
	2 防止上当受骗	识破骗局,假基金与股票,学术骗子			3 科技查新的文献检索	科技立项的必须流程
	3 时尚大师为你支招	衣着重要性的真人实验,脸型与衣着、选择合适的颜色			4 研究背景信息的检索	如何全面查找本主题的国内外图书、期刊论文、学位论文、会议论文、专利、标准、研究报告、网页文献、研究项目等
	4 为你的健康保驾护航	如何吃出健康,最合适的药,WHO基本药物指南,不能用的药			5 撰写内容的设计	国内外有关的政府文件,本领域重要组织的动态
	5 行万里路	行程规划与助手、环球机票、便宜酒店的查找,今夜追谁家、免费周游世界			6 研究素材的收集	通过国内外研究现状的分析拟定论文大纲或项目的立题依据、重点与难点、拟解决的关键问题
第3讲 如何利用信息检索提高综合素质	1 免费读万卷书	免费图书的检索、免费电子图书网站、图书分享与交流网站			7 引用的规范	数据、案例信息的检索
	2 解放你的眼睛	音频图书的检索与利用				国内外有关的文献著录标准和引用规范
	3 足不出户上国内名牌大学	国内外名校的介绍,门户网站的公开课、其他MOOC平台		第12讲 信息检索助你在商战中立于不败之地	1 客户需要什么	如何利用大数据进行产品定制、精准营销
	4 零距离接触全球优秀教师	世界三大MOOC平台——Coursera, Udacity, edX 的介绍与费用			2 知己知彼方能百战不殆	如何获取竞争对手的情报
	5 手把手教你学计算机	计算机类视频资料的检索			3 酒好也怕巷子深	利用指数预测进行营销分析
					4 你的企业被挤垮了吗	企业预警与舆情监测
					5 保护商业机密	企业信息安全
					6 访谈世界500强的CIO	视频:信息对企业成功的重要性

图 8.14　武汉大学"信息检索"MOOC 部分课程截图①

---

① 黄如花. 文献检索[EB/OL]. (2014 - 09 - 01)[2022 - 01 - 20]. https://www.icourse163.org/course/WHU-29001? tid=26001.

分课程。该课程以通俗易懂的语言由浅入深地介绍信息检索理论知识,讲授信息检索的基本原理和方法、常用免费检索资源的获取途径和使用技巧、利用信息检索解决各种问题的思路。通过大量真实案例和电影片段等案例素材,生动地展示检索思维在生活方式、工作规划、科学研究、论文写作、项目申报、企业研发、市场竞争等多个场景中的作用及有益效果,体现信息检索的实用性和操作性。

南京中医药大学从 2019 年起利用国家精品课程在线学习平台 MOOC(慕课)①面向在校学生及授课教师开设线上"文献检索"课程(图 8.15),至 2022 年 6 月课程已经进行 6 期,主要包括文献检索基础知识、常用数据库介绍、检索技巧概述、引文管理工具与方法介绍、中医药资源的获取方法等主要课程模块。南京中医药大学的文献检索课程从基本的检索概念和原理出发,侧重于检索方法和检索技巧的教学,使学习者能够了解各类文献资源的获取途径和方法、熟悉各种检索系统的资源和结构,掌握各种检索方法的规律和技巧。同时,课程紧扣学校专业特色和师生的科研需求,在常用检索资源章节有针对性地介绍相关中医药文献资源的获取途径和检索方法,丰富和拓展学习者的知识领域和检索能力。

图 8.15　南京中医药大学线上文献检索课

华东理工大学的"文献检索"MOOC 课程②(图 8.16)从 2018 年开始,至 2022 年 6 月已开设 10 期课程,课程包含 Big6 问题解决方案、各种检索工具介绍、创新方法介绍、文献管理工具介绍、论文写作介绍等主要模块。课程设置偏重于培养学习者通过信息检索解决科研问题的能力和创新思维,在介绍主流的检索工具和检索方法的基础上,全面介绍各研究领域的专题检索工具和文献管理软件及文献分析方法,系统地介绍开启科学研究的思维和方法,以及论文的写作规范,针对创新活动介绍如何检索分析专利文献并有效规避专利风险。

---

① 张稚鲲,伍晓光,朱婉丽,等. 文献检索[EB/OL]. (2022 - 01 - 10)[2022 - 01 - 20]. https://www.icourses163.org/course/NJUTCM-1206835801.

② 吉久明,刘颖,李楠,等. 文献检索[EB/OL]. (2022 - 02 - 18)[2022 - 03 - 20]. https://www.icourse163.org/course/ECUST-1002575003.

图 8.16　华东理工大学线上文献检索课①

湘潭大学肖冬梅教授开设的"知识产权信息检索与利用"MOOC 课程①，联合专利信息事务专家、律师和专利代理人，针对知识产权专业学生、理工专业学生、研发人员和科研管理人员的实际需求，以提升学员专利信息检索及分析利用核心技能为目标，从理论、工具和方法三大层面构建课程体系，侧重于让学员熟知各类知识产权文献信息资源，掌握各类信息获取的方法和途径，提高对信息的挖掘和利用能力。

课程包含专利、商标、版权与其他知识产权信息四大知识模块，内容涉及各类知识产权文献信息检索的一般方法、常用工具、主要数据库和分析实战等。该课程非常重视信息能力在实际中的应用，重点介绍了专利信息检索的类型（包括面向技术比对的对比文件的检索、面向专利分析的技术主题检索）、专利分析的类型（包括数据分析、技术分析、引文分析）以及面向不同需求的专利分析实战（包括专利分析的一般流程、企业专利导航分析、FTO 检索分析、企业专利预警机制的构建），极大地提高了学员以信息情报挖掘和利用为核心的专业能力，增强了学员的知识产权信息综合素养。

8.5.3　知识产权信息专题培训

除知识产权信息素养通识教育外，知识产权信息专题培训也是一类重要的信息素养教育形式。初景利等②提出除了文献检索课程外，信息素养教育要匹配用户的创新情境，用户的信息素养能力要能够满足其特定的创新需求和创新活动，将信息素养能力融入创新群体的核心业务能力之中，保障信息素养的针对性、实用性和全面性，在创新创造中发挥重要作用。知识产权信息专题培训是信息素养教育能力培养的升级与拓展，是打造专业化、职业化知识产权信息人才队伍最有效的信息素养教育形式之一。

知识产权信息专题培训的类型取决于培训内容和培训目标，须建立分级分类的培训和

---

① 肖冬梅. 知识产权信息检索与利用[EB/OL]. (2019-09-20)[2021-12-31]. https://www.icourse163.org/course/XTU-1206620814.

② 初景利，刘敬仪，张冬荣，等. 从信息素养教育到泛信息素养教育：中国科学院大学 15 年的实践探索[J]. 图书情报工作，2020,64(6):3-9.

交流机制。本节按照结构优化、层次提升的原则,将知识产权信息培训分为基础型、实务型和高层次型三种类型,开展针对性的培训,培养和造就一支政治和业务素养高、结构和层次布局合理的满足知识产权事业发展需要的知识产权信息人才队伍。

(1) 基础型知识产权信息专题培训

基础型知识产权信息人才培养针对在校学生、教师以及企业科研人员,以提高其知识产权信息意识和利用能力为目标。培训目标是使培训学员了解知识产权法律法规、知识产权与科研创新的紧密关系、申请确权等相关基础知识,重点掌握知识产权信息检索技能、主流专利检索平台及专利大数据分析平台的使用技巧。培训课程涉及知识产权法律法规、知识产权信息检索基本技能、专利文献基础知识、申请流程及专利文书撰写、创新创业中的风险评估与防范等。通过培训使学员应具备知识产权信息意识以及利用知识产权信息的能力。

例如同济大学上海国际知识产权学院 2018 年举办的知识产权与创新创业专题培训班①,培训课程详见表 8.4。此次培训人员不限于中小企业知识产权主管及相关工作人员和企事业单位创新团队成员,特别欢迎在校学生的参加,旨在为大学生普及知识产权基础知识,介绍知识产权制度及各种工具,营造浓厚的知识产权保护氛围,激发学生的创业热情,为学生的创新创业活动提供支撑。本次培训班邀请了多位知识产权学术界权威专家和司法实务专家担任主讲教师,面向中小企业知识产权主管、企事业单位知识产权团队成员、初创企业负责人以及大学生创业团队等,传授创新创业及与知识产权法律相关知识,80 余位学员参加了此次培训。培训内容主要包括初创企业知识产权管理、知识产权与科技革命、大健康产业知识产权保护、TRIZ 创新方法与创新创业中的专利规避设计、专利制度与科技创新管理、创新创业中的知识产权司法保护等。此次培训中,同济大学上海国际知识产权学院的教授、副院长朱雪忠和大家分享了"初创企业知识产权管理"的相关内容,以丰富的实例分析初创企业为何要重视知识产权、如何避免侵犯他人知识产权以及初创企业应如何实施专利战略等,并与学员就一些知识产权案例进行了热烈探讨;上海知识产权法院四级高级法官凌宗亮以亲身司法实践经验为素材,生动地分析了"创新创业中的知识产权司法保护"方面的案例;同济大学图书馆的杨锋以"TRIZ 创新方法与创新创业中的专利规避设计"为主题,讲授了相关知识,分享相关经验;同济大学上海国际知识产权学院教授、院长单晓光以"知识产权与科技革命"为主题,阐述了知识产权与科技革命的关系,为本次培训班画上圆满的句号。

表 8.4　同济大学上海国际知识产权学院知识产权与创新创业专题培训班课程①

培训主题	授课老师
初创企业知识产权管理	朱雪忠,同济大学上海国际知识产权学院副院长、教授
专利制度与科技创新管理	李胡生,上海市知识产权局规划处长
TRIZ 创新方法与创新创业中的专利规避设计	杨锋,同济大学图书馆学科与知识产权服务部主任
大健康产业知识产权保护	宋晓亭,同济大学上海国际知识产权学院教授
创新创业中的知识产权司法保护	凌宗亮,上海知识产权法院四级高级法官
知识产权与科技革命	单晓光,同济大学上海国际知识产权学院院长、教授

---

① 【培训】关于举办知识产权与创新创业专题培训班的通知[EB/OL]. (2018 - 11 - 20)[2022 - 01 - 20]. https://sicip. tongji. edu. cn/dd/1a/c11156a122138/page. htm.

除了以讲座形式进行知识产权专题培训,还可以将培训嵌入相关活动中。例如南京工业大学在每年9月图书馆开展的新生入馆培训教育之际,将本校知识产权信息服务的开展情况嵌入其中,图8.17是新生入馆培训课件,向新生介绍知识产权的基本知识,宣讲图书馆拥有的知识产权数据资源以及提供的知识产权信息服务业务内容。

图8.17　新生入馆教育培训课件

除了在新生入馆教育活动中嵌入知识产权专题培训,南京工业大学图书馆还主动对接专业学院,开展了"走进学院,服务学生"主题活动,帮助在校生更好地开展自主学习,培训课程安排见表8.5。在该活动中,专门设置包含专利文献基础知识介绍、专利检索资源介绍及检索技巧培训、专利商业数据库检索培训等内容的课程,让同学们了解图书馆丰富的专利文献资源及服务内容,掌握专利资源的获取途径、检索技巧和分析方法,提升知识产权信息综合应用能力。

表8.5　国家知识产权培训(江苏)基地面向校内的知识产权信息培训课程

序号	培训时间	培训名称	培训时长
1	2020年3月	知识产权基本理论与专利基础知识培训	1小时
2	2020年4月	认识专利——专利基础知识普及	1.5小时
3	2020年5月	高校知识产权信息服务中心服务内容推介	1.5小时
4	2020年6月	专利检索资源、途径与方法	2小时
5	2020年9月	南京工业大学专利应用云平台培训	2.5小时
6	2020年10月	专利分析数据处理及可视化分析	1.5小时
7	2020年11月	知识产权信息传播与利用理论与实践	1.5小时
8	2020年12月	incoPat数据库培训	2.5小时
9	2021年3月	如何申请专利	1.5小时
10	2021年4月	Innography数据库检索及分析	2.5小时
11	2021年5月	专利申请文件撰写及专利审批流程	2小时
12	2021年6月	智慧芽专利数据库使用培训	2小时
13	2021年9月	专利导航、专利预警分析服务介绍	2小时

除了高校外,部分社会知识产权信息服务机构,例如信息咨询公司、各数据库商等也会针对在校学生、教师以及企业科研人员不定期举办基础型知识产权信息专题培训。

例如,图 8.18 展示了广州奥凯信息咨询有限公司联合大连理工大学举办专利检索分析实践课程培训[1],以专利检索策略和技巧为主题,介绍了专利检索对科学研究的意义和作用、常用国内外专利资源、针对不同场景的专利检索策略,并通过实际检索案例详细介绍了检索要素的选择及检索式的构建,给同学们更加直观和清晰的检索体验。

图 8.18　奥凯信息咨询有限公司专利检索分析实践讲座[1]

(2) 实务型知识产权信息专题培训

实务型知识产权信息人才培养针对企业、情报服务机构或高校从事知识产权信息服务的人员,其核心目的是拓展知识产权信息业务领域和提高知识产权信息服务能力,形成一批满足产业发展和重大经济、科技活动需求的职业化、专业化知识产权实务型人才队伍。

---

[1] 国家知识产权培训(辽宁)基地、知识产权学院知识产权宣传周系列活动之"产学协同"奥凯壹专利检索分析实践课第四讲圆满结束[EB/OL].(2020 - 04 - 22)[2024 - 01 - 20]. http://ip.dlut.edu.cn/info/1041/1272.htm.

在《国家教育事业发展"十三五"规划》明确"支持高校图书馆建设知识产权信息服务中心,为促进高校创新提供服务"的背景下,通过培训,提升高校知识产权相关工作人员的专利撰写及分析等实操业务能力,围绕高校知识产权信息服务中心的建设,深化产学研合作,建立健全国家技术转移体系,激发创新主体活力。《知识产权人才"十三五"规划》的主要任务中也明确指出要促进企业知识产权信息人才队伍建设,以提高企业创新主体能力和国际市场竞争力、知识产权战略管理水能力为核心,加快培养企业知识产权信息管理和运营等知识产权信息高层次实务人才,全面提升企业在知识产权信息创造、运用、保护和管理全过程中的能力。在技术创新中,专利信息所代表的技术特征对企业的创新能力和市场竞争能力有着重要影响。在国家知识产权战略的实施中,专利战略是核心,而专利战略的有效实施必须以专利实务人才为支撑,专利实务人才的培养也必将成为我国信息人才发展的重要方向。

实务型知识产权信息人才培训目标是使培训学员了解知识产权信息服务的职责要求、国内外知识产权及相关法律法规的基础知识,熟练掌握知识产权信息检索与分析业务、常规性专利检索与分析报告的撰写。培训课程涉及知识产权相关政策解读、创新与知识产权信息服务、知识产权法律基础知识、创新思维与方法、专利分析方法及流程、专利数据处理方法及分析图表制作、知识产权信息检索技能、知识产权项目申报工作、各类知识产权的申请注册流程及专利文书撰写等。通过培训,学员应具备知识产权信息检索与分析高级技能及知识产权信息服务素养,具备独立带领团队完成综合性强、复杂度高的知识产权项目的能力。

例如江苏省工程技术文献信息中心,依托自身文献信息资源为全省的科技创新提供文献信息资源支撑与保障,定期举办"知识产权园区行"活动,为省内中小企业、高新技术产业园企业用户进行知识产权专题培训。江苏省工程技术文献信息中心曾组织多家合作单位赴常州生物医药产业园为园区企业进行生物医药文献资源的获取与利用、生物医药专利信息的检索与分析、生物医学专业数据库的使用、后疫情时代创新药的研发等多项主题的培训,并为园区企业成员介绍常州生物医药知识服务平台的注册及使用(图8.19)。江苏省工程技术文献信息中心从资源构建到资源使用,全方位地为企业研发和管理人员进行知识产权专题培训,提升企业成员的科研创新能力和知识产权管理能力。

图8.19 常州知识产权园区行专题培训现场

近年来,江苏省工程技术文献信息中心还利用网络对企业成员开展线上培训,助力企业的创新创造活动,图 8.20 展示了江苏省工程技术文献信息中心线上云讲堂课件。线上课程为企业成员普及知识产权信息基础知识,讲授专利信息在企业研发和成果转化中的重要作用、如何撰写技术交底书、如何申请专利等内容。

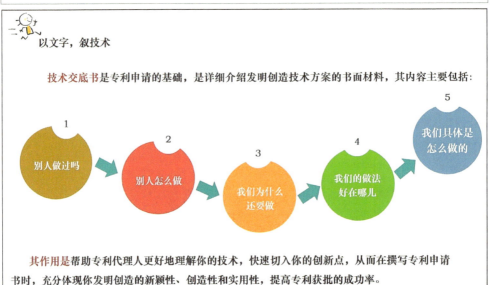

图 8.20　江苏省工程技术文献信息中心线上云讲堂课件

以南京理工大学知识产权学院为例,该学院集约化智慧业务平台提供知识产权培训服务[①],开设线上线下相结合的培训课程:①依托江苏省知识产权远程教育平台开展的线上教学,主要包括知识产权执法人员培训班和知识产权工程师网上自学测试培训。②线下培训,主要开展两类培训。一类是以专利信息实务课程为核心的培训班,培训课程有专

---

① 南京理工大学知识产权培训服务[EB/OL].[2022 - 01 - 20]. https://ip.njust.edu.cn/main.htm.

利信息检索技能、专利信息运用能力提升、专利信息分析实务等，培训内容为专利文献基础知识、专利信息检索与企业创新管理、专利信息检索方法与技巧、技术研发中的专利信息检索策略、专利信息分析与预警、上机操作实战演练、交流研讨等。还有一类是针对有创新创业需求的社会团体开展的专题培训，培训课程包括创新创业与知识产权、创新创业中的知识产权风险防范等，培训内容为创新创业理论与实践、知识产权基础知识及相关政策、创新创业过程中知识产权问题应对、知识产权与中小企业发展、专利信息助力创新创业、企业知识产权保护、知识产权与资本运作等，对初创型企业和社会中小型企业提高知识产权保护和利用能力起到了有力的支撑。

江苏大学知识产权学院[①]积极拓展知识产权信息的社会服务功能，面向省内企业研发人员、省内企业知识产权管理贯标工作内审员、企业知识产权信息咨询服务人员开展针对性强、专业性高、时间集中的知识产权信息专题培训，提供"企业知识产权管理标准化""知识产权运用商业模式""企业知识产权战略与实施"等特色课程，并且培训从企业和社会人员的实际需求出发，根据受训人员不同的实务技能目标，分基础课程、核心课程和提高课程三个层次进行培训（表8.6）。江苏大学知识产权学院的社会培训服务获得省内企业知识产权相关从业人员的广泛好评，极大地激发了省内企业的创新创造热情，促进了产业的技术进步和结构优化，提升了社会经济发展的活力。

表8.6　江苏大学知识产权学院社会人才培训课程[①]

课程类别	培训内容	培训时长
基础课程	针对缺乏知识产权管理基础或企业管理经验的人员，培训内容包括企业管理基础知识和知识产权基础知识	1—3天
核心课程	针对各类企业知识产权管理规范参与人员，培训内容包括对企业知识产权管理规范的理解和贯彻实施	3—5天
提高课程	针对有更高需求的知识产权信息咨询服务人员，培训内容包括知识产权综合素质提升、企业知识产权咨询服务开展等	3—5天

2020年中国专利信息中心与中国知识产权培训中心联合举办了"专利信息分析专业人员在线系列培训"[②]，邀请中国知识产权研究会、中国专利信息中心、具有企业IP管理经验的专家进行授课，培训内容包含技能模块（专利检索、数据处理、图表制作）和实操模块（专利分析基本流程、专利分析方法、专利分析典型应用），旨在为学员建立从专利分析的专业技能到工作场景应用的完善能力体系。培训内容详见表8.7。

---

① 江苏大学知识产权学院[EB/OL].[2022-01-20]. https://zscq.ujs.edu.cn/rcpy/shrcjy.htm.
② 关于举办2020年"专利信息分析专业人员在线系列培训"的通知[EB/OL].(2020-05-26)[2022-01-20].http://www.Ciptc.org.cn/html/1/159/556.html.

表 8.7　2020 年专利信息分析专业人员在线系列培训课程[①]

课程模块	内容简介
专利分析基本流程	①专利分析项目流程及管理:专利分析项目流程,专利分析项目管理; ②行业技术调查及技术分解:行业技术调查,专利技术分解; ③专利分析数据处理:数据处理常见问题及处理标准,专利分析数据处理主要内容和流程; ④专利分析图表设计及解读:数据量化类分析图表,技术分析类图表,商业综合类分析图表; ⑤专利分析报告撰写:专利分析报告撰写流程,专利分析报告基本分类,专利分析报告主要构成,专利分析报告撰写要点
技能模块:专利检索、数据处理、图表制作	①专利检索概述:常用检索工具,专利数据库类型,专利检索的分类,专利检索流程; ②专利检索策略:检索要素表构建,专利检索式构建,关键词的确定和使用,分类号的确定和使用,检索结果评估; ③专利数据处理:专利数据采集,专利数据项规范,专利数据标引,专利分析图表制作; ④专利分析:图表制图规范,定量及定性分析图表,图表工具
专利分析方法	①数据层面专利分析方法:专利数据关联分析,专利数据聚类分析,专利引文分析; ②技术层面专利分析方法:专利技术功效矩阵分析,重点专利分析,专利技术路线分析; ③产业层面专利分析方法:专利技术追踪策略中的专利分析,专利研发合作策略中的专利分析,专利技术引进中的专利分析
专利分析典型应用	①专利预警:专利预警基本理论; ②专利分析评议:专利分析评议概念和目的,专利分析评议类别和内容; ③专利导航:专利导航的目标和基本阶段; ④专利布局分析:专利布局整体目标分析,专利布局结构与模式分析,企业海外专利布局分析; ⑤专利挖掘分析:专利挖掘方法; ⑥专利价值和质量分析:专利价值和质量分析主要维度和指标体系,专利质量评价类型,高价值专利筛选

(3) 高层次型知识产权信息专题培训

高层次型知识产权信息人才培养主要针对企事业单位知识产权部门主管、高校知识产权运营及行政管理部门主管,以培养高端知识产权运营和管理人才为重点,目的是努力打造一支政治素养高、业务能力强、拥有全球知识产权战略意识的高层次人才队伍。

高层次型知识产权信息专题培训是培训学员了解专利价值分析的基础理论和应用场景,重点通过实务专家经验分享和典型案例解析,掌握在高价值专利培育、知识产权制度实

[①] 关于举办 2020 年"专利信息分析专业人员在线系列培训"的通知[EB/OL]. (2020-05-26)[2022-01-20]. http://www.Ciptc.org.cn/html/1/159/556.html.

施、涉外知识产权管理、企业上市等场景下的知识产权管理及运营,并结合知识产权国际形势需求,围绕知识产权与企业高质量发展、知识产权企业贯标工作、专利运营与国际知识产权保护等方面进行能力提升培训。

培训课程涉及国际主要国家和地区知识产权相关政策解读、知识产权风险管理与纠纷处理、高价值专利的筛选与布局、企业知识产权战略及管理、企业专利运营与国际技术转移、专利技术的商业评估与市场分析、专利技术合同谈判等。通过培训,学员应具备知识产权信息战略意识,具备运用知识产权信息进行企业发展经营的战略管理能力以及处理知识产权信息国际事务的能力。

例如2014年国家知识产权局联合上海同济大学国际知识产权学院举办了"高层次人才知识产权法律培训班"[①],培训为期两周,国家知识产权局专利审查部门和全国10多个省、自治区、市的25名知识产权业务骨干参加了本次培训,培训结束后还将继续接受为期三周的德国慕尼黑知识产权法中心培训。在该培训班上,上海知识产权研究所常务副所长袁真富从权利管理、业务嵌入、价值利用、行政支持四个方面并结合实际案例讲授了"知识产权战略决策和运营策略选择",该课程为广大学员在企业知识产权战略决策和运营策略方面提供了指导;江苏省高级人民法院知识产权审判庭汤茂仁庭长从常见的知识产权纠纷及处理入手,结合丰富的知识产权纠纷案件审理经验为学员讲授了"企业知识产权保护与风险防范",该课程为企业知识产权保护和风险防范提供了理论依据和实际参考,并对企业知识产权管理中的问题进行了探讨,给出了对策和建议;南京经纬专利商标代理有限责任公司楼高潮总经理从专利文献及其检索、专利信息的利用两个角度进行了专利信息运用方面的知识传授和经验交流,讲授了"专利信息在企业的运用策略和方法",课程中列举了美国、日本等知识产权强国的相关案例,阐述了知识产权对于国家战略和企业发展的重要意义;中南财经政法大学知识产权学院詹映副教授以生动的案例开篇,从企业知识产权管理组织架构设计、制度体系建设两个方面进行讲解,为广大学员讲授"企业知识产权管理体系与组织架构";最后,腾讯公司知识产权运营总监李富山先生从"什么是知识产权、为什么要做知识产权、知识产权方面我们能做什么"三个角度为学员讲授"企业知识产权战略规划",并具体从战略目标、战略定位、战略分析和战略设计四个层面,对企业知识产权战略规划进行了很好的诠释。

江苏省知识产权局连续多年组织举办知识产权总监培训班,该培训班的目标就是进一步充实知识产权总监人才队伍,培养知识产权高端人才,为企业高层次知识产权管理人才培养工作的开展起到了良好的指导和示范作用,同时,推动国家创新驱动战略和知识产权强省战略的贯彻和实施。培训期间,邀请了南京地区上市企业、高新技术企业、知识产权战略推进计划承担企业和知识产权贯标企业的知识产权工作高管以及在宁高校、科研院所科技处处长等共计142人参加,培训内容围绕知识产权的政策解读、战略运用、保护与管理等主题进行学习和交流,采用课堂授课、案例讨论、经验介绍等多种培训形式进行。

知识产权信息素养教育与知识产权信息传播的主体建设相呼应,是提高创新群体知识产权信息素养最直接、最有效的客体运用形式。开展知识产权信息素养教育,提升了创新群

---

① 国家知识产权局"高层次人才知识产权法律培训班"在我校开班[EB/OL].[2022-01-20].https://sicip.tongji.edu.cn/_t707/4e/bf/c13395a85695/page.htm.

体的信息素养,能够直接刺激创新群体产生更高质量的创新需求,促使知识产权信息服务内容和形式不断完善。

8.6 客体运用之二:知识产权主题活动

知识产权主题活动是知识产权信息传播重要的客体运用形式之一,是提升知识产权信息传播效果最有效的手段,其最直接的效果是营造了浓厚的知识产权文化氛围、培育了大众知识产权信息意识、激发了大众的创新热情、刺激了大众的知识产权信息需求,有利于将潜在的创新潜能转化为现实生产力。知识产权主题活动的有益效果,会反馈作用于主体建设部分,促进知识产权信息服务质量的提高和知识产权信息传播的良性循环发展。

8.6.1 知识产权主题活动形式

知识产权主题活动是围绕知识产权相关主题开展的形式多样的活动,其活动受众的层次及类型非常广泛。知识产权主题活动的开展大到全球范围或国家层面,如世界知识产权日活动、全国知识产权宣传周活动,也可以是针对特定微观群体层面,如创客嘉年华、高校知识产权主题活动等。下文分别论述几类典型的知识产权主题活动形式。

(1) 世界知识产权日主题活动

2000 年世界知识产权组织通过了建立"世界知识产权日"的提案,从 2001 年起将每年的 4 月 26 日定为"世界知识产权日(World Intellectual Property Day)",旨在世界范围内树立尊重知识、崇尚科学和保护知识产权的意识,营造鼓励知识创新的法律环境。

世界知识产权日主题活动是一个全球范围内的活动,每年的世界知识产权日都会确定一个主题,在此期间,各成员国会围绕当年主题举办形式多样的主题活动。表 8.8 列出了世界知识产权日历年主题。例如 2011 年世界知识产权日主题是"设计未来",强调外观设计在市场、社会和打造未来创新中的作用;2018 年世界知识产权日以女性为主题,是"变革的动力:女性参与创新创造",展示具有创新精神的创造型女性是如何利用知识产权制度进行变革,将自己的创意推向市场;2020 年世界知识产权日主题是"为绿色未来而创新",将创新以及支持创新的知识产权置于打造绿色未来的工作核心。开展世界知识产权日主题活动有助于突出知识产权在所有国家经济、文化和社会发展中的作用和贡献,并提高公众对人类在这一领域努力的认识和理解。

表 8.8 世界知识产权日历年主题(截至 2022 年 3 月)

时间	主题	时间	主题
2001 年	今天创造未来	2002 年	鼓励创新
2003 年	知识产权与我们息息相关	2004 年	尊重知识产权,维护市场秩序
2005 年	思考、想象、创造	2006 年	知识产权——始于构思
2007 年	鼓励创造	2008 年	赞美创新,增进人们对知识产权的尊重

(续表)

时间	主题	时间	主题
2009 年	绿色创新	2010 年	创新——将世界连在一起
2011 年	设计未来	2012 年	天才创新家
2013 年	创造力：下一代	2014 年	电影——全球挚爱
2015 年	因乐而动，为乐维权	2016 年	数字创意 重塑变化
2017 年	创新改变生活	2018 年	变革的动力：女性参与创新创造
2019 年	奋力夺金：知识产权和体育	2020 年	为绿色未来而创新
2021 年	知识产权和中小企业：把创意推向市场	2022 年	知识产权与青年：锐意创新，建设未来

（2）全国知识产权宣传周主题活动

我国非常重视知识产权保护工作，从 2009 年开始设立全国知识产权宣传周，宣传周从每年 4 月 20 日持续至 4 月 26 日。每年的宣传周会确立一个主题（表 8.9），围绕该主题组委会各成员单位会开展丰富多彩的主题活动，包括宣传报道利用知识产权自主研发、进行成果转化的典型企业案例或人物事迹，举办开放日主题活动，开设专题论坛、展览，发布重大咨询，制作发放知识产权科普读物等活动（图 8.21）。

表 8.9　全国知识产权宣传周历年主题（截至 2022 年 3 月）

时间	主题	时间	主题
2009 年	文化·战略·发展	2010 年	创造·保护·发展
2011 年	知识产权助推经济转型	2012 年	培育知识产权文化　促进社会创新发展
2013 年	实施知识产权战略 支撑创新驱动发展	2014 年	保护·运用·发展
2015 年	建设知识产权强国 支撑创新驱动发展	2016 年	加强知识产权保护运用 加快知识产权强国建设
2017 年	创新创造改变生活 知识产权竞争未来	2018 年	倡导创新文化 尊重知识产权
2019 年	严格知识产权保护 营造一流营商环境	2020 年	知识产权与健康中国
2021 年	全面加强知识产权保护　推动构建新发展格局	2022 年	全面开启知识产权强国建设新征程

图 8.21　全国知识产权宣传周活动①②

---

① 组图：2014 年全国知识产权宣传周启动仪式【3】［EB/OL］．（2014 - 04 - 21）［2024 - 01 - 20］．http://ip.people.com.cn/BIG5/n/2014/0421/c136655 - 24922036 - 3.html.
② 知识产权专业的学生应该怎样提高自己的专业水准？［EB/OL］．（2019 - 05 - 30）［2024 - 01 - 20］．https://zhidao.baidu.com/question/374557021611259644.html?sort = 11&rn = 5&pn = 5♯wgt-answers.

(3) 其他知识产权主题活动

在世界知识产权日主题活动和全国知识产权宣传周主题活动以外,各类创新个人或团体也会定期举办以共享知识产权信息、分享创新成果为主要内容的主题活动,例如创客嘉年华活动。本章在8.6.3小节中将对其进行详细介绍。

8.6.2 高校知识产权主题活动

高校拥有大量的科研资源和人才,蕴藏着巨大的创造潜能。因此,在高校中开展知识产权主题活动,能够营造知识产权文化氛围,激发创新活力,刺激创新需求。同时,拥有专业的知识产权信息服务团队和知识产权信息数据资源,能够迅速响应创新需求,为创新群体提供专业、精准、持续的知识产权信息服务,从而提升创新群体的知识产权信息意识和知识产权信息利用能力。高校知识产权主题活动对创新群体的这种有益效果,形成了有效的客体运用,与主体建设相呼应,促进了高校图书馆知识产权信息服务的不断完善。

本小节主要介绍我国高校围绕每年"4.26世界知识产权日"以及全国知识产权宣传周举办的主题活动,包括知识产权主题创意大赛、知识产权信息利用技能竞赛和知识产权主题宣讲活动等。

(1) 知识产权主题创意大赛

南京工业大学高校国家知识产权信息服务中心围绕每年"4.26世界知识产权日"开展了多项特色主题活动,形成了"南京工业大学知识产权主题创意大赛""南京工业大学知识产权科普知识竞赛"等知识产权科普品牌,在校园里营造了浓厚的"尊重知识、崇尚创新、诚信守法"氛围,有效向在校师生普及了知识产权信息知识,促进了在校师生知识产权运用能力的提升。南京工业大学知识产权主题创意大赛是围绕"4.26世界知识产权日"开展的品牌系列活动,至今已经连续成功举办了两届(表8.10)。

表8.10 南京工业大学知识产权主题创意大赛进程表

活动时间	活动主题	活动内容
2018年	首届知识产权主题创意大赛"你的创意,我来买单"	举办"知识产权的前世今生"科普展览和创意文创作品大赛
2019年	第二届知识产权主题创意大赛"走进体育世界,探索创新创造"	举办"知识产权的前世今生"科普展览,征集评选"走进体育世界,探索创新创造"原创设计作品,组建南京工业大学"知识产权创新联合会"

以第二届南京工业大学知识产权主题创意大赛为例,大赛包括赛前的活动筹备、赛前宣传、知识产权主题相关作品征集、大赛效果分析等诸多环节。在南京工业大学主题创意大赛的前期筹备工作中,组织者采用线上、线下结合的方式进行宣传(图8.22),线上宣传是在图书馆网站新闻版块和图书馆微信公众号对活动进行报道;线下宣传是在校园学生密集区域通过展板、志愿者面对面宣传的方式开展,扩大活动的影响力,提高学生参与的积极性。

图 8.22　第二届南京工业大学知识产权主题创意大赛宣传海报

在主题大赛的前期宣传中,还采用了举办知识产权科普展览的方式,即在图书馆大厅进行"知识产权前世今生"科普展览,为活动的正式开展做铺垫。知识产权信息传播所传递的是知识产权信息,知识产权信息是智力成果的代表,与生活中一般的信息不同。通过科普展览,可以向在校学生普及知识产权信息知识,提高在校学生的知识产权意识,为后期活动中参赛作品的创作提供灵感。

本次主题创意大赛中,初赛作品近百份,作品来源于本校设计学院、体育学院、建筑学院、经管学院、生物工程学院等多个院系。参赛学生既有本科生,也有硕士研究生,作品类型涉及海报设计、文创产品、PPT、微视频等多种类型。获奖作品在南京工业大学图书馆网站及官方微信进行展示[①](图 8.23),进一步扩大了活动的宣传效果,充分激发了学生们的学习热情,达到了"以赛促学"的目

图 8.23　第二届南京工业大学知识产权主题创意部分大赛优秀作品微信公众号推送[①]

---

① 第二届南京工业大学知识产权主题创意大赛获奖作品赏析[EB/OL]. (2019-07-07)[2022-01-20]. https://mp.weixin.qq.com/s/m9YNCquMDGbe0uC8nP7fsw.

的,让知识产权信息融入学生们的创新思维中,培养了一批有知识产权信息意识的志愿者。

作为本次活动的延伸,南京工业大学成立了"知识产权创新联合会"。知识产权创新联合会自成立以来,定期召开"工大知产见面会",以加深成员间的联系,共同探讨创新联合会如何持续发展、如何开展活动、活动的形式和内容等,利用QQ、微信等新媒体定期推送重大知识产权政策、专利基础知识、热点知识产权侵权诉讼案例①(图8.24)。从大学生的视角进行知识产权科普活动,进一步提升了知识产权信息传播效能。

图 8.24　志愿者利用新媒体平台推送知识产权科普案例①

除了线下活动,南京工业大学高校国家知识产权信息服务中心迎合新媒体特征,利用微信公众号、腾讯课堂等新媒体开展线上知识产权主题活动,连续两年围绕当年世界产权日主题推出线上"知识产权微课堂"系列微课程②(图8.25),课程累计播放近千次,受到了广大师生的一致好评。第一期"知识产权微课堂"系列课程的主题是"打造绿色新未来,相约知产微课堂",共包含8讲微课程,向广大师生介绍专利的基础理论、专利信息的获取和检索、专利申请的准备等相关专利检索方面的知识,旨在提高专利信息和知识产权保护意识,增强师生对专利申请的了解和认识。第二期"知识产权微课堂"系列课程的主题是"小创意,大产业,IP助你起航!",共设4讲微课程,聚焦把创意推向市场的过程,为同学们展示知识产权如何支持创意走向市场,回答如何将个人创意变成专利、如何申请专利、如何撰写专利申请书等

---

① 南工知识产权创新协会 QQ 空间[EB/OL]. [2022 - 01 - 20]. https://3134312306. qzone. qq. com.
② 小创意,大产业,IP助你起航:第二期线上知识产权微课堂开讲啦![EB/OL]. (2021 - 04 - 30)[2022 - 01 - 20]. https://mp. weixin. qq. com/s/7JQtYEzOj23LZ-IZuvCSdg.

同学们在创新创业路上关心的问题。

图 8.25　南京工业大学知识产权微课堂系列课程[1]

河北工业大学高校国家知识产权信息服务中心在 2020 年全国知识产权宣传周期间围绕"知识产权与健康中国"的主题开展了"知识产权和健康校园"线上系列主题活动[1]（图 8.26），并以"盛开的桃花＋学校标志性建筑"为主要元素设计了活动主题海报，突出反映了全校师生对于"疫除重逢"的共同企盼，线上参与活动人数超过千人。该主题活动包括三项系列活动：①"专利基本知识和专利申请"线上公益讲座，在图书馆官方 QQ 群内通过群课堂的形式进行直播，向在校师生详细介绍了专利和专利文献基本知识以及专利申请的流程，在线参加人数高达 1 400 余人；②"知识产权百科"系列之"专利小百科"，将专利和专利文献基本知识、专利申请流程等内容汇编成册，为用户提供了便捷的查阅工具；③知识产权宣传周有奖竞答活动，活动得到了 166 位师生的积极参与，在师生间营造了浓厚的知识产权保护氛围。

---

[1] 小创意，大产业，IP 助你起航：第二期线上知识产权微课堂开讲啦！[EB/OL]．(2021－04－30)[2022－01－20]．https://mp.weixin.qq.com/s/7JQtYEzOj23LZ-IZuvCSdg．

图 8.26　河北工业大学国家知识产权信息服务中心①

河北工业大学国家知识产权信息服务中心此次活动内容涉及知识产权知识和相关政策的宣传、普及和推广,知识产权信息素养教育培训,发布活动主题和活动海报等。通过宣传周主题活动,在全校范围内营造了普及知识产权文化的氛围,促进了广大师生知识产权意识的提高,拓展和深化了知识产权信息服务的内涵和外延。

(2) 知识产权信息利用技能竞赛

知识产权信息利用技能竞赛的开展是实现"以赛促教,以赛促学"的有效方式,能够强化大学生的信息意识,勾起大学生对信息素养教学课程的兴趣,提升大学生的信息检索技能,培养大学生利用图书馆馆藏文献资源和网络信息资源拓展学识和解决问题的能力。通过竞赛可以极大地提高大学生尊重知识权利、崇尚科学创新和保护知识产权的意识,全面提升大学生的知识产权综合运用能力。下文介绍两类在全国影响范围较大的知识产权信息利用技能竞赛。

① 中国专利检索技能大赛

中国专利检索技能大赛至今已举办四届,致力于为中国优秀的专利检索实务人才打造一个竞技、交流、分享的平台,提升专利检索分析实务人才的社会影响力和行业自信心。

2019 年 6 月,由北京市知识产权信息中心和江苏省专利信息服务中心联合主办的以"专利权稳定性评价"为主题的第三届中国专利检索技能大赛在清华大学举办(图 8.27)。比赛

---

① 河北工业大学国家知识产权信息服务中心 2020 年知识产权宣传周活动回顾[EB/OL]. (2020 - 05 - 08)[2022 - 01 - 20]. https://auipis.tongji.edu.cn/info/1018/1019.htm.

内容涉及材料、化工及医药、机械三大技术领域,以"竞技展示风采、分享传递智慧"为主旨,特邀知识产权行业资深专家担任评委,决赛期间全程开展网络直播,在线观看人数超过26 000人次,有效促进了专利信息传播。大赛期间还开展了专利权稳定性和专利无效等专题培训、体育友谊赛等专场活动。

图 8.27　第三届中国专利检索技能大赛[①]

②江苏省大学生专利分析大赛

江苏省大学生专利分析大赛至今已举办四届,大赛以"竞技与分享"为宗旨,旨在进一步深化高校创新创业中的知识产权教育,更加注重理论与实践结合、基础与创新结合、竞技与交流结合,以期通过"以赛促教、以赛促学、以赛促创"的方式为大学生搭建专利分析竞技交流平台,促进大学生的全面发展,也为知识产权强国强省建设探索复合型知识产权人才培养的新路径。

2017年第二届江苏省"中山杯"大学生专利分析大赛[②](图 8.28)由江苏省专利信息服务中心、南京理工大学知识产权学院联合举办,北京合享新创信息科技有限公司、中兴通讯股份有限公司、南京金龙客车制造有限公司、南京普斯迪尔科技有限公司等企业鼎力支持。通过围绕具体企业,模拟实战进行分析。赛事的成功举办对强化大学生在科技创新活动中的知识产权意识、提高专利分析布局实务能力、推进知识产权强国建设等方面具有重要意义。

---

① 2019年6月(第128期)[EB/OL]. (2019-06-01)[2022-01-20]. https://lib.njtech.edu.cn/info/1315/2871.htm.

② 南京理工大学. 第二届"中山杯"江苏省大学生专利分析大赛颁奖仪式暨大学生专利分析实务论坛在我校举办_南京理工大学[EB/OL]. (2018-05-12)[2022-01-20]. http://school.freekaoyan.com/js/njust/dongtai/2018/05-12/1526101850871604.shtml.

图 8.28　第二届江苏省"中山杯"大学生专利分析大赛

（3）知识产权主题宣讲活动

除了知识产权技能竞赛，知识产权主题讲座也是一类在我国高校中广泛开展的知识产权主题活动。知识产权主题宣讲活动的内容和形式比较灵活，包括专题讲座、论坛、主题演讲、数据库使用培训等内容。

2018年世界知识产权日期间，江苏师范大学邀请徐州市科技局张云春高级工程师做了专利申请文件撰写的主题报告，详细介绍了如何撰写专利申请文件、权利要求书以及说明书等相关文件。

北京师范大学图书馆在 2018 年世界知识产权日期间,邀请国家知识产权局研究员李永红从公共利益视角和国际视角解读了知识产权强国战略,理论结合实践地介绍了知识产权人才特点与发展需求,知识产权的概念、类型、国际规则和机构等。

2019 年世界知识产权日期间,西安交通大学知识产权信息服务中心承办了"世界知识产权日"主题活动——"严格版权保护,推进创新发展"高峰论坛[①](图 8.29)。论坛共有来自省内外知识产权界、版权界、企业界、高校系统的行业专家 200 余人,大家共同围绕体育赛事与知识产权、陶瓷领域版权保护、高校科技成果转化、视觉形象识别系统法律保护等内容进行主题演讲和交流分享。

图 8.29 西安交通大学知识产权主题论坛现场[①]

北京大学图书馆在 2021 年世界知识产权日期间,举办了"如何利用专利信息进行高价值专利培育"讲座活动,邀请智慧芽知识产权资深赋能专家刘慧老师就"如何利用专利信息进行高价值专利培育"主题开展了讲座。讲座结合国家"十四五"规划和 2035 年远景目标纲要介绍什么是高价值专利和高价值专利的价值所在,以目前的标准分析了北京大学的高价值专利情况,并针对高价值专利培育的流程详细讲解了如何利用专利信息进行高价值专利培育。活动得到校内师生的积极响应。

8.6.3 创客嘉年华主题活动

创客群体是最能体现时代特征、最具创造力和创造性的群体,他们的创新活动迫切需要

---

① 交大新闻网."世界知识产权日"主题活动:"严格版权保护 推进创新发展"高峰论坛在西安交大举行[EB/OL]. (2019-04-28)[2022-01-20]. http://dwxcb.xjtu.edu.cn/info/1002/10385.htm.

知识产权信息的保驾护航。在创客群体中占很大比例的是青年人,他们是在一个手机和网络互联、现实和虚拟交织的世界里长大的,是迄今最具创业精神、创新性和创造力的一代,他们拥有超乎想象的、潜力无限的智慧和创造力,并且他们的想法大胆前卫,勇于突破传统,易于接受新观点和新方法,也善于运用科技解决问题。可以说,创客群体是最具创新精神和创造力的群体,会产生更丰富、更新鲜的创新需求,这种创新需求反过来会刺激知识产权信息服务内容和形式更加与时俱进,极大地拓宽了知识产权信息服务的外延。因此,由这类群体参与而形成的创客嘉年华主题活动是一类形式新颖灵活、主题与时俱进的客体运用形式。

(1) 创客嘉年华活动介绍

介绍创客嘉年华活动之前,首先了解什么是"创客"?"创客"一词来自英文"Maker",指基于兴趣与爱好,努力把创意变成现实的一群人。在中国,"创客"增加了"大众创业,万众创新"这层含义。"创客"不仅包含科技达人、硬件开发者,还包括软件开发者、艺术家、设计师等跨领域人群,只要坚持不断地创新和实践,都属于创客。

创客嘉年华主题活动[①]通过把创客们定期地聚集在一起,为他们的想法和产品商品化提供机会。面对创客群体和各类创客空间,各类形式的知识产权信息也通过不同媒介、不同受众进行传播,各具特色,互为补充。比较具有代表性的有中美青年创客大赛、国际创客峰会、线上、线下研讨分享会、创客嘉年华等。其中,创客嘉年华由蘑菇云创客空间和创智天地携手打造,是中国创客的首个原创品牌活动,也是国内规模最大的创客活动,自2012年至今已连续举办10届。下文为大家展示创客嘉年华主题活动的独特风貌。

(2) 创客嘉年华主题活动内容

从2012年至今,创客嘉年华主题活动聚集全球最新鲜的黑科技潮流项目,弘扬创客开源的精神,鼓励越来越多的爱好者动起手来,享受创造的乐趣。传统的创客嘉年华活动以创客秀场、创客讲堂等为主要活动形式,近年来,创客嘉年华活动创新地增加了更多社交属性和艺术风格,活动主题涵盖AI、美食、DIY等多个技术领域。主题活动形式包括科学实验表演、创意市集、创意工作坊等,甚至无人机竞速赛、机器人格斗赛等最新科技大赛也逐渐出现,充分体现科技创造与创新思维的紧密联系(图8.30)。创客嘉年华活动极具互动性,参与者可获得动手制作的实践经验,极大地增强了创客们对创新成果的直观感受,激发了创客们的创新热情。

从创客讲堂到DIY展示,创客嘉年华营造了创客们参与和沟通共享的创新环境。创客们在分享科技创新成果的同时,承载着创客们智慧成果的知识产权信息也在创客群体之间传播开来。每次创客嘉年华主题活动都会刺激创客们萌生出更多的创意和创造,也会让更多的具有很强创造力和创新意识的青年加入创客群体。随着创客群体的不断壮大和创客群体们知识产权创造、保护和利用意识的增强,创客群体的创新素养不断提高,创客嘉年华成为知识产权信息传播客体运用的有效形式。

---

① 创客嘉年华官网[EB/OL]. (2021-12-31)[2021-12-31]. http://www.makercarnival.org.

图 8.30　创客嘉年华活动现场[①]

各类知识产权主题活动与知识产权信息传播的主体建设相呼应，极大地丰富了知识产权信息服务的形式，拓展了知识产权信息服务的范围，有效地调动了创新群体的创新热情和活力，培育了良好的知识产权文化氛围。开展各类知识产权主题活动，为知识产权信息传播提供了丰富的客体运用形式，也不断促进着知识产权信息服务质量的提高。

8.7　本章小结

知识产权信息通过信息传播活动被激活，充分发挥出支撑科技创新和社会进步的功效。本章首先介绍了信息传播的基本概念和"5W"传播理论模型，在此基础上，结合知识产权信息的特点构建了知识产权信息传播模型；其次，阐述了知识产权信息传播与一般信息传播的区别特征，把知识产权信息传播模型优化和精炼为由主体建设、传播媒介和客体运用三个要素单元构成的传播模型，并重点论述了该模型的运行机制为主体建设、传播媒介和客体运用三个单元间的信息流动及相互作用；再次，重点研究了"主体建设"和"客体运用"两个要素单元的概念、作用和意义以及内容；最后，通过列举大量的知识产权信息传播实例，对知识产权信息传播模型的主体建设和客体运用进行了实证分析。

知识产权信息传播是指特定的知识产权信息服务机构或团体通过互联网传递知识产权

---

① 创客嘉年华官网[EB/OL]. (2021-12-31)[2021-12-31]. http://www.makercarnival.org/.

信息，以提供知识产权信息服务来满足目标群体创新需求的一种信息传播活动。知识产权信息传播中的五大要素相比于"5W"传播理论模型中的要素具有更具体的指向和更丰富的含义，并强调了反馈环节在信息传播中的作用。根据各要素在传播过程中所体现出的程度不同的关联紧密度和对应关系，本书将知识产权信息模型简化为由主体建设、传播媒介和客体运用三个结构单元组成的模型架构，这三个单元间的信息流动及相互作用构成了知识产权信息特有的传播机制。

本书将知识产权信息服务提供者及其制作发布的知识产权信息两要素组合的结构单元称为知识产权信息传播的主体，将该结构单元自身的建立、发展和完善称为知识产权信息传播的主体建设。主体建设是知识产权信息传播的开端，引导了信息传播的方向，扩大了信息传播的辐射力，保障了信息传播的精准性。

本书将知识产权信息需求者及潜在应用者和他们所体现出的信息素养两要素组成的结构单元称为知识产权信息传播的客体，将该结构单元对主体建设部分的接受、互动和反馈等行为称为知识产权信息传播的客体运用。客体运用和主体建设部分相呼应，避免了信息传播的失误或失灵，实现了信息服务的精准和有效，促进了信息传播过程的整体优化和升级，推动了信息服务质量的不断完善和提高，是知识产权信息传播良性循环发展的关键环节。本章首先以知识产权信息公共服务体系和各类知识产权联盟为例阐述了主体建设的内涵，再以知识产权信息素养教育和知识产权主题活动等具体实践论述了客体运用的涵义。

综上所述，通过理论研讨和案例补充，本书充分了解到有效的知识产权信息传播机制能够提高创新群体的知识产权信息素养，刺激创新群体持续产生更丰富、更精准和更高质量的知识产权信息需求，提升整个创新群体的创新活力，并促进知识产权信息服务质量不断提高，从而推动科技创新、产业升级和社会进步。

参考文献

[1] 江涛涛,马剑锋,赵明明.科技创新与区域经济发展[M].北京:经济管理出版社,2019.

[2] 吴汉东.科学发展与知识产权战略实施[M].北京:北京大学出版社,2012.

[3] 赛迪研究院.《2021年世界知识产权指标》摘译[EB/OL].(2022-03-09)[2024-01-20]. https://baijiahao.baidu.com/s?id=1728596194523949485&wfr=spider&for=pc.

[4] 国家知识产权局.2020年中国专利调查报告[EB/OL].(2021-04-28)[2024-01-24]. https://www.cnipa.gov.cn/module/download/downfile.jsp?classid=0&showname=2020%E5%B9%B4%E4%B8%AD%E5%9B%BD%E4%B8%93%E5%88%A9%E8%B0%83%E6%9F%A5%E6%8A%A5%E5%91%8A.pdf&filename=b0aac19038db44ec9c617f767c326ae6.pdf.

[5] 中华人民共和国商务部.IMD公布2021世界竞争力报告[EB/OL].(2021-07-02)[2022-04-24].http://tradeinservices.mofcom.gov.cn/article/yanjiu/pinglun/202108/118731.html.

[6] 《2021年全球创新指数报告》发布[EB/OL].(2021-09-22)[2022-04-24].https://m.gmw.cn/baijia/2021-09/22/1302592705.html.

[7] 曾莉,戚功琼.众创空间知识产权服务体系发展现状与对策研究:以中关村国家自主创新示范区为例[J].中国发明与专利,2017,14(4):13-17.

[8] 陈昌柏.知识产权战略:知识产权资源在经济增长中的优化配置[M].2版.北京:科学出版社,2009.

[9] 国务院办公厅关于转发知识产权等单位.深入实施国家知识产权战略行动计划(2014—2020年)的通知[EB/OL].(2014-12-10)[2019-11-05].http://www.gov.cn/gongbao/content/2015/content_2806004.htm.

[10] 国务院关于印发"十三五"国家知识产权保护和运用规划的通知[EB/OL].(2017-01-13)[2019-11-05].http://www.gov.cn/zhengce/content/2017-01/13/content_5159483.htm.

[11] 国务院知识产权战略实施工作部际联席会议办公室关于印发《"十三五"国家知识产权保护和运用规划重点任务分工方案》的通知[EB/OL].(2017-08-24)[2019-11-05].http://www.gov.cn/xinwen/2017-08/24/content_5220034.htm.

[12] 习近平.开放共创繁荣 创新引领未来:在博鳌亚洲论坛2018年年会开幕式的主旨演讲[N].解放军报,2018-04-11(3).

[13] 卞疆,赵远乔.知识产权与中国创造[J].商业文化,2020(1):49-58.

[14] 国家知识产权局.2020年年度知识产权主要统计数据(知识产权统计简报2021年第1期总

第49期)[EB/OL].(2023-03-24)[2024-01-20].https://www.doc88.com/p-09116842666477.html.

[15] 中共中央 国务院印发《知识产权强国建设纲要(2021—2035年)》[EB/OL].(2021-09-22)[2022-04-24].http://www.gov.cn/zhengce/2021/09/22/content_5638714.htm.

[16] 冯晓青.基于技术创新与知识产权战略实施的知识产权服务体系构建研究[J].科技进步与对策,2013,30(2):112-114.

[17] 郑成思,朱谢群.信息与知识产权[J].西南科技大学学报(哲学社会科学版),2006,23(1):1-14,20.

[18] 马海群.网络时代的知识产权信息理论研究[J].图书情报知识,2003(1):7-10.

[19] 李喜蕊.我国知识产权信息服务体系建设研究[M].北京:中国政法大学出版社,2016.

[20] 李桂华.信息服务设计与管理[M].北京:清华大学出版社,2009.

[21] 陈建龙,申静.信息服务学导论[M].北京:北京大学出版社,2017.

[22] 周迪,李鹏云,宋登汉.知识产权信息服务中心的实践与发展[J].中国高校科技,2020(S1):47-50.

[23] 张永建.浅谈创新驱动发展背景下知识产权信息及知识产权信息服务[J].中国发明与专利,2019,16(8):31-35.

[24] 伍亚萍.基于知识供应链的高校图书馆专利信息服务模式研究[J].图书馆建设,2017(9):58-62.

[25] 张立昆,季叶克.面向科研团队的高校图书馆嵌入式专利服务实践与探索[J].图书馆工作与研究,2018(11):88-93.

[26] 杨小凤.国内专利信息服务体系建设现状分析[J].图书馆工作与研究,2013(3):26-29.

[27] 邱晨,刘元刚.专利信息服务体系建设研究[J].中国发明与专利,2018,15(12):72-75.

[28] 冯君.基于"高校知识产权管理规范"的图书馆知识产权信息服务体系构建[J].现代情报,2016,36(1):125-130.

[29] 张善杰,陈伟炯,陆亦恺,等.产业技术创新需求下高校图书馆专利信息服务策略[J].图书情报工作,2017,61(21):64-70.

[30] 慎金花,张更平.高校图书馆专利信息服务的趋势与思考[J].大学图书馆学报,2016,34(6):51-55.

[31] 刘长威,刘熙东,刘洋.专利信息分析在高校专利工作中的应用探讨:以华南农业大学为例[J].科技管理研究,2017,37(13):111-115.

[32] 林静,李剑.基于区域发展的知识产权信息服务创新:以厦门大学为例[J].图书馆学研究,2019(18):75-81.

[33] 张善杰,李军华,梁伟波,等.面向企业技术创新的高校图书馆专利信息服务障碍与对策[J].图书馆建设,2020(1):126-131.

[34] 李喜蕊.我国市场化知识产权信息服务体系的构建与完善[J].武陵学刊,2014,39(2):56-62.

[35] 国家知识产权战略纲要[N].中国知识产权报,2008-06-11(2).

[36] 杜娟娟,张柏秋.我国高校知识产权信息服务现状、困境及对策[J].图书情报工作,2019,63(23):44-51.

[37] 国家知识产权局办公室 教育部办公厅关于公布首批高校国家知识产权信息服务中心名单的通知[EB/OL].(2019-03-07)[2019-11-05].https://www.cnipa.gov.cn/art/2019/3/7/art_562_146586.html.

[38] 国家知识产权局印发《关于新形势下加快建设知识产权信息公共服务体系的若干意见》的通知[EB/OL].(2019-08-30)[2019-11-05].https://www.cnipa.gov.cn/art/2019/8/30/art_562_146051.html.

[39] 国家知识产权局办公室 教育部办公厅关于公布第二批高校国家知识产权信息服务中心名单的通知[EB/OL].(2020-07-10)[2020-07-20].https://www.cnipa.gov.cn/art/2020/7/10/art_562_150297.html.

[40] 国家知识产权局公共服务司,教育部科学技术与信息化司.第三批高校国家知识产权信息服务中心遴选名单公示[EB/OL].(2021-08-30)[2021-10-16].https://www.cnipa.gov.cn/art/2021/8/30/art_75_169695.html.

[41] 徐春,张静,卞祖薇."双一流"建设背景下高校图书馆专利信息服务现状及发展对策研究[J].图书馆学研究,2019(23):57-64.

[42] JENDA C A. Patent and trademark depository libraries and the United States patent and trademark office[J]. Resource Sharing & Information Networks,2005,18(1/2):183-201.

[43] STERNITZKE C,BARTKOWSKI A,SCHRAMM R. Regional PATLIB centres as integrated one-stop service providers for intellectual property services[J]. World Patent Information,2007,29(3):241-245.

[44] 严哲.欧洲PATLIB中心项目对我国高校图书馆专利信息服务的启示[J].图书情报工作,2019,63(22):141-149.

[45] 佚名.京都大学産官学連携ポリシー[EB/OL].(2018-07-06)[2020-07-20].https://www.saci.kyoto-u.ac.jp/wp-content/uploads/2007/06/sankangaku policy070329.pdf.

[46] 桂国庆,周松,林俊岳,等.基于云计算的知识产权基础信息公共服务平台建设研究[J].井冈山大学学报(自然科学版),2018,39(1):48-53.

[47] 吴桢年.关于"要素说"的哲学思考[J].图书馆理论与实践,2006(6):9-10,35.

[48] 刘敏,喻萍萍.我国高校图书馆知识产权信息服务现状及优化策略[J].图书馆学研究,2021(12):51-59.

[49] 周静,张立彬,谷文浩.我国高校图书馆知识产权信息服务的现状与思考[J].图书情报工作,2019,63(21):35-46.

[50] 科学技术[EB/OL].[2021-04-26].https://www.cihai.com.cn/detail?q=%E7%A7%91%E5%AD%A6%E6%8A%80%E6%9C%AF&docId=5425178&docLibId=72.

[51] 托夫勒.第三次浪潮[M].黄明坚,译.北京:中信出版社,2006.

[52] 大数据的下一个前沿:创新、竞争和生产力[EB/OL].(2014-08-27)[2022-04-14].

http://intl.ce.cn/specials/zxgjzh/201408/27/t20140827_3436534.shtml.

[53] 张良. 看 Gartner 的 2011 年技术成熟度曲线报告[J]. 中国信息界-e 制造,2011,(10):12.

[54] 迈尔-舍恩伯格,库克耶. 大数据时代:生活、工作与思维的大变革[M]. 盛杨燕,周涛,译. 杭州:浙江人民出版社,2013.

[55] 国务院关于印发促进大数据发展行动纲要的通知[EB/OL]. (2015-09-05)[2020-04-28]. http://www.gov.cn/zhengce/content/2015-09/05/content_10137.htm.

[56] 钱力,谢靖,常志军,等. 基于科技大数据的智能知识服务体系研究设计[J]. 数据分析与知识发现,2019,3(1):3-14.

[57] 曾文,车尧,张运良,等. 服务于科技大数据情报分析的方法及工具研究[J]. 情报科学,2019,37(4):92-96.

[58] 戴国强,赵志耘. 科技大数据:因你而改变[M]. 北京:科学技术文献出版社,2018.

[59] 孙建军,李阳. 科学大数据:范式重塑与价值实现[J]. 图书与情报,2017(5):20-26.

[60] 国家知识产权局. 国家知识产权局审查注册登记月度报告(2021 年 12 月)[EB/OL]. (2022-01-28)[2022-01-29]. https://www.cnipa.gov.cn/module/download/down.jsp?i_ID=172796&colID=2535.

[61] 贾俊平,何晓群,金勇进. 统计学[M]. 4 版. 北京:中国人民大学出版社,2009.

[62] 曾文. 基于科技大数据的情报分析方法与技术研究[M]. 北京:科学技术文献出版社,2018.

[63] 专利[EB/OL]. [2021-02-06]. https://www.cnipa.gov.cn/module/download/down.jsp?i_ID=172796&colID=2535.

[64] 国家知识产权局. 中华人民共和国专利法(2020 年修正)[EB/OL]. (2020-11-23)[2021-10-05]. https://www.cnipa.gov.cn/art/2020/11/23/art_97_155167.html.

[65] 李建蓉. 专利文献与信息[M]. 北京:知识产权出版社,2002.

[66] 商标[EB/OL]. [2021-02-06]. https://www.cihai.com.cn/detail?q=%E5%95%86%E6%A0%87&docId=5501202&docLibId=72.

[67] 中华人民共和国商标法[EB/OL]. (2013-08-30)[2022-02-06]. http://www.gov.cn/jrzg/2013-08/30/content_2478110.htm.

[68] 国家知识产权局. 2020 知识产权统计年报[EB/OL]. (2021-08-10)[2021-10-05]. https://www.cnipa.gov.cn/tjxx/jianbao/year2020/h/h1.html.

[69] 国家知识产权局. 分国内外商标注册及有效注册状况:2021 年 12 月[EB/OL]. (2022-01-10)[2022-02-08]. https://www.cnipa.gov.cn/col/col61/index.html.

[70] 邵同尧,潘彦. 风险投资、研发投入与区域创新:基于商标的省级面板研究[J]. 科学学研究,2011,29(5):793-800.

[71] 中华人民共和国商标法[EB/OL]. (2020-12-24)[2021-02-10]. http://www.gov.cn/jrzg/2013-08/30/content_2478110.htm.

[72] 王笑冰. 论地理标志的法律保护[M]. 北京:中国人民大学出版社,2006.

[73] 陈有辉. 地理标志与普通地理商标冲突研究[D]. 兰州:兰州大学,2020.

[74] 国家知识产权局政务服务平台:地理标志查询服务检索[EB/OL]. [2022-05-22].

https://www.cnipa.gov.cn/col/col116/index.html

[75] 域外动态||欧盟推出地理标志数据库Glview[EB/OL].(2020-11-30)[2022-05-22]. https://www.sohu.com/a/435388160_120057883.

[76] 欧盟地理标志数据库(Glview)检索系统[EB/OL].[2022-05-22].https://tmdn.org/giview.

[77] 佟泽华,韩春花,孙杰,等.科研大数据再生的内涵解析[J].情报理论与实践,2020,43(9):39-46,78.

[78] REKATSINAS T,DONG X L,SRIVASTAVA D. Characterizing and selecting fresh data sources[C]//Proceedings of the 2014 ACM SIGMOD International Conference on Management of Data. June 22-27,2014,Snowbird,Utah,USA. ACM,2014:919-930.

[79] 耿昭阳.大数据清洗算法研究与系统平台搭建[D].长春:吉林大学,2019.

[80] HUSSAIN I,ASGHAR S. A survey of author name disambiguation techniques[J]. Knowledge Engineering Review,2017,32(22):2010-2016.

[81] 牛振州.Windows运行过程的可视化研究[D].济南:山东大学,2010.

[82] 国家标准全文公开系统.信息技术 数据质量评价指标(GB/T 36344—2018)[EB/OL]. (2018-06-07)[2021-02-10].http://openstd.samr.gov.cn/bzgk/gb/newGbInfo?hcno =D12140EDFD3967960F51BD1A05645FE7.

[83] 国家知识产权局专利检索及分析系统简介[EB/OL].[2020-02-15].http://pss-system. cnipa.gov.cn/sipopublicsearch/sysmgr/uishowHelp-forwardShowHelpPage.shtml.

[84] 国家知识产权局专利检索及分析系统高级检索[EB/OL].[2020-02-15].https://pss-system.cponline.cnipa.gov.cn/seniorSearch.

[85] 中国及多国专利审查信息查询[EB/OL].[2020-02-15].http://cpquery.cponline.cnipa. gov.cn/chinesepatent.index.

[86] 欧洲专利局worldwide数据库专利检索[EB/OL].[2022-03-06].https://worldwide. espacenet.com.

[87] 欧洲专利局EP数据专利库检索[EB/OL].[2022-03-06].https://register.epo.org/regviewer.

[88] 美国专利商标局[EB/OL].[2023 12-08].https://www.uspto.gov

[89] 秦声.专利检索策略及实战技巧[M].北京:知识产权出版社,2019.

[90] 日本专利局网站[EB/OL].[2022-04-20].https://www.jpo.go.jp.

[91] WIPO-PATENTSCOPE简单检索[EB/OL].[2022-04-20].https://patentscope2. wipo.int/search/en/search.jsf.

[92] Derwent Innovation[EB/OL].(2022-03-21)[2022-05-22].https://ecollection.lib. tsinghua.edu.cn/databasenav/entrance/detail?mmsid=991021614037203966.

[93] Innography专利检索及分析系统使用说明[EB/OL].(2023-01-19)[2022-05-22]. http://www.library.fudan.edu.cn/2019/0916/c115a150613/page.htm.

[94] incoPat专利平台官网[EB/OL].[2022-05-22].https://www.incopat.com.

[95] 中国知识产权网 CNIPR.com——知识产权一站式服务平台[EB/OL].[2022-05-22]. http://www.cnipr.com/sy/db/gywm/201708/t20170814_219969.html.

[96] 吴植贤.一种虚拟互动视频播放方法和装置:CN104581409A[P].2015-04-29.

[97] 武兰芬,姜军.专利检索与分析精要[M].北京:知识产权出版社,2018.

[98] 国家知识产权局学术委员会组织.产业专利分析报告:第82册 基因治疗药物[M].北京:知识产权出版社,2021.

[99] 马天旗.专利分析:检索、可视化与报告撰写[M].北京:知识产权出版社,2019.

[100] incoPat 专利平台专利数据采集字段选择页面[EB/OL].[2021-07-01]. https://www.incopat.com.

[101] 王田雨.专利数据清洗及可视化模块设计与实现[D].邯郸:河北工程大学,2017.

[102] 中国商标网商标检索系统[EB/OL].[2024-02-10]. https://wcjs.sbj.cnipa.gov.cn/home?b9La8sqW=0Y8cAqAlqEmNkHxXTjhoqTfNaVne.uVGSHbR7u_eKYWxLCsrfz.8ZEx3mFT731QROM2A5mbESq4UGpFeUfAG9tBSj1VfaB93B.

[103] 欧盟商标查询系统[EB/OL].[2024-03-22]. https://eutms.gippc.com.cn.

[104] 欧盟商标查询系统[EB/OL].[2024-03-22]. https://eutms.gippc.com.cn.

[105] 全球品牌数据库介绍[EB/OL].[2024-03-22]. https://www.wipo.int/reference/en/branddb.

[106] 全球品牌数据库:检索[EB/OL].[2023-06-10]. https://branddb.wipo.int/en/quicksearch?sort=score%20desc&start=0&rows=30&asStructure=%7B%22boolean%22:%22AND%22,%22bricks%22:%5B%5D%7D&_=1686362132990.

[107] 美国专利商标局 TESS 系统[EB/OL].[2023-06-10]. https://tmsearch.uspto.gov/bin/gate.exe?f=tess&state=4807:hxd41g.1.1.

[108] 东盟 TMview 商标检索系统[EB/OL].[2022-05-24]. http://www.asean-tmview.org/tmview/welcome#.

[109] 张锐.商标实务指南[M].3版.北京:法律出版社,2019.

[110] 尼斯分类[EB/OL].[2022-04-18]. https://www.wipo.int/classifications/nice/zh.

[111] 维也纳分类介绍[EB/OL].[2022-04-18]. https://www.wipo.int/classifications/vienna/zh.

[112] KATO T. Database architecture for content-based image retrieval[C]//Proceedings of SPIE 1662, Image Storage and Retrieval System, 1992, 1662:112-123.

[113] 朱健.商标,可不是小事[M].北京:清华大学出版社,2018.

[114] 赵琦.基于深度学习的商标检索系统研究与设计[D].广州:广东工业大学,2020.

[115] 商标近似查询[EB/OL].[2022-05-25]. http://wcjs.sbj.cnipa.gov.cn/sistm.

[116] 商标近似查询结果[EB/OL].[2022-05-25]. http://wcjs.sbj.cnipa.gov.cn/list.

[117] 商标近似查询商标详情[EB/OL].[2022-05-25]. http://wcjs.sbj.cnipa.gov.cn/detail.

[118] 郭娜.基于形状特征的商标图像检索系统[D].北京:北京理工大学,2016.

[119] 郭升挺.基于深度学习的商标图像检索[D].福州:福建师范大学,2018.

[120] 朱峰,彭丽.一种基于商标近似分析的数据预处理方法、系统及终端:CN111125160A[P]. 2020-05-08.

[121] 王顶.一种基于商标注册信息的处理方法:201910370634.9[P].2019-07-30.

[122] 于莽.企业商标实务指南[M].北京:知识产权出版社,2017.

[123] 朱雪忠.知识产权管理[M].北京:高等教育出版社,2010.

[124] 吴菲菲,冯家琪,黄鲁成.基于商标和专利数据的潜在研发商业化机会识别[J].情报杂志,2021,40(2):38-46,54.

[125] U. S. Federal Councilfor Science and Technology (Committee on Scientific and Technical Information—COSATI). Panel on information analysis centers[C]//Proceedings of the Forum of Federally Supported Information Analysis Centers,7-8 November,1967, Springfield,1968.

[126] 高山正也.情报分析:生产论[M].东京:雄山阁出版株式会社,1985.

[127] 卢晓宾.信息研究论[M].长春:东北师范大学出版社,1997.

[128] 朱庆华.信息分析基础、方法及应用[M].北京:科学出版社,2004.

[129] 王伟军,蔡国沛.信息分析方法与应用[M].北京:清华大学出版社,2010.

[130] 余波.现代信息分析与预测[M].北京:北京理工大学出版社,2011.

[131] 查先进.信息分析[M].武汉:武汉大学出版社,2011.

[132] 刘学瑞.专利信息分析的作用与方法[J].河南科技,2011(11):24-25.

[133] 陈珊珊.我国医药企业知识产权管理研究[D].武汉:武汉理工大学,2006.

[134] 翟东升,陈晨,张杰,等.专利信息的技术功效与应用图挖掘研究[J].现代图书情报技术,2012(7):96-102.

[135] 陈旭,冯岭,刘斌,等.基于技术功效矩阵的专利聚类分析[J].小型微型计算机系统,2014,35(3):526-531.

[136] 邱洪华,彭文波.基于技术-功效的专利信息分析范式:以中国矿用风机为例[J].情报理论与实践,2015,38(4):39-45.

[137] 殷玉恩,程新化,孙靓.基于技术功效矩阵的车距测量技术专利分析和布局[J].汽车科技,2018(3):41-44.

[138] 王巍洁,穆晓敏,王琰,等.多维专利技术功效分析模型构建及应用研究[J].情报理论与实践,2020,43(6):131-134,130.

[139] 张奔.基于专利路线图的中国高铁产业"走出去"发展策略研究[D].武汉:华中科技大学,2018.

[140] 文庭孝,李俊,杜林.基于技术路线图的专利技术信息挖掘实证研究:以无线鼠标技术为例[J].大学图书情报学刊,2019,37(1):7-13.

[141] 李泽霞,刘小平,黄龙光,等.基于领域态势分析法的技术研发分析:以核材料技术为例[J].图书情报工作,2013,57(24):90-94.

[142] 陈华.巧妙应用鱼骨图发现项目管理中的关键节点[J].管理观察,2011(2):158-159.

[143] 李研,韩莎莎,黄明才.地铁列车接触器故障的鱼骨图法分析及应对措施[J].现代城市轨

道交通,2010(3):42-44.

[144] 侯筱蓉,赵德春.基于专利地图的治疗型超声竞争情报挖掘[J].中国科技资源导刊,2010,42(4):61-65.

[145] 鲍凌云.基于鱼骨图和ANP的企业专利战略实施效益指标分析研究[J].商情,2017(44):106-107.

[146] 常飞,吴红.企业专利信息资源配置影响因素分析[J].情报理论与实践,2011,34(2):30-33,37.

[147] 常飞,付秀颖.企业专利战略实施效益评价研究[J].农业图书情报学刊,2015,27(2):97-100.

[148] 邹冬倩,严辉,周桂生,等.姜资源的国内专利和产业化发展趋势分析[J].食品工业科技,2022,43(15):418-427.

[149] 齐廉文,卢冬冬,吴洁,等.基于专利计量的LNG换热器技术趋势分析[J].石油与天然气化工,2020,49(6):53-57,65.

[150] 李春燕.基于专利信息分析的技术生命周期判断方法[J].现代情报,2012,32(2):98-101.

[151] 李春燕.基于技术生命周期的专利组合分析研究[D].北京:中国科学院文献情报中心,2009.

[152] 吕义超.我国电动汽车产业的专利分析与发展对策研究[D].镇江:江苏大学,2010.

[153] 王金棒,汪志波,郑新章,等.中国爆珠卷烟专利技术研发热点与趋势分析[J].烟草科技,2018,51(11):43-50,57.

[154] 周曼,王秀红.基于技术生命周期理论的植物防霜专利技术分析[J].图书情报研究,2017,10(3):90-96.

[155] 吕义超,刘红光,王君.布拉德福定律在专利文献中应用的可行性研究[J].图书情报研究,2011,4(2):49-52.

[156] 方亮.布拉德福定律在专利文献中的应用[C]//中国竞争情报第十三届年会论文集,南宁,2007:310-315.

[157] 岳贤平.基于R&D资源配置的企业专利组合策略:一个分析框架[J].情报杂志,2010,29(12):10-14.

[158] 郑素丽,卞秀坤,诸葛凯,等.基于知识整合的专利组合与企业创新绩效关系研究[J].情报杂志,2019,38(12):191-199.

[159] 李姝影,方曙.公司层面的专利组合分析方法研究及实证分析[J].情报杂志,2014,33(3):39-43,27.

[160] ERNST H. Patent protfolios for strategic R&D planning[J]. Journal of Engineering and Technology Management,1998,15(4):279-308.

[161] 皇甫晶,刘国俊,邢战雷.基于TRIZ理论的专利组合分析方法[J].图书情报导刊,2019,4(7):73-79.

[162] 刘桂锋.国内专利情报分析方法体系构建研究[J].情报杂志,2014,33(3):16-21.

[163] HARALD A L,MURRAY T. The Delphi method:Techniques and applications[M].

Reading,Mass:Addison-Wesley Pub Co,1975:3-10.

[164] 李佳佳,刘峰,杨龙霞.基于技术预见方法的海上浮动核电站关键技术[J].船舶工程,2017,39(4):1-6,15.

[165] 戴琰琦.基于模糊层次的商标价值评估方法研究[J].价值工程,2010,29(11):1-3.

[166] 罗金增.内容分析法与图书馆学[J].情报杂志,2003,22(4):51-53.

[167] 陈亮,张志强,尚玮姣.专利引文分析方法研究进展[J].现代图书情报技术,2013(S1):75-81.

[168] MEYER M. What is special about patent citation? Differences between scientific and patent citations[J]. Scientometrics,2000,49(1):93-123.

[169] TRAPPEY A J C,TRAPPEY C V,WU C Y,et al. A patent quality analysis for innovative technology and product development[J]. Advanced Engineering Informatic,2012,26(1):26-34.

[170] 何春辉,王孟然.专利引文分析应用研究综述[J].图书情报研究,2019,12(4):72-78.

[171] 季鹏飞,华松逸,张煜晨,等.基于引文分析的集成电路领域核心专利识别与分析[J].竞争情报,2021,17(6):40-48.

[172] 牛艳丽,连艳玲,陈志宏.基于专利共类的技术融合现状分析及预测:以生物芯片产业为例[J].郑州航空工业管理学院学报,2022,40(2):105-112.

[173] 温芳芳.基于专利权人-分类号多重共现分析的全球专利布局研究:以太阳能汽车技术领域为例[J].现代情报,2017,37(4):165-169.

[174] 林聚任.社会网络分析:理论、方法与应用[M].北京:北京师范大学出版社,2009.

[175] 葛成楷,杨旭.基于社会网络分析法的移动IPv6专利引文网络研究[C]//融合与创新:中国通信学会通信管理委员会第29次学术研讨会论文集.昆明,2011:100-106.

[176] 周晔,潘美娟,周源,等.社会网络分析在专利知识网络中的应用[J].科技进步与对策,2015,32(18):138-144.

[177] 张利飞,王杰.专利引用网络视角下专利池技术关系解析:以MPEG-2专利池为例[J].情报杂志,2016,35(5):96-101,179.

[178] 陈云伟,邓勇,陈方,等.复合合作强度指数构建及应用研究[J].图书情报工作,2015,59(13):96-103.

[179] 孟婧,邱长波,李浩浩,等.吉林省专利申请人合作网络特征的演化研究[J].情报科学,2020,38(10):154-158.

[180] 文庭孝,唐晖岚,龙微月.专利信息挖掘模式研究[J].评价与管理,2017,15(3):40-44.

[181] 李俊,王梦媛.国内外专利挖掘研究的可视化分析[J].高校图书馆工作,2019,39(2):7-12.

[182] 龚惠群,刘琼泽,黄超.机器人产业技术机会发现研究:基于专利文本挖掘[J].科技进步与对策,2014,31(5):70-74.

[183] 文雄辉.基于专利挖掘的技术预见方法及其应用[D].广州:华南理工大学,2019.

[184] 段庆锋,蒋保建.基于SAO结构的专利技术功效图构建研究[J].现代情报,2017,37(6):

48-54.

[185] 李华锋,袁勤俭,陆佳莹,等.国内外专利情报分析方法研究述评[J].情报理论与实践,2017,40(6):139-144.

[186] 江洪波,安勇,毛开云.专利聚类分析方法在技术预见中的应用探索[J].创新科技,2012(10):22-23.

[187] 陈亮,张静,杨冠灿,等.基于专利文本的闭频繁项集在技术演化分析中的应用[J].图书情报工作,2016,60(6):70-76.

[188] 许海云,方曙.基于专利功效矩阵的技术主题关联分析及核心专利挖掘[J].情报学报,2014,33(2):158-166.

[189] 周磊,杨威.基于加权关联规则的技术融合探测[J].情报杂志,2019,38(1):67-72.

[190] 张姣姣,刘云.基于Delphi法和BP神经网络的技术预见模型研究[J].科技和产业,2017,17(12):81-88.

[191] 高慧霞,李立功.人工神经网络在专利价值评估领域的应用[J].中国发明与专利,2019,16(10):73-77.

[192] 徐福富,刘欣怡,高希光.基于机器学习的雷达电子侦察中的应用探析[J].信息记录材料,2021,22(4):19-22.

[193] 邵泽宇,孟天宇.基于知识图谱的区块链专利数据挖掘[J].技术与创新管理,2020,41(6):588-595.

[194] TREICHLER D G. Are you missing the boat in training aids? [J]. Filem and Audio-Visual Communication,1967,48(1):14-16,28-30,48.

[195] 孙博.基于微软新一代图形系统WPF和Silverlight的数据可视化研究与实现[D].长春:东北师范大学,2009.

[196] CARD S K, MACKINLAY J D, SHNEIDERMAN B. Readings in information visualization: Using vision to think[J]. Journal of Biological Chemistry,1999,259(11):7191-7197.

[197] 李纲,郑重.信息可视化应用研究进展[J].图书情报知识,2008(4):36-40.

[198] 许文鹏.数据可视化系统架构的设计与实现[D].北京:北京交通大学,2015.

[199] 曾悠.大数据时代背景下的数据可视化概念研究[D].杭州:浙江大学,2014.

[200] 肖国华.专利地图研究与应用[D].成都:四川大学,2006.

[201] 赵霞,秦洪花,王云飞,等.智能电视人机交互技术专利竞争态势分析[J].中国科技信息,2016(14):54-57.

[202] 王廷廷.先正达公司对种衣剂专利申请布局分析[EB/OL].(2019-01-14)[2022-05-17].https://cn.agropages.com/News/NewsDetail-17740.htm.

[203] 马天旗.专利分析:检索、可视化与报告撰写[M].北京:知识产权出版社,2019.

[204] hcgx2018.重磅干货!揭秘波士顿动力背后的专利技术[EB/OL].(2019-06-17)[2022-05-17].https://blog.csdn.net/hcgx2018/article/details/92665578.

[205] KWAN M P. Interactive geovisualization of activity-travel patterns using three-dimensional geographical information systems: A methodological exploration with a large data set[J].

Transportation Research Part C:Emerging Technologies,2000,8(1/2/3/4/5/6):185-203.

[206] Liping 7.如何画好看的弦图(附R语言画弦图方法)[EB/OL].(2019-05-20)[2022-05-17]. https://www.jianshu.com/p/960850b8603c?ivk_sa=1024320u.

[207] 唐家渝,刘知远,孙茂松.文本可视化研究综述[J].计算机辅助设计与图形学学报,2013,25(3):273-285.

[208] 沈阳自动化所.占据工业革命制高点 各国工业机器人哪家强?[EB/OL].(2016-09-14)[2022-05-17]. http://www.ez-robot.cn/news/detail-240.html.

[209] 镝摘.南丁格尔玫瑰图:为敬畏生命而生│图表家族=26[EB/OL].(2018-02-05)[2024-01-20]. https://www.163.com/dy/article/D9TGGJQ005118F5T.html.

[210] CSIP:新能源汽车起步,警惕专利绊脚[EB/OL].(2012-07-16)[2024-01-20]. http://www.2lic.com/np/auto/201207/132057.htm.

[211] 杨铁军.专利分析可视化[M].北京:知识产权出版社,2017.

[212] 马天旗.专利分析:检索、可视化与报告撰写[M].北京:知识产权出版社,2019.

[213] 李璐萍,赵小兵.基于文本聚类的主题发现方法研究综述[J].情报探索,2020(11):121-127.

[214] 吴飞.十万专利,弹指一挥!论专利智能分析和可视化方法之道[EB/OL].[2022-05-17]. http://www.iprdaily.cn/news_18692.html.

[215] 国务院关于印发《中国制造2025》的通知[EB/OL].(2015-05-08)[2019-11-25]. http://www.mofcom.gov.cn/article/b/g/201507/20150701059524.shtml.

[216] 陈晓雪.技术创新、专利、标准的协同演化关系研究[D].南昌:江西财经大学,2019.

[217] 申长雨.迈向知识产权强国之路:第2辑 知识产权强国建设实施问题研究[M].北京:知识产权出版社,2017.

[218] 廖宇兰."中国制造2025"的实施将加快技术创新进程[C]//2015年海南机械科技学术年会论文集.海口:2015:196-199.

[219] 徐淑芬,冯艳清,赵明辉,等.专利信息服务业对提高企业技术创新能力的作用[J].市场观察,2019(1):43.

[220] 李守伟,李备友,钱省三.技术创新范式的演变分析:基于系统发展观的视角[J].科技管理研究,2009,29(2):10-14.

[221] 熊彼特.经济发展理论:对于资本、利润、信贷、利息和经济周期的观察[M].何畏,易家详,张军扩,等,译.北京:商务印书馆,1990.

[222] 郑秀梅,刘英娟.现代企业管理探索与实践[M].北京:新华出版社,2015.

[223] 陶友青.创新思维:技法·TRIZ·专利实务[M].武汉:华中科技大学出版社,2018.

[224] 洪凡.基于企业技术创新的专利情报研究[J].中国科技资源导刊,2019,51(1):49-57,80.

[225] 马海群.论知识产权信息开发与企业竞争情报研究[J].情报科学,2003,21(2):123-125.

[226] 甘绍宁.专利信息利用实践[M].北京:知识产权出版社,2013.

[227] 边可欣.知识产权视野下的企业核心竞争力提升策略[J].现代商业,2017(6):98-99.

[228] 张弘第,刘娅,张旭.中国LED背光技术专利布局现状分析[J].科技管理研究,2011,31

(14):41-45.

[229] 郭琴.专利分析在企业技术创新工作中的应用研究[J].科技风,2017(22):206.

[230] 李华锋,袁勤俭,陆佳莹,等.国内外专利情报分析方法研究述评[J].情报理论与实践,2017,40(6):139-144.

[231] 娄永美.基于专利分析的技术发展趋势研究[D].北京:北京工业大学,2011.

[232] 张海锋,张卓.技术生命周期阶段特征指标构建及判定[J].技术经济,2018,37(2):108-112.

[233] 舒灵芝,文玲芳.全球抗阿尔茨海默症化学药物专利情报研究[J].中国发明与专利,2021,18(12):26-36.

[234] 程琳,李杉杉,鲍志彦.面向技术创新的高校知识产权信息服务[J].中国高校科技,2020(S1):53-56.

[235] 胡阿沛,张静,雷孝平,等.基于文本挖掘的专利技术主题分析研究综述[J].情报杂志,2013,32(12):88-92.

[236] 侯婷,吕学强,李卓,等.面向专利技术主题分析的技术主题获取[J].情报理论与实践,2015,38(5):125-129,140.

[237] 赵宁,翟凤勇,张玲,等.基于DDA专利分析挖掘商业基础需求情报:以仿人机器人领域为例[J].新世纪图书馆,2019(6):30-36.

[238] 姚长青,杜永萍.降维技术在专利文本聚类中的应用研究[J].情报学报,2014,33(5):491-497.

[239] 罗剑钊.全球及中国ABS塑料专利态势分析:基于Innography专利分析平台[J].科学观察,2017,12(6):33-44.

[240] 佑斌.如何利用专利-产品路线图预测竞争对手的下一代产品[EB/OL].(2018-06-12)[2019-11-25].https://mp.weixin.qq.com/s/f21ERwRPH7YZKpSHAw3grw.

[241] 智财黑马.什么叫做技术功效矩阵图,到底如何做?[EB/OL].(2020-06-12)[2020-11-30].http://www.360doc.com/content/20/0612/16/58095336_918093879.shtml.

[242] 杨铁军.产业专利分析报告:第3册[M].北京:知识产权出版社,2012.

[243] 冯立杰,李阳光,岳俊举,等.基于多维技术创新地图维法耦合的技术创新路径构建及实例分析[J].技术经济,2017,36(8):18-23.

[244] 岳俊举,冯立杰,冯奕程,等.基于多维技术创新地图与关联规则挖掘的技术机会识别方法研究[J].情报学报,2017,36(8):798-808.

[245] 贾依帛.基于多维技术创新地图的煤层气开采技术机会分析[D].郑州:郑州大学,2017.

[246] 肖沪卫.专利地图方法与应用[M].上海:上海交通大学出版社,2011.

[247] 白晶.我国高校专利质量评价研究[D].大连:大连理工大学,2021.

[248] 贾佳,孙济庆.基于核心专利分析对技术创新应用发展的研究[J].情报理论与实践,2009,32(1):79-81.

[249] 李伟,刘红光.国外混合动力汽车领域专利引证分析[J].情报杂志,2011,30(9):6-13.

[250] 郑玉荣,吴新年,田晓阳,等.基于产业尺度的核心专利判别方法研究:以镍基高温合金专

利为例[J]. 情报理论与实践,2014,37(7):81-85.

[251] LANJOUW J O, SCHANKERMAN M. Patent quality and research productivity: Measuring innovation with multiple indicators[J]. The Economic Journal,2004,114(495): 441-465.

[252] TONG X S, FRAME J D. Measuring national technological performance with patent claims data[J]. Research Policy,1994,23(2):133-141.

[253] 祁延莉,刘西琴. 核心专利识别方法研究[J]. 情报理论与实践,2016,39(11):5-9.

[254] 王旭,刘姝,李晓东. 快速挖掘核心专利:Innography 专利分析数据库的功能分析[J]. 现代情报,2013,33(9):106-110,116.

[255] 张勇. 专利预警:从管控风险到决胜创新[M]. 北京:知识产权出版社,2015.

[256] 王玉婷. 面向不同警情的专利预警方法综述[J]. 情报理论与实践,2013,36(9):124-128.

[257] 朱月仙,张娴,朱敏. 研发项目专利风险分析及预警方法研究[J]. 情报探索,2018(5): 39-45.

[258] 殷媛媛,肖沪卫. 专利地图图形学及解读方法研究[J]. 图书情报工作,2010,54(S2): 363-370.

[259] 李雪娜. 研发项目管理中的专利预警研究[D]. 大连:大连理工大学,2015.

[260] 覃兴. 运用专利分析进行竞争对手跟踪的方法研究[J]. 产业与科技论坛,2017,16(3): 71-72.

[261] 陈新生. 全球护目镜专利布局分析[EB/OL]. (2020-03-02)[2020-03-26]. https:// mp. weixin. qq. com/s/lqXFdqQI9d9ooKBMz08pvA.

[262] 霍冠禹,庞云耀. 从专利信息洞察竞争对手战略布局[J]. 企业管理,2018(6):68-71.

[263] 专利预警该怎么做？小心五种常见知识产权陷阱！[EB/OL]. (2017-07-20)[2020-03-06]. http://www. sohu. com/a/158569276_603229.

[264] 樊永刚,宋河发. 重大研究开发项目全过程知识产权预警研究[J]. 科学学与科学技术管理,2010,31(10):26-30.

[265] 王晓刚. 基于全生命周期的高铁技术知识产权风险管理研究[D]. 北京:中国铁道科学研究院,2019.

[266] 北京德权知识产权代理有限公司,华沛德权律师事务所. 企业海外专利侵权预警分析[EB/OL]. (2013-08-27)[2020-03-12]. http://www. doc88. com/p-5921648866985. html.

[267] 李慧,朱玉华. 浅谈企业如何做好专利布局规划[J]. 中国发明与专利,2017,14(8):66-69.

[268] 国家中小微企业知识产权培训(南海)基地. 中小企业专利管理实务:初级[M]. 北京:知识产权出版社,2016.

[269] 王四珍. 企业如何开展专利布局[J]. 经贸实践,2017(18):286-287.

[270] 袁真富. 专利经营管理[M]. 北京:知识产权出版社,2011.

[271] 冯洁,宋琳. 碳纤维巨头东丽公司专利布局浅析[J]. 中国发明与专利,2014(2):40-45.

[272] 李向恒,励精图治. 我国企业专利布局的多维审视[J]. 中小企业管理与科技(下旬刊),2018

(6):77-78.

[273] 关婧如.本田的专利布局策略,哪些值得我们借鉴呢?[EB/OL].(2018-11-27)[2020-05-06].https://mp.weixin.qq.com/s/GR4dXK-FdfNMToWZkAqfIg.

[274] 许俊浩.专利文献在新产品研发过程中的作用:企业利用专利文献之四[J].汕头科技,2008(2):57-64.

[275] 肖沪卫,瞿丽曼,路炜.专利战术情报方法与应用[M].上海:上海科学技术文献出版社,2015.

[276] 任声策.专利联盟中企业的专利战略研究[D].上海:上海交通大学,2007.

[277] 杨铁军.产业专利分析报告:第14册 高性能纤维[M].北京:知识产权出版社,2013.

[278] 程强,顾新,彭尚平.开发创新型科技人才的战略研究[J].科技与经济,2011,24(1):80-84.

[279] 廖文秋.高等学校科技创新能力评价研究[D].合肥:中国科学技术大学,2012.

[280] 罗守贵,高汝熹,陈枫,等.上海创建国际技术创新中心的战略研究[J].中国软科学,2003(11):123-127.

[281] 张霞.熊彼特与弗里曼的创新思想及其比较研究[D].郑州:郑州大学,2010.

[282] 刘曙光,徐树建.区域创新系统研究的国际进展综述[J].中国科技论坛,2002(5):33-37.

[283] 曹山河.论创新主体与客体[J].湖南社会科学,2007(1):11-13.

[284] 何传启,张风,李宁.面向知识经济时代的国家创新体系[J].国际技术经济研究,1998(4):30-35.

[285] 耿佳.国家创新能力评价指标体系优化研究:基于专利的视角[D].北京:北京邮电大学,2018.

[286] 甄峰,黄朝永,罗守贵.区域创新能力评价指标体系研究[J].科学管理研究,2000,18(6):5-8.

[287] 刘凤朝,潘雄锋,施定国.基于集对分析法的区域自主创新能力评价研究[J].中国软科学,2005(11):83-91,106.

[288] 何亚琼,秦沛.一种新的区域创新能力评价视角:区域创新网络成熟度评价指标体系建设研究[J].哈尔滨工业大学学报(社会科学版),2005,7(6):88-92.

[289] 康健,胡祖光.基于区域产业互动的三螺旋协同创新能力评价研究[J].科研管理,2014,35(5):19-26.

[290] 张颖,张欣.我国中小企业技术创新能力指标体系的构建及评价方法[J].湖南工程学院学报(社会科学版),2005,15(3):9-12.

[291] 刘丹丹,朱家明,黄婷婷.区域企业科技创新能力聚类与评价[J].佳木斯大学学报(自然科学版),2017,35(4):705-708.

[292] 赵文彦,曾月明.创新型企业创新能力评价指标体系的构建与设计[J].科技管理研究,2011,31(1):14-17,9.

[293] 章熙春,马卫华,蒋兴华.高校科技创新能力评价体系构建及其分析[J].科技管理研究,2010,30(13):79-83.

[294] 何颖波,王建,李洛军,等.国防科研院所科技创新能力评价研究[J].科研管理,2016,37(3):68-72.

[295] 赵祖地,左玥.创新型人才评价体系研究[J].杭州电子科技大学学报(社会科学版),2010,6(3):62-65.

[296] 吴欣.高层次创新型科技人才评价指标体系研究[J].信息资源管理学报,2014,4(3):107-112.

[297] 张永莉,邹勇.创新人才创新力评估体系与激励制度研究[J].科学管理研究,2012,30(6):89-93.

[298] 张晓娟.产业导向的科技人才评价指标体系研究[J].科技进步与对策,2013,30(12):137-141.

[299] 程东晓.河北省创新型科技人才竞争力评价研究[D].石家庄:河北科技大学,2010.

[300] 沈春光.区域科技创新人才竞争力评价与预测研究[D].南京:南京航空航天大学,2011.

[301] 严扬佩.城市科技人才创新能力评价指标体系与实证研究[D].深圳:深圳大学,2018.

[302] SCHMOOKLER J. Invention and economic growth[M]. Cambridge:Harvard University Press,1966.

[303] BASBERG B L. Patents and the measurement of technological change:A survey of the literature[J]. Research Policy,1987,16(2):131-141.

[304] 宋河发.自主创新能力建设与知识产权发展:以高技术产业为视角[M].北京:知识产权出版社,2013.

[305] 刘洋,瞿卫军,黄庆,等.专利评价指标体系(三):运用专利评价指标体系进行的地区评价[J].知识产权,2004,14(5):35-38.

[306] 万小丽.专利质量指标研究[D].武汉:华中科技大学,2009.

[307] 谷丽,郝涛,任立强,等.专利质量评价指标相关研究综述[J].科研管理,2017,38(S1):27-33.

[308] 江苏省知识产权研究与保护协会.江苏专利实力指数报告:2017[M].北京:知识产权出版社,2017.

[309] 付淳宇.区域创新系统理论研究[D].长春:吉林大学,2015.

[310] 张天译.中国区域创新能力比较研究[D].长春:吉林大学,2017.

[311] 赵娜娜.我国区域创新能力评价研究[D].兰州:兰州商学院,2012.

[312] 郭海轩.区域创新能力评价指标体系构建及分析方法研究[D].天津:天津大学,2016.

[313] 姜文仙.广东省区域科技创新能力评价研究[J].科技管理研究,2016,36(8):75-79.

[314] 崔新健,郭子枫,刘轶芳.基于知识管理的区域创新能力评价研究[J].经济管理,2013,35(10):38-47.

[315] 陆勤虎.基于专利分析方法的区域科技创新能力比较研究[D].天津:天津大学,2009.

[316] 赵婉琳.基于专利信息分析的区域创新能力评价研究[D].镇江:江苏大学,2017.

[317] 俞佳玉.江苏省大中型工业企业技术创新能力评价研究[D].苏州:苏州大学,2013.

[318] 耿迪.高校科技创新能力评价研究[D].武汉:武汉理工大学,2013.

[319] 陈良兴,赵晓庆,郑林英.基于专利信息分析的企业技术创新能力评价:以通信企业为例[J].科技与经济,2012,25(1):37-41.

[320] 刘培伟,隋娜娜,刘兰茹.基于专利分析视角的医药高新技术企业创新能力评价研究[J].中国药业,2015,24(14):7-9.

[321] 范莉莉,王娜.基于专利的中国高校及科研院所高铁技术创新能力评价[J].科技管理研究,2019,39(4):128-135.

[322] 邢战雷,马广奇,刘国俊,等.专利分析视角下的高校科研创新能力:评价与提升[J].科技管理研究,2019,39(16):120-128.

[323] 赵伟,包献华,屈宝强,等.创新型科技人才分类评价指标体系构建[J].科技进步与对策,2013,30(16):113-117.

[324] 郑展,张剑,赵煜嘉.工程科技人才评价指标体系构建与分析[J].科技管理研究,2017,37(22):71-78.

[325] 李瑞,吴孟珊,吴殿廷.工程技术类高层次创新型科技人才评价指标体系研究[J].科技管理研究,2017,37(18):57-62.

[326] 庞弘燊,王超,胡正银."双一流"大学建设中人才引进评价指标库及指标体系构建[J].情报杂志,2019,38(3):67-74.

[327] 赵宁,石磊,翟凤勇,等.基于专利信息评价和挖掘智能机器人领域技术创新人才:主成分分析法(PCA)的视角[J].科技管理研究,2019,39(17):160-165.

[328] 中国科学技术发展战略研究院.国家创新指数报告2020[M].北京:科学技术文献出版社,2021.

[329] 冯晓青,杨利华,付继存.国家知识产权文献及信息资料库建设研究:理论探讨与实证分析[J].中国政法大学学报,2014(2):36-58,159.

[330] 赵延斌,刘子闻.大数据视野下的社会治理[J].上海信息化,2016(1):42-44.

[331] 李瑞芳.运用大数据思维助力知识产权发展:基于党政领导干部视角[J].河南科技,2018(36):23-25.

[332] 晁蓉,黄筱玲,邹艺.高校图书馆知识产权信息服务需求调查与竞争力提升路径研究[J].图书馆学研究,2020(21):45-55.

[333] 张发亮,刘君杰.基于用户需求的区域知识产权公共信息服务平台框架研究[J].情报探索,2019(7):52-58.

[334] 张发亮,刘优德,胡媛,等.区域知识产权公共信息服务平台"三级四维"运行机制研究[J].图书馆学研究,2018(20):69-77.

[335] 冉从敬,马丽娜.高校知识产权信息服务平台价值共创:过程、机制与路径[J/OL].图书馆论坛,2023(1):103-111.

[336] 刘进军,傅立云,王岩.高校知识产权信息服务平台现状调查与分析[J].大学图书情报学刊,2022,40(1):104-108.

[337] 赵阳阳.浅析经济新常态下中小企业融资问题[J].对外经贸,2015(8):98-99,152.

[338] 李琪,陈仁松.浅谈专利导航产业发展的方法和路径[J].中国发明与专利,2015(8):

21-23.

[339] 胡姝阳.专利导航:开拓知识产权强企之路的"指南针"[N].中国知识产权报,2016-11-23(5).

[340] 沈玲玲.面向产学研合作的高校图书馆信息服务工作思考[J].江苏科技信息,2020,37(27):11-13,23.

[341] 周康,杨芳,李媛媛.供给侧改革背景下吉林省科技创新管理服务平台的建设[J].中国管理信息化,2019,22(21):157-159.

[342] 郭亚军,寿菲菲."互联网+"背景下航空工业企业技术创新知识管理平台架构与技术[J].经济研究导刊,2018(21):16-18.

[343] 孙明贵.借鉴国际经验发展我国知识产权公共服务平台的思考[J].企业经济,2018,37(10):5-10,2.

[344] 艾娜.杨凌农业知识产权公共服务平台的设计与实现[D].成都:电子科技大学,2019.

[345] 国家知识产权公共服务网[EB/OL].[2021-01-29].http://ggfw.cnipa.gov.cn:8010/PatentCMS_Center/? ivk_sa=1024320u.

[346] 林露.知识产权维权援助服务已经实现全国整合[J].河南科技,2020,39(15):6.

[347] 中国知识产权报社.海外知识产权信息服务平台智南针[EB/OL].(2018-03-21)[2021-01-19].http://society.people.com.cn/n1/2018/0321/c418370-29881207.html.

[348] 程刚.大数据环境下科技型中小企业创新发展的知识服务体系研究[J].情报理论与实践,2016,39(3):42-46.

[349] 陈泽峰,卢少琼.浅谈企业专利管理[J].佛山陶瓷,2019,29(7):37-39.

[350] 操秀英.新模式求解知识产权交易难题[J].发明与创新(大科技),2019(2):30-31.

[351] 陈蕾,徐琪.知识产权交易市场发展的国际镜鉴[J].高科技与产业化,2019(11):66-71.

[352] 尹俊玲."互联网+"背景下知识产权交易平台建设研究[D].合肥:中国科学技术大学,2018.

[353] 华发七弦琴国家知识产权运营公共服务平台[EB/OL].[2020-01-29].https://www.7ipr.com.

[354] 李利君.中国产权交易市场30年大事记(五)[J].产权导刊,2019(10):52-55.

[355] 施拉姆,波特.传播学概论[M].2版.何道宽,译.北京:中国人民大学出版社,2010.

[356] 马费成,宋恩梅,赵一鸣.信息管理学基础[M].3版.武汉:武汉大学出版社,2018.

[357] 李彬.大众传播学[M].北京:中央广播电视大学出版社,2000.

[358] 胡正荣.媒介管理研究:广播电视管理创新体系[M].北京:北京广播学院出版社,2000.

[359] 吕耀怀.信息伦理学[M].长沙:中南大学出版社,2002.

[360] 沙勇忠.信息伦理学[M].北京:北京图书馆出版社,2004.

[361] 赵乃瑄.实用信息检索方法与利用[M].北京:化学工业出版社,2008.

[362] 孙超,李霞.高校图书馆为大学生创客提供一站式服务探索[J].图书馆论坛,2015,35(10):57-61.

[363] 李喜蕊.论中国知识产权信息公共服务体系的构建与完善[J].黑龙江社会科学,2014

(2):111-118.

[364] 国家知识产权局关于印发知识产权公共服务"十四五"规划的通知[EB/OL].(2021-12-31)[2022-01-20].http://www.cnipa.gov.cn/art/2022/1/7/art_562_172686.html.

[365] 全国知识产权公共服务机构[EB/OL].[2022-03-01].http://ggfw.cnipa.gov.cn:8010/PatentCMS_Center/node/110.

[366] 国家知识产权局公共服务网[EB/OL].[2022-01-20].http://ggfw.cnipa.gov.cn:8010/PatentCMS_Center.

[367] 专利文献信息公共服务部[EB/OL].[2022-01-20].https://www.cnipa.gov.cn/col/col1438/index.html.

[368] 中国知识产权远程教育总平台[EB/OL].[2023-03-31].http://elearning.ciptc.org.cn/public/index.

[369] 杨铁军.知识产权服务与科技经济发展[M].北京:知识产权出版社,2010.

[370] 杨静,戚昌文.建立知识产权联盟初探[J].科技进步与对策,2000,17(12):93-94.

[371] 董玉鹏.基于协同创新的高技术产业知识产权联盟组织与行为模式研究[J].人大法律评论,2018(2):260-274.

[372] 南京工业大学高校国家知识产权信息服务中心[EB/OL].[2022-01-20].https://ipsc.lib.njtech.edu.cn.

[373] 高校知识产权信息服务中心联盟[EB/OL].[2022-01-20].https://auipis.tongji.edu.cn.

[374] 中共中央 国务院关于深化体制机制改革 加快实施创新驱动发展战略的若干意见[EB/OL].(2015-03-13)[2022-01-20].http://www.gov.cn/gongbao/content/2015/content_2843767.htm.

[375] 国务院关于印发《中国制造2025》的通知[EB/OL].(2015-05-19)[2022-01-20].http://www.gov.cn/zhengce/content/2015-05/19/content_9784.htm.

[376] 陆介平,王宇航.我国产业知识产权联盟发展及运营态势分析[J].中国工业评论,2016,(5):42-47.

[377] 产业知识产权联盟建设指南[EB/OL].(2015-04-28)[2022-01-20].http://www.cnipa.gov.cn/art/2015/4/28/art_437_43313.html.

[378] 备案在册的产业知识产权联盟名单(截至2018.1.22)[EB/OL].(2018-01-22)[2022-01-20].https://www.cnipa.gov.cn/art/2018/1/22/art_437_43310.html.

[379] 中国船舶与海洋工程产业知识产权联盟[EB/OL].[2022-01-20].http://zcl.just.edu.cn.

[380] 王桂平,陆介平,宋旼珊.浅谈中国船舶与海洋工程产业知识产权联盟运行模式[J].湖北经济学院学报(人文社会科学版),2017,14(5):21-23.

[381] 高端装备制造产业知识产权联盟[EB/OL].[2022-01-20].http://zscq.scjgj.tjdl.gov.cn/industrialAlliance/detail.jhtml?id=5.

[382] 东丽区知识产权运营服务平台[EB/OL].[2022-01-20].http://zscq.scjgj.tjdl.

gov. cn/.

[383] 李泽红,陈平形. 信息素养与知识产权素养比较研究[J]. 高校图书馆工作,2008,28(6): 26-29.

[384] 吴红,常飞,李玉平. 基于鱼骨图和AHP的研究生知识产权素养影响因素分析[J]. 图书情报工作,2011,55(20):44-47,81.

[385] 刘彩霞. 高校图书馆工科大学生知识产权素养提升策略研究:以天津科技大学为例[J]. 图书馆工作与研究,2022(5):66-75.

[386] 鄂丽君,马兰. 高校图书馆知识产权素养教育研究[J]. 图书馆工作与研究,2020(4):106-111,128.

[387] 徐春,张静,孟勇. 高校图书馆知识产权信息素养教育现状及发展对策研究[J]. 图书馆学研究,2021(24):22-30.

[388] 孟祥保,李爱国. 国外高校图书馆科学数据素养教育研究[J]. 大学图书馆学报,2014,32(3):11-16.

[389] 张晓娟,张寒露,范玉珊,等. 高校信息素养教育的基本模式及国内外实践研究[J]. 大学图书馆学报,2012,30(2):95-101.

[390] 丛敬军,杨威. 从文献检索课教学到信息素质教育[J]. 情报资料工作,2003(2):73-75.

[391] 王宇芳,李晓玲,符礼平,等. 通识教育视野下的本科生信息素养教学改革[J]. 图书情报工作,2011,55(11):86-89.

[392] 黄如花. 文献检索[EB/OL]. (2014-09-01)[2022-01-20]. https://www.icourse163.org/course/WHU-29001?tid=26001.

[393] 张稚鲲,伍晓光,朱婉丽,等. 文献检索[EB/OL]. (2022-01-10)[2022-01-20]. https://www.icourses163.org/course/NJUTCM-1206835801.

[394] 吉久明,刘颖,李楠,等. 文献检索[EB/OL]. (2022-02-18)[2022-03-20]. https://www.icourse163.org/course/ECUST-1002575003.

[395] 肖冬梅. 知识产权信息检索与利用[EB/OL]. (2019-09-20)[2021-12-31]. https://www.icourse163.org/course/XTU-1206620814.

[396] 初景利,刘敬仪,张冬荣,等. 从信息素养教育到泛信息素养教育:中国科学院大学15年的实践探索[J]. 图书情报工作,2020,64(6):3-9.

[397] 【培训】关于举办知识产权与创新创业专题培训班的通知[EB/OL]. (2018-11-20)[2022-01-20]. https://sicip.tongji.edu.cn/dd/1a/c11156a122138/page.htm.

[398] 国家知识产权培训(辽宁)基地、知识产权学院知识产权宣传周系列活动之"产学协同"奥凯壹专利检索分析实践课第四讲圆满结束[EB/OL]. (2020-04-22)[2024-01-20]. http://ip.dlut.edu.cn/info/1041/1272.htm.

[399] 南京理工大学知识产权培训服务[EB/OL]. [2022-01-20]. https://ip.njust.edu.cn/main.htm.

[400] 江苏大学知识产权学院[EB/OL]. [2022-01-20]. https://zscq.ujs.edu.cn/rcpy/shrcjy.htm.

[401] 关于举办 2020 年"专利信息分析专业人员在线系列培训"的通知[EB/OL]. (2020-05-26)[2022-01-20], http://www. Ciptc. org. cn/html/1/159/556. html.

[402] 国家知识产权局"高层次人才知识产权法律培训班"在我校开班[EB/OL]. [2022-01-20]. https://sicip. tongji. edu. cn/_t707/4e/bf/c13395a85695/page. htm.

[403] 第二届南京工业大学知识产权主题创意大赛获奖作品赏析[EB/OL]. (2019-07-07)[2022-01-20]. https://mp. weixin. qq. com/s/m9YNCquMDGbe0uC8nP7fsw.

[404] 南工知识产权创新协会 QQ 空间[EB/OL]. [2022-01-20]. https://3134312306. qzone. qq. com.

[405] 南京工业大学图书馆微信公众号[EB/OL]. (2021-04-30)[2022-01-20]. https://mp. weixin. qq. com/s/7JQtYEzOj23LZ-IZuvCSdg.

[406] 河北工业大学国家知识产权信息服务中心 2020 年知识产权宣传周活动回顾[EB/OL]. (2020-05-08)[2022-01-20]. https://auipis. tongji. edu. cn/info/1018/1019. htm.

[407] 2019 年 9 月(第 128 期)[EB/OL]. (2019-06-01)[2022-01-20]. https://lib. njtech. edu. cn/info/1315/2871. htm.

[408] 南京理工大学. 第二届"中山杯"江苏省大学生专利分析大赛颁奖仪式暨大学生专利分析实务论坛在我校举办_南京理工大学[EB/OL]. (2018-05-12)[2022-01-20]. http://school. freekaoyan. com/js/njust/dongtai/2018/05-12/1526101850871604. shtml.

[409] 交大新闻网."世界知识产权日"主题活动:"严格版权保护 推进创新发展"高峰论坛在西安交大举行[EB/OL]. (2019-04-28)[2022-01-20]. http://dwxcb. xjtu. edu. cn/info/1002/10385. htm.

[410] 创客嘉年华官网[EB/OL]. [2021-12-31]. http://www. makercarnival. org.